首钢京唐公司
企业文化建设故事案例
（第二卷）

首钢京唐钢铁联合有限责任公司　编

北　京

冶金工业出版社

2020

内 容 提 要

　　本书生动介绍了在企业文化引领下，首钢京唐公司从 2018 年开启全面实现"四个一流"目标的新征程，到 2019 年首钢建厂百年、京唐公司投产十年的重要时间节点相叠，再到 2020 年抗击新冠肺炎疫情、全面推进高质量发展，全体干部职工不忘初心、牢记使命，用汗水和心血建成年产能 1370 万吨钢的沿海钢铁大厂，以"首屈一指的钢"服务北京冬奥、大兴机场、雄安新区，推动公司成为践行京津冀协同发展战略的先锋力量。编写《首钢京唐公司企业文化建设故事案例》（第二卷），持续码高厚重书卷，写尽京唐风华，讲好京唐故事，展示文化强企，共同守护京唐人的精神家园。

　　本书是所有大型国企弘扬企业文化的典范。

图书在版编目（CIP）数据

　　首钢京唐公司企业文化建设故事案例. 第二卷/首钢京唐钢铁联合有限责任公司编 . —北京：冶金工业出版社，2020. 12
　　ISBN 978-7-5024-8669-3

　　Ⅰ.①首… Ⅱ.①首… Ⅲ.①首都钢铁公司—企业文化—案例 Ⅳ.①F426.31

　　中国版本图书馆 CIP 数据核字（2020）第 254071 号

出 版 人　苏长永
地　　　址　北京市东城区嵩祝院北巷 39 号　邮编　100009　电话　(010)64027926
网　　　址　www.cnmip.com.cn　电子信箱　yjcbs@cnmip.com.cn
责任编辑　姜晓辉　王艺婧　美术编辑　郑小利　版式设计　孙跃红
责任校对　王永欣　责任印制　李玉山
ISBN 978-7-5024-8669-3
冶金工业出版社出版发行；各地新华书店经销；北京博海升彩色印刷有限公司印刷
2020 年 12 月第 1 版，2020 年 12 月第 1 次印刷
169mm×239mm；34 印张；499 千字；528 页
69.00 元
冶金工业出版社　投稿电话　(010)64027932　投稿信箱　tougao@cnmip.com.cn
冶金工业出版社营销中心　电话　(010)64044283　传真　(010)64027893
冶金工业出版社天猫旗舰店　yjgycbs.tmall.com
　　　　　　　　　（本书如有印装质量问题，本社营销中心负责退换）

本书编委会

前　言

企业发展历程中的点滴故事，是企业文化的生动写照，也是国家和社会发展的真实缩影。

在党的领导下，首钢京唐公司坚持文化自强，坚定文化自信，以社会主义核心价值观为根，把根植于中国特色社会主义伟大实践中的百年首钢文化基因注入血脉，与现代化企业管理水乳交融，构建出独具特色的京唐文化，创造出了百年首钢转型升级的新辉煌，在中国钢铁工业现代化进程中留下了深深的足迹。

首钢京唐公司继承传统、创新发展，铸就了"不辱使命、不畏艰险、不屈不挠"的拼搏精神，形成了"理念先行、崇尚科学、精细苛求、追求卓越"的企业价值观，打造了"敢为先、严为本、实为魂"的京唐文化，凝炼了"自信自觉、开放包容、共建共享"的企业品格，笃定了"忠诚、感恩、激情"的价值追求，极大地丰富了企业文化内涵，让文化的生命力更加强劲、更加旺盛。

从 2018 年首钢京唐公司开启全面实现"四个一流"目标的新征程，到 2019 年首钢建厂百年、京唐公司投产十年的重要时间节点相叠，再到 2020 年抗击新冠肺炎疫情、全面推进高质量发展，全体干部职工不忘初心、牢记使命，用汗水和心血建成年产能 1370 万吨钢的沿海钢铁大厂，以"首屈一指的钢"服务北京冬奥、大兴机场、雄安新区，推动公司成为践行京津冀协同发展战略的先锋力量。

这些辉煌的成就，是首钢京唐公司坚持文化自强和文化自信的丰硕成果，更是企业精神文化的立足点。

当前，新时代与大变局交互，危与机并存，能否在激烈的市场竞争中占据主动、逆风而上，需要文化的指引作旗帜，需要文化的坐标作标尺，需要文化的力量作支撑，不断将企业知识形态生产力转为物质形态生产力，为企业高质量发展聚力铸魂。为此，编写《首钢京唐公司企业文化建设故事案例》（第二卷），持续码高厚重书卷，写尽京唐风华，讲好京唐故事，展示文化强企，共同守护京唐人的精神家园。

相信未来之京唐，在企业文化的引领下，必将汇聚成全面实现"四个一流"目标的澎湃势能，激励全体干部职工在前进的征程中乘风破浪、一往无前！

本书编委会

2020 年 12 月

目　录

第一章　凝炼价值理念

第二章　厚植文化积淀

第三章　深耕践行融入

第四章　弘扬以人为本

第五章　传播品牌文化

第六章　衔接建设管理

第一章　凝炼价值理念

企业文化既具有相对稳定性和连续性，又在企业发展中不断吸取精华、融合变化。首钢京唐公司自 2005 年成立以来，传承和发扬首钢优良传统，逐渐铸就了"不辱使命、不畏艰险、不屈不挠"的拼搏精神，形成了"理念先行、崇尚科学、精细苛求、追求卓越"的企业价值观，打造了"敢为先、严为本、实为魂"的京唐文化，凝炼了"自信自觉、开放包容、共建共享"的企业品格，笃定了"忠诚、感恩、激情"价值追求。

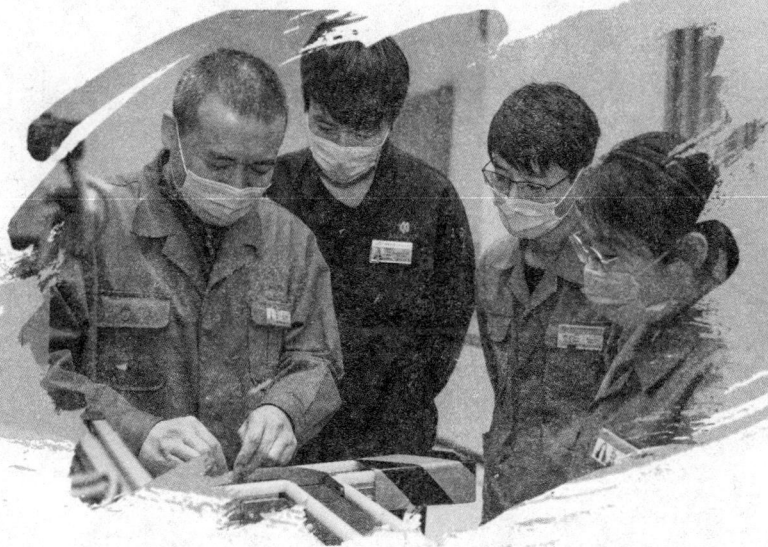

加强党建思想政治工作
引领企业高质量发展

——中国冶金政研会首钢京唐公司现场交流会经验介绍

邱银富

（2019 年 9 月 9 日）

习近平总书记指出，"提高党的建设质量，是党的十九大总结实践经验，顺应新时代党的建设总要求提出的重大课题"。首钢京唐公司成立于 2005 年 10 月 9 日，2010 年 6 月一期主体工程全面竣工投产，2019 年 8 月，一、二期工程全线贯通。2011 年 12 月 1 日，首钢京唐公司党委成立。目前设有基层党委 17 个、党支部 113 个、党小组 362 个，共有党员 4055 名，占职工总数的 40%。党的十八大以来，首钢京唐公司党委以习近平新时代中国特色社会主义思想为指导，用高质量党建思想政治工作引领企业高质量发展，产品结构不断向高端迈进，形成了汽车、镀锡、热轧、中厚板、冷轧涂镀五大产品系列，高级别耐候钢和车轮用钢达到国际先进水平，家电板国内市场占有率名列前茅，汽车板实现向宝马、大众等国内合资车企批量供货，镀锡板具备国内强度最高、厚度最薄的生产能力，市场占有率进入国内前三名。获冶金产品质量"金杯奖"22 项次，其中有 4 项获"特优质量奖"；践行循环经济和绿色发展理念，实现了能源高效转换、海水高效转换、工业废气高效转换，被评为"国家级绿色工厂"；市场竞争力有了质的飞跃，2014 年以来连续盈利，2018 年实现利润 19.5 亿元；先后被评为北京市思想政治工作优秀单位、全国"十二五"企业文化建设优秀单位、第五届全国文明单位。

一、研学理论与创新实践贯通，做实"理论武装工程"，在政治思想引领上高站位，不断增强企业高质量发展的定力

习近平总书记指出，"理论学习要做到学、思、用贯通，知、信、行统一"。用科学理论武装人是首钢党建的优良传统和定海神针。首钢京唐公司党委始终把学好习近平新时代中国特色社会主义思想作为首要政治任务，深学深悟，立言立行，努力学出方向、学出目标、学出思路、学出胸怀、学出担当。

首钢京唐公司是我国钢铁行业结构调整、产业优化升级以及城市钢铁厂搬迁的重大示范项目，是京津冀协同发展的排头兵，承载着党和国家领导人的殷切期望，一直受到党和国家的高度关注，先后有48位党和国家领导人来此视察。习近平、李克强、胡锦涛、温家宝视察并作出重要指示，提出了"低成本生产高附加值产品"的发展要求和"高起点、高标准、高要求""产品一流、管理一流、环境一流、效益一流"的建设目标。首钢京唐一期工程集中采用了220项国内外先进技术，其中自主创新和集成创新达三分之二；二期一步项目开发创新技术50项，能否建设好、驾驭好单体规模1370万吨代表21世纪先进水平的钢铁厂，不仅是一项重大的经济任务，更是一项重大的政治任务。我们必须提高政治站位，增强"四个意识"、坚定"四个自信"、做到"两个维护"，从讲政治的高度认识和把握高质量发展的责任与担当；必须强化理论思维，树立历史眼光，以"五位一体"总体布局、"四个全面"战略布局统领企业高质量发展；必须毫不动摇地坚守党建思想政治工作的方向，切实做到把方向不跑偏，管大局不错档，保落实不松扣，不断增强政治领导力、思想引领力、群众组织力、动员号召力，在企业高质量发展实践中构筑党建思想政治工作新优势；必须不断破除阻碍高质量发展的思想观念和思维方式，既要破除与市场经济相悖的旧的思想障碍，也要破除不适应经济发展新常态的思维定势和经营管理理念，用高质量发展的全新理念引领科技强企、质量强企、人才强企、文化强企战略实施；必须不折不扣地抓好领导班子建设的高质量，切实做到政治上高站位，思想上高境界，作风上高标准，工作上高追求，知重负重，攻坚克难，带头创建高质量发展的良好政治生态。

在"不忘初心、牢记使命"主题教育中，首钢京唐公司党委把学习教育、调查研究、检视问题、整改落实贯通起来，紧紧围绕全面实现"四个一流"目标，奔着问题去，聚焦问题查，对照问题改。公司党委班子确定调研课题13个，班子成员带头到基层一线调研，与17名基层党委书记、300余名党员座谈交流，制定措施50项，解决实际问题45个。我们还将基层党委书记会从"室内"搬到"现场"，每月一个主题，聚焦一项重点工作，确保两级党委把方向、管大局、保落实的高质量。基层党委、党支部以及作业区，哪个方面的工作吃力、出现短板，就组织基层党委书记和党群部门把脉会诊，找到突破口，有力推动了二期工程建设、产品开发、降本增效、本质化安全等重点工作落实，为企业高质量发展提供坚实的组织保证。

二、政治工作与中心任务贯通，做实攀登高端的"动力工程"，聚焦难点，深度融入，不断增强创新创优创业的动力

习近平总书记强调，"推动经济高质量发展，要把重点放在推动产业结构转型升级上，把实体经济做实做强做优"。首钢京唐公司瞄准国际标准，聚焦高端技术、高端产品、高端市场、高端用户精准发力，汇集创新资源，营造创业氛围，努力培育最具世界影响力的钢铁企业。

（一）"责"字当头压担子

首钢京唐公司党委坚持围绕中心抓党建、抓好党建促发展，全面担起发展之责，谋发展之策、明发展之理、造发展之势、聚发展之力、解发展之难，全方位融入和服务，全过程引领和保证。针对管理架构不适应企业高质量发展的短板，积极推进组织机构扁平化，压缩管理层级，实行作业区指标、责任、考核三位一体管理，形成层层传导压力、层层履职尽责的管理新格局，2018年，全员劳动生产率达到1081吨钢/（人·年）。2019年，面对国际贸易摩擦升级、钢铁市场下行的严峻形势，公司党委成立全面实现"四个一流"目标领导小组，设立产品、管理、环境、效益一流推进组，制定任务书、时间轴和配套激励措施，有序有力有效推进落实。2019年上半年，公司实现利润 7.4 亿元，为完成全年任务奠定了坚实基础。

（二）"破"字当头换脑筋

几年来，首钢京唐公司党委聚焦高质量发展和全面实现"四个一流"目标，持续开展"解放思想、不忘初心、积极进取"行动学习，引导干部职工充分认识高质量发展的必要性、艰巨性和紧迫性，破除安于现状、盲目乐观、消极懈怠情绪和粗放管理行为，树立进取意识、忧患意识、责任意识、精品意识，努力赶超先进、练好内功、提升效率和价值，形成了推进高质量发展的良好氛围。广大职工累计提合理化建议 1 万多条，解决现场难题 3420 个，总结最佳操作法 124 个，创造经济效益 1 亿多元。

（三）"比"字当头补短板

公司坚持"跳出京唐看京唐"，全面审视自己在国际、国内钢铁行业中的坐标位置，瞄准国际国内先进企业，确定了涵盖主要工序的 66 项对标指标，建立进度、预警、通报与检查反馈机制，实现了对标管理体系常态化运行。做到同口径指标直接对比，不同口径指标从严后再对比，全面整改指标差距背后的管理和技术问题，在 66 项可比经济技术指标中有 35 项优于或与标杆企业持平。

（四）"创"字当头解难题

针对高端产品生产关键工艺技术掌握不足、难点问题久攻不克的问题，首钢京唐公司实施"首发+领先"的研发模式，推进高技术含量、高附加值、高档次精品板材生产。2018 年开发新产品 66 项，其中 3 项国内首发、6 项国内领先，产品由跟随型向领先型迈进。如首钢京唐成为邦迪管路公司的主力供货商，迈过细分市场的高门槛，在通向蓝海的航道上行稳致远。与此同时，公司积极推进智能工厂建设，球团智能控制稳定运行、高炉炉温精准控制、炼钢浇铸无人值守、智能仓储系统和产销一体化项目投入运行。实施海水直流冷却发电、海水脱硫、低温多效海水淡化、海水化学资源综合利用、海水淡化生活饮水五个项目，形成了海水综合利用和建设绿色钢铁梦工厂的经典范例。创建了 52 个职工创新工作室，骨干成员达 850 人，累计完成攻关课题 1650 项，取得科研成果 268 项，获得专利授权 325 项。

三、党心与民心贯通，做实"同心圆工程"，强化人文关怀，多办办好实事，不断增强企业与员工共创共享高质量发展的合力

习近平总书记指出，"问题是时代的声音，人心是最大的政治"。我们党最大的力量在人心，最大的优势在人心，最牢靠的基础在人心。党心连民心，万众一条心。首钢京唐公司沿海建厂，离城市较远，职工生活条件有诸多不便。多年来，公司各级党组织积极探索党心连民心的党建模式，持续构建以"家园""心田""鹊桥""聚力"为主题的"同心圆工程"。

（一）既重视职工物质层面需求，又重视精神层面需求

以"企业+市场化"的方式解决职工医、食、住、行等方面的生活需求。在曹妃甸区建设住宅2392套、厂前宿舍2374套，并组织职工在曹妃甸工业区团购住房；建设了5个生活服务区、8个智能化自助化餐厅，满足两万余人多样化、个性化就餐需求；通过社会化招标方式，租赁3家专业化公司近200辆通勤车，保障上万名职工通勤；建设了学习中心、图书室、体育场、游泳馆等文体活动中心，建立"心灵驿站"，开展心理疏导讲座和心理解压活动，受到职工们广泛欢迎。

（二）既量力而行，又千方百计

建设和投产初期，公司口袋里钱不多，但千方百计满足职工基本的生活需求。近两年，随着公司经济效益的提升，加大了职工生活保障的投入，修缮厂前区宿舍，更新增添设施，提高职工居住舒适度，建设钢城怡园、温室大棚和花海项目，形成规模集中、功能齐全、环境优美的园林景区。

（三）既注重解决共性问题，又注重解决个性化问题

公司年轻职工较多，子女教育、入学入托是他们最关注的大事。为此，公司与首实幼教中心、北京景山学校及政府相关部门主动对接，不厌其烦，不遗余力，反复协商，帮助职工解决了后顾之忧。针对青年职工婚恋难题，实施"鹊桥"工程，组织"爱心红娘"牵线搭桥，建设"京唐之约"服务网络和微信群等平台，与曹妃甸区政府机构、企业、医院、高校举办青年交友联谊活动，连续7年举办集体婚礼，300余对新人情定京唐。在做好广大职工

切身利益保障工作的同时，加大对特殊群体的扶助力度，做好"一人一事、一岗一题、一事一议"的工作。针对有的职工家属没工作、家庭存在不稳定因素的情况，积极联络曹妃甸区人力资源和社会保障局，举办职工家属专场招聘会，为400多名职工家属找到了合适的工作。

（四）既行职工共享之事，又明企业共创之理

连续7年组织职工家属上岛观摩，让大家感受首钢京唐的发展和进步，感悟企业更美好的未来，坚信幸福生活需要大家共同创造的道理。2019年临近春节，千余名建设者依然奋战在二期工程建设第一线，在得知大家春节买票困难、无法回家的情况后，公司党委高度重视，调派24辆通勤车送1000多名建设者回家，送达地涉及湖北、四川、江苏、黑龙江等16个省份、88个市区，往返总里程5.1万公里，受到社会各界广泛赞誉，激发了广大职工感恩首钢、忠诚京唐、共铸"首钢京唐梦"的豪情与斗志。

四、继承与发展贯通，做实"文化根脉工程"，推进社会主义核心价值观落地生根、成风化人，不断增强企业追求卓越的张力

习近平总书记强调，"不忘本来，才能开辟未来，善于继承，才能更好创新"。首钢是个有着百年历史的国有企业，植根于中国特色社会主义伟大实践的先进文化积淀非常深厚。2005年2月18日，国家发改委正式批复了首钢搬迁调整方案，拉开了京唐钢铁厂的建设序幕。曹妃甸原来只是一个涨潮时仅两平方公里的带状沙岛。当时工地上茫茫黄沙一片，住帐篷，沐海风，喝水吃饭都是难题，施工条件非常艰苦。工程建设者肩负"续写百年历史、再创首钢辉煌"的光荣使命，战酷暑、斗严寒，风餐露宿，在茫茫大海上吹沙造地，实现了沧海变桑田的人间奇迹。如果没有首钢人"敢闯、敢坚持、敢于苦干硬干""敢担当、敢创新、敢为天下先"的首钢精神，没有"为有牺牲多壮志，敢教日月换新天"的英雄气概，没有"一天打八仗、三天不卸甲"的顽强斗志，没有舍小家、顾大家，一切服从党安排的大局情怀，就没有今天30平方公里的现代化海上钢城。实践证明，越是市场化、全球化、网络化，越是要深植社会主义核心价值观，弘扬中国精神。

企业文化是企业的根基和灵魂，传承和发展优秀的企业文化是更深层次的思想政治工作。公司党委根据首钢企业文化建设"十三五"规划要求，紧紧围绕"四个一流"高质量发展的实际，强化教育引导和实践养成，努力把社会主义核心价值观和企业精神、企业作风、企业理念转化为情感认同和行为习惯，让首钢优秀传统展示出永久魅力和时代风采。

（一）将企业文化建设与企业管理相融合，推进企业文化建设常态化

2013 年，针对我国钢铁行业的"寒冬"形势，公司着力培育践行曲线文化和尺子文化，在每月的经营活动分析中，突出以曲线为特征的横向分析，把生产技术经济等指标数据绘成曲线进行横向研究，对比总结经验；以国内先进钢铁企业为尺子标杆进行纵向对比，量一量与先进企业之间的差距，为实现公司达产达标目标提供了动力，2014 年一举扭亏为盈，2015 年实现降本增效 11.67 亿元，抵御住了市场寒冬的冲击。

（二）将企业文化建设与创造精品、优质服务结合起来，推进企业文化品牌化

品牌是一个企业乃至国家的名片。首钢京唐公司不断强化从传统长材到精品板材的思想转化，不断培育以质量和信誉为核心的品牌意识，大力宣传有情怀、有温度、有品位的创品牌故事，扩大"首钢京唐"的社会影响。多年来，新华社、人民日报等主流媒体纷纷聚焦首钢京唐公司，持续报道在搬迁调整、京津冀协同发展、绿色发展等方面的成果，央视四套播放五集系列片《百炼成钢》，全面展示了"首钢京唐"的良好形象，引发了国内外及社会各界广泛关注。

（三）将企业文化建设与内心情感升华结合起来，推进企业文化人格化

宁静孕育远大。首钢京唐公司让职工心中不仅有"铁水奔流""钢花飞舞"，也要有海风轻轻吹、海浪轻轻摇的心灵港湾。为庆祝首钢建厂百年、京唐公司投产十年，公司举办以"十年筑梦、百年辉煌"为主题的 30 多项热烈、祥和、接地气、高品质的系列活动，重温企业的发展历程，描绘心中的美好未来，点燃接续奋斗、再创佳绩的激情，尽情展示"面朝大海，春暖花开"的诗意人生。

情怀是挡不住的诗意，榜样是看得见的哲理。通过开展"京唐十大杰出青年""京唐榜样"等评选活动，评选表彰先进模范人物550余人、"京唐榜样"人物56名，打造了以"京唐故事""京唐人物"为代表的系列文化产品，深情演绎了首钢京唐人拼搏奉献、砥砺奋进的精神风貌，鼓舞和激励大批年轻人为梦想不懈奋斗。

（四）将企业文化建设与日常生活结合起来，推进企业文化故事化

50多岁的张维中是热轧作业部的机械点检员，为了提升1580毫米精轧机窜辊系统功能精度，他吃住在厂区，连续一个多月没有回家，错过了为女儿参谋填报高考志愿的机会，这成为了他心里对女儿最大的亏欠。然而女儿并没有埋怨过他，为了离父亲近一点，她报考了北京科技大学，打算毕业后来京唐公司工作。最终，女儿如愿被北京科技大学录取。公司将这样感人的故事在职工中宣讲，有的拍摄成微电影在微信平台播出，引起了极大反响，广大职工心系京唐，情系京唐，心同情同，感同身受。

五、企业提质提效与职工队伍提素贯通，做实人才成长的"立交桥工程"，大力培养知识型、技能型、创新型新人，不断增强企业"第一资源"的实力

习近平总书记指出，"创新是第一动力，人才是第一资源"。首钢京唐公司坚持实施人才兴企战略，着力建设观念新、作风硬、技术精、创新强的人才队伍，支撑企业提质提效高质量发展。

（一）严格标准选好人

按照习近平总书记提出的"信念坚定、为民服务、勤政务实、敢于担当、清正廉洁"的20字标准，以组织选拔为主，公开竞聘为辅，多渠道、多层次、多侧面深入了解干部，既在"大事"上看德，又在"小节"中察德。对领导人员、中层管理人员和专业技术人员，分别建立业绩考核与民主测评、分组互评相结合的多维度年度综合评价等人才评价模式。大胆选用年轻干部，给任务、压担子，在经营生产攻关中"墩苗"。

（二）双重激励留住人

伟大的事业对高端人才永远是第一吸引力。以此为人生价值导向，首钢京唐公司大力营造尊重人才、尊重知识、尊重创造的环境和氛围，突出重点人才重点激励、优秀人才优先激励导向。对一线职工"首钢京唐工匠"王建斌、张维中每人给予一次性奖励5万元，每月享受职务津贴8000元，并在办公住宿、通信补贴、出差待遇等7个方面享受核心技术技能人才待遇。

（三）组织攻关重用人

实施"蓝精灵"项目，项目团队核心小组成员由首席专家、专业专家等领军人物组成，专职攻关团队由技术带头人、博士和具有高级职称的专业技术人员组成，职责就是把握相关领域技术的发展方向，解决现场重大和共性技术难点问题，实现相关领域技术的重大突破。刘延强是北京科技大学冶金工程专业博士研究生毕业，他带领团队成员先后攻克"降低'全三脱'工艺总渣量""提升钢水洁净度"等多项难题，2017年获"北京市青年骨干个人项目"资助，先后获河北省冶金科技奖、首钢管理创新成果奖、首钢科技奖等多项荣誉。

（四）高端竞技淬炼人

首钢京唐公司总经理助理吴礼云带领团队攻坚克难，开拓创新，实现了我国钢铁厂余热海水淡化从无到有的突破，在2016年青岛国际脱盐大会上，高票获第一届"中国制水大工匠"荣誉称号。1986年出生的王海龙，是冷轧作业部机电设备运维作业区检修工，他潜心学习，在国内氩弧焊领域的全位置焊接技术上率先取得了重大突破，在2017年中德"北京·南图林根"焊工对抗赛中，获得熔化极气体保护焊第二名。荣彦明曾是热轧作业部精轧操作工，他刻苦攻关，成功轧制了超薄规格等30多个难轧钢种，从一名操作工迅速成长为轧钢高级技师，荣获"国企楷模·北京榜样"十大人物、"全国五一劳动奖章"等荣誉称号。

六、专业系统与基层一线贯通，做实"堡垒先锋工程"，夯实基础，打造精品，不断增强基层党建思想政治工作创新活力

习近平总书记指出，"全面从严治党在国有企业落实落地，必须从基本组

织、基本队伍、基本制度严起"。基层党支部有力量，党建思想政治工作才会接地气、有作为。公司党委把质量标准、质量管理、质量评价贯穿于基层党建的全过程，不断增强基层党支部战斗堡垒作用。

（一）健全体系，支撑质量提升

围绕企业发展的中心任务，以增强竞争力为目标，以提升组织力为重点，以转化为生产力为途径，运用"严、专、实、真"四字工作法，构建党建工作体系。建立了以各级党组织党建工作责任书、党委年度党建工作任务清单为内容的责任体系；从党建工作指标体系、基层党委年度民主测评、月度绩效考核三个维度对基层党委抓党建进行科学评价，形成党委统一领导、与公司治理结构紧密对接、上下贯通、规范运行的党建工作体系，打通服务基层、服务群众渠道，推进党建与中心工作有机融合，获北京市国企党建研究会调研课题一等奖。

（二）完善制度，规范质量提升

标准决定质量。公司紧密结合单位实际情况，推进党支部标准化建设，严格落实"三会一课"、民主评议党员、谈心谈话等基本制度，积极推行领导干部讲党课、主题党日，拓展"微党课"、党员"e 先锋"等平台，以党支部为单元创建党员活动室，夯实党支部建设的"四梁八柱"，形成了以"把握方向、推动发展""强化建设、做好表率""落实制度、夯实基础"为主要内容的党支部建设工作规范和长效机制，持续推进基层党建工作上水平。

（三）目标导向，引领质量提升

开展党员"领跑计划"活动，组织每名党员围绕思想作风、业务技能、岗位业绩、遵章守制和服务群众，找准问题和差距，确定领跑具体内容，每年提升一小步，五年提升一大步。同时，制定可量化评价的《党员积分管理办法》，进行试点，实现对党员全方位评价。

（四）特色创建，助推质量提升

炼钢作业部党委探索"将支部建在产线上"的举措，围绕现场安全、工艺操作、技术指标、设备功能精度等破解难题 236 项。热轧作业部党委强化党建与经营生产深度融合，倡导"精准用好每一秒、杜绝浪费每一秒"的"秒"文化，最大限度地释放热轧产能。2018 年以来，热轧作业部两条产线先后打破日产卷数、日产重量等纪录 40 次。

（五）典型示范，激励质量提升

以"创建示范点"活动为主线，努力打造基层党建工作升级版。运输部党委开展"旗帜领航""文化护航""人才助航"特色实践，构建了党支部、党小组、党员责任区与党员群众"心连心"大网络。20 个党小组 243 名党员犹如星星之火，闪耀在运输部每个站点，涌现出"机车医生""学习标兵""创新之星""铁道卫士"等一批"工作之星"。

（六）互联网思维，创新质量提升

充分发挥互联网的优势，支部联一片，党员联身边，领导联基层，网络联全天。群众线上点单、干部线下服务，党建工作精准聚焦、精准发力、精细管理、精细服务。充分发挥新媒体快捷、双向、互动优势，策划"我是首钢京唐，这是我的名片"文案，多视角深层次地展示京唐的发展变化，广大职工看后由衷地说"我点赞""我骄傲""我祝福""我幸福""我自豪"。采用新媒体直播集体婚礼、新年晚会、京唐故事、企业展览等活动 30 场，访问量达 40 万人次。在中国首届企业自媒体大会上，首钢京唐公司获新媒体金锐奖。

习近平总书记在党的十九大报告中强调，"伟大斗争，伟大工程，伟大事业，伟大梦想，紧密联系、相互贯通、相互作用，其中起决定性作用的是党的建设新的伟大工程"。这一论述，深刻阐明了"四个伟大"之间的逻辑关系。国有企业是高质量发展的微观基础和主战场，首钢京唐公司的实践证明，国有企业在改革发展进程中，必须将党建思想政治工作与中心工作贯通起来、结合起来，丰富新内涵，增添新动力，拓展新领域，提升新境界，用高质量党建思想政治工作引领企业高质量发展。只有以高质量党建思想政治工作引领，才能实现国有企业全方位、全要素的高质量发展。

问渠哪得清如许，为有源头活水来。我们要深入学好习近平新时代中国特色社会主义思想，不忘初心，牢记使命、坚定不移地推进企业党建思想政治工作创新，为实现新时代党的历史使命作出新贡献！

（《关于以"六贯通六做实"加强国有企业党建思想政治工作的探索与实践》获中国政研会 2019 年度三类优秀研究成果）

人企共进有新天

——首钢京唐公司党委倡导"忠诚、感恩、激情"价值追求纪实

杨 景

企业发展的脚步，总是在文化的不断丰富和积淀中更铿锵、更厚重。

"在全面实现'四个一流'目标、建设最具世界影响力钢铁厂的伟大事业中，每名京唐人要把'忠诚、感恩、激情'作为价值追求，落实到一言一行及各项工作任务中。"

这是凝心聚力的新呼唤，是接续奋斗的新期许，更是企业发展的强大支撑和根本要求。

伟大的事业，需要共同的价值追求。"忠诚、感恩、激情"，正在为跨入发展新阶段的首钢京唐公司注入新的动力，释放源头活水。

忠诚——写给初心的诗

"天下至德，莫大乎忠。"忠诚，是一种纯粹的品质，纯粹到唯一、彻底、不掺任何杂质——这正是对初心最好的诠释。

2010年7月18日，习近平总书记视察首钢京唐公司时勉励公司要"低成本生产高附加值产品"，为公司发展指明了方向。

"总书记的期望就是京唐公司'产品一流、管理一流、环境一流、效益一流'发展目标的最终指向。"公司党委指出，"京唐人的初心和使命就是强企报国，全面实现'四个一流'目标，建设最具世界影响力钢铁厂，实现钢铁强国梦。"

"每次想起都非常激动，总书记就站在我身后！"已经工作了十二年的炼铁部热风炉岗位主控工王辉对当年习近平视察的情形记忆犹新。现在，高炉富氧率、煤气利用率等炼铁指标达到行业领先水平。对这样的成绩，王辉目光很坚定："每个人都有一种使命感，在这样一流的企业，我们必须坚定不移地朝着目标努力。"

对强国梦想的孜孜以求，对初心使命的坚守担当，是京唐人忠诚的根。

彩涂板事业部生产技术室专业人员陈武是一位53岁的老职工，2009年从石景山来到了曹妃甸。当他得知京唐公司正在调试的MCCR产线是世界首条多模式全连续铸轧生产线时，一下子激动了："在轧线上干一辈子了，没想到全无头轧制的梦想在京唐实现了！"

打造绿色钢铁，对首钢京唐公司来说是自身需要和社会责任，而"中国制水大工匠"吴礼云则把它视为自己的使命。"要实现环境一流，成为环境友好、服务社会、资源节约型的绿色生态示范工厂。"公司副总经理吴礼云坚定地说。

早在2006年，为掌握海水淡化技术，他便向外国专家"取经"，但收获甚微。吴礼云下定决心，带着团队日夜鏖战，最终攻克海水淡化难题，实现了我国钢铁厂余热海水淡化从无到有的突破。2018年，首钢海水淡化与港珠澳大桥、蛟龙号等项目一起荣膺"全国优秀海洋工程"。

忠诚，让初心始终火热，让使命始终发光。

2019年10月，在首钢高炉上料岗位工作了整整四十一年的炼铁专业工程师董志宝退休了。"我1978年9月进入首钢，2007年到京唐公司，一直没有离开过上料岗位。"谈到自己的经历，董师傅很是感叹，"在首钢很踏实、也很充实。"

2007年，董志宝被分配到京唐公司参与建设5500立方米的大高炉。"世界级的大高炉，还有最前沿的技术、理念，我就一种感觉，我们的钢铁强国梦快实现了。"

地点换了，但忠诚未改；年龄变了，但使命仍在。

当时，公司计划采用世界上最先进的高炉无料钟炉顶技术。技术被封锁、没有经验，那就摸索着干，董志宝和团队一起自主设计、自主制作、自主测试，硬是成功研发出高炉无料钟炉顶技术，一举打破了国外技术垄断，使高炉装料效率成倍增加，布料更精确，生产更稳定。2012年，董志宝研究的高炉改进型布料溜槽投入使用，进一步提高了布料精度，使用寿命比行业标准翻了一倍多。

从石景山到曹妃甸，老师傅经历了从料钟炉顶、料车上料，到无钟炉顶、皮带上料的转变，也见证了从中小型高炉到超大型高炉的巨变。"每天都看京唐的消息。3月份两座高炉月产量还破纪录了，真棒!"退休后的董志宝初心不改，依然痴迷着技术研究，"就是喜欢炼铁、喜欢技术。"

没有轰轰烈烈，却用一生标定了忠诚的分量。

拓宽时空的视野，可以看到：从创业时期的"建设新首钢，煮酒论英雄"，到投产后面对全球金融危机、钢铁市场"寒冬"和外部舆论质疑的毫不动摇、自主探索；从达产达效后的放眼世界、对标先进，到高质量发展阶段的做大蛋糕、协同运行，京唐人无论流汗还是流泪，无论挫折还是顺利，都一直将初心放在胸间，笑纳风雨、伸展枝芽。

合着时代的节拍，经历时间的淬炼，京唐人用一腔家国情、爱企情，建成了年产能1370万吨钢的钢铁大厂，以"首屈一指的钢"服务北京冬奥、大兴机场、雄安新区，成为践行京津冀协同发展战略的先锋力量。

2015年7月4日，《人民日报》在头版头条位置刊登了《首钢搬迁里外一新》文章，展示了首钢搬迁到曹妃甸成立京唐公司实现转型升级的辉煌跨越，这一新闻迅速成了京唐人讨论的热门话题。现在的质检监督部部长王莉当时还是制造部技术管理处处长，从韩国浦项科技大学留学回国后，她主动来到首钢京唐公司："这里有中国钢铁业的未来。"

2019年6月，在首钢京唐公司投产十周年之际，央视四套《走遍中国》栏目以亚洲版、欧洲版、美洲版同期播出《百炼成钢》，向世人展示了首钢搬迁河北曹妃甸后打造具有世界一流水平海上钢城的历程，再度引起了强烈反响。热轧部2250作业区党支部书记陶哲亮看到纪录片非常激动："一直心潮澎湃，作为首钢职工，我感到自豪。"

京唐人对党和人民的坚定立场，对钢铁事业的矢志不渝，对目标愿景的强大信心，皆源自于铸入灵魂、融入血脉、浸入骨髓的忠诚——那是写给初心的诗。

大局面前有真忠诚，关键时刻有真担当。

2020年，新冠肺炎疫情突如其来。

疫情就是命令，防控就是责任。公司党委坚决把职工生命安全和身体健康放在第一位，把疫情防控作为当前最重要工作，统筹推进疫情防控和经营生产。

"今年公司全面推进高质量发展，是爬坡过坎的关键一年。现在疫情叠加，困难增多，我们更应该越是困难越向前！"每天的视频会上，公司领导都在向全体职工传递信心决心。

"疫情当前，如果需要我，我愿意像一名战士一样，为首钢京唐公司抗击疫情贡献一份自己的力量！"炼钢部板坯库作业区丙班职工张强拿着自己的医师资格证和医师执业证找到公司办公室，掷地有声的话语感动着现场所有的人。

"我是党员，我先上！""人手不够，我来顶！"设备部党委书记李春风大年初四就从北京急匆匆返回了公司，组织系列检修中的备材供应、生产调用、人员力量，直到4月3日才回到家中。家住唐山市区的时任制造部部长林绍峰1月31日返回公司，连续奋战38天后，终于在3月初的周末回到家中，与家人短暂团聚后又匆匆回到单位，投入到钢轧产线调试中。热轧部电气自动化点检工程师吕进伟1月30日就回到了岗位，每天早出晚归，穿梭于两条热轧产线之间，一干就是一个月，被同事们戏称为"24小时都在线的'战神'"。

……

每个岗位都是阵地，每名职工都是战士。强大的战斗力，为公司带来了首季开门红。他们的每一点努力，都会成为京唐向目标冲刺、向梦想奔跑的重要能量。

牢记使命，强企报国。细细品读京唐人用忠诚书写的诗行，越来越让人沉醉。

感恩——谱下共进的曲

感恩，起始于天地自然的馈赠和人性良知。它是立身之本，是一种美德，一种价值取向。源于感恩，人与企业方可同频共振、相融相进。

提起张新国，有人说，他已经成了一种精神、一种文化。这个曾获得全国劳动模范、北京市优秀共产党员等一系列国家、省市级荣誉的炼钢工，这位父母、哥哥、姐姐、姐夫、爱人都是首钢人的老职工，经常深情地说："首钢养育了我们全家，我们也把青春献给了首钢。"

1982年，19岁的张新国接父亲的班，进入了首钢。在炼钢工的岗位上，张新国快速地成长着。2008年6月19日，在老首钢炼钢一线摸爬滚打26年后，张新国主动请缨来到首钢京唐公司，发出豪情壮语："我要亲手炼出曹妃甸的第一炉钢，为实现党中央、国务院提出的'四个一流'目标作贡献。"2009年3月13日，当张新国看到第一炉金黄色的钢流飞流而下时，他抹去激动的泪水，立刻给80岁的父亲打电话："爸，炼成了！"电话中，老父亲的声音已经颤抖："炼成了！炼成了！"

与张新国同样有名的还有他的"劳模茶室"。平时，同事们总会聚在那里喝茶、聊天，更多的则是谈工作。攻克"全三脱"和全干法除尘这两项世界上最先进的炼钢工艺，就是在茶室"聊"出来的。

2019年1月，张新国光荣退休。但他的茶室仍然和以前一样门庭若市。屋里的陈设几乎没有变化，只有茶室的主人换成了他的徒弟陈香。

"师傅教给我的不仅仅是如何炼钢，更重要的是如何做一个对企业有用的人。"当过兵的陈香话语直接、朴实。

"做一名'金牌'炼钢工"是陈香的梦想。这几年，他带着师傅的教诲，努力着、成长着……现在的他，也先后获得"首都五一劳动奖章""首都市民学习之星""首钢劳动模范"等多项荣誉。2019年9月，1号脱碳转炉"服役"冶炼6349炉后，实现全炉役复吹比100%，达到0.00156的国内领先水平。陈香把这个好消息第一个告诉了张新国。电话那头沉默了半响后，传来了几声哽咽。

感恩，在一代又一代接续中，催生着行动，勃发着力量。

热轧部 1580 作业区乙班职工郭建璐一直珍藏着两张照片——他们班组的集体照，拍摄时间却相隔了整整十年。"从校园走出来已经十年了，我们有幸与京唐一起成长！"郭建璐笑着说。

在热轧 1580 产线耐候钢试制过程中，郭建璐和班组成员下夜班后集体放弃休息，与接班的同事共同学习研究。谁困了就用冷水洗洗脸，一连数天，没有一个人喊累，更没有一个人放弃。2019 年，1580 产线成功完成 1.2 毫米耐候钢极限规格试制，达到设计极限。

"就像睡上下铺的兄弟啊。跟兄弟们一起打指标、破纪录，多痛快！"说着，郭建璐的眼圈有些发红，"我们的梦想已经种在了京唐，以后仍然会一起挥洒汗水和热血！"

感恩的滋养，让梦想的种子在京唐这片沃土上尽情地吸收营养，深深地扎根、茁壮地成长。

职工感恩企业，企业感恩职工。放眼望去，30 平方公里的钢城大地早已氤氲在以人为本、共建共享的浓度中。

2019 年 11 月 29 日，首钢京唐公司厂前候车大厅，人头攒动，一场职工家属专场招聘会正在火热进行中。一位前来应聘的职工家属高兴地说："我找到工作啦！特别感谢首钢京唐公司搭建的这个平台，解决了我们夫妻异地分居的困扰。"

正如人力资源部副部长韩建国所说，做好家属就业工作，就是为了消除职工后顾之忧，更好地留住人才。其实，这并非首钢京唐公司第一次举办这样的招聘会。2018 年至今，首钢京唐公司一共举办了 3 场职工家属招聘会，吸引了近 3000 人求职，600 余人达成就业意向。

首宝核力空间检测员张志全就是通过这样的方式顺利进入了现在的单位。"我原来在秦皇岛上班，妻子在京唐公司，很不方便。不过现在好了。"能和妻子同在一个地方工作，张志全很开心。

感恩来自心底。为职工谋幸福，万众则一条心。

走进厂前文体中心一楼的职工休闲图书馆，一股浓郁的读书氛围扑面而来。2019 年 7 月，图书馆刚一开馆，便吸引了众多职工前往。他们把图书馆当成"充电"的好地方，从书架上找到自己喜欢的书籍后，静静地走到书桌旁坐下，轻轻翻开阅读。

此外，图书馆还可以习字、品茗、作画……"好地方！有空了多到这儿来，提升知识和修养。"大家赞不绝口。

建设住宅、智能餐厅、学习中心、体育场、游泳馆、"心灵驿站"等，职工物质和精神需求更加满足；修缮宿舍、打造公园、建设钢城怡园、温室大棚和花海项目等，厂区环境越来越优美；帮助职工子女入学入托、解决青年职工婚恋难题、邀请职工家属上岛观摩等，职工满意度越来越高……

感恩情结在一举一策中濡化，共进力量在一点一滴中凝聚。

疫情期间，公司党委毫不放松抓实抓细疫情防控，全力以赴推进经营生产，全心全意服务职工群众。

自 2 月 3 日起，职工中午用餐凭公司发放的餐券免费领取，以减少人员聚集；2 月 14 日，公司为 80 名职工集中代开的日常用药和 20 位家属寄送的药品在大雪纷飞中运回京唐，解了大家的燃眉之急；2 月 20 至 22 日，每一位京唐职工都收到了一箱苹果和一箱耙耙柑，"京唐牌"水果瞬间甜蜜了所有人……

丰富可口的饭菜、及时到位的药品、温润好吃的水果……如同一颗颗"定心丸"，让全体职工安下了心。

一位坚守岗位无法回家的职工在自己的笔记中写道："家是魂牵梦萦，有我的牵挂，有我的儿女情长；家又近在咫尺，有我的事业，有我的责任担当。"

让坚守者有希望，让奉献者有荣光。进入 3 月，全国疫情控制积极向好，但仍不能大意和放松。而此时，习惯了两地"候鸟"生活的职工们已经留曹居岛一个多月。

允许职工回家，有一定风险；不允许，也在情理之中。抉择的路口，公司党委决定：重新开通曾经暂停的通勤班车，让省内低风险地区的人员回家。

3 月 6 日中午，18 辆首钢京唐公司通勤车载着与自己的家阔别月余的

"候鸟"们，前往唐山、秦皇岛。3 月 27 日下午，36 辆通勤车载着驻岛 2 个多月的京籍职工向首都奔驰而去。

公司领导专门来到返程的班车上，对大家说："你们辛苦了！谢谢！你们要平平安安地回家，平平安安地回来。"

"公司理解大家的心情，为我们提供了一个大大的方便！"炼铁部球团二作业区职工刘俊鹏在秦皇岛市区班车站点下车后，仅用 5 分钟就到了家门口。在门口站立了几秒钟，他敲开了家门。第一眼就看见父亲和躲在他身后的女儿。"小家伙"偷笑着，似乎准备好"躲猫猫"的游戏要开始。刘俊鹏洗了洗手后，走到父亲面前，突然一把将老人家抱起来。

"那是我第一次抱他老人家，他笑得很开心。"刘俊鹏回到公司后，提起这件事儿，一脸的幸福。

感恩，是诱发生命的感动，是唤醒心灵的真善。

心灯不灭，感恩常在。如此，温暖更有质感，人企更加和谐，纵然面对挑战，也必将化为机遇，硬核演绎出更多逆势上扬。

激情——唱响奋斗的歌

激情，就像燃烧的火焰，在我们奋进的征程中释放着灿烂的光芒。它是动力之源，让人高唱奋斗之歌，激荡梦想、超越自己、创造成就。

渤海湾，京唐公司向海而生。这也造就了京唐人似海一样胸襟广阔、激情奔涌。

2008 年 8 月，土生土长的北京人陈万忠来到京唐公司，立即与海结下了不解之缘。"临海靠港是京唐公司的天然优势，必须打通钢铁物流海上运输线路，实现我们首钢人产品'海运'的夙愿！"面对大海，陈万忠豪情满满。

一直从事铁路运输工作的陈万忠在港口管理上称得上是"白手起家"。他先后赴上海宝钢、湛江钢铁、青岛港等 10 多家港口走访交流，又根据公司产成品种类摸索、归纳出"田字形""井字形""一字形"装船方案，一时成为同行竞相学习的样板式"教科书"。而今，港口吞吐量达到每年 1570 万吨，成品码头已成为中国北方地区最大的精品钢材专业化码头。

人有激情，则敢于挑战；内心如火，则无所畏惧。

荣彦明，曾是热轧作业部精轧操作工。2008 年入厂以来，他凭借着不怕吃苦的劲头，成功轧制了超薄规格等 30 多个难轧钢种，从一名操作工迅速成长为轧钢高级技师。工程二期建设时，他被调入钢轧部负责新产线调试。

2020 年 2 月，在现场调试的外方专家因新冠肺炎疫情全部撤离回国，新产线调试计划被彻底打乱。

"有难题，自己解决！"那段时间，为解决镰刀弯跑偏堆钢故障，"早六晚十"成了荣彦明的标准工作时间。在现场，经常看到他蹲在轧机旁边，一手拿着笔记本，一手拿着笔，脚边放着一个响个不停的对讲机和一碗没有动过的方便面。半个月的时间，荣彦明"蹲"出了效果——3 月份实现零故障。

"要说有窍门，那就是'多看、多记、多想'。"荣彦明分享着经验，"不怕困难，怕也没用，不如解决它！"

1986 年出生的王海龙，是冷轧作业部机电设备运维作业区检修工。这个年轻的小伙子，凭着常人难以企及的热情，逐渐掌握了国内氩弧焊领域的全位置焊接技术。2017 年，他被推荐参加中德"北京·南图林根"焊工对抗赛。

一想到代表首钢奔赴德国，为国争光的兴奋和期待让王海龙在赛前训练中每天都神经紧绷。

早出晚归，披星戴月，是家常便饭；几个小时，岿然不动，是基本功。"焊接才是最重要的！"在老师的指导下，王海龙的技术水平不断提高。对抗赛中，他一举获得熔化极气体保护焊第二名的好成绩。

因为激情，让京唐人认准一个理——每一份工作都是追求出彩、实现价值的舞台。

不少职工的手机里都有一款软件叫做"倒班助手"，其开发者就是大名鼎鼎的焦化部职工贾兴宏。在刚入厂实习的时候，喜欢"鼓捣"的他就编写出了一个能够自动编排出焦生产计划及计算焦炉产量数据的软件，就连以严谨闻名的德国专家都对他竖起了大拇指。

"在生产现场找灵感，自我挑战、自我突破，这样能为公司作点贡献。"带着这个最朴实的想法，贾兴宏维修焦炉红外线测温仪、开发 LED 大屏幕专用软件、改进和完善四大机车程序……一个个奇妙的点子从他脑海中迸出来，又快速地变成现实。

一项项的小发明、一件件的小创造并没有让贾兴宏满足。"改进无止境!"他常常对自己这么说。

全自动对位控制板是焦炉四大机车"一键式"操作的核心部件，功能复杂、集成度高，一旦出现故障后，厂家只换新不维修，一台就 20 多万元! 贾兴宏对此动起了脑筋。他和同事多次尝试，绘制成了实物电路图，用仪器仪表逐个排查问题点，成功修复了故障原件，节省费用约 41 万元。

如果说，永不满足、不断攀登是点燃激情的火种。那么，享受工作、持之以恒就是保持激情的密匙。

供料部矿料作业区日班作业长李国光是 2008 年从唐钢进入京唐公司的。已经从事供料工作三十多年的他，平时少言寡语，但干起活来却浑身充满着激情和力量。

"他一直都这样，好琢磨，有一种钻劲儿。"李国光的妻子笑着说。

2017 年，供料部开始打造"星级皮带机"，但标准却苛刻得让人望而生畏。李国光鼓励大家："只要大家拧成一股绳，不可能就会变成有可能。"随后，他像着了魔一样，走遍了料场的所有料条，跑遍了所有皮带机。心里有了计划后，顾不得擦去脸上的汗水和矿粉，立即兴奋地和大家讨论起来，随后又马不停蹄地测量、改进……到年底，看着超额完成计划的 49 台"星级皮带机"，李国光露出了欣慰的笑容。

"他闲不住，就爱在现场改这改那。但是还别说，改了还都挺管用!"这是大家对李国光的一致评价。皮带防撕边检测器、可调整壁板控制落料点……渐渐地，"李师傅的改善"越来越多，不少部门都去参观学习。

"这个是狗牙式调偏器，经过几次改良，现在它能够便捷地解决皮带跑偏问题。""这是皮带自动清扫器，它可是大大地解放了劳动生产力啊!"李国光滔滔不绝地向参观者讲述着自己的改善，仿佛展示的是"珍贵的宝贝"。

有人问李国光，怎么会有那么多想法，三十年乐此不疲地跑现场、去改善？

李师傅的回答干脆利落：喜欢、享受。

把工作当成乐趣，每天都是快乐的。

2019年9月，中国冶金政研会在首钢京唐公司召开党建思想政治工作交流会。来宾参观厂区后，当天下午观看了公司职工自编、自导、自演的"庆祝中华人民共和国成立70周年、首钢建厂百年"文艺演出。他们纷纷称赞："京唐职工素质高、有才华！"一位老专家感慨："我看到了新时代钢铁工人的精气神。"

同样，在2019年首钢京唐公司投产十周年总结表彰大会上，公司的一位老领导致辞说：每一位京唐人都在前进的路上奔跑，把燃烧不尽的钢铁情怀，融入到首钢做优做强的事业中，用奋斗绽放自己的梦想之花。

忠诚、感恩、激情，涵养着京唐人的精神世界，架构起京唐人的心灵空间。未来，让我们每一名京唐人都怀着忠诚、带着感恩、燃着激情去奋斗、去拼搏，在新时代与大变局相互激荡中，描绘出更加波澜壮阔的新图景。

为全面实现"四个一流"目标注入新动力

——深入理解和践行"忠诚、感恩、激情"价值追求

首钢京唐钢铁联合有限责任公司

习近平总书记强调:"无论过去、现在还是将来,对马克思主义的信仰,对中国特色社会主义的信念,对实现中华民族伟大复兴中国梦的信心,都是指引和支撑中国人民站起来、富起来、强起来的强大精神力量。"

信仰、信念、信心,任何时候都至关重要。小到一个人、一个集体,大到一个政党、一个民族、一个国家,只要有信仰、信念、信心,就会愈挫愈奋、愈战愈勇,否则就会不战自败、不打自垮。

2020年3月11日,在首钢京唐公司机关党委年度工作会议暨作风建设推进会上,公司党委书记、董事长邱银富强调:"在全面实现'四个一流'目标、建设最具世界影响力钢铁厂的伟大事业中,每名京唐人要把'忠诚、感恩、激情'作为价值追求,落实到一言一行及完成各项工作任务中。"

把"忠诚、感恩、激情"作为价值追求,彰显了公司党委践行习近平新时代中国特色社会主义思想的政治定力和行动自觉,表达了全体干部职工对中国梦、企业梦的坚定信念和强大信心,体现了企业对社会主义核心价值观的高度认同和践行自觉,既是思想方法,也是工作态度,既是价值旨归,也是行为向导,涵养着京唐人的精神世界,架构起京唐人的心灵空间,诠释了京唐人的干事本色,为迈进发展新阶段的首钢京唐公司全面实现"四个一流"目标、建设最具世界影响力钢铁厂提供了强大支撑,注入了新的动力。

一、"忠诚、感恩、激情"价值追求的基本含义和时代蕴意

从基本含义来讲,忠诚,是一种品质,体现在对党和人民的坚定立场,

对事业的始终不渝，对公司发展目标和愿景的强大信心；感恩，是一种价值取向，是通过企业与员工、社会之间的回赠、反哺的良性互动，最终实现企业发展成果共享最大化和企业价值最大化；激情，是一种力量，是工作的动力之源，让人激荡梦想，创造成就，超越自己，实现更大价值。

首钢实施钢铁业搬迁调整、建设京唐钢铁公司，是党中央、国务院着眼于首都城市功能定位、着眼于奥运战略实施、着眼于我国钢铁产业布局调整作出的重大决策。建设投产初期，习近平主席等48位党和国家领导人到首钢京唐公司视察并作出重要指示，提出"低成本生产高附加值产品"的发展要求，以及"高起点、高标准、高要求""产品一流、管理一流、环境一流、效益一流"的目标定位。作为具有国际先进水平的精品板材基地，首钢京唐公司始终牢记期望，肩负使命，与时代同步，与国家同行，经过十余年发展，建成了年产能1370万吨钢的钢铁大厂，以"首屈一指的钢"服务北京冬奥、大兴机场、雄安新区，成为践行京津冀协同发展战略的先锋。这靠的是首钢京唐公司全体干部职工对强企报国梦想的执着追求、对家国企业的深情感恩、对使命任务的坚守奋斗。概括之，即"忠诚、感恩、激情"。

这种价值追求一旦确立，企业就会具有强大的思想引领力、群众组织力、动员号召力，而且在满足不同群体或者个人需求、增强职工获得感幸福感的过程中，赢得职工对企业的忠诚、感恩，而这又会转化为职工更富激情地为企业贡献力量。

深植于实践的价值追求随着时间的推移不仅不会淡化，反而会越来越焕发出时代魅力。面对新时代经济条件下思想意识多元多样多变的新特点，面对当前国内外风险增多、经济下行压力加大的大形势，首钢京唐公司党委倡导"忠诚、感恩、激情"价值追求，对于巩固全体干部职工为企、为国团结奋斗的共同思想基础，扩大主流价值影响力，提高企业文化软实力，凝聚实现强国梦想的强大正能量，具有很重要的意义。

从适应发展变化来看，2020年，受新冠肺炎疫情影响，全球经济格局发生新变化，国内外钢铁行业受到的冲击显而易见。严峻的形势下，任何企业、任何个人都难以独善其身。正如今年公司"两会"报告中提到的"保生存求发展仍然是我们的唯一选择"。这就迫切需要广大职工在企业面临重大挑战时要更有信心、更有底气、更有定力，心系企业、热爱企业、奉献企业，与企业一道变压力为动力，化挑战为机遇，不断提升企业抗风险能力和整体竞争力，推动企业稳定长远发展。

从公司以人为本发展理念来看，"忠诚、感恩、激情"价值追求是公司党委对人企共进观念的升华，对职工是一种行动向导，对丰富职工的精神世界具有引领性、关键性作用。新时代的企业与个人，更加注重追求发展高质量、工作生活高品质，更加注重人的全面发展，也就需要更强大的价值支撑。所以，倡导和践行"忠诚、感恩、激情"价值追求，体现了公司党委在更深层次、更广视域下对人企发展关系的深刻认识和精准把握，是构建人企和谐关系、实现人企同频共振的精神纽带。

二、理解"忠诚、感恩、激情"价值追求的四个维度

"忠诚、感恩、激情"价值追求不仅凝结着京唐人十余年来牢记使命、团结奋进的历程，也指引着京唐人坚定信念、续写历史的新征程。从政治、文化、历史、实践四个维度解读，有助于我们更好地理解这一价值追求的内涵和意义。

（一）政治之维

国有企业是中国特色社会主义的重要物质基础和政治基础，旗帜鲜明讲政治是国有企业的优良传统。一直以来，首钢京唐公司坚守政治忠诚，充分发挥政治指南针作用，以"低成本生产高附加值产品"为发展航向，以"四个一流"为发展目标，把企业发展与国家战略、时代要求、社会进步自觉紧密结合，成为了国家实施京津冀协同发展、优化钢铁产业布局、加快行业转型升级的先行示范。2020年首钢京唐公司面对新冠肺炎疫情大考，深入贯彻落实习近平总书记关于疫情防控工作重要指示精神，牢固树立大局意识和全局观念，把职工生命安全和身体健康放在第一位，把疫情防控作为当前最重要工作抓细抓实，统筹推进疫情防控和生产经营"两手抓、两不误"，化压力为动力，变挑战为机遇，实施源头治理、联防联控，加强防疫物资保障，为

职工提供瓜果、免费午餐，主动应变有序复工等等，以国企担当、国企速度、国企作为交出了一份职工安全健康、经营稳定有序的"钢铁答卷"。实践表明，首钢京唐公司始终坚定不移地将党的路线、方针、政策、重大部署落实在企业经营管理和改革发展工作中，进而转化为推动工作的动力，体现了广大干部职工对党忠诚、为党工作的政治自觉，"身在国企、为国尽力"的思想自觉和坚定信念、为事担当的行动自觉。而"忠诚、感恩、激情"的价值追求蕴含着对党和人民忠诚、为国为企尽职的内核意义，号召企业无论领导人员还是普通职工，面对复杂多变的国际、国内市场激烈竞争，都应为理直气壮做强做优做大国有企业而拼搏奉献。这正是作为国有企业讲政治、顾大局的题中应有之义。

（二）文化之维

"大道致远，文化引领。"自 2005 年成立以来，首钢京唐公司传承和发扬首钢优良传统，逐渐铸就了"不辱使命、不畏艰险、不屈不挠的拼搏精神"，形成了"理念先行、崇尚科学、精细苛求、追求卓越的企业价值观"，打造了"敢为先、严为本、实为魂的京唐文化"，凝炼了"自信自觉、开放包容、共建共享的企业品格"。同时在企业文化核心层面上，构建了包括企业目标、企业愿景、企业价值观、企业精神、企业作风和企业理念在内的较为完备的价值理念体系。

事物是不断发展和变化的。企业文化同样如此，它的一个重要特征，就是相对稳定性和连续性，但是发展中又在不断吸取精华、融合变化。与上述文化相比，"忠诚、感恩、激情"价值追求内含着对党和国家的赤诚之心、对企业目标愿景的执着之心、对社会和家庭的感恩之心，将企业与个人的发展更加清晰、鲜明地与国家、社会、家庭联系到一起，扩大了企业文化的辐射范围，升华了企业文化的精神内涵，让首钢京唐公司企业文化的生命力更强劲、更旺盛。

（三）历史之维

在首钢京唐公司工程建设时期，建设者们风餐露宿、吹沙造地，建起了代表 21 世纪世界先进水平的现代化钢铁厂；投产初期，面对全球金融危机、业内质疑，干部职工解放思想，转变观念，自主探索先进工艺技术运行规律，实现达产达标。随后，广大职工以开放的思维和博大的胸怀学习先进，超越自我，推动公司 2014 年一举实现盈利，2015 年有力抵御住了市场"寒冬"的侵袭，守住了生存发展的底线。党的十九大以来，首钢京唐公司开启了全面实现"四个一流"目标的新征程。全体干部职工主动作为、锐意进取，推进经营生产和工程建设双线共进，付出了许多艰辛和努力，战胜了许多困难和挑战。2019 年，在新中国成立 70 周年、首钢建厂百年、首钢京唐公司投产十周年之际，广大职工怀揣"中国梦"与"企业梦"，担当奉献、攻坚克难，推进公司树起先进制造业的旗帜。回顾历史，我们可以看到：从创业时期的艰苦奋斗、敢为人先，到投产后的毫不动摇、自主探索，从达产达效后的放眼世界、对标先进，到高质量发展阶段的做大蛋糕、协同运行，没有京唐人用忠诚、感恩、激情去奋斗、去拼搏，就没有今天的现代化海上钢城。

当前，首钢京唐公司站在下一个十年发展的新起点。前路多艰，我们能否在新时代与大变局相互激荡中迎接挑战、再创辉煌，与每个人忠诚与否、感恩与否、激情与否都息息相关。因此，这一价值追求立足现实，从历史中不断总结，已经明确地指向了未来。

（四）实践之维

伟大的事业需要共同的价值追求。公司党委指出，"京唐人的初心和使命就是强企报国，全面实现'四个一流'目标，建设最具世界影响力钢铁厂，实现钢铁强国梦"。"忠诚、感恩、激情"价值追求着眼于为国奉献、为企担当、为家幸福、为人成长，去坚守初心、牢记使命，才能凝聚起同心共筑强国梦、中国梦的磅礴力量，从而引导广大干部职工增强使命感、归属感，把个人对梦想的追求融入到国家与企业的事业中，用奋斗的激情在企业提供的平台上实现个人价值，使个人成长和幸福生活与国家前途、企业命运同心同向。

当前，首钢京唐公司正走在高质量发展、全面实现"四个一流"目标、建设最具世界影响力钢铁厂新征程上，但是目标愿景的到达，绝不是轻轻松松、敲锣打鼓就能实现的。2019 年首钢京唐公司建成年产能 1370 万吨钢的沿海钢铁大厂，具备了向更高标准、更高质量迈进的基础和条件。进入 2020 年，"在国内外风险增多、经济下行压力加大的大形势下，我们面对的困难并不比以往少"。尤其是新冠肺炎疫情的影响，引发了钢铁企业关于"生存与发展"的更深度考量。因此，每一名京唐人都应该把"忠诚、感恩、激情"价值追求作为共识共为，拿出只争朝夕的干劲和团结奋进的精神，思想同心、目标同向、行动同步，为首钢京唐公司做优做强、为钢铁强国作出应有贡献。

三、忠诚、感恩、激情的辩证关系

从以上分析、解读中，可以明确，忠诚是信念之魂，是前提；感恩是立身之本，是基础；激情是成事之要，是关键。三者之间紧密联系、相辅相成、有机统一。

忠诚是信念之魂。"天下至德，莫大乎忠。"忠诚，是古往今来被颂扬的人格品质，特点是唯一、彻底、不掺任何杂质。作为新时代国有企业干部职工，第一要义就是忠诚，它来源于京唐人的初心使命，是职工心怀大局、勇于担当、尽职尽责的最深层感情。首钢京唐公司的发展，遇到过"寒冬"，受到过质疑，经历过低谷，这些不仅考验着京唐人的意志力和战斗力，更考验着京唐人对梦想、对信念的忠诚。唯有与企业共梦想、勇攀高峰，共甘苦、荣辱与共、共风雨、勇立潮头，汇聚、彰显忠诚的力量。

感恩是立身之本。这是起始于天地自然的馈赠和人性良知。只有心存感恩，才是真正的忠诚，才会振奋精神、勇毅前行。源于感恩，人与企业方可同频共振、相融相进。因此，感恩是相互的——企业与职工的相互作用。从企业层面来讲，即是以人为本，通过千方百计、多措并举，不断增强职工的幸福感和获得感。从个人层面来讲，即找准坐标、扎根企业，把自己的梦想种在首钢，与京唐一起不断地奋斗、成长。

激情是成事之要。激情就像燃烧的火焰，在奋进的征程中释放着灿烂的光芒。对党和国家、企业家庭忠诚感恩，既要内植为信念，更要外化为行动，在奋进的路上激荡梦想、超越自己、创造成就，用火热的激情赋予玉汝于成的深度、淬火成钢的坚守、化茧成蝶的美丽——激情奋斗、干事成事，正是最好的诠释，唯有这样，方可光大忠诚、感恩的价值和意义。

因此，忠诚、感恩、激情如鼎之三足，共同铸就着京唐人的精神风范，共同架构起京唐人的心灵空间，共同诠释了京唐人的干事本色。

四、践行"忠诚、感恩、激情"价值追求的路径方法

践行"忠诚、感恩、激情"价值追求，需要融入企业发展各方面，这决定了践行"忠诚、感恩、激情"价值追求是一项系统工程，需要多管齐下、综合施策，使这一价值追求无处不在、无时不有。

（一）坚持以党的建设为引领

坚持强根固魂是百年首钢基业长青、京唐十年蓬勃发展最根本的内在优势。"忠诚、感恩、激情"价值追求在政治立场、政治定力和思想品格上体现着首钢京唐公司作为国有企业加强党的建设的逻辑要求。要充分发挥"坚持党的领导，加强党的建设"这一光荣传统和独特优势，贯彻落实新时代党的建设总要求，不断提高党的建设质量，为首钢京唐公司长远发展提供坚实的政治保证、思想保证和组织保证。广大党员干部要加强党性锻炼，巩固"不忘初心、牢记使命"主题教育成果，增强践行习近平新时代中国特色社会主义思想的坚定性、自觉性，增强"四个意识"、坚定"四个自信"、做到"两个维护"。要锻造品格、保持定力、提升能力，把对党和人民忠诚、为国为企尽职作为根本的政治担当，把带头践行价值追求作为发挥先锋模范作用的重要方面。要把驾驭好首钢京唐公司这座单体规模1370万吨代表21世纪先进水平的钢铁厂作为重大政治任务，提高政治站位，从讲政治的高度认识和把握公司高质量发展、全面实现"四个一流"目标的责任与担当，切实做到信仰不变、立场不移、方向不偏。要感悟和发挥价值追求中的人格力量，并将其作为发扬优良作风的出发点和落脚点，不断增强群众观念和群众感情。各级党组织要团结动员广大职工把任务定在打赢上，把工夫下在落实上，把精力用在工作上，共同为实现新阶段首钢京唐公司的目标任务而不懈奋斗。

（二）坚持以思想文化建设为基础

思想是行动的先导。倡导"忠诚、感恩、激情"价值追求作为思想方法

和价值旨归，对引领全体职工凝聚思想共识，熔铸奋进力量起着基础性、关键性作用。要从价值追求中吸收营养、汲取动力，以辩证思维看首钢京唐公司高质量发展面临的挑战和机遇，增强责任感和紧迫感，忠实履职、勤苦钻研，执著追求、竭诚奋斗，为企业发展贡献力量。要坚持以人为本，多为职工办好事、实事，引导职工把个人成长与企业发展紧密相连，真正做到与企业同频共振。要坚定文化自信，以价值追求为牵引，深入践行社会主义核心价值观，传承和发扬首钢精神，塑造京唐人的内隐深层共识和行动坐标。要将价值追求深度融入到已经形成的企业价值理念体系中，不断总结新经验、作出新诠释、展示新内涵，增强广大干部职工对京唐文化的认同感、自豪感。要聚焦公司发展，深入挖掘践行价值追求的典型人物和感人事迹，持续输出高质量文化成果，不断坚定主心骨、凝聚正能量、振奋精气神。

（三）坚持以科学方法为依托

践行"忠诚、感恩、激情"价值追求，必须注重科学的方法。要坚持联系实际。找准价值追求与职工思想的共鸣点、与职工利益的交汇点，把价值追求融入广大职工的日常工作和生活中。要突出重点。把握好"两点论"和"重点论"的统一，在价值追求融入企业发展各方面的关键处、要害处下工夫，切实提高价值追求融入企业发展各方面的质量和水平。要加强制度保障。压实压紧各级党组织倡导和践行价值追求的责任，各部门步调一致、协同发力，共同推进价值追求的融入与践行，做到任务落实不马虎、阵地管理不松懈。要发挥网络优势，把价值追求融入网络平台运用和管理之中，充分发挥企业新媒体的传播优势，提高用网治网水平，使网络成为倡导和践行价值追求的最大增量。

对"忠诚、感恩、激情"价值追求，每一名京唐人都要深入领会内涵、准确把握逻辑、自觉坚守践行，使这一价值追求涵养心灵、凝神聚气的底色力量充分生发出来，为处于百年首钢发展新征程、十年京唐发展新阶段的首钢京唐公司提供最深沉、最持久的精神力量。

党旗映初心　担当写忠诚

——首钢京唐公司发挥党组织战斗堡垒作用防疫保产纪实

杨　景　苗亚光

2020 年 3 月 27 日下午三点，36 辆首钢京唐公司通勤车从厂前出发，载着归心似箭的京籍职工，向着首都的方向奔驰而去。

因为新冠肺炎疫情，京唐公司唐山和秦皇岛籍职工连续 34 天未能回家与家人团聚，北京籍职工连续 55 天坚守岗位，他们用担当和奉献在抗疫大考中坚定信心、凝聚力量、逆风而行。

心有大局共铸钢铁防线

集团领导强调，要认真贯彻执行上级有关部署要求，把疫情防控工作作为当前最重要的工作来抓，做到思想认识更加到位、工作落实更加到位。疫情发生以来，首钢京唐公司党委精准施策、全面布防，一万余名京唐职工、1.7 万名协作单位人员上下齐心，协同作战，共同抗击疫情。

1 月 28 日，一封《致首钢京唐公司及协作单位全体职工的公开信》在首钢京唐公司融媒体平台发布，短短 12 小时阅读量就超过了 2 万，引起了高度关注。职工们纷纷表示，全力战"疫"，人人都是"战斗员"，坚决打赢疫情防控阻击战……

公司办公室的崔文娟，大年初一便返回了工作岗位，按照公司制定的《新冠肺炎疫情联防联控工作方案》，组织人员信息全面排查和防控物资筹措发放等工作。

其实，早在 1 月 22 日，首钢京唐公司采购的 10 万只口罩已经到位。1 月

23 日，口罩已全部发放给全体职工。随后，公司克服防护物资紧张、运输困难等问题，多渠道紧急采购体温测量设备、消毒用具、防护用品等防疫物资，保障疫情防控一线人员的安全防护。截至目前，累计为职工发放口罩 48 万只，配备额温枪 181 支、消毒液 18.91 万千克、防疫手套 1.85 万副。

急公司之所急。公司干部职工在关键时刻站出来、顶上去，为公司防疫筑牢了钢铁防线。据统计，职工出勤率达到了 93.6%，有力维护了疫情防控和保产打产的工作局面。

热轧部电气自动化点检工程师、共产党员吕进伟 1 月 30 日就返回了岗位，当天晚上一直忙到 12 点才回宿舍休息。第二天一早，他又早早地出现在了作业区，一整天都不停地穿梭于两条热轧产线，而这一干就是一个月。也因此，被同事们戏称为"24 小时都在线的'战神'"。

系列检修是首钢京唐公司 2020 年重点任务。结合疫情形势，公司党委经过慎重考虑，决定 2 月底实施检修。早在春节前，公司就提早谋划，提前备货，保障耐材、直投料等备货到厂外库，供生产调用。然而，受疫情影响，人员及部分核心备件等都出现了无法及时到位的问题。

设备部党委书记李春风大年初四就从北京急匆匆返回了公司，组织系列检修中的备材供应、生产调用、人员力量，直到 4 月 3 日才回到家中。

维检人员力量严重不足是制约检修的关键因素。李春风针对设备维检单位较多、人员数量大、居住分散、流动性强的特点，牵头成立"协调检修施工单位职工返曹报备隔离工作小组""1 号高炉系列检修疫情防控检查工作小组"等 4 个疫情防控落实工作小组，对 27 家维检单位实施分类管理。他按照产线开工时间、计划人数、集中观察点资源等情况，实时动态进行审批报备与安排"留观"工作，协同京唐公司党委组织部安排返曹维检职工入住提前租赁的酒店，并为隔离职工日常所需提供用餐、购物等细致、周到的服务，为职工安心上岗或暂时隔离提供保障。

2 至 3 月，首钢京唐公司统筹协调人员物资，先后安置集中隔离 1600 余人并按期解除隔离，为检修现场提供了 4900 余人的力量支持。

众志成城打好两场硬仗

疫情不断变化，战"疫"从未停歇。既要坚决打赢疫情防控阻击战，又要努力实现今年的目标任务。

疫情发生后，首钢京唐公司党委按照"控疫情、强保障、保安全、稳经营"的工作方针，带领广大干部职工，毫不放松地抓实抓细疫情防控，全力以赴推进日常生产经营，做到"两手抓、两不误"。

兵马未动，粮草先行。春节前，首钢京唐公司就对原燃料采购供应做了细致安排，但随着疫情形势越来越严峻，部分原料供应越来越紧张。1月31日，时任制造部部长林绍峰一回到公司就组织相关专业积极寻找替代资源，保障来料稳定，直到3月5日才回了趟家，第二天又匆匆赶回了公司。

受疫情影响，首钢京唐公司库存国内低灰神华煤和阳泉煤一度告急，提前结束春节假期的专业人员及时与采购中心沟通，保证可发资源及时到货。同时灵活调整煤种配比，减少资源紧张品种的使用量。疫情以来，他们优化喷吹煤配比5次，组织采购替代煤4.8万吨，为各工序稳定顺行争取了时间。

高炉顺稳运行是关键环节。2020年开始，炼铁部大力开展技术攻关，开启三场出铁的生产新模式，这一模式对炉前岗位工作要求很高。但受疫情影响，春节期间岗位人手紧缺，在家休假的炉前甲班职工、共产党员孔建得知这一情况后，主动联系作业长："后面几天的假不休了，回去上夜班。"当天他就返回了公司，投入到紧张的工作中。

众人拾柴火焰高。年初以来，高炉顺行状况取得明显进步，两座高炉月产量突破历史纪录。

炼钢部以释放连铸机产能为抓手，超前周密做好应急预案。生产组织员胡敏与团队成员争相请缨，主动承担最繁重的工作。他们积极完善疫情区域物料跟踪机制，优化物料使用流程，通过与保护渣、搅拌头等供应厂家沟通联系，协调解决了因交通、节假日职工休假造成物料供应不畅等问题，确保了原辅料持续供应。一季度，连铸机实现连续稳定生产，创出平均日产炉数

100 炉的历史纪录。

运输部港口作业区作业长、共产党员陈万忠大年三十、初一值完班刚回到北京就看到疫情迅速蔓延的消息，他再也坐不住了，满怀愧疚地向家人说明了情况，毅然踏上了返岛归程。直到 3 月 27 日，他才乘坐公司班车回到北京。

运输部港口作业区是港口经营的前沿阵地，对外来集港车辆的集中管控极为重要。陈万忠与同事们面对春节期间公路疏运大幅下降、疫情防控措施使公路疏运更加受限的双重压力，以铁路为突破口，发挥铁海联运优势，加强与铁路部门对接，大力推动铁路集疏运，港口吞吐量创历年春节期间历史最好水平。

2020 年一季度，首钢京唐公司钢产量超计划 9.3 万吨，高端领先产品产量超计划 35.7 万吨，实现了首季开门红。

人企共进凝聚硬核力量

疫情，对企业和职工都是一场大考。

疫情发生后，不少职工暂时无法回家，日常用餐成了一个大问题。为最大限度减少人员聚集，降低感染风险，京唐公司党委决定实行分时就餐、就近取餐、分散用餐的新模式，为京唐院内的每一名职工，包括协作单位的职工发放餐券，统一供应午餐。2 月，平均每天提供午餐 1.8 万份，最高峰时达到每天 2.5 万份。

此外，首钢京唐公司还组织发放水果 2.46 万盒、水饺 6 万袋、维 C 咀嚼片 1.95 万盒，满足职工日常生活所需，让职工工作放心、生活安心。

2 月 14 日，大雪纷飞。下午 6 点，天刚刚黑下来，一辆装有 5 箱药品的商务车缓缓开进首钢京唐公司，稳稳地停在指挥中心门前，给 80 位职工集中代开的日常用药和 20 位家属寄送的药品全部及时到位，解了大家的燃眉之急。运输部职工姜有水接过药品时显得有些激动："疫情虽然暂时阻隔了我们与家人的团聚，但在京唐却同样能感受到公司大家庭的温暖。"

　　面对部分职工无法回家、又有慢性病用药需求的情况，首钢京唐公司党委组织提前与北大首钢医院协商，由医院开设单独的"绿色通道"，满足异地职工疫情时期用药需求。目前，京唐公司已先后 7 次往返首钢医院集中运送药品，为 186 人次代开药品，涉及 452 个种类，及时满足了职工的用药需求。

　　进入 3 月，全国疫情形势持续向好，但仍然不能麻痹、不能松劲儿。而此时，习惯了两地"候鸟"生活的职工们已经留曹居岛一个多月。首钢京唐公司党委决定，重新开通暂停的通勤班车，让省内低风险地区的人员回家。3 月 6 日中午，18 辆首钢京唐公司通勤车分别从厂前和水景公寓出发，驶向唐山、秦皇岛。职工们兴奋地表示："公司非常理解大家的心情，为我们提供了一个大大的方便。"

　　河北省内的职工回家了，而北京职工的回家问题如何解决？2 月 17 日，首钢京唐公司为此事与北京市有关部门进行了沟通……3 月 26 日上午，北京市有关部门通知首钢集团，同意首钢京唐公司职工回京。刻不容缓，首钢京唐公司办公室立即组织北京职工注册健康码、汇总信息。而此时，首钢集团接到职工信息立即上报，信息直达北京市防控办，随后又迅速地传达到每名职工居住的街道、社区。

　　3 月 27 日，首钢京唐公司通勤车通过交通和高速管理部门专门开辟的班车专用通道，在北京市防控办工作人员为每名职工测量体温后，再次启动，驶进北京。原本上车就睡觉的冷轧部职工、共产党员付海军一路上一眼未合，他难掩内心的喜悦，在朋友圈中写道："奔腾千里荡尘埃，跨海登山紫雾开。首钢班车重抖擞，京唐职工回家来。"

（本文刊登于《首钢日报》2020 年 5 月 8 日一版）

文化引领　打造新时代钢铁文明

——2019 年中国（河北）首届奋斗者跨年演讲

任全烜

进入新时代，中国经济由高速增长阶段转向高质量发展阶段。其核心是从总量扩张向结构优化转变，从"有没有"向"好不好"转变。钢铁作为工业的"粮食"和衡量国家工业化、现代化水平的重要标志，其产品的高端与否，服务的优秀与否，品质的良好与否，以及文化的深厚与否，都决定着未来的成长空间。

一、在漫长征程中演绎创业史诗

首钢发端于 1919 年建设的龙烟铁矿公司石景山炼厂，从新中国成立前 30 年的饱受磨难到新中国成立后 30 年的艰苦创业，从改革开放中的勇立潮头到搬迁调整、转型发展中的开创新局，始终以强企报国的责任担当，贡献经济发展、服务国家战略，经历了钢铁救国、钢铁兴国、钢铁强国的历史进程，铸就了"敢闯、敢坚持、敢于苦干硬干""敢担当、敢创新、敢为天下先"的首钢精神。

进入 21 世纪，首钢自觉服从国家奥运战略和首都城市发展功能定位，率先实施战略性搬迁调整，建设首钢京唐钢铁联合有限责任公司。2005 年 2 月 18 日，国家发改委正式批复了首钢搬迁调整方案，京唐钢铁项目建设拉开帷幕。建设初期，党中央国务院对京唐提出"低成本生产高附加值产品""高起点、高标准、高要求""产品一流、管理一流、环境一流、效益一流"的目标定位。当时，施工工地黄沙一片、喝水吃饭都是难题，没有水源、没有社会依托、不具备生活条件、自然条件恶劣，这些困难并没有让首钢人退却。工程建设者们肩负"续写百年历史，再创首钢辉煌"的历史使命，以"为有牺牲多壮志，敢教日月换新天"的精神气概，不畏艰险，在茫茫大海上吹沙造地，风餐露宿，短短两年时间围海造地20多平方公里，用自己的双手实现了沧海变桑田的人间奇迹。2009年5月21日，1号5500立方米高炉点火送风，随后炼钢、热轧、冷轧相继投产，钢铁厂一期一步工程实现全线贯通。京唐人不辱使命、不畏艰险、不屈不挠，终于在茫茫大海吹沙形成的陆域上建起了一座雄伟壮阔的现代化钢城。首钢京唐，成为我国第一个实施城市钢铁企业搬迁，完全按照循环经济理念设计建设，临海靠港具有国际先进水平的千万吨级大型钢铁企业。

二、把握规律打造精品板材生产基地

随着我国社会主要矛盾的转化，人民美好生活需要更高质量性能、更加绿色环保的钢铁材料。首钢京唐公司紧跟"轻量化、高强、环保、耐蚀"钢铁产品发展趋势，着力强化创新驱动，不断提高发展质量，持续推进绿色发展，向世界钢铁产业价值链的中高端迈进。投产后，我们秉持理念先行、崇尚科学、精细苛求、追求卓越的企业价值观和敢为先、严为本、实为魂的京唐文化，以"打造首屈一指的钢"为品牌理念，坚持低成本生产高附加值产品，成为目前国内规模最大、品种规格最齐全的单体板材生产基地。汽车板最宽可稳定生产2080毫米，最高强度达1200兆帕，已实现向宝马、大众等高端汽车用户供货；镀锡板具备国内强度最高、厚度最薄产品生产能力，并在国内首次实现连退在线二次冷轧的批量稳定生产，已实现向奥瑞金、昇兴、中粮等食品包装龙头企业供货；家电板成为国内家电用钢综合配套能力、供货保障能力和新产品研发能力最强的企业之一，已与美的、海尔、格力等行业巨头建立稳定合作关系；高级别管线钢和车轮钢实现行业引领，达到国际先进水平，特别是车轮钢连续5年市场占有率国内第一，高强车轮钢引领国内商用车轮轻量化进程；中厚板、彩涂板、镀铝锌等产品广泛应用于"一带一路"、北京冬奥会、雄安新区、新首钢大桥、北京大兴机场等项目建设，助力国家发展，树起了先进制造业的旗帜。

三、自信自觉成就协同发展示范

文明企业，不仅有一定规模、有行业地位，更要敢于承担社会责任。首钢京唐公司自落户唐山曹妃甸起，就以自信自觉、开放包容的企业品格勇做京津冀协同发展战略的忠实践行者。共安置首钢北京地区停产职工 8000 余人，招收河北高校毕业生 4500 余人，带动相关服务业 1.2 万人就业。坚定不移地贯彻新发展理念，与河北地方企业合资建设曹妃甸 30 万吨矿石码头、煤焦油深加工项目、水渣细磨项目、唐曹铁路等，并与钢铁业下游形成产业链，带动了地方建筑、房地产、交通运输、加工制造、服务等行业的发展，有力推进了产产融合、产城融合。每年向社会供应电力 3.5 亿千瓦时、采暖热水 20 万吨、各种气体 7500 万立方米、浓盐水 4000 万吨、矿渣超细粉 220 万吨。自 2009 年起，已累计缴纳税收 44 亿元。2019 年临近春节，千余名建设者依然奋战在二期工程建设第一线，在得知大家春节买票困难、无法回家的情况后，首钢京唐公司调派 24 辆通勤车送 1000 多名建设者回家，送达地涉及湖北、四川、江苏、黑龙江等 16 个省份、88 个市区，往返总里程 5.1 万公里，受到社会各界广泛赞誉。作为钢铁企业，首钢京唐公司大力推进节能减排绿色低碳发展，以"减量化、再利用、资源化"为原则，按照循环经济构建的全流程能源转换体系，实现了固体废弃物、水资源循环利用和余热、余压、余气的高效能源转换，成为环境友好、服务社会、资源节约型的绿色工厂。曾荣获"中国钢铁工业清洁生产环境友好企业""第九届中华宝钢环境优秀奖""第三批国家级'绿色工厂'"。

四、以人为本实现人企共建共享

首钢京唐公司沿海建厂，离城市较远，职工生活条件有诸多不便。多年来，公司坚持把职工对美好生活的向往作为出发点和落脚点，让发展成果更多、更公平惠及广大职工。以"企业+市场化"的方式解决职工医、食、住、行等方面的生活需求。在曹妃甸区建设住宅 2392 套、厂前宿舍 2374 套，并组织职工在曹妃甸工业区团购住房；建设了 5 个生活服务区、8 个智能化自助化餐厅，满足两万余人多样化、个性化就餐需求；建设了学习中心、图书室、体育场、游泳馆等文体活动中心，建立"心灵驿站"，开展心理疏导讲座和心理解压活动，受到职工们广泛欢迎。在做好广大职工切身利益保障工作的同时，加大对特殊群体的扶助力度，做好"一人一事、一岗一题、一事一议"的工作。连续7年组织职工家属上岛观摩，让大家感受首钢京唐的发展和进步，感悟企业更美好的未来，坚信幸福生活需要大家共同创造的道理。让职工心中不仅有"铁水奔流""钢花飞舞"，也要有海风轻轻吹、海浪轻轻摇的心灵港湾。为庆祝首钢建厂百年、京唐公司投产十年，京唐公司举办以"十年筑梦、百年辉煌"为主题的30多项热烈、祥和、接地气、高品质的系列活动，重温企业的发展历程，描绘心中的美好未来，点燃接续奋斗、再创佳绩的激情，尽情展示"面朝大海，春暖花开"的诗意人生。

　　首钢京唐公司把依靠职工、服务职工落到实处，为职工成长成才、建功立业搭建阶梯、提供舞台。围绕职工成长成才，完善人才培养、选拔、激励机制，构建全员分层分类培训体系。大力营造尊重人才、尊重知识、尊重创造的环境和氛围，突出重点人才重点激励、优秀人才优先激励导向。对一线职工"首钢京唐工匠"王建斌、张维中每人给予一次性奖励5万元，每月享受职务津贴8000元，并在办公住宿、通信补贴、出差待遇等7个方面享受核心技术技能人才待遇。同时，二人双双被评为"首钢工匠"，得到北京市委、市政府领导的亲切接见。通过开展"京唐十大杰出青年""京唐榜样"等评选活动，评选表彰先进模范人物550余人、"京唐榜样"人物56名，打造了以"京唐故事""京唐人物"为代表的系列文化产品，深情演绎了首钢京唐人拼搏奉献、砥砺奋进的精神风貌，鼓舞和激励大批年轻人与企业共建共享，为梦想不懈奋斗。京唐，已成为一座有"温度"的城，被评为"全国文明单位""首都文明单位标兵"，被评为"2012—2017年度品牌文化建设标杆企业"，"做实'文化根脉'工程，为企业高质量发展聚力铸魂"的实践成果荣获新中国70年企业文化建设典范案例。

　　十余年来，首钢京唐公司广大干部职工以过硬的"四个一流"、坚硬的"钢铁品格"，打造了第一个实施城市钢铁企业搬迁、第一个海上吹沙造地建设、第一个全循环经济理念设计、第一个采用新一代技术流程等多个第一，被誉为中国从钢铁大国走向钢铁强国的"梦工厂"。现在，首钢京唐已在唐山曹妃甸落地生根，成为曹妃甸发展的龙头和标杆，让曹妃甸这块黄金宝地含金量更高，带动唐山和曹妃甸成为京津冀协同发展的投资热土。

精细文化引领 实现更高质量发展

苗亚光

首钢京唐公司是首钢搬迁调整的重要载体，是我国第一个实施城市钢铁企业搬迁，完全按照循环经济理念设计建设，临海靠港具有国际先进水平的千万吨级大型钢铁企业。作为京津冀协同发展的先行者、实践者，首钢京唐公司积极适应现代市场经济发展，大力推进精细文化建设，以文化引领企业实现精细化管理，在产品研发、运营管理、能源环保、经济效益等方面取得了丰硕成果，实现了党和国家提出的"四个一流"建厂目标，发展质量不断提升。

一、精细文化的含义

"精细文化"指的是企业经营生产管理等各项工作实现精细化必须具备的思想观念、组织模式、管理模式、经营模式和行为模式。

精细文化包含"精、准、严、细"四方面内容。精，就是要精益求精，追求完美；准，就是要准确定位，准确决策，准确操作；严，就是要严格执行，严格考核；细，就是要细分目标，细化责任，细节控制。

二、推进精细文化建设的重要意义

（1）精细文化建设是适应行业发展形势的需要。从钢铁行业形势看，中国钢铁业进入"推重组、促转型"阶段，去产能、调结构、转动能是未来的工作重心，日益严苛的环保标准倒逼钢铁企业主动转型，绿色高质量发展将是钢铁行业的发展方向。在严峻的形势下，首钢京唐公司需要发挥精细文化的引导、催化、润滑作用，为企业装备、技术等刚性要素提供柔性支撑，释放新的发展动能，实现资源效益最大化。

（2）精细文化建设是全面实现"四个一流"目标的需要。从长远来看，未来3~5年，首钢京唐公司要全面实现"四个一流"目标，向建设最具世界影响力的钢铁厂进发；从当前来看，首钢京唐公司产品研发制造能力明显增强，并将迈过细分市场的门槛，正在从"红海"驶向"蓝海"。随着发展战略的强化和提升，首钢京唐公司将以更高的标准、更高的水平、更高的定位，持续提升发展质量。这就需要树立精细意识，将"精细"贯穿到经营生产管理的各个环节，不断提高工作效率和生产能力，提高质量效益，提高全要素生产率，加快全面实现"四个一流"目标的步伐。

（3）精细文化建设是企业文化建设的需要。精细文化以"精品为纲、精细至上"为价值准则，是首钢京唐公司"理念先行、崇尚科学、精细苛求、追求卓越"价值观、"精细、规范、协调、执行"管理理念等企业文化内容中精细元素的凝炼释放，是京唐企业文化价值理念体系的延展。加强精细文化建设，旨在锁定形成精细价值链，让精细融入企业之髓，融入员工的思想行为，促进共同目标任务得以实现。

三、推进精细文化建设的主要做法

企业管理的最高境界是文化管理。首钢京唐公司全方位推进精细文化建设，着力引导广大干部职工紧密围绕全面实现"四个一流"目标、建设最具世界影响力的钢铁厂，切实转变观念，提高认识，深刻理解精细文化的重要意义和内涵，增强精细文化自觉和价值认同。

（1）文化引入，转变观念。站在公司战略发展的高度，以前瞻性思维导入精细文化，引领公司系统、企业全员树立精细意识，把"理念先行、崇尚科学、精细苛求、追求卓越"的企业价值观，把"精细、规范、协调、执行"的管理理念，严细到每一个环节、每一个细节，推行全方位的精细化。通过思想导入、文化宣贯将精细文化精髓融入广大干部职工的思想中。一是思想导入。开展全员培训，全方位导入精细文化，激活广大干部职工的"精细思维"头脑，多手段把控各项经营生产活动的实施落地。二是文化宣贯。充分利用报纸、电视等载体对精细文化广泛宣传，开展"建设精细文化　助力京唐发展"主题征文、"尽职尽责、精细苛求"大讨论等，大力营造"人人都是精细实践者"的良好氛围。

（2）文化转化，践行融入。运用系统论的方法，从全局角度出发，对精细文化建设的各方面、各层次、各要素统筹思考和规划，深入推进精细文化在"经营决策、企业管理、生产操作、质量、服务、成本、安全"等方面深入践行。结合精细文化的适用领域及特点，开展相应推进工作，融入制度体系，融入管理运营，融入经营生产，融入企业与客户的协同发展；与专业工作相结合，将精细化与相关专业对接，指导融入专业工作，使精细文化成为专业工作的引路牌、指明灯。

（3）固化于制，落地生根。以强化制度、机制创新、管理创新为重点，不断提高产品质量，优化劳动组织，提高员工素质等，形成持续改善和提升的长效机制，让精细文化真正落地生根。围绕产线顺稳运行、工艺技术瓶颈、专业管理服务、精益成本管理、产品结构优化、产品质量改善方面面深挖细抠，打通管理体系，形成管理路线，做实管理制度，夯实管理基础，使经营生产系统依靠制度和体系实现良性运行，树立起精心安排、精确决定、精打细算、细化目标、细分责任、细致工作的作风。通过系统整合和流程再造，建立精细文化建设制度保障体系，支撑并形成以"精品为纲、精细至上"为核心的精细文化体系。

（4）文化内化，人文养成。精细文化代表着一种价值观、一种品位、一种格调、一种工作方式，强调人的主动性，如润物细无声般感召、激励职工，规范职工行为，以调动人、实现人的价值为主要追求目标，以有限的资源创造最大的人的价值。首钢京唐公司把推进精细文化与现有的企业文化价值理念体系有机结合，融为一体，相得益彰，互相促进，呈现新的生机与活力。在浓厚的精细文化氛围中，精细理念逐步融入到广大干部职工工作、学习、生活的各个环节，成为每一名京唐人的价值准则和行为准则，根植在每一名京唐人理想信念中，渗透到每一名京唐人的骨髓血液里，自觉推动京唐企业文化和形象传播。

四、推进精细文化建设的实践成果

多年来，首钢京唐公司通过推进精细文化建设，进一步挖掘内部潜力，夯实基础管理，持续推进经营、生产、成本、技术、质量、安全管理精细化，经营生产水平不断攀上新台阶。精细文化已经成为推动首钢京唐公司实现高质量发展的"动力源"，成为推动首钢京唐公司全面实现"四个一流"目标、建设最具世界影响力钢铁厂的"软实力"。

（1）精细文化引领，推动系统管控能力升级，夯实管理基础。企业的管理水平决定了企业的发展前景，在严峻的市场环境中，实施精细化管理是企业生存发展、提升管理水平的必然选择。首钢京唐公司从提升系统管控能力入手，抓细抓实各项工作，管理水平实现全面提升。坚持从制度体系入手，完善管理架构，明确权力职责，规避决策风险；系统规范优化制度体系文件架构，推动业务制度文件和行政公文分离，初步实现制度体系文件统一化、高效化、信息化管理。坚持生产组织一级排程和扁平化管理，快速构建三座高炉满负荷、大生产秩序下的管理新模式，三座高炉平稳运行，协同效应逐步显现。加强费用精细化管控，将"效益优先"理念贯穿工作始终，抓实抓细成本派驻模式，加强前端基础数据管理，完善成本内控体系，做到精准分析、精准施策。强化风险防控，全面推广本质化安全管理，坚持从细节、源头消除安全风险，不断强化安全管理体系，在多区域、多系统特别是冷轧产线和皮带运输系统取得显著成效。围绕精细化管理、智能制造、精益生产，推进智能工厂建设，取得一系列成果。构建以钢铁信息化框架为依托的产销一体化体系，有效地提升了业务之间的贴合度，规避了人为干预的粗放风险，实现系统的精准化控制；球团智能控制项目通过验收并稳定运行，提高了产品质量和生产效率；研发高炉炉热智能监控系统，实现炉温精准控制；炼钢自主研发铸机浇铸平台自动化控制系统，浇铸平台实现无人值守；成功实现能源系统站所集中监控，推动能源管控水平迈上新台阶；首台拆捆带机器人在冷轧2230毫米连退产线投用；运输部5号库智能仓储系统投入运行，管理效率不断提升。

（2）精细文化引领，推动制造服务能力升级，提升品牌形象。在推进精细文化建设的过程中，首钢京唐公司认真把握钢铁企业市场竞争生存的发展规律，持续导入以精细化管理为核心的生产理念、品牌理念、服务理念等企业文化价值理念体系，推进产线制造能力、质量保障能力、用户服务能力建设，京唐品牌影响力和市场美誉度进一步提升。引导职工转变观念，树立精细思维，精心操作，精准控制，精准用好每一秒，取得一个又一个突破。炼钢1号脱碳炉碳氧积0.00156，达到国际领先水平；2250毫米热轧成材率屡创新高，最高达98.73%，系统制造能力大幅提升；新产线多项生产指标创下纪录，运营持续向好，达产达效目标取得突破性进展。持之以恒实施精品战略，以市场为导向，以效益为中心，持续优化品种结构，发展高端产品研发制造。首次开发460兆帕级高强易焊接高建钢，亮相雄安高铁站工程；将攻克耐火耐候钢成套技术作为服务冬奥国家战略的政治任务，成功应用于冬奥滑雪大跳台项目。深入推进质量一贯制管理，形成了从用户先期介入、质量设计、质量管控、物流跟踪、质量异议处理、持续改进、用户技术服务等业务的一贯制管理模式，持续推进工艺过程稳定性评价分析，不断提升质量保障能力。以精细化管理提升服务水平，践行"从用户中来，到用户中去"的服务理念，细化产品和用户分级分类，从细微处培养客户忠诚度；进行"区域+重点"的全方位布局，构建服务内容、服务范围、服务手段、服务技术、服务标准一体化管控体系，快速响应用户需求，为用户创造价值。首钢京唐公司连续两年荣获海尔优秀模块商最高奖"金魔方奖"，被中粮集团评为"最佳供应商"。

（3）精细文化引领，推动改革创新能力升级，增强发展活力。精细化的最高境界是将创新性和规范性有效结合，推动企业实现高质量发展。首钢京唐公司以理念创新带动思路创新，以机制创新促进方法创新，不断汇聚创新驱动高质量发展的强大动力。探索新的管理模式，按照"夯实专业管理基础，提高精细化管理水平"的要求，完善公司及作业部级设备功能精度管理网络，明确分工，责任到人，有力促进了公司设备系统功能、精度管理。推进以点检为核心的设备系统管理方式改革，优化组织机构、整合岗位设置，实现设备管理规范化、价值最大化。坚持人才培养精细化，细化职务职级体系、实施核心人才专项待遇、建立奖励系数活化调整机制等方式，创新薪酬激励机制；聚焦职工队伍结构现状与能力短板，实施分层分类专项培训，不断提升各层级人员能力素质；以提升专业技术人员能力向更深、更精发展为目标，面向生产实践，充分发挥实训基地、仿真系统、职业技能竞赛、创新工作室等平台优势，开展多岗位、多层级技能比武，实操轮训，持续提升职工素质能力；建设创新、精益专家库，着力培养创新、精益管理骨干人才。精细化的人才培养措施激发了职工队伍干事创业的激情活力，群众性创新活动蓬勃开展。几年来，首钢京唐公司 55 个职工创新工作室累计完成攻关课题 2350 项，取得科研成果 328 项，获得专利授权 386 项，创最佳操作法 273 个，解决现场难题 4530 个，提出合理化建议 4600 条，创造经济效益 1.85 亿元。

深耕"曲尺"两文化　聚力京唐新征程

——首钢京唐公司深入践行"曲线文化和尺子文化"工作纪实

王 宇

一个企业，如果没有文化，走不长远。

一种文化，如果没有产业，难以兴盛。

企业高质量发展，离不开企业文化与产业的结合。

自 2013 年提出践行曲线文化和尺子文化开始，渤海之滨的沿海钢铁大厂——首钢京唐公司厚植曲线文化与尺子文化，逐渐深化丰富"横向分析找差，纵向对比缩差，精准跟踪、全流程管控，锤炼'学比赶超'工作品格"的"曲尺"文化理念，不断推进文化与管理、经营深度融合，将这种文化软实力有效地转化为公司经营发展的巨大生产力，全力推动企业向高质量发展目标不断奋进。

一、手持"对标先进"尺，标定精准起跑线

2018 年，首钢京唐公司开启了全面实现"四个一流"目标的新征程。在年初的职代会上，公司领导围绕全年工作主线，指出了京唐公司追赶国内外先进水平的举措："'学先进'就是要聚焦'对标缩差'，提高用世界眼光找准自身坐标位置的能力。要以更加开放的视野和姿态，向世界最高标准看齐，置身于世界发展趋势中思考问题并找准自己的位置。瞄准先进、确定目标、狠抓措施落地并最终实现追赶先进，是全面实现'四个一流'目标的根本路径，也是推进公司高质量发展的动力之源。"

以"曲尺"为剑，直面不足，敢于亮剑。回顾近年来的发展，首钢京唐公司各专业、各基层单位都在"不拘一格"，外学"浦项"，内学"宝钢"，

同口径指标直接对比，不同口径指标从严后再对比，不给自己留任何退缩的余地。积极与国内外先进企业加强交流，了解竞争对手和相关行业的动态信息，掌握先进水平的动态变化，并在一次次研讨、一次次智慧碰撞中，一项项目标确立下来，成为引领高质量发展的旗帜。

握紧对标水平尺，走出去横向找差。在京唐，人人都熟悉尺子文化与曲线文化。大家带着"尺子"走出去丈量，回来后汇成曲线图分析，了解自己处在什么位置，找到差距、分析原因，明确目标、迎头赶超。目前，首钢京唐公司对标以宝钢股份和宝钢湛江钢铁为主，其中铁前工序钢铁指标全部与湛江钢铁对标。同时，钢后工序鉴于产品结构、指标定义和统计口径等方面的差异，兼顾梅钢、马钢、迁钢、韩国光阳等企业进行对标。

结合实际对各工序指标，按照绩效情况及与先进企业的差距设定"权重"，并根据权重高低将指标分为"重点指标"和"一般指标"两个级别。重点指标为反映该工序的综合过程生产能力和质量水平的指标，一般为该工序的"短板"指标，每个工序的重点指标在 2~4 项。在刚开始对标时，炼钢作业部领导深有感触："对比浦项，我们有很大差距。但是，有差距不可怕，差距恰恰是我们前进的方向和动力。我们要实现建设具有世界影响力炼钢厂的愿景目标，就要在世界坐标系上找准自身位置，看清差距、迎头赶超！"

二、绘制曲线分析图，找准自身"落差"线

用尺子量，用曲线标，在简明直观的分析统计图上，数据一目了然。京唐人手持这张"图纸"，潜心钻研，通过对全系统工艺工序数据指标的精准标记，连点成线，绘制出了一幅幅线条清晰、趋势明朗的对标图谱，时刻提醒着自己的定位和方向。

瞄准靶心，纵横结合有的放矢。全系统各工序工艺稳定是衡量一个企业生产运营质量和水平的直接体现。各部门组织相关人员从质量、工艺技术、成本管理、安全管理、机构设置、设备管理以及自动化信息化等多方面入手选取指标，每一项指标均由部领导亲自挂帅，明确责任人、对标先进水平、

具体举措及完成时限等，每天通过部早调会发布攻关情况，每周及时总结攻关进度，每月在部长工作例会对照计划指标进行分析讲评，做到日日明差距、时时追先进。

目前，在系统研究学习了沙钢智能化建设以及河钢唐钢冷轧厂、首钢股份公司硅钢部等单位的智能制造技术基础上，首钢京唐公司先后围绕焦化四大机车、烧结工序、料场堆取料机组织实施智能化改造项目。烧结智能控制无人操作项目的实施，使得京唐公司烧结矿质量、过程控制稳定率等指标得到较大改善，烧结矿碱度稳定率达到98%以上，FeO稳定率达到99%以上，返矿率降低至2.78%。

持续对标不松劲儿，"曲尺"结合直逼目标线。进入2020年，炼铁工序在与先进企业实地对标中，总结分析差距，梳理落后指标清单，对照清单共同研究制定缩差措施，不断优化改进工艺技术，促进高炉生产指标的持续提升。7月和8月，炼铁高炉利用系数、综合入炉品位两项指标均优于对标企业。热轧工序通过持续对标，优化生产组织，以"PDCA+认真"强化闭环管理，以更高标准推进产线制造能力升级，2250毫米产线精轧月均每次换辊时间缩短至12分钟以内。其中，5月月均每次换辊时间达到11.35分钟，辊耗达到0.289千克/吨，均优于对标企业。冷轧工序持续推进提升汽车外板产品质量重点攻关项目的对标，成功轧制出了1.5毫米×1540毫米的"CP980"并向宝马客户供货，超高强双相钢小时产量超过230吨，轧制速度和技术控制能力达到国内一流水平。能源工序深入践行"尺子文化""曲线文化"，与宝钢湛江等先进企业积极开展无差别实时对标，找准薄弱切入点，聚力突破追赶，7月对标指标达标率达到78%，实现2020年以来最好水平。吨钢综合能耗、吨钢耗新水均达国内一流水平。

三、紧盯刻度尺，持续创新精工艺

对标不仅是要实现赶超，更重要的是基于企业内部实际，进行"本土化"的创新，形成特色方法，实现有突破的赶超。

透过数据表面，探寻其背后的经验做法才是对标的核心内容。公司将每一个对标数据当成是直尺上面的一个个精细的刻度，在开展对标过程中，持续将精细、精准、精密理念植入到创新活动中，通过精准对标激发学习先进的活力和动力，一个刻度一个刻度地实现新的超越。

瞄准"精细"刻度，细化管理方法。在生产过程控制中，公司积极导入六西格玛、6S/QTI、TPM 等精益管理方法和手段，切实加强对生产过程的分析、评价和判断。围绕质量管理，注重以创新突破管理中的瓶颈，解决短板问题，对标先进企业的管理方法，联系实际进行开创性地运用。通过主动学习国内外先进企业"精益生产"的管理经验，以信息资源的时效性、工序流程的稳定性、管理体系的有效性，落实好生产环节控制、完善质量检验流程等重点工作，产品质量的稳定性得到了持续提升。围绕客户服务，引入了以满足客户需求为导向的质量管理方法，加强对客户需求的识别，构建了绩效指标体系。

瞄准"精准"刻度，拓宽管控领域。2020 年 3 月底，首钢京唐钢后七大工序 SPC（统计过程控制）控制体系建成运行。此系统的运行标志着首钢京唐从产品合格率管理向精准精细的过程管理迈进了一大步，为公司高质量发展提供了强力支撑。SPC 是统计过程控制（Statistical Process Control SPC），是一种借助数理统计方法的过程控制工具。通过控制图可以辨别人、设备、材料、工艺方法、测量系统以及环境对过程的影响因素，寻找引起波动的普通原因和异常原因，以便及时采取措施，为操作技能提升、设备维修、产品改进、工艺优化等提供必要的依据和数据支撑。将 $Cpk \geqslant 1.0$ 完成率作为评价指标，以季度评价水平为基准，以每季度过程能力进步率分档进行考核。冷轧部是 SPC 控制的重点单位，一期 8 条主产线共有 141 项关键特性。通过 SPC 系统应用，1 号酸轧 3 号箱乳化液温度、4 号镀锌露点，过程控制能力提升明显。中厚板事业部 4300 毫米产线终轧温度，也初步实现了"以过程保质量"的管理目标。

瞄准"精密"刻度，织密"人机合一"安全网。公司极为重视操作人员与设备之间的良性互动、和谐相处，以"人机料法环"五要素为指导，分系统、分层次对影响生产的因素进行排查，确保不留死角，保证人与设备的密切配合，助力生产安全顺稳。在热轧生产工序中，主电机作为轧钢的动力源，是日常设备管理的重中之重，直接关系着产线运行能否快速连续。热轧部高度重视轧线主电机设备的管理维护工作，通过先进技术和设备，为轧线主电机配备了"贴身医生"，强化提升设备功能精度，实现了全天候实时"健康"监测。质检工作中，每一组数据的准确与否都关系着公司产品的质量和荣誉。随着公司高端产品认证工作的不断推进，产品质量检测项目逐步增多，对加工仪器的精密性和效率提出了更高的要求，轧钢分析中心加工组李鑫巧用规尺提升高端汽车板质量检测能力。检测特定样品时的方向和角度要用尺子测量，但每天样品加工量在1200块左右，工作效率会大打折扣。李鑫和班组职工一起探讨，动手设计。将尺子直接固定在剪板机上，采用角度尺准确定位后，在工作台台面用红色油漆准确喷注标识，角度参考线直观且不易脱落，使得测量仪器更加精密，检测更加精准，既安全又高效。

每一个对标数据代表的精准刻度，都展现着"曲尺文化"践行成果的深度和广度，更是在为全流程过程管控的完美结果提供坚实基础和质量保障。

四、比学赶超守成规，成风化人聚合力

首钢京唐公司持续深入践行"学习先进，对标先进，赶超先进"理念，传承发扬，深耕细作，"曲尺"文化已成为京唐人的一种传统，一种习惯，内化于心，外化于行，不断将文化软实力转化为促进企业蜕变和发展的强大生产力。

曲线观态势，尺子定准星，内外比，横竖看。每一个区别变化，每一个进步及滞后，都在这些细细密密的"曲线"和"尺子"中展露无遗。常言道，不比不知道，一比吓一跳。在走出去请进来紧密结合的工作模式下，"比学赶超"不仅仅是一种单纯的比较和直接的模式搬移，它早已成为一种京唐人的工作品格，它是追求卓越，是精细苛求，是持续创新。它凝结在每个干事创业者的一言一行中，彰显在京唐奋斗者的音容笑貌里，更传递在改革创新者奋进的步伐与心间。

"别人能做的我们也能做，别人做不到的，我们不但要做，还要做到最

好。"这是陈万忠"比"回来的士气和敢于超越的勇气。走进首钢京唐自有码头陈万忠创新工作室，整个房间四周遍布着各式各样的发明改造成果，足足有 40 余项。陈万忠改进了冷轧卷吊索具、废钢料斗，机械点检员何晓新发明了电动除雪装置、自主修复天车操作手柄，四班作业长石长武编制集港信息电子采集系统，门机司机姚亮亮自行制作港机教学模具，门机司机辛伟发明门机 C 型钩快速摘除装置等。目前，陈万忠创新工作室已获得了"一种磁吸式废钢清扫装置""一种用于门坐式起重机行走机构的手动铁鞋的预警"等 5 项国家专利授权。

"没有技术指导咱就自己当专家。就不信这个邪，还有咱京唐人干不成的事儿！"技术中心的季晨曦、潘宏伟博士等人组成的炼钢技术团队，与制造部、炼钢作业部、技术研究院一起积极推进高效连铸技术，没日没夜，苦干硬干，无数次地对比，无数次地试验，就是要铆足干劲拼一拼，斗一斗。当前，IF 钢平均拉速达到 1.7 米/分，低碳钢常态化生产最高拉速提高至 2.05 米/分，达到了国际先进水平。他们还先后对中间包流场的量化评价、连铸新型浸入式水口设计、结晶器流速测量等技术问题，开展了一系列探索。

2020 年上半年，公司以"提高质量"为核心，聚焦产品技术、产线技术和节能降耗等方面的缩差，对照年初职代会确定的重点工作安排，开展"回头看"，做实对标工作。炼铁部 3 号高炉利用系数 3 月达到 2.4；炼钢部转炉出钢温度 4 月降低到 1647.4℃；热轧部精轧换辊时间 5 月缩短至 11.35 分钟，均达到行业领先水平。镀锡部与宝钢价格缩差 5 月、6 月连续保持正差，焦化部干熄焦吨焦产蒸汽、炼焦单位工序能耗、M40、CRI、CSR 五项指标长期处于行业领先水平，实现由"达标"到"创标"的转变。

一路走来，通过开展对标，公司各专业一个个"标杆"树立起来：营销部门与国际先进的销售体系对标；技术研发专业与宝钢等创新先进企业的科研管理机制开展对标；生产管理系统与先进制造企业的过程控制管理对标；物资供应部门与国内外先进企业的供应链建设对标；质量监督检测部门与行业内先进单位和国内先进检测机构对标；物流运输部门与行业先进物流企业对标等，通过先进标杆引领，不断赶超标杆，追求卓越，成为每一名京唐人的自觉意识。由此带来的不仅是指标的提升，更是企业管理水平和工作水平的更上一层楼。

面对更具挑战的形势任务，首钢京唐公司将继续致力于全面实现"四个一流"目标，持续深耕企业文化，聚力京唐新征程，助推首钢京唐公司成为钢铁领域的旗舰。

第二章　厚植文化积淀

文化的积淀，是动态的、有创造的延续和积累。首钢京唐公司传承和发扬首钢精神，深植厚培文化底蕴，让首钢优秀文化和光荣传统流淌在京唐人的血液中，印刻在京唐人的骨髓里，汇聚成京唐持续发展、基业长青的永不枯竭的动力源泉。

文化强企 打造发展软实力

邱银富 曾立 苗亚光

文化兴则国运兴，文化强则民族强。国有企业作为国民经济的"顶梁柱"，始终与国家同呼吸、共命运，其先进的企业文化是社会主义文化体系的重要组成部分，是企业发展的根基和灵魂。作为首钢搬迁调整的重要载体，首钢京唐公司是我国第一个实施城市钢铁企业搬迁、完全按照循环经济理念设计建设、临海靠港具有国际先进水平的千万吨级大型钢铁企业。自 2005 年 10 月成立以来，首钢京唐公司已走过了 14 个年头。14 年来，首钢京唐公司传承和发扬首钢优良传统，形成了具有自身特色的企业文化，奏响了文化强企的最强音。

艰苦创业，敢为人先
铸就不辱使命、不畏艰险、不屈不挠的拼搏精神

首钢京唐钢铁厂项目是首钢兑现承诺、奉献奥运的一项重点工程。2005 年 2 月 18 日，国家发改委正式批复了首钢搬迁调整方案，首钢京唐钢铁厂项目建设拉开帷幕。建设初期，胡锦涛、温家宝等党和国家领导人来到钢铁厂视察，提出"高起点、高标准、高要求""产品一流、管理一流、环境一流、效益一流"的目标定位。首钢京唐公司牢记党和国家领导人的期望，以实现钢铁强国梦、建设最具世界影响力的钢铁厂为己任，艰苦创业，敢为人先，铸就了不辱使命、不畏艰险、不屈不挠的拼搏精神，成为推进公司长远发展的文化基因和宝贵精神财富。

围海造地时期，工地黄沙一片，喝水吃饭都是难题。没有水源、没有社会依托、不具备生活条件、自然条件恶劣，这些困难并没有让京唐人退却。

工程建设者们肩负"续写百年历史，再创首钢辉煌"的历史使命，以"为有牺牲多壮志，敢教日月换新天"的精神气概，不畏艰险，在茫茫大海上吹沙造地，风餐露宿，短短两年时间围海造地20多平方公里，用自己的双手实现了沧海变桑田的人间奇迹。

2007年8月28日，首钢京唐公司开展了"大干100天，掀起工程建设新高潮"活动。充分调动参建单位及职工的积极性、主动性、创造性，增强广大建设者建设世界一流钢铁厂的自豪感、使命感和责任感，万众一心，奋力拼搏，推进项目大干快上，形成学习先进、你追我赶、奋勇争先的浓厚氛围。为鼓舞广大建设者发扬艰苦奋斗精神，努力做好各项工作，2007年9月10日，首钢京唐公司升旗仪式隆重举行。在庄严的国歌声中，鲜艳的五星红旗在公司生产指挥中心楼前冉冉升起，高高飘扬。公司全体职工在上岛工作的第一天举行庄严的升旗仪式，展现了为祖国争光、为国旗添彩的决心和气魄，进一步增强了紧迫感和使命感。9月25日晚，在岛上工作的600余名职工，汇聚在W8广场联欢，共度在岛上工作的第一个中秋佳节。从2007年12月16日开始，公司开展"苦战冬三月，为全面进入设备安装奠定基础"活动。广大干部职工克服冬季施工的不利因素，集中力量，奋力拼搏，确保钢铁厂主体结构施工完成。

无论是"大干100天"，还是"苦战冬三月"；无论是全体管理人员指挥前移，上岛举行升旗仪式，还是离家在外的建设者们在岛上共度中秋，无不激励着干部职工牢记首钢搬迁调整、赓续百年历史的使命，肩负起建设最具世界影响力钢铁厂的责任。

为了有目标、有步骤地推进企业文化建设，培育具有特色的先进企业文化，充分发挥企业文化在打造企业软实力，增强企业凝聚力、创造力和竞争力中的积极作用，保证和推动企业发展目标的实现，2008年3月，首钢京唐公司颁发了《首钢京唐公司企业文化建设规划纲要（2008—2010年）》。"规划纲要"提出，企业文化建设的重点任务是：用"三高、四个一流、三个示范"的企业目标统一思想、凝聚力量。"三高、四个一流、三个示范"就是：坚持高起点、高标准、高要求，实现产品一流、管理一流、环境一流、效益一流，成为科学发展、自主创新、循环经济的示范工厂。培育"创新创业、和谐共赢、追求卓越"的企业精神。培养和锻炼"快速高效、严谨细致、深入扎实"的企业作风。

首钢京唐公司一期工程项目建设工期短，任务重。干部职工坚持"三高、四个一流"的建厂目标，争分夺秒抢时间，严格要求抓质量，冒严寒、顶酷暑，加班加点、昼夜施工……使一期工程项目陆续竣工。2009 年 5 月 21 日，1 号 5500 立方米高炉点火送风，随后炼钢、热轧、冷轧相继投产，2010 年 6 月，钢铁厂一期工程实现全线贯通。京唐人不辱使命、不畏艰险、不屈不挠，终于在茫茫大海吹沙形成的陆域上建起了一座雄伟壮阔、具有世界先进水平的现代化钢城。

在一期建设与运行成功的基础上，首钢京唐二期项目于 2015 年 8 月 21 日启动，京唐人开始了二次创业。首钢京唐公司二期工程是经国务院批准的调整优化产业布局的重点项目，是落实京津冀协同发展战略的重点项目。工程建设者们继续发扬不辱使命、不畏艰险、不屈不挠的精神，他们坚守责任，时刻保证工程质量；他们日夜奔波，全力确保工程进度，把不可能变成现实；他们舍小家为大家，在自己的工作岗位上尽职尽责，无私奉献。2019 年 8 月，二期一步工程建成投产。

攻坚克难，勇往直前
形成理念先行、崇尚科学、精细苛求、追求卓越的企业价值观

首钢京唐钢铁厂一期主体工程建成投产后，随着生产的推进和管理体制问题的凸显，一流的硬件设施没有相应的文化软实力做支撑，这在很大程度上影响和制约了先进工艺装备优势的发挥，迫切需要形成员工共同的价值观。

2010 年 7 月 18 日，习近平总书记来首钢京唐公司视察，对公司发展变化给予肯定，同时作出重要指示，"尽快实现低成本生产高附加值产品"，为公司指明了发展航向。为迅速贯彻中央领导指示精神，凝聚奋进力量，2010 年 8 月，首钢京唐公司颁发了《关于加强和改进职工思想政治工作的意见》。

《意见》指出，加强和改进职工思想政治工作，对于统一思想、凝聚力量、保持和谐，保证生产经营的顺利进行具有极为重要的现实意义。要顺利完成全年经营生产任务，加快实现"四个一流"目标，需要广大干部职工增强使命感、责任感和紧迫感，坚持低成本生产高端产品的经营方针，眼睛向内，深挖潜力，发挥优势，不断创出经营生产建设新水平。

2011年9月，在首钢京唐公司深入开展"三创"活动总结大会上，首钢京唐公司时任董事长朱继民提出了"理念先行、崇尚科学、精细苛求、追求卓越"的要求。这也成为了首钢京唐公司全体干部职工共同践行的企业价值观，为公司不断提高生产经营水平、早日实现达产达效提供了动力和保障。

理念先行，就是要树立与现代化钢铁企业生产经营相适应、与现代化企业管理相适应、与市场经济相适应的先进理念。在经营生产和建设发展中，首钢京唐公司坚持理念先行，把"低成本生产高附加值产品"作为发展航向，把"三高、四个一流"建厂目标作为广大职工的价值追求，把曲线文化和尺子文化作为遵循航向、实现价值追求的重要手段，通过广泛宣传、大力引导和持续推进，全体职工牢固树立曲线文化和尺子文化的管理理念。每月进行工艺稳定评比和经营活动分析，把本单位生产、成本和技术经济指标等数据绘成曲线进行横向分析，以国内外先进钢铁企业为尺子标杆进行纵向对比。动员广大干部职工积极投身到建设最具世界影响力钢铁厂的实践中，不断提升管理水平，推动经营生产和各项工作实现新突破。

崇尚科学，就是用科学的思想观察问题，用科学的方法处理问题，用科学的知识解决问题。作为具有国际先进水平的新一代钢铁厂，首钢京唐公司设备大型、技术先进，拥有中国第一代比肩世界的大高炉，采用了220项国内外先进技术。面对国外技术的封锁、国内驾驭5500立方米特大型高炉经验的空白，首钢京唐公司干部职工从生产组织、成本管理、大高炉冶炼操作制度、设备运行管理、大型设备检修等方面一项一项地探索与大高炉冶炼匹配的管理制度和最佳技术操作方针，走出一条崇尚科学、崇尚技术、理论与实践紧密结合的科学化道路。二高炉炉长陈川运用丰富的理论知识，潜心钻研，量化分析，精心编制了高炉技术操作手册，完善了大高炉稳定运行的管理架构，将经验转化为标准和规范，高炉运行水平稳步提升。

精细苛求，就是把工作做细、把细节做透，做到精细、精准、严格。大力开展精细文化建设，把"精品为纲、精细至上"化作职工践行精细文化的行动准则。围绕提高全系统精细化控制和标准化管理水平，建立系统的精细化管理体系，包括指标体系，质量管理体系等，不断推进管理创新，全力夯实管理基础。引入了一系列先进的管理方式和工具，有计划有步骤地推进 6S/QTI、六西格玛管理。改变了过去的思维方式，摒弃了陈旧的作业习惯，突破了以往管理模式的羁绊，使日常管理工作变得更为科学有效，促进了精细管理、精益制造水平和能力持续提升。探索新的管理模式，按照"夯实专业管理基础，提高精细化管理水平"的要求，完善公司及作业部级设备功能精度管理网络，明确分工，责任到人，有力促进了公司设备系统功能、精度管理。

追求卓越，就是一种追求，一种境界，不仅仅是追求优秀，而是追求优秀中的最优。2011 年 12 月 1 日，首钢京唐公司党委成立，在贯彻企业文化价值观的基础上，提出以开放的视野、以系统的思维、以创新型学习组织、以丰富的活动、以有效的平台推进企业文化建设，全员发动、比学赶超、追求卓越。大力营造"人人都要创新、人人都能创新、人人都会创新、人人都出成果"的学习氛围，深入推进劳动竞赛、合理化建议、职工创新工作室活动，为职工科技创新创造条件、搭建平台。培养了一大批技术创新人才，并创造了多项科技成果，广大职工追求卓越的氛围越来越浓厚。

在公司党委的坚强领导下，广大干部职工上下同欲、团结一心、众志成城，在挫折与顺利中不断成长，在失败与成功中奋力攀登，在探索与积累中勇往直前，逐步扭转了生产中的被动局面。2012 年 6 月，公司基本实现了达产、达标，达效取得了阶段性成果。

深化改革，持续创新
打造敢为先、严为本、实为魂的京唐文化

实现达产达标后，公司进入经营生产快速发展期，钢铁行业形势依然严

峻，公司党委传承和发扬"敢闯、敢坚持、敢于苦干硬干，敢担当、敢创新、敢为天下先"的首钢精神，着力打造敢为先、严为本、实为魂的京唐文化。

建设最具世界影响力的钢铁厂，必须要有"敢为先"的勇气。"敢"是勇敢、果敢，是担当、是责任、是进取意识、是执著精神。首钢精神用六个"敢"字深刻诠释了首钢人应该具备的意志品质和价值追求。在首钢京唐公司发展过程中，"敢"字一直是引领广大职工不懈追求与奋斗的先行军。2013年，在钢铁行业形势依然严峻的情况下，首钢京唐公司把市场作为发展的主体，全员和各产线都面向市场、研究市场，力争成为市场发展的主角。

路，是靠自己"闯"出来的。京唐人敢于创新突破，敢于打破旧有平衡，敢于提出更高目标，力争实现从适应市场到引领市场的转变。形成了汽车板、镀锡板、热轧板、中厚板、冷轧涂镀板五大产品系列，高级别耐候和车轮用钢达到国际先进水平，家电板国内市场占有率名列前茅，汽车板实现向宝马、大众等国内合资车企批量供货，镀锡板具备国内强度最高、厚度最薄的生产能力，市场占有率进入国内前三。获冶金产品质量"金杯奖"22项次，其中有4项获"特优质量奖"；市场竞争力有了质的飞跃，2014年以来连续盈利。

建设最具世界影响力的钢铁厂，必须要有"严为本"的自觉。"严"是严格、严谨、严细。首钢京唐公司坚持严格管理、严肃谨慎、严细操作，精准严细到每一个环节、每一个细节，形成公司全局一盘棋，纵向贯通顺畅，横向协同紧密。2010~2013年，首钢京唐公司在管理上连续四年定位为基础管理年，构建精干高效的管理体系，实行集中一贯制扁平化管理。针对管理架构不适应企业高质量发展的短板，积极推进组织机构扁平化，压缩管理层级，实行作业区指标、责任、考核三位一体管理，形成层层传导压力、层层履职尽责的管理新格局，内生驱动发生积极变化，极大地促进了经营生产不断迈上新台阶。

以标准化促进规范化，使制度形成体系，从而更好地指导实践。围绕产线顺稳运行、工艺技术瓶颈、专业管理服务、精益成本管理、产品结构优化、产品质量改善方方面面深挖细抠，打通管理体系，形成管理路线，做实管理制度，夯实管理基础，使经营生产系统依靠制度和体系实现良性运行。

建设最具世界影响力的钢铁厂，必须要有"实为魂"的态度。"实"就要实干、实在，求真务实、注重实效。公司党委坚持把工作做在实处，在创新思路上出实招，以更接地气、更落根基的领导作用不断推动首钢京唐公司实现高质量发展。在"不忘初心、牢记使命"主题教育中，公司党委把学习教育、调查研究、检视问题、整改落实贯通起来，紧紧围绕全面实现"四个一流"目标，奔着问题去，聚焦问题查，对照问题改。公司党委班子确定调研课题 13 个，班子成员带头到基层一线调研，与 17 名基层党委书记、300 余名党员座谈交流，制定措施 50 项，解决实际问题 45 个。

将基层党委书记会从"室内"搬到"现场"，每月一个主题，聚焦一项重点工作，确保两级党委把方向、管大局、保落实的高质量。基层党委、党支部、作业区，哪个方面的工作吃力、出现短板，就组织基层党委书记和党群部门把脉会诊，找到突破口，有力推动了二期工程建设、产品开发、降本增效、本质化安全等重点工作落实，为企业发展提供坚实的组织保证。

2014 年，习近平总书记视察北京发表重要讲话，对推动京津冀协同发展作出重大战略部署，在讲话中唯一提到的企业就是首钢。他指出："首钢搬迁到曹妃甸就是具体行动。要继续坚定不移地做下去"。习近平总书记的指示为首钢和首钢京唐公司加快发展注入了强劲动力。在先进文化的引导下，在外部市场逐步回暖的利好因素和内部工作力度不断加大的双重作用下，2016 年盈利 4.33 亿元，实现了"十三五"良好开局。2017 年盈利 18.31 亿元，基本实现了"四个一流"目标。同时，首钢京唐公司荣获第五届"全国文明单位"称号，被中国企业文化研究会评为"2012—2017 年度 30 佳品牌文化建设标杆企业"。

高瞻远瞩，谋篇布局
凝炼自信自觉、开放包容、共建共享的企业品格

经过投产后七年的努力，公司在产品研发、运营管理、能源环保、经济效益等方面取得了丰硕成果。党的十九大召开后，公司党委以鲜明的文化立场和长远的战略眼光思考京唐企业文化建设，高瞻远瞩，谋篇布局，开启了全面实现"四个一流"目标的新征程，凝炼出自信自觉、开放包容、共建共

享的企业品格。

增强发展自信自觉。公司党委以鲜明的文化立场和长远的战略眼光思考京唐企业文化建设，从历史、实践、人文三个维度出发，沿着"内容构建""践行融入""人文养成"的脉络，构建具有京唐特色的企业文化体系，形成了包括企业目标、企业愿景、企业价值观、企业精神、企业作风和"人才理念""学习理念"等11个企业理念在内的企业文化架构，为文化强企筑牢了保障。

深入贯彻落实党的十九大精神，用世界眼光找准自身坐标，拓宽发展视野思路，立足企业做优做强，确定2020年全面实现"四个一流"目标，把首钢京唐公司打造成沿海钢铁大厂。系统谋划全局工作，制定了《全面实现"四个一流"目标三年工作安排意见》。抓牢产品一流之关键，全面提升汽车板、镀锡板等战略产品研发、制造、服务水平；构筑管理一流之支撑，做到精细规范、协同高效，全面实现精益运营；强固环境一流之保证，能源高效转换、废弃物消纳利用达到世界领先水平，环保工作在行业、区域持续发挥示范作用；坚持效益一流之核心，以低成本生产高附加值产品，实现经济效益和社会效益双优。

2019年，面对国际贸易摩擦升级、钢铁市场下行的严峻形势，公司党委成立全面实现"四个一流"目标领导小组，设立产品、管理、环境、效益一流推进组，制定任务书、时间轴和配套激励措施，有序有力有效推进落实。

实现文化开放包容。开放包容是一种情怀，更是一种平等宽容、深厚仁泽的气度。首钢从大都市北京搬迁到渤海湾曹妃甸，首钢京唐公司深知这一历史定位的重任，始终秉持开放包容态度，助推区域经济和社会发展。钢铁厂的建设带动了北京的生产性服务业转移到曹妃甸，原来为北京钢铁业服务的设备维检、备件加工制作及自动化、信息化系统运行维护等一批企业到曹妃甸建立基地，为首钢京唐和周边企业服务，共安置首钢北京地区停产职工8000多人，招收河北高校毕业生4500多人，带动相关服务业1.2万人就业。首钢还与秦皇岛港务局、京唐港、河北省建投、唐钢合资建设了曹妃甸30万吨矿石码头，与开滦集团合资建设了煤焦油深加工项目，与冀东水泥公司合资建设了水渣细磨项目，与钢铁业下游形成产业链，带动了地方建筑、房地产、交通运输、加工制造、服务等行业的发展。

在开放包容的氛围中，职工们干事创业的激情愈发高涨。

2018 年，随着首秦公司全流程停产，首秦公司正式迈入搬迁转移转型发展新阶段。按照首钢集团的要求，首钢京唐公司作为首秦公司分流职工接收单位，站在政治高度积极做好接收首秦转移职工工作。租赁首实大厦、鑫益大厦、水景公寓等 1000 余套房间作为职工宿舍，妥善安置 2100 多名首秦职工入住、入厂、入岗。在五湖四海、团结有爱、感恩奉献的包容和谐文化的影响下，首秦职工迅速融入京唐，在各自岗位上发挥作用，建功立业。

2019 年临近春节，千余名建设者依然奋战在二期工程建设第一线，在得知大家春节买票困难、无法回家的情况后，公司党委高度重视，调派 24 辆通勤车送 1000 多名建设者回家，送达地涉及湖北、四川、江苏、黑龙江等 16 个省份、88 个市区，往返总里程 5.1 万公里，受到社会各界广泛赞誉，网友们纷纷留言"首钢京唐，大企风范！"首钢京唐公司的开放包容文化再次彰显。

推进企业与职工共建共享。首钢京唐公司党委把依靠职工、服务职工落到实处，紧紧依靠职工促进企业发展。为职工成长成才、建功立业搭建阶梯、提供舞台。围绕职工成长成才，完善人才培养、选拔、激励机制，构建全员分层分类培训体系。大力营造尊重人才、尊重知识、尊重创造的环境和氛围，突出重点人才重点激励、优秀人才优先激励导向。对一线职工"首钢京唐工匠"王建斌、张维中每人给予一次性奖励 5 万元，每月享受职务津贴 8000元，并在办公住宿、通信补贴、出差待遇等 7 个方面享受核心技术技能人才待遇。

把职工对美好生活的向往作为出发点和落脚点，为职工群众解难题办实事，凝聚起共建共享的新合力。构建公共文化设施，建设学习中心、文体活动中心、大型综合体育场、游泳馆等文体生活场所；实施"家园""心田""鹊桥"三大暖心工程，开展困难帮扶、节日送温暖等活动。在做好广大职工切身利益保障工作的同时，加大对特殊群体的扶助力度，做好"一人一事、一岗一题、一事一议"的工作。连续 7 年组织职工家属上岛观摩，让大家感受首钢京唐的发展和进步，感悟企业更美好的未来，坚信幸福生活需要大家共同创造的道理。

让职工心中不仅有"铁水奔流""钢花飞舞"，也要有海风轻轻吹、海浪轻轻摇的心灵港湾。为庆祝首钢建厂百年、京唐公司投产十年，京唐公司举办以"十年筑梦、百年辉煌"为主题的 30 多项热烈、祥和、接地气、高品质的系列活动，重温企业的发展历程，描绘心中的美好未来，点燃接续奋斗、再创佳绩的激情，尽情展示"面朝大海，春暖花开"的诗意人生。通过开展"京唐十大杰出青年""京唐榜样"等评选活动，评选表彰先进模范人物 550余人、"京唐榜样"人物 56 名，打造了以"京唐故事""京唐人物"为代表的系列文化产品，深情演绎了首钢京唐人拼搏奉献、砥砺奋进的精神风貌，鼓舞和激励大批年轻人与企业共建共享，为梦想不懈奋斗。

（本文刊登于《中国企业文化》2020 年第 2 期（总第 326 期））

厚植人文关怀　让企业发展更有温度

王宇　王强

首钢京唐公司始终秉承以人为本的思想理念，以职工的迫切需求和美好愿望为导向，持续发挥人文关怀促进企业和谐发展的关键性作用，让职工在全面实现"四个一流"目标的征程中充分感受关心关爱关怀，享受企业发展成果，使职工获得感更加充实，幸福感更有保障，不断增强企业与职工共创共享、高质量发展的合力。

一、多层面提供生活保障，满足职工基本向往，增强职工获得感

首钢京唐公司自成立至今，已走过了 15 个年头，无论是在艰苦创业期、达产达标期、提质增效期还是高质量发展期，首钢京唐公司党委始终坚持以人为本，凝聚人心，凝聚力量，带领广大干部职工战天斗地、砥砺奋进，找准每一个时期的突出矛盾并以此为工作重心，全力以赴，团结奋进，千方百计打赢每一场攻坚战。

甘苦与共，保生活。工程建设时条件艰苦，建设者们这样描述当时的工作、生活情况："飞沙难睁眼，夜半机器鸣；水比柴米贵，买菜百里行。"在艰苦创业期的漫漫征途中，首钢京唐公司以解决职工"基本生活"问题为着力点，克服"没有水源、没有社会依托、生活条件严重欠缺、自然条件恶劣"的困难，千方百计谋出路想办法。通过调研考察，确定了以"企业+市场化"的方式来解决职工医、食、住、行等各方面的生活需求，把职工的生活小事当成创业大事放在心上、抓在实处。首钢京唐公司在充分依托唐山市、唐海县和工业区等社会医疗资源的同时，在厂区中心服务区和厂前生活区分别设立了保健站和医疗值班室，满足职工就近就医的需要。在曹妃甸区建设渤海

家园小区住宅 2392 套，在厂前建设宿舍 2374 套，建设文体中心、游泳馆并组织职工在曹妃甸工业区团购昱海蓝湾和蓝海嘉苑住房。同时针对厂区缺少公共交通的实际情况，通过社会化招标的方式，租赁 3 家专业化公司近 200 辆通勤车，有力保障了近万名职工的通勤需要，职工们医疗有了依托、食宿有了保障、居住有了定所、外出有了通勤，初步奠定了安居创业的保障基础。

想方设法，稳生活。公司党委高度重视职工生活需求，并以此为切入点，千方百计地想办法，力所能及地做工作。公司结合职工队伍结构和北京职工长期与家人聚少离多、不便于照顾家庭的现状，在广泛征求广大职工和工会意见基础上，通过召开职代会表决通过，并经地区劳动部门审核备案，对连续作业岗位职工工作班制进行了改革，将班制由"上 12 天、休 4 天"调整为"上 5 天、休 3 天"，解决职工与家人长期分居带来的突出问题，有效化解了职工家庭矛盾，下好了稳定职工队伍的"先手棋"。同时，在职工办公区域打造洽谈区、休息区，配备运动健身器材，为短暂的工余时间提供高品质的服务，让职工感受到现代化企业的服务理念，进一步增强了广大职工以厂为家的归属感。

开拓创新，优生活。进入提质增效和高质量发展期，首钢京唐公司生产经营形势逐渐向好，新阶段有了新要求，首钢京唐公司党委把握机遇，精益求精，无论是经营生产目标还是职工生活工作都向着更快更优的方向迈进。为进一步给职工创造一个舒心"减压"的就餐和工作环境，打造 5 个生活服务区及 8 个智能化、自助化餐厅，为全体职工及协力、维检人员提供 24 小时餐饮服务，不仅保障了厂区内两万余人的就餐需要，还满足了职工多样化、个性化的就餐需求。近两年来，修缮厂前区宿舍，增添、更新部分设施，进一步提高职工的居住舒适度。建设钢城怡园、温室大棚和花海项目，是厂区内第一个规模集中、功能齐全、环境优美的园林景观，成为职工休闲、娱乐、健身的首选之地。首钢京唐公司紧密围绕职工最迫切的需求，在不偏离阶段特征中寻求创新发展，实现了从"吃上热乎饭""品尝美味餐"到"享用舒心餐"的飞跃。

二、多视角瞄准内在需求，丰富职工精神世界，增强职工幸福感

"人心都是肉长的，只要我们诚心诚意为职工办实事、办好事，职工是能感受到的。"现阶段，首钢京唐公司党委更加注重职工的全面发展，坚持把以人为本作为发展的最高价值取向，在物质基础得以满足的同时，注重精神世界的富足，以多形式、多视角、多元化实践满足职工精神需求。

把握职工精神需求，丰富实践内容。随着首钢京唐公司的发展和经济效益的提升，迅速加大了职工生活保障方面的投入。在厂前宿舍区建设了图书室、体育场等文体活动场所，各类健身、娱乐设施一应俱全。开放逸致书吧藏书5000多册，温馨、时尚的装修风格搭配饮品、甜点，成为职工休闲读书的好去处。同时在厂前文体中心多功能厅开设了电影厅，举办"消夏电影节"，选取时下热映的影视大片，丰富职工的业余生活。职工的高品位精神追求也是企业的宝贵财富。为提升职工精神内涵，首钢京唐公司党委邀请"中国三大男高音"、中央民族乐团等团体到首钢京唐公司现场慰问演出，受到职工们的广泛欢迎。针对不同年龄段职工的文体爱好差异，举办游泳、乒乓球、太极等文体活动培训班，指导成立多个职工文体协会，让职工的爱好和特长得到发挥和展示。以丰富的实践满足职工多元化需求是实实在在的人文关怀，温暖了京唐大家庭，激发了广大职工热爱企业、投身事业、努力工作的热情，广大职工的幸福指数持续攀升。

聚焦职工困难症结，精准普惠措施。在"冬送温暖、夏送清凉、职工生病送关爱"等节令性职工慰问模式的基础上，首钢京唐公司党委把关注点更多地放在解决职工特殊困难上，更加有针对性地送爱心、送帮扶，把温暖送到职工的心窝里，把实事办在职工的心坎上。在"普惠、救助、服务"三位一体工作体系建设中，组织开展了"心系职工，共筑和谐"两节送温暖活动，公司领导及各单位、部门领导分别前往北京、唐山、曹妃甸及工业区和厂前公寓居住的劳动模范、先进骨干和困难及伤病住院职工家中走访慰问616人次，详细了解他们的工作生活情况，听取意见建议，并送去油、米、面、牛奶、鸡蛋等慰问品，同时安排落实送温暖专项慰问资金76万余元。为提高职

工抵御意外风险的能力，完善帮扶救助服务体系，解决职工因突发严重意外事件和患重大疾病等造成的特殊生活困难，实现精细化、精准化帮扶，首钢京唐公司研究制定了《职工特殊保障救助管理办法》和《职工帮扶救助管理办法》，尽最大可能帮助困难职工，解决职工和家属的后顾之忧。有温度的人文关怀引导着职工想干事、能干事，不断激发持久的内生动力，推动首钢京唐公司高质量发展的进程持续加速。

关注职工安全健康，强化心理疏导。首钢京唐公司把职工工作安全与心理疏导结合起来，相互呼应、相互补位，让职工不仅身体健康，心理也健康。结合生产实际，安全管理部牵头组织各项安全管理培训，办公室每年牵头组织职工例行体检，邀请专家开展医学讲座，让职工提高关注健康、关爱自己的自觉意识，倡导科学健康的生活理念，强健体魄，快乐生活。加强职工心理疏导教育，针对职工心理疏导、思想解压等需求，建设了"心灵驿站"，寻求各方资源，为职工开展心理疏导讲座和心理解压活动。组织职工进行心理健康状况自我测试，根据需求进行按摩放松训练、减压宣泄体验、阅读心理书籍、欣赏心理电影、一对一咨询和心理访谈等，达到全身心放松的状态。开展职工心理健康体检，摸清底数，有针对性地开展帮扶疏导工作。外聘心理专家，针对重点人群开展点对点的心理疏导；邀请专家讲师在首钢京唐公司实地开展一系列的大型心理专题讲座。2019年，安排了25节高质量培训讲座课程，科学、实用的内容广受欢迎。组织各级工会干部和"心灵驿站"骨干成员前往北京市总工会、优秀"心灵驿站"建设单位参观体验，学习先进的"心灵驿站示范区"打造模式，为更好发挥"心灵驿站"作用提供帮助。

三、制度化推进人文管理，尊重人、发展人、关心人并重，实现关怀常态化

习近平总书记强调："为人民谋幸福，是中国共产党人的初心。我们要时刻不忘这个初心，永远把人民对美好生活的向往作为奋斗目标。"首钢京唐公司着眼于更好地满足职工对美好生活的需求，把维护广大职工利益作为工作的出发点和落脚点，以"管理机制尊重人、激励机制发展人、服务机制关心

人"构建人文关怀体系，以常态化管理提升职工归属感和幸福感，打造企业真诚关爱职工，职工全心投入企业发展的良好氛围。

民主管理尊重人，强化职工主体意识。 首钢京唐公司党委坚持职工的主体地位，将人文关怀理念贯彻到机制管理当中，让职工直接参与公司生产经营的管理，为企业发展献计献策。2012年至今，首钢京唐公司共召开两届六次职工代表大会，共计1560名职工直接听取审议公司年度工作报告，讨论确定工作主线。会议期间，公司尊重每一位职工代表的政治权利，让职工代表畅所欲言、出谋划策。同时，首钢京唐公司还实行厂务公开制，设置7个委员会，定期组织研究讨论，实时追踪公司发展中出现的问题，或立行立改，或持续改进。近年来，共收集职工合理化建议15168项，内容涉及广泛，改善成果显著。发展依靠职工，激发了广大职工"想言、敢言、善言、践言"的主体意识。

激励机制发展人，促进职工价值实现。 首钢京唐公司作为集团三支人才队伍薪酬制度改革试点，在推进薪酬激励机制改革中，坚持以人为本，注重人文关怀下的薪酬激励、隐性激励，提供培训学习机会，拓宽业务发展空间。一线职工王建斌、张维中被评为"首钢工匠"，受到了北京市领导的亲切接见，富有"含金量"的荣誉和待遇政策，物质与精神的双重激励，引发了干部职工的强烈反响，激励广大职工与企业同步发展，让职工价值在企业的发展中得到实现，收获满满的荣誉感、自豪感和归属感。情怀是挡不住的诗意，榜样是看得见的哲理。首钢京唐公司坚持用梦想鼓舞人、用情怀打动人、用典型激励人。开展"京唐十大杰出青年""京唐榜样"等评选活动，近年来，评选表彰先进模范人物550余人、"京唐榜样"人物56名，涌现出全国"五一"劳动奖章获得者荣彦明、"首都市民学习之星"陈香等一大批先进人物。

延伸服务触角，扩大关怀范围。 多年来，首钢京唐公司致力于承担国有企业社会责任，展现国企人文情怀。近年来，招收高校毕业生4500多人，带动相关服务业1.2万人就业。公司连续8年为曹妃甸渤海幼儿园送图书共计2000册，助力儿童成长；连续2年助力曹妃甸国际马拉松比赛；连续5年组织环保宣传进社区活动，向居民宣传环保知识和理念；联合地方公益组织举办"海蓝蓝"海边清洁垃圾环保公益活动。同时，首钢京唐公司青年志愿者还参与了毛主席纪念堂志愿服务，引领青年职工提升志愿服务意识、承担社会责任。每年学雷锋志愿者日都会到社区进行志愿服务，树立了良好的首钢京唐青工形象。首钢京唐公司党委了解到有的职工由于家属没有工作，家庭存在不稳定因素的情况，积极联络曹妃甸区人力资源和社会保障局、京冀（曹妃甸）人力资源和社会保障服务中心，为首钢京唐公司职工家属召开专场招聘会，很多职工家属通过这个平台找到了心仪的工作。

四、构建和谐发展新格局，共建共享发展成果，升华人企共进情怀

进入新时代，面对新形势，展示新作为。首钢京唐公司党委牢固树立"企业生存依赖社会、发展依靠职工、发展成果惠及职工"的理念，将企业的人文情怀，根植于共建共享的企业文化中，以惠及职工、惠及社会的共享胸怀，让企业发展呈现勃勃生机。

引导职工不忘初心使命，促进共生情怀。首钢京唐公司党委深入学习贯彻习近平新时代中国特色社会主义思想和党的十九大精神，在"不忘初心、牢记使命"主题教育中，牢记全心全意为人民服务的根本宗旨，巩固发展"大家连小家"心连心平台，催化干部职工和家属共同的爱企情怀。公司党委时刻关注职工子女教育、入学入托问题，与北京红苹果幼儿园联手打造渤海家园幼儿园，与北京景山学校反复沟通，帮助职工子女入学。针对青年职工占比高、婚恋难题，广拓外部资源，实施"鹊桥"工程。组织"爱心红娘"牵线搭桥，爱心传递"一帮一"，建设"京唐之约"服务网络和微信群等平台，先后与曹妃甸区政府机构、企业、医院、高校等单位举办青年交友联谊活动，连续7年举办青年集体婚礼，300余对新人情定京唐，收获幸福。首钢京唐公司连续7年组织1200名先进职工家属参观矿石码头、工业区和公司沙盘、产品展室及主流程生产线，让家属了解家人的工作生活环境，更好地支持家人工作，以实际行动切实地将关爱传递至员工及家属的内心，荣誉共享，一起奋斗。有位家属说："企业这个大家有你有我，家人在这样的大钢厂工作是我们的骄傲，我们保证做好最坚强的后盾。"

引导职工坚定理想信念，常怀感恩情怀。人文情怀，基础在人文情感。首钢京唐公司党委以感恩情怀充分调动员工的积极性，教育职工坚定"四个自信"，增强职工内心对企业的认同感和归属感。公司大力倡导感恩的文化和氛围，帮助职工塑造健康的心灵，引导职工要常怀感恩之心，广大职工群众时刻感恩首钢、感恩京唐、感恩企业提供了就业的机会和展示的平台，珍惜所取得的成绩、荣誉、收获。2019 年临近春节，来自祖国四面八方的千余名建设者们依然奋战在首钢京唐公司二期工程建设第一线。在得知大家春节买票困难，无法回家的情况后，公司党委高度重视，组织调研大家返乡乘车信息，千方百计想办法，协调 24 辆专车，送 1000 多名工程建设者们回家。送达地点涉及湖北、四川、江苏、黑龙江等 16 个省份、88 个市区，往返总里程5.1 万公里，得到了社会各界的广泛赞誉。网友阿杜在微信平台留言："那天下夜班看到几十辆大巴车缓缓而过，原来是如此暖心的行动，最近越来越感到公司对职工的人文关怀，既增强了职工的归属感，又增强了企业的凝聚力，彰显大企业的风范！"对职工的人文关怀是潜移默化的力量。春节假期刚过，回家的建设者们纷纷返回工程现场，抢工期、保进度，为按时、按质完成二期工程建设投产注入了催化剂。

引导企业职工共建共享，激发共爱情怀。首钢京唐公司坚持引导职工行职工共享之事，明企业共创之理。为进一步改善职工工作休息环境，营造轻松温馨氛围，启动了职工小家建设。全员参与、创意打造，让职工有了一个快乐工作和舒心休息的好场所。广大职工在建家过程中充分感受到共享共建的发展之道，"建家就是建企业，建家就是建队伍"，提高了职工的参与感、获得感和满意度。2019 年，首钢京唐公司被评为"北京市级职工之家"。接收首秦搬迁转移职工也是首钢京唐公司共享共建的一个缩影。为妥善安排好2100 多名首秦转入职工，公司党委站在政治高度，多次组织专题会议，反复协商职工关心的社会保险、异地补贴等问题，广泛听取各方意见。由于当时地区的差异性，一个社保手续要跑好几个月。首钢京唐公司与当地有关部门反复沟通，充分维护职工的利益。为了让首秦转入职工安居，公司紧锣密鼓地租用水景公寓，并安排装修改造，安装了厨房用品，统一配置了空调，同时积极争取首钢工会大力支持，投入 300 多万元购置了彩电、冰箱、热水壶等家居用品，让首秦转入职工安居。公司领导冒雨前往首秦迎接，工会创作了欢迎题材的情景剧作品，让首秦转入职工深受感动。当时正好赶上有职工过生日，公司和作业部领导来到宿舍，把生日蛋糕送到职工手里，送上真挚的祝福。体贴入微的关怀让这些加入京唐的新职工深受感动，大家都说：这样的企业来对了。既来之，则安之；既安之，则干之；既干之，则胜之。安居后的新京唐人热火朝天地投入到新岗位、新环境中，上下同欲，攻坚克难，历时短短 7 个月就完成了中厚板 4300 毫米产线的拆、建、投，创造了一个产线搬迁的奇迹。随后，他们又将目光转向生产高质量的产品，光荣地承接了北京冬奥会滑雪大跳台项目用钢供货任务。参与项目的职工骄傲地表示："建设大跳台的钢板全部是由首钢自己生产的，能为世人瞩目的冬奥会贡献力量，对我们来说是莫大的光荣。"

十年筑梦、十年关怀、十年发展。首钢京唐公司始终坚持以人为本，厚植企业与职工"共情、共爱、共鸣"情怀，实现人文关怀与思想政治工作相统一，人文关怀与企业管理制度相协调，人文关怀与经营生产发展相融入，让惠及职工更有"厚度"，让工作推进更有"力度"，让企业高质量发展更有"温度"。

全面创新　引领企业高质量发展

杨立文　苗亚光

建设首钢京唐公司钢铁厂是党中央、国务院的重要战略决策，是承载首钢搬迁调整并纳入国家"十一五"规划纲要的重点项目，得到了党和国家领导人的高度关注，指示首钢京唐公司要以"低成本生产高附加值产品"为发展航向，以"三高、四个一流"为目标定位，努力建成具有国际先进水平的精品板材生产基地和自主创新的示范工厂，节能减排和发展循环经济的标志性工厂。多年来，首钢京唐公司以创新引领企业高质量发展，在工程建设、经营生产、运营管理、企业文化建设中始终瞄准建设最具世界影响力钢铁厂的愿景，走出了一条具有京唐特色的全面创新之路。

一、推进技术创新，坚持自主研发与引进吸收相结合，博采众长，砥砺奋进，促进科技成果转化应用

科学技术是第一生产力，技术创新已经成为企业在市场中生存和发展的必要手段。多年来，首钢京唐公司围绕生产工艺、产品开发、循环经济等方面加大技术攻关力度，逐步提高了全流程的工艺稳定性和产线保障能力，经营生产取得了显著效果。

技术先进，自主创新。在编制建设方案大纲、可行性研究报告和初步设计阶段，首钢京唐公司广泛开展调查研究和技术交流，积极学习国内外先进企业的建厂经验，广泛征求、充分听取各方面专家的意见和建议，不断优化可研报告和初步设计。在技术装备选择上，坚持自主研发与引进、消化吸收再创新相结合，广泛采用新工艺、新技术、新设备、新材料进行系统集成。集中采用了 5500 立方米高炉、7.63 米特大型焦炉等先进大型装备，构成了高效率、低成本的生产运行系统。采用了 220 项国内外先进技术，其中自主创新和集成创新的技术占三分之二，充分体现了 21 世纪国际钢铁工业科技发展水平。自主研发高炉无料钟炉顶，打破国外技术垄断；联合研发顶燃式热风炉，风温可达 1300℃，达到世界最高水平；自主研发高炉—转炉界面"一罐到底"技术，为世界 300 吨级大型转炉钢铁企业首家使用；自主创新"全三脱"炼钢工艺，打造出国内第一个高效率低成本的洁净钢生产平台。

2015 年 8 月，首钢京唐公司二期工程项目启动。在一期项目基础上，二期工程项目优化和改进技术 54 项，开发创新技术 50 项。大比例球团炼铁技术以球团替代部分烧结矿，开创国内乃至亚洲先河；MCCR 新型全无头薄板坯连铸连轧生产线具有单坯、半无头、无头三种生产模式，生产方式灵活，技术先进，代表着未来薄板坯低耗高效的发展趋势。

创新的齿轮从未停止转动。2015 年至今，首钢京唐公司共申请专利 757 项。其中，发明专利 355 项、实用新型 402 项，共有 604 项专利获得授权。自投产以来，首钢京唐公司获得科学技术奖项 104 项。其中，国家科技奖 1 项，冶金奖 32 项，北京市奖 14 项，河北省奖 10 项，唐山市奖 10 项，河北冶金奖 37 项。

产品高端，适应市场。首钢京唐公司始终以生产优质钢铁产品满足国民经济发展需要为追求目标，顺应循环经济和绿色、环保对钢铁行业发展趋势要求，持续优化品种结构。在钢铁市场同质化竞争日益激烈的形势下，公司发挥临海靠港和大型化装备优势，主动推进供给侧结构性改革，加大品种结构优化力度，发展高端产品研发制造，实现产品提质升级。产品结构不断向高端迈进，已成为国内规模最大、品种规格最齐全的单体板材生产基地，形成以汽车板、镀锡板、家电板、专用板为代表的冷系产品和以管线钢、车轮钢、耐候钢、高强钢为代表的热系产品，牌号达到 630 余个。目前，已有 19 项产品实现国内首发，50 余项产品达到国际先进水平，120 余项产品达到国内领先水平。车轮钢市场占有率行业排名第一，家电板、高强钢行业排名第二，汽车板行业排名前五，品牌形象和市场影响力不断提升。

循环经济，节能减排。首钢京唐公司坚持绿色发展引领，明确环保工作定位，提出并大力践行"打造绿色钢铁就是保生存促发展"的环保理念。采用了国内外先进的节能减排技术，通过系统的集成优化，达到了高水平的清洁生产标准。坚持系统思维，将废气、废水、废渣污染治理从"设计图"落实到"施工图"，突出环境质量改善与总量减排相结合，真正做到循环利用，变废为宝。以低消耗、低排放、高效率为特征，集成应用了焦炉干熄焦、高炉干法除尘、转炉干法除尘技术、海水淡化、水电联产、烟气脱硫脱硝等一系列先进技术，使钢铁生产过程中产生的废水、废气和废渣全部得到了充分循环利用。作为钢铁行业第一批资源节约型、环境友好型企业创建试点企业，首钢京唐公司认真落实企业环保主体责任，完成烧结脱硫脱硝、料场封闭、电厂和焦炉烟气消白等环境治理项目，先后被评为"中国钢铁工业清洁生产环境友好企业""全国大气污染减排突出贡献企业"、第三批国家级"绿色工厂""全国绿化模范单位"，荣获"第九届中华宝钢环境优秀奖"，并成为全国钢铁行业第一家取得新版排污许可证的企业。

二、推进管理创新，运用新的理论指导企业管理，总结经验，补齐短板，建立健全高效运行体系

管理是企业永恒的主题，是企业发展的基石。在当今科学技术和经营环境急剧变化的复杂环境之中，首钢京唐公司始终把握管理创新发展的新趋势、新要求，不断进行管理创新，把创新融入管理整个过程中。

强基固本，夯实发展基础。2011～2013 年，首钢京唐公司在管理上定位为基础管理年，构建精干高效的管理体系，实行集中一贯制扁平化管理，夯实管理持续进步的基础。针对管理架构不适应企业高质量发展的短板，推进"取消分厂建制"等系列改革，建立"岗位设置科学、人员配置合理、绩效管理规范"的管理新模式。压缩管理层级，实行作业区指标、责任、考核三位一体管理，形成层层传导压力、层层履职尽责的管理新格局，内生驱动发生积极变化，极大地促进了经营生产不断迈上新台阶。以标准化促进规范化，使制度形成体系，从而更好地指导实践。围绕产线顺稳运行、工艺技术瓶颈、专业管理服务、精益成本管理、产品结构优化、产品质量改善方方面面深挖

细抠，打通管理体系，形成管理路线，做实管理制度，夯实管理基础，使经营生产系统依靠制度和体系实现良性运行。

面向市场，增强核心竞争力。 首钢京唐公司始终坚持以市场为导向，向管理要效益的原则，进一步强化市场主体地位，以实现公司效益最大化为核心，围绕市场预判、生产消耗、营销模式等工作，持续改善经营手段，提升"制造+服务"能力，提高经营工作的管理水平。将生产制造管理体系由按照专业分工管理，转换为按产品分工管理，实现了专项产品的全过程管控。同时，成立了技术管理室和产品推进管理室，加强产线共性技术管理、体系管理。实行产品研发、技术标准、生产组织、市场营销、用户服务、异议处理为一体的管理方式，通过提升产、销、研一体化水平，增强科技创新能力，抢占高端产品市场。逐步形成了从用户先期介入、质量设计、质量管控，到物流跟踪、质量异议处理、持续改进等用户技术服务业务的一贯制管理模式。在产品质量管理上，对各工序影响产品质量的因素进行梳理，制定攻关措施。在客户服务体系上，实施"重点用户+重点区域"派驻与专家团队技术支持相结合的服务模式，深化实施重点用户走访机制，及时解决产品认证和批量供货中的问题。加强客户走访，了解客户个性化需求，2020 年走访客户 181 家。深入开展 EVI 先期介入工作，1~11 月已实现 EVI 供货 80.4 万吨，超出年计划 3.4 万吨。加强运输时效管理和过程质量防护，严格落实标准运输周期要求，强化交货保障能力，1~11 月重点客户整单合同兑现率完成 95.63%，超出年计划 0.63%。

精细管理，构筑发展之翼。 首钢京唐公司把"精细、规范、协调、执行"的管理理念，严细到每一个环节、每一个细节。围绕提高全系统精细化控制和标准化管理水平，建立系统的精细化管理体系，包括指标体系、质量管理体系等，不断推进管理创新，全力夯实管理基础。引入了一系列先进的管理方式和工具，有计划有步骤地推进 6S 管理、六西格玛管理、QTI 现场改善。改变了过去的思维方式，摒弃了陈旧的作业习惯，突破了以往管理模式的羁绊，使日常管理工作变得更为科学有效，促进了精细管理、精益制造水平和能力持续提升。2020 年，共组织实施各类改善成果 29595 件，员工参与度上升到了 55%。探索新的管理模式，按照"夯实专业管理基础，提高精细化管理水平"的要求，完善公司及作业部级设备功能精度管理网络，明确分工，责任到人，有力促进了公司设备系统功能、精度管理。推进以点检为核心的设备系统管理方式改革，优化组织机构、整合岗位设置，做到"设备全覆盖、人员分层管、职责不重复"，实现设备管理规范化、价值最大化。推进检修标准化管理，实行点检定修制、工单制，有效提高了检修效率和设备维护水平。

管理提升，推进"两化"融合。落实《中国制造 2025》规划，发挥协同优势，站在集团钢铁业层面统筹研究信息化系统建设，围绕精细化管理、智能制造、经营生产，推进智能工厂建设。启动实施首钢钢铁产销一体化系统项目，坚持推进工业化与信息化的"两化"融合，把生产自动化、工艺控制智能化和管理信息化作为重要支撑，提高管理和生产效率。智能工厂建设取得一系列成果，球团智能控制项目通过验收并稳定运行，提高了产品质量和生产效率；研发高炉炉热智能监控系统，实现炉温精准控制；炼钢自主研发铸机浇铸平台自动化控制系统，浇铸平台实现无人值守。成功实现能源系统站所集中监控，推动能源管控水平迈上新台阶。首台拆捆带机器人在冷轧2230 毫米连退产线投用，运输部 5 号库智能仓储系统投入运行，产销一体化系统成功上线运行。

三、推进人才创新，搭建职工创新创业平台，以人为本，开发潜力，提升全员创新能效

人才是创新的根基，是创新的核心要素，创新驱动发展关键在人才。首钢京唐公司持续创新体制机制，畅通发展晋升通道，提高能力素质，激发人才潜能，探索建立多元化激励，引导职工自主管理、自我改善，企业发展的内生动力不断增强。

培植创新发展动能。首钢京唐公司自建厂以来，从未停止科技创新的脚步，时刻关注行业前沿技术，持续与先进企业对比缩差，强化关键核心技术创新，大力培养技术领军人才。2015 年 7 月，首钢京唐公司正式启动"蓝精灵"项目，组成"蓝精灵"项目团队。团队由核心小组、专职攻关团队和协

同支持团队组成。核心小组成员都是首席专家、专业专家、主管技术等领军人物，专职攻关团队由技术专家、技术带头人、博士和高级职称的专业技术人员组成，协同支持团队由相关专业技术和管理人员组成。"蓝精灵项目"团队职责就是把握相关领域技术的发展方向，实现相关领域技术的重大突破，提升首钢京唐公司整体技术水平，解决现场重大和共性技术难点问题等。强有力的"蓝精灵"创新团队活跃在首钢京唐公司各领域、各工序，围绕经营生产开展创新，一项项创新成果如雨后春笋般破土而出。刘延强是 2014 年毕业的博士，炼钢部"蓝精灵"团队的负责人，他带领团队攻克了多项技术难题。通过优化连铸工艺路线，实现了拉速 2.0 米/分钟生产，打破了小断面周期长的限制性环节，带动转炉出钢温度由 1678 摄氏度降低至 1650 摄氏度，降低石灰消耗 10 千克/吨，终点磷平均控制到了 0.030%以下，中包全氧由 27ppm（1ppm＝1×10^{-6}）降低至 16ppm，实现了全流程低氧控制，进一步释放了全三脱工艺技术的设计优势，钢水洁净度不断提高。

成立技术中心，依托技术中心打造高水平研发队伍。2019 年来，累计开展科研攻关 33 项，解决了一批现场亟待解决的"卡脖子"问题。热轧 DP 高强钢板坯窄面横裂发生率由 10%降至 3%以下；中厚板产品完成控轧态 6~50 毫米厚 D36 级别以下的八国船级社认证。

提升团队创新能力。首钢京唐公司充分发挥团队协同力量，以职工创新工作室为依托，大力开展职工创新创效攻关活动。创新工作室成员深入基层、贴近一线，把现场难题作为具体的攻关课题，及时发现、及时处置，消除隐患、提升能力。炼钢部"王建斌创新工作室"带领攻关小组扎根一线，试验摸索，开展 2 号脱碳转炉碳氧积攻关，全炉役碳氧积降低至 0.00178，节省钢砂铝消耗降低生产成本 5600 余万元，达到国内外先进水平。运输部"陈万忠创新工作室"以码头作业技术难点、装船工艺优化、工属具小改小革为主要攻关方向，开展创新项目 30 余项，降低成本费用 600 多万元。

到 2020 年，首钢京唐公司共建立 52 个创新工作室，累计完成立项攻关课题 1970 项，解决现场难题 4230 个，获得国家专利授权 386 项，获奖科研成果 328 项，总结命名最佳操作法 195 个，提合理化建议 5600 条，创造经济效益 1.85 亿元。培养了大批技术人才和操作点检人员，通过团队创新，带动了全员创新，助推了企业发展。

激发全员创新热情。充分调动广大职工群众的创新热情和潜能，切实发挥职工在改革创新、转型发展中的主力军作用，积极为职工培育好持续创新、人人创新的"土壤"。加大用工结构优化和职工激励力度，按照"向贡献倾斜、向骨干倾斜、向一线倾斜"的导向出台了一系列激励政策。推广了"三支人才队伍"薪酬激励机制，打通高技术、高技能人才职业发展晋升通道，建立健全了领导人员中长期激励机制。突出以能为本、按贡献分配的思想，营造良性的竞争氛围，引领职工严格履责，多作贡献。建设创新、精益专家库，着力培养创新、精益管理骨干人才。每年开展群众性的劳动竞赛活动，先后开展了"降本增效作贡献""保生存、促发展""创新驱动促发展，提质提效立新功"等劳动竞赛，吸引了众多职工参加。大力开展提合理化建议活动，制定《合理化建议管理及奖励办法》，通过设置"金点子"奖、"主人翁"奖，拓宽一线职工参与提合理化建议的通道。在首钢京唐公司的快速发展中，每一步都渗透着创新的精髓。首钢京唐公司每年召开科技大会，表彰创新成果和科技人才，兑现奖励，这些激励举措进一步激发了全员创新的热情。

四、推进文化创新，用创新文化激发创新精神，细雨润物，成风化人，助推企业高质量发展

企业文化是企业的根基和灵魂，文化发展的实质，就在于文化创新。多年来，首钢京唐公司坚持用创新文化激发创新精神、推动创新实践、激励创新事业。不断强化教育引导和实践养成，努力把社会主义核心价值观和企业精神、企业作风、企业理念转化为情感认同和行为习惯，让首钢优秀传统展示出永久魅力和时代风采。

文化理念实现新升级。首钢京唐公司将企业文化建设与企业管理相融合，开展"内容构建""践行融入""人文养成"三大体系建设，形成了包括企业目标、企业愿景、企业价值观、企业精神、企业作风和"人才理念""学习理

念"等11个企业理念在内的企业文化架构，把京唐文化融入到企业经营生产管理中，根植在全体干部职工的实践与行动中。形成了首钢京唐公司特有的曲线文化和尺子文化，每月进行经营活动分析，突出以曲线为特征的横向分析和以尺子为标杆的纵向对比。把生产技术经济等指标数据绘成曲线进行横向分析，对比总结经验，争取更好的水平；以国内外先进钢铁企业为尺子标杆进行纵向对比，量一量与先进企业的差距，分析原因，迎头赶超，推动了经营生产和各项工作实现新突破。2014年，首钢京唐公司一举扭亏为盈，2015年实现降本增效11.67亿元，2018年盈利19.5亿元，实现历史性突破。

文化品牌形成新热度。品牌是一个企业乃至国家的名片。首钢京唐公司不断强化从传统长材到精品板材的思想转化，不断培育以质量和信誉为核心的品牌意识，大力宣传有情怀、有温度、有品位的创品牌故事，扩大"首钢京唐"的社会影响。2018年11月，一家制罐企业接到1000万个饮料罐的紧急订单，但是库存不足，急需增加500吨的镀锡板备料，联系了多家供货商都因交货期太短不能为其供货，最后向首钢京唐公司镀锡板事业部求助。想客户之所想，急客户之所急，首钢京唐公司毅然接下了这一份加急订单。经过各专业的密切配合，最终原本需要45天才能完成的一个订单，只用了15天就将产品保质保量地送到了客户手中，客户主动签订了供货协议。多年来，这样的故事比比皆是，知名度、美誉度不断提高。新华社、《人民日报》等主流媒体纷纷聚焦首钢京唐公司，持续报道在搬迁调整、京津冀协同发展、绿色发展等方面的成果，央视四套播放五集系列片《百炼成钢》，全面展示了"首钢京唐"的良好形象，引发了国内外及社会各界广泛关注。

文化育人产生新共鸣。人与人之间最成功的沟通就是在情感上产生共鸣，文化建设也是如此。首钢京唐公司以弘扬社会主义核心价值观为主线，传承和发扬首钢精神和首钢京唐公司优良传统、优秀作风，讲好"京唐故事"，坚持用梦想鼓舞人、用情怀打动人、用典型激励人，让企业文化落细落小落地。50岁的张维中是热轧作业部的机械点检员，为了提升1580毫米精轧机窜辊系统功能精度，他吃住在厂区，错过了为女儿参谋填报高考志愿的时间，这也成为他心里对女儿最大的亏欠。然而女儿并没有埋怨过他，为了离父亲近一点，她报考了北京科技大学，打算毕业后到首钢京唐公司工作。最终，女儿如愿被北京科技大学录取。将这样感人的故事在职工中宣讲，有的拍摄成微电影在微信平台播出，引起了极大反响，鼓舞和激励广大职工创新创优创业，为了梦想不懈奋斗。

文化传播开创新局面。当今世界，信息传播手段日新月异。先进的思想，若无先进有效的传播手段支撑，便很难深入人心；正确的主张，若无快速多样的传播方式平台，便无法有效占据舆论阵地。面对新的形势要求，首钢京唐公司加强对新媒体的研究和应用，建设企业融媒体中心，充分发挥新媒体快捷、双向、互动优势，变冲击为动力，化挑战为机遇。策划"我是首钢京唐，这是我的名片"文案，多视角深层次地展示京唐的发展变化，广大职工看后由衷地说"我点赞""我骄傲""我祝福""我幸福""我自豪"。采用新媒体直播集体婚礼、新年晚会、京唐故事、企业展览等活动30场，访问量达40万。应用新媒体助推企业文化建设，激发职工积极参与群众性创新活动。2016年，首钢京唐公司被中国企业文化协会评为"'互联网+时代'企业文化创新优秀单位"。在中国首届企业自媒体大会上，首钢京唐获新媒体金锐奖。

苟日新，日日新，又日新。在创新的进程中，首钢京唐公司十年如一日，从未止步、从未停歇，始终朝着全面实现"四个一流"目标、建设最具世界影响力钢铁厂的宏伟愿景，披荆斩棘，奋力前行。

人才兴企 筑牢企业高质量发展根基

杨景 王强

习近平总书记指出，"发展是第一要务，人才是第一资源，创新是第一动力"。作为首钢搬迁的重要载体，首钢京唐公司按照党中央国务院提出的"高起点、高标准、高要求"和"产品一流、管理一流、环境一流、效益一流"的目标定位，以时不我待的政治责任感和历史使命感，坚持实施人才兴企战略，着力建设观念新、作风硬、技术精、创新强的人才队伍，支撑企业提质提效高质量发展。

一、规范人才队伍管理，推进企业发展与职工成长科学统一

实现科学发展，人才是关键；推动高质量发展，人才是引擎。首钢京唐公司从企业发展的战略高度出发，深化人才队伍体制机制改革，实施多途径、多模式激励创新，推动企业与职工的全面、协调、可持续发展。

把握人才成长规律，畅通人才成长通道。 2016 年，伴随首钢集团实施总部管控体系改革，随着板块平台公司的搭建和管理关系的调整，迫切需要通过深化体系机制改革，建立起适应集团管控体系改革要求的运行体制和有效的激励机制。对此，集团公司作出了深化管控体系、职务职级、薪酬制度等一系列改革管理决议决策。首钢京唐公司将企业发展战略目标与职工个人成长目标相结合，以深化改革统一规范为基础，结合公司组织运行管理体系设置，分类划分建立技能操作、专业技术管理和经营管理 3 个岗位（职务）系列，并对序列人才发展通道进行优化设计，增设高级主任师（首席工程师）、首席技师等岗级职务，调整职务职级晋升和评聘比例，同时完善经营管理、专业技术管理和技能操作 3 个序列的对应关系，实现各序列相应层级职务横

向互通，满足各类人才职业发展需求，让三支人才"成长有通道、上升有空间、纵向能晋升、横向可互通"。

同时，首钢京唐公司构建了岗位（职务）素质模型与评价管理、岗位（职务）标准与晋升发展管理、工资薪酬管理、福利薪酬管理、职工培养培训管理、职工绩效考核评价管理、职工成长与发展计划等配套支撑管理体系，推进三支人才队伍建设的各项工作规范化、标准化、制度化，实现企业的运营发展管理与职工的职业发展管理科学统一。

体现人才价值，构建多元化激励机制。从 2009 年的"基本薪酬制度方案"到首次实施三支人才队伍职务职级晋升和择优升级激励机制，再到建立"达标晋级"制度，首钢京唐公司将"一把尺子量到底"的传统做法转为对分类、多元化激励机制的探索，不断适应改革发展。2016 年，首钢京唐公司作为集团三支人才队伍薪酬制度改革试点，着力在推进人才队伍建设规范统一管理上下工夫。经过系统化历史性改革，首钢京唐公司三支人才队伍体系改革全面纳入了首钢钢铁板块管理体系，形成了现行统一的薪酬制度与激励机制。

在推进薪酬激励机制改革中，首钢京唐公司坚持以人为本，注重发挥薪酬的激励导向作用，实行职工收入与个人绩效、个人技能、岗位责任和企业效益挂钩，形成职工收入能升能降的动态激励机制，做到薪酬投入经济有效、薪酬机制激励明显、薪酬水准吸引力强，实现人力资源效益的最大化。公司高度重视人的价值，建立了包括工资、福利、绩效与赏识、平衡工作与生活、个人发展与职业机会在内的薪酬体系模型，以有形的外在报酬与无形的内在报酬激励职工，提高职工的参与度和满意度，满足职工物质与精神的双重需求。同时，全面优化绩效分配关系，调整健全了绩效分配系数体系政策，下放职工奖金分配系数调整权限，使个人奖金系数更符合基层经营生产实际，进一步释放基层单位绩效激励活力。

突出重点人才重点激励导向，重点聚焦解决关键岗位特殊人才激励问题，创新实施特殊奖励晋级办法，给予核心人才特殊荣誉和专项待遇。突出优秀人才优先激励导向，让擅长技术研究的职工，不用靠行政职务也能显现自身价值，这是首钢京唐公司激励人才的法宝——开展"首钢京唐工匠"评选。评选一线职工王建斌、张维中为"首钢京唐工匠"，每人给予一次性奖励 5 万元，每月享受职务津贴 8000 元，并在办公住宿、通信补贴、出差待遇等 7 个方面享受核心技术技能人才待遇，富有"含金量"的荣誉和待遇政策，引发了干部职工的强烈反响，极大激发了职工们的进取意识。2019 年以来，1850 名职工获得晋升，王保勇等 25 名职工获得特殊奖励晋级，缪成亮等 13 名职工被聘任为首钢级专家，推动全公司形成尊重劳动、崇尚技能、鼓励创造、贡献价值的浓厚氛围。

二、坚持"选、育、用"结合，着力建设新时代忠诚干净担当的高素质干部队伍

首钢京唐公司按照习近平总书记提出的"信念坚定、为民服务、勤政务实、敢于担当、清正廉洁"的 20 字标准，把选拔任用、从严管理、素质培养结合起来，让想干事的有机会、能干事的有舞台、干成事的有实惠。

严格标准，树立正确选人导向。"政治路线确定之后，干部就是决定的因素"。首钢京唐公司认真贯彻德才兼备、以德为先要求，坚持把政治素质作为"德"的第一评价标准，把专业能力作为"才"的重要评价标准，切实把新时期好干部标准落到实处。坚持正确选人用人导向，突出政治标准，坚持事业为上，真正把锐意进取、敢于担当、民主作风好、群众威信高、能够驾驭全局的干部选拔到关键领导岗位。坚持全方位、多角度、近距离考察识别干部，了解干部注重到基层一线、到职工群众中，注重德才和实绩相结合、一时表现与一贯表现相结合、平时表现与重大关头表现相结合，既在"大事"上看德，又在"小节"中察德，通过谈心谈话、培训跟班、实地调研、座谈交流等多种渠道，深入考察干部的政治素质和专业能力。

科学评价，激励干部担当作为。公司制定选拔任用领导干部制度，严明组织提拔任用领导人员提名酝酿、民主推荐、组织考察、征求意见、任职公示、党委决策、任前谈话的方式和流程，将监督融入选拔任用工作全过程，努力把好干部选出来、用起来。制定领导班子和领导人员综合考核评价办法，

对领导人员、专业管理人员和专业技术人员，分别建立业绩考核与民主测评相结合、分组互评、多维度年度综合评价等人才评价模式，确保人才管理公平公正。突出对测评结果的分析和运用，对排名靠后的领导班子和领导人员进行约谈，对测评结果较差、日常履职能力不足的领导人员予以免职，推进领导人员能上能下，激发干部干事创业活力。截至2019年9月，首钢京唐公司共对98名领导人员进行了职务调整，88名领导人员经试用期考察合格正式任职。结合年终综合考核评价结果，公司领导对年度测评排后两位的领导班子及8名L7职级以上领导人员进行了工作约谈，各基层党委共对16名领导人员进行了工作约谈，结合日常履职情况对一名L9领导人员予以解聘。

择优储备，素质培养增长才干。首钢京唐公司坚持以坚定理想信念和提升业务能力为重点，注重培养领导干部专业能力、专业精神，多层次、多维度、多频次推进干部队伍建设，每年开展党支部书记、作业长培训，不断增强干部队伍素质能力。秉承公开、平等、竞争、择优的原则，以组织选拔为主，公开竞聘为辅，培养后备力量。针对培养储备年轻领导干部，连续三年举办青年骨干培训班，选派优秀青年参加集团特训班，梳理后备领导人员队伍，择优安排学员挂职锻炼。大胆选用年轻干部，为企业发展注入了源源不断的新鲜动能，对年轻干部给任务、压担子，在经营生产攻关中磨炼、"墩苗"。目前，"80后"干部比例达到37.09%，"85后"干部占比9.72%，形成领导干部年轻化新常态。

三、瞄准"高、精、尖"方向，着力打造敢创新、能奋斗、有追求的优秀人才队伍

事业吸引人才，人才促进发展。作为具有国际先进水平的精品板材生产基地，首钢京唐公司不断加大知识型、技能型、创新型人才培养力度，以"工匠精神"树起了先进制造业的旗帜。

瞄准技术前沿，造就领军型人才。近年来，首钢京唐公司瞄准世界前沿科技、国际重大技术、行业发展需求，着重培养在钢铁行业关键领域和核心专业有话语权和影响力的领军型人才。公司副总经理吴礼云一直致力于余热

海水淡化事业，他带领团队攻坚克难、开拓创新，实现了我国钢铁厂余热海水淡化从无到有的突破。在 2016 年青岛国际脱盐大会上，吴礼云高票获得第一届"中国制水大工匠"荣誉称号。同样专注前沿技术的还有公司副总工程师、焦化部部长杨庆彬，他从事焦化事业三十年，带领攻关团队，脚踏实地，用一个个卓越创新的科技成果，为首钢京唐 5500 立方米大高炉提供优质焦炭，保障高炉顺稳运行，在首钢京唐公司焦化稳定生产、技术创新、精益管理、绿色环保、智能化建设等方面作出突出贡献，荣获"2018 年首钢科学技术特殊贡献奖"。截至目前，首钢京唐公司共有首钢级技术专家 4 人、首席技师 20 人、"首钢工匠" 2 人；79 人获评"首钢技术带头人"，114 人次获评"首钢技术能手"，46 人次获评"北京市技术能手"，1 人获评"全国技术能手"；1 人获得北京市政府技师特殊津贴，1 人获得国务院技师特殊津贴。

组织团队攻关，提升整体技术水平。 "蓝精灵"项目是首钢京唐公司党委推进的攻关技术平台。每年实施的"蓝精灵"项目团队由核心小组、专职攻关团队和协同支持团队组成。核心小组成员由首席专家、专业专家等领军人物组成，专职攻关团队由技术带头人、博士和具有高级职称的专业技术人员组成，职责就是把握相关领域技术的发展方向，解决现场重大和共性技术难点问题，实现相关领域技术的重大突破，提升首钢京唐公司整体技术水平。刘延强是北京科技大学冶金工程专业博士，作为炼钢作业部"蓝精灵"项目团队的负责人，他带领团队成员先后攻克"降低'全三脱'工艺总渣量""提升钢水洁净度"等多项难题，2017 年获得"北京市青年骨干个人项目"资助，先后获得河北省冶金科技奖、首钢管理创新成果奖、首钢科技奖等多项荣誉。

开展技能比武，淬炼素质能力。 首钢京唐公司在持续开展参与广泛、内容丰富的岗位练兵、技能竞赛、技术比武、技术培训和业务交流等活动中，培育造就了一大批高技能人才，以适应公司可持续发展的需要。至今，首钢京唐公司先后承办第十七届、十八届北京市工业和信息化职业技能竞赛等重要赛事，并参加全国钢铁行业职业技能竞赛等，参赛选手勇于拼搏，取得了优异成绩。1986 年出生的王海龙是冷轧部机电设备运维作业区检修工，高级焊接技师。自参加工作以来，他在公司的大力培养下，潜心学习，从焊接工序中摸索出自己的一套新方法，在国内氩弧焊领域的全位置焊接技术上率先取得了重大突破。在2017年中德"北京·南图林根"焊工对抗赛中，王海龙获得熔化极气体保护焊第二名。

发挥专长，人尽其才。首钢京唐公司对人员进行合理配置和组合，从工作需要出发、从岗位要求出发，以事择人、以岗择人，努力发挥他们的专长和才能，做到事得其人、才尽其用。荣彦明曾经是热轧作业部2250分厂的一名精轧操作工，参加工作以来，他不断学习，增长本领，在自己专注专长的领域发光发热，获得了北京市第十六届职业技能竞赛首钢赛区轧钢操作专业的第一名。面对轧制超硬和超薄等难轧品种规格的挑战，他走在精轧班组的最前面，主动承担试制和经验推广。近几年来，他主动攻关和承担轧制了高强汽车用钢DP780、防爆钢SFB700等30多个难轧钢种和超薄规格，在首钢京唐公司和热轧作业部党委的大力培养下，从一名操作工迅速成长为轧钢高级技师，荣获"国企楷模·北京榜样"十大人物、"全国五一劳动奖章""全国劳动模范"等荣誉称号。

四、突出"企业创优、班组创绩、职工创新"，营造人人创新、全员提素的良好氛围

"创新是第一动力，人才是第一资源"。首钢京唐公司坚持"系统创新、持续创新、全员创新"理念，拓展优化创新空间，激发全员创新活力，让职工在崇尚创新、渴望创新、人人皆可创新的氛围中不断成长。

搭建创新平台。首钢京唐公司通过搭建职工创新工作室等平台，把有发明爱好、创新兴趣的职工组织起来，在知识上互通有无，共同攻克技术难题，实现技术创新，培养造就了一批科技创新团队。截至目前，首钢京唐公司52个创新工作室开展课题攻关325项，推广应用80项最佳操作法，奖励合理化建议2571条，创造经济效益2.1亿元。

强化学习培训。首钢京唐公司把企业提质提效与职工队伍提素相贯通，不断增强企业"第一资源"的实力。组织开展多途径、多形式的技能培训、

技能竞赛、岗位研修、职业技能鉴定和专升本在职学历教育。目前，首钢京唐公司本科以上学历占 42.8%，研究生学历占比达到 9%。按照技能操作人员、专业技术人员、经营管理人员及高层级职务人员构建分层累进培训体系，针对一线职工大力开展作业规程、质量控制、标准化操作、专题交流、问题诊断、品种钢操作要点、事故案例等岗位技能实战培训；针对新入职职工，以师带徒形式开展轮岗实训，定期考核激励；针对高潜能核心人才，采用导师带徒、项目制、轮岗交流、继续教育等形式开展系统化培养。近年来，炼钢部先后开展了"导师引领""薪火阵营"等人才培养工作。全国技术能手、全国百姓学习之星、全国冶金建设行业高级技能专家王建斌与徒弟签订了长期的"传、帮、带"培养计划，带领一群年轻大学生挖改善、克难关，先后完成"300 吨复吹转炉全炉役低碳氧积控制技术研究""首钢京唐炼钢环保综合治理技术研究""首钢京唐 300 吨转炉'全三脱'冶炼自动化炼钢技术""转炉低氧控制技术"等科技项目，分别获得冶金科学技术一等奖、河北省三等奖、唐山市一等奖等荣誉，申请 10 多项专利，在核心期刊发表学术文章 3 篇，成功将实践转换为了知识产权。在他的带领下，先后培养出高级技师 11 名、技师 9 名、首钢劳模 2 名、首钢"三创"标兵 1 名、全国钢铁行业青年岗位能手 1 名。坚持内训、外训相结合，"请进来"与"走出去"相结合，结合实际需求，开发学分制在线学习系统，开展班组长培训班等系列培训。2019 年，累计组织培训 845 期次，培训 3.97 万人次。

开展技术交流。搭建技术交流平台，聘请高等院校、行业专家开展技术交流、讲座。先后与韩国现代制铁签订第三期技术交流协议，与瑞典 SSAB 开展技术交流。同时，深化校企合作，与东北大学、北京科技大学、华北理工大学签订战略合作协议，开展协同创新。同时组织骨干赴先进企业交流学习，推荐核心骨干参加北京市青年源创新大赛、金属学会演讲比赛等学术会议和行业交流活动，拓展人才视野。2019 年 11 月，首钢京唐公司组织各创新工作室带头人赵坤鹏等参加全国第二十三届发明展览会，与来自全国各地的青年发明创造者进行专业技术创新成果方面的学习交流，收获经验的同时展示了公司形象。

推进基层管理。企业的高质量发展，离不开基层组织的活跃。首钢京唐公司着眼长远发展，自 2018 年 3 月起连续举办 5 期 QTI 骨干培训班，共有 224 名来自一线的业务骨干参加培训。并运用学到的精益理念和方法，认真研究分析现场、现物、现象，成功完成了涵盖质量、效益、效率提升和环境改善等方面在内的 96 项课题攻关，带来效益达 2971.39 万元。同时，公司建立健全了 QTI 全员快速改善机制，完善奖励办法，鼓励职工自主管理、自我改善，引导全体职工狠抓标准化操作、可视化管理及"两源"治理，创建以皮带机、液压站、磨辊间、变电站所为代表的 QTI 标杆区域，固化管理标准并全面推广经验做法，全员改善创新氛围日益浓厚。首钢京唐公司以班组建设为基础，强化组织领导，创新工作方法，用活用好激励机制。结合产线布局、工艺特点和管理需要，突出自主管理，优化完善班组长岗位责任，选优配强班组长，以班组为主体培育全员快速改善文化，提升一线职工问题识别、精准改善能力。镀锡板事业部镀锡物流党支部以"五心聚五力"为抓手，探索"党建+班组"建设新模式，找准班组人才建设和企业高质量发展的有机结合点，推进现场基础管理规范有序。近一年来，镀锡作业区各班组共提报改善亮点、改善提案和课题 2300 余项，设备故障发生率较去年同期降低 41%，故障停机时间降低 61%，现场自主精益管理水平明显提升。

一年之计，莫如树谷；十年之计，莫如树木；百年之计，莫如树人。首钢京唐公司始终围绕发展抓人才、抓好人才促发展，识才、爱才、用才、聚才，让走在高质量发展、全面实现"四个一流"目标道路上的脚步更有力、更从容。

对标磨剑　聚力发展

——首钢京唐公司开展对标提升高质量发展工作纪实

杨立文

几份与先进钢铁企业的主要指标对比参数列表"飞"进了首钢京唐公司早调会会议室里。

首钢京唐公司对照国内外先进企业，深化对标管理，通过实施对标工作常态化、对标内容全覆盖，全面实现从对标到提升的跨越。首钢京唐公司行业地位得到进一步巩固，技术经济指标持续进步，由指标提升带来的经济效益也愈加显著。截至 2020 年 8 月，首钢京唐公司 79 项对标指标有 46 项达到或超过标杆企业，有 44 个对标指标累计创历史最好水平 89 次。目前，首钢京唐公司形成了以车轮钢、管线钢、耐候钢、高强钢为代表的热系产品，以风电钢、桥梁钢、高建钢为代表的中厚板产品，以汽车板、镀锡板、家电专用板、彩涂板、酸洗板为代表的冷系产品，可生产牌号达到 1864 个，已有 10 项产品实现国内首发，50 余项技术达到国际先进水平，120 余项技术达到国内领先水平。

"曲线文化"与"尺子文化"

思路决定出路。在经营生产实践中，首钢京唐公司每月都要进行工艺稳定评比和经营活动分析，把本单位生产、成本和技术经济指标等数据绘成曲线进行横向分析，以国内外先进钢铁企业为尺子标杆进行纵向对比。就这样，构建并形成了具有首钢京唐公司特色的"曲线文化"和"尺子文化"，提升了管理水平，推动了生产经营和各项工作不断实现新突破。

　　"曲线文化"和"尺子文化"的直接表现，就是用数据对比来分析解决问题。从数据的曲线和尺子标准上，可以直观地看出首钢京唐公司与其他企业之间存在的问题与差距，也可以看到自己的优势之所在。通过工艺稳定、降本增效、产品开发等方面的数据比对，首钢京唐建立了长期或短期的追赶目标。

　　"我们学先进就是要聚焦'对标缩差'，提高用世界眼光找准自身坐标位置的能力。瞄准先进、确定目标、狠抓措施落地并最终实现追赶先进，这才是我们全面实现'四个一流'目标的根本路径，也是我们推进公司健康可持续发展的动力之源。"首钢京唐公司领导如是说。

　　全系统各工序工艺稳定是衡量一个企业生产运营质量和水平的直接体现。首钢京唐把各个工序的工艺稳定情况绘成170多个"曲线"和"尺子"，每月在部长工作例会上发布，对照计划指标进行分析讲评。各部门用"曲线"和"尺子"所描绘的数据来深入分析，总结经验，查找不足，推动了各工序工艺稳定水平不断提高。焦化工序紧盯配煤、炼焦、熄焦、运焦等各个生产环节，不断优化工艺参数，持续提升设备稳定性。在炼焦过程中，发挥"火落"技术优势，稳定直行温度均匀系数和直行温度安定系数，做到焦炉炉温精准化控制。在熄焦作业时，最大限度提高干熄焦料位，减小干熄过程中的落差，保证焦炭质量。2020年，干熄焦吨焦产蒸汽、炼焦单位工序能耗、焦炭的抗碎强度等五项指标一直处于行业领先水平。炼铁工序在与先进企业实地对标中，总结分析首钢京唐公司炼铁存在的差距，梳理落后指标清单，生产技术室和作业区对照清单共同研究制定缩差措施，不断优化改进工艺技术，促进高炉生产指标的持续提升。2020年7月、8月，首钢京唐公司炼铁高炉利用系数、综合入炉品位两项指标均优于对标企业。炼钢工序持续细化冶炼标准、加快生产节奏，创新采用"大口径出钢"技术，使得转炉冶炼周期提升了2%，出钢温降减少了3.2摄氏度，转炉出钢温度降至1647.3摄氏度，达国际先进水平；IF钢脱碳前氧合格率稳定控制在97.7%以上；转炉吨钢石灰消耗、火焰清理亮面率、不含合金的工序成本等指标达到了国内先进水平。热轧工序加强与先进企业的持续对标，优化生产组织，以强化"PDCA+认真"闭环管理，以更高标准推进产线升级。2020 年，热轧部 2250 毫米产线精轧月均每次换辊时间缩短至 12 分钟以内。其中，5 月月均每次换辊时间达到 11.35 分钟，辊耗达到 0.289 千克/吨，均优于对标企业。冷轧工序持续推进提升汽车外板产品质量重点攻关项目的对标，成功轧制出了 1.5×1540 毫米的"CP980"并向宝马客户供货，超高强双相钢小时产量超过 230 吨/小时，轧制速度和技术控制能力达到国内一流水平。能源工序深入践行"尺子文化""曲线文化"，与宝钢湛江等先进企业积极开展无差别实时对标，认识自身差距，对准全年降本任务，找准薄弱切入点，聚力突破追赶，2020 年 7 月对标指标达标率达到 78%，实现 2020 年以来最好水平。

有的放矢持续改进

企业对标，不仅要看对标对象的指标，不仅要学习好的做法，也要借鉴其经验，更要结合企业自身情况及发展趋势，有改进、有创新。这是首钢京唐公司对对标更深层次的理解。

其实，首钢京唐公司早已经在"寻找标杆—超越标杆—持续创新"的道路上迈出了坚实的步伐。

首钢京唐公司在与先进企业的对标中，采取由点到面、逐步深入的方式，以行业平均指标、先进指标为标杆，健全完善对标管理制度和工作机制，围绕生产指标建立了一贯制管理、用户管理、过程管理、重点指标"四合一"对标体系，开展全面、精准对标，并针对对标过程中反映出的问题，进行专题研究，制订整改措施。首钢京唐公司对标以宝钢股份和宝钢湛江钢铁为主，其中铁前工序钢铁指标全部与湛江钢铁对标。同时，钢后工序鉴于产品结构、指标定义和统计口径等方面的差异，兼顾梅钢、马钢、迁钢、韩国浦项等企业进行对标。在对标过程中，炼钢作业部领导深有感触："对比浦项，我们有很大差距，但是有差距不可怕，差距恰恰是我们前进的方向和动力。我们要实现建设具有世界影响力炼钢厂的愿景目标，就要在世界坐标系上找准自身位置，看清差距、迎头赶超!"他们组织相关人员陆续到浦项、现代、宝钢等国内外先进企业进行考察、学习，选取了 14 项能够代表转炉、精炼及连铸各工序技术水平的指标，明确责任人、对标先进水平、具体举措及完成时限等，每天通过部早调会的平台发布攻关情况，每周及时总结攻关进度，做到日日明差距、时时追先进。经过持续攻关，转炉出钢温度、钢包自开率等多项指标得到提升。镀锡板事业部积极与宝钢等先进企业进行对标，查找了市场开发、产品档次、质量控制、产线运行等方面的差距。该部将"重点品种研发"和"国际市场开拓"作为两个重要抓手，强化产销衔接，逐步调整产品结构，瞄准先进水平指标确定追赶目标。通过调整产品结构，DR 材和高锡铁订单占比不断提高，DR 材、高抗硫镀锡板等高端品种质量均达到国内先进水平。彩涂板事业部在对标先进企业过程中，建立了工程、家电及出口三大支撑，以高档次高质量赢得国内外用户。其产品远销到巴拿马、哥伦比亚、厄瓜多尔、罗马尼亚、韩国、印度尼西亚等国家。在国内市场，他们成为了海信的合格供应商，形成了彩涂板事业部、青岛钢业、海信的三方直供合作。与深圳道铭、欧司朗照明形成了三方直供稳定供货合作。

首钢京唐公司先后围绕焦化四大机车、烧结工序、料场堆取料机组织实施了智能化改造项目。烧结智能控制无人操作项目的实施，使得首钢京唐公司烧结矿质量、过程控制稳定率等指标得到较大改善，烧结矿碱度稳定率达到 98% 以上，FeO 稳定率达到 99% 以上，返矿率降低至 2.78%。

首钢京唐公司在经济技术指标对标的同时，节能环保指标对标也不例外。首钢京唐公司以节能降耗为核心，瞄准先进，持续对标。能源系统在水系统实现分质供水、串级使用、循环利用基础上，以海水淡化除盐水为调节手段，采用耦合式盐平衡模式，实现了废水零排放。吨钢综合能耗、吨钢耗新水均达国内一流水平。热能专业工程师王铁民牵头组织钢轧部和炼钢部开展内部对标，发现钢轧部炉水品质控制有降本空间，于是参照炼钢部将炉水电导率由 90 微西门子/厘米提高到 120 微西门子/厘米，在满足使用条件的情况下，每天减少汽化冷却系统除盐水消耗 200 吨，月创效 7.4 万元。同时，炼钢部炼钢工序参照钢轧部工序新模式，分析炼钢转炉 EC 用汽合理性，提出以除尘效果达标为前提，以蒸发冷却器前转炉煤气温度达到 300 摄氏度为条件投入蒸汽调质，实验投入蒸汽条件，五座转炉实现加废钢不投蒸汽，并实施自控，每炉钢节省蒸汽消耗 1.3 吨，月创效 50 万元。

通过开展对标，首钢京唐公司各部门、各专业一个个"标杆"也树立起来：营销部门与国际先进的销售体系对标；技术研发专业与宝钢等创新先进企业的科研管理机制开展对标；生产管理系统与先进制造企业的过程控制管理对标；物资供应部门与国内外先进企业的供应链建设对标；质量监督检测部门与行业内先进单位和国内先进检测机构对标；物流运输部门与行业先进物流企业对标。

向深度和广度持续推进

对标不仅要实现赶超，更重要的是在企业内部，基于企业的实际，在移植过程中进行"本土化"的创新，形成特色方法，实现有突破的赶超。

首钢京唐公司不仅仅只停留在对标各项指标数据表面，数字背后的经验、做法才是对标的核心内容。在开展对标过程中，首钢京唐公司注重成果推广，使企业通过对标激发活力和学习先进的动力，从而实现新的超越。生产过程控制中，积极导入六西格玛、6S/QTI、TPM 等精益管理方法和手段，切实加强对生产过程的分析、评价和判断。围绕质量管理，首钢京唐公司注重以创新突破管理中的瓶颈，解决短板问题，对标先进企业的管理方法，联系实际进行开创性地运用。通过主动学习国内外先进企业"精益生产"的管理经验，以信息资源的时效性、工序流程的稳定性、管理体系的有效性，落实好生产环节控制、完善质量检验流程等重点工作，产品质量的稳定性得到了持续提升。同时，全面落实质量目标和过程绩效指标，积极推进 ISO9001 和 IATF16949 质量管理体系换版认证。以炼钢连铸、热轧精轧和冷轧镀锌工序为样板，利用六西格玛科学管理工具，初步建立起首钢京唐公司 TS16949 标准运行评价指标体系，进一步强化过程控制管理。结合 G8D 质量改进和汽车行业五大工具的应用，加强质量持续改进的闭环管控。围绕客户服务，引入了以满足客户需求为导向的质量管理方法，加强对客户需求的识别，构建了绩效指标体系。

2020年3月底,首钢京唐公司钢后七大工序SPC(统计过程控制)控制体系建成运行。此系统的运行标志着首钢京唐从产品合格率管理向精准精细的过程管理迈进了一大步,为首钢京唐高质量发展提供了强力支撑。

SPC是统计过程控制(Statistical Process Control),是一种借助数理统计方法的过程控制工具。通过控制图可以辨别人、设备、材料、工艺方法、测量系统以及环境对过程的影响因素,寻找引起波动的普通原因和异常原因,以便及时采取措施,为操作技能提升、设备维修、产品改进、工艺优化等提供必要的依据和数据支撑。首钢京唐公司制造部引导各单位优先抓重点,保障产品特性和关键过程特性,同步指引作业区开展过程指标的攻关和改进。采用$Cpk \geq 1.0$完成率作为评价指标,以季度评价水平为基准,以每季过程能力进步率分档进行考核,激励各单位不断提升不退步。冷轧部是SPC控制的重点单位,一期8条主产线共有141项关键特性。通过SPC系统应用,1号酸轧3号箱乳化液温度、4号镀锌露点,过程控制能力提升明显。中厚板事业部4300毫米产线终轧温度,也初步实现了"以过程保质量"的管理目标。

在首钢京唐公司,对标工作已经不仅仅是为了实现某个指标而做出的临时性举措,通过先进标杆引领,不断赶超标杆,追求卓越,成为每一名京唐人自觉意识,由此带来的不仅是指标的提升,更是企业管理水平和工作水平的更上一层楼。而全面实现"产品一流、管理一流、环境一流、效益一流"目标是首钢京唐公司全体干部职工的铮铮誓言和共同追求。

(本文刊登于《首钢日报》2020年11月4日一版)

以创新+精品为高质量发展赋能

——首钢京唐公司投产 10 周年系列报道之一

陈晓莉　刘加军　杨立文

首钢京唐公司是首钢搬迁调整的重要载体，是首钢钢铁产业转型升级的一次战略突围。自 2009 年投产以来，首钢京唐公司从对现代化大型装备和先进工艺运行规律的艰辛探索到多项技术经济指标达到国内外先进水平，从调整产品结构、提升产品质量到核心战略产品市场占有率排名行业前列，从扭亏为盈、提质增效到经营业绩达到历史最好水平，成为代表世界一流水平的可循环钢铁流程的典范。

2005 年 2 月 18 日，国家发改委在《关于首钢实施搬迁、结构调整和环境治理方案的批复》中明确，批准首钢"按照循环经济的理念，结合首钢搬迁和唐山地区钢铁工业调整，在曹妃甸建设一个具有国际先进水平的钢铁联合企业"。

2005 年 10 月 22 日，首钢京唐公司挂牌成立；2009 年 5 月 21 日，1 号 5500 立方米高炉点火送风出铁，随后炼钢、热轧、冷轧部分工序相继投产，一期工程全线贯通。

十年磨剑，首钢京唐公司交出了一份怎样的答卷？

第十届全国政协副主席、中国工程院院士徐匡迪曾经指出，像首钢京唐公司这样的新钢铁生产流程，代表了钢铁企业未来的发展方向。

科技部原副部长杜占元称之为"技术创新的典范，探索出重大科技项目与大工程、大型企业相结合的发展模式"。

创新驱动，占据一流

从建厂那一刻起，首钢京唐公司就被植入创新引擎，成为其发展的不竭动力。

"科技创新必须着眼于解决制约企业安全生产的关键技术和行业高精尖前沿技术研发难题，使其成为推进企业改革发展、转型升级的发动机和助推器。"首钢京唐公司领导点明了科技创新在企业中的角色定位。

首钢京唐公司采用了220项国内外先进技术，自主创新和集成创新比例达到了2/3。该公司总体设备国产化率占总价值的70%以上，占总重量的90%以上。其中，自主研发的高炉无料钟炉顶，打破国外的技术垄断；联合研发的顶燃式热风炉，风温达到1300摄氏度，达世界最高水平；自主研发的高炉—转炉界面"一罐到底"技术，为世界300吨级大型转炉钢铁企业首家使用；自主创新的"全三脱"炼钢工艺，打造出国内第一个高效率、低成本的洁净钢生产平台。

为了提高生产效率，首钢京唐公司从原料场、焦化、烧结、炼铁、炼钢、热轧、冷轧到成品码头，各工序紧密衔接，最大限度地缩短物流运距，流程紧凑。高炉到炼钢的运输距离只有900米，成为运距最短的大型炼钢厂；转炉到热轧实现了工艺零距离衔接，1580毫米热轧成品库到1700毫米冷轧原料库只隔一条马路；该公司一期吨钢占地面积0.9平方米，达到国际先进水平。业内专家评价，这是"目前世界上大型钢铁企业最佳流程"。

此外，首钢京唐公司还集中采用了高效率的大型装备：5500立方米高炉和7.63米特大型焦炉。这使得该公司炼钢厂单体生产能力达到1000万吨规模，其配套的烧结机、热轧生产线、冷轧生产线以及制氧机等也都是先进的大型装备。这些装备构成了高效率、低成本的生产运行系统。

以铁水"三脱"（脱磷、脱硅、脱硫）为例，早期转炉炼钢工艺是把脱磷、脱硅、脱硫、脱碳等一系列化学反应集中在同一转炉中进行。由于这些反应的热力学条件不同，有的甚至互相矛盾，多种反应顾此失彼，难以完全达到效果。这不仅增加了操作难度，而且限制了某些要求较高等级钢种的生产。

首钢京唐公司通过创新，采用了铁水"全三脱"预处理新工艺，即先把高炉运来的铁水用 KR 机械搅拌脱硫装置进行全量铁水预脱硫，然后用 300 吨脱磷转炉用于铁水脱硅和脱磷，之后将"全三脱"的铁水再装入另一座脱碳转炉进行脱碳，最后经过一道或数道二次精炼之后，钢水再送去连铸成坯。转炉脱磷、脱硅与传统的鱼雷混铁车和铁水罐法脱磷、脱硅相比，转炉容量大，有充分的反应空间，反应动力条件优越，允许强烈搅拌钢水，大幅提高了脱磷、脱硅效率，具有大批量生产纯净钢的优势。

据统计测算，用这种工艺流程生产 1 吨钢水的钢铁料消耗，比传统方法减少 25 千克。而且，后一个脱碳过程中的废料（渣），可以在另一炉的脱磷过程中再利用，节约原料成本。这样一来，仅石灰消耗一项，每生产 1 吨钢就可节省 40%。首钢京唐公司将"全三脱"和干法除尘两项技术在一个钢厂同时并用，在世界上还没有先例。

首钢京唐公司通过建立创新体制激发技术研发活力，不断强化顶层设计，积极落实集团探索建立"一院多中心"的钢铁板块研发体系要求，做实公司技术中心，组建公司技术委员会，催化科技创新，实现工艺升级。同时，在科技创新中，首钢京唐公司紧贴经营、生产、发展实际，努力提升效率效益和发展质量。

每年实施的"蓝精灵"项目，已成为首钢京唐公司科技创新的品牌。这些"蓝精灵"项目团队由核心小组、专职攻关团队和协同支持团队组成。团队职责就是把握相关领域技术的发展方向，实现相关领域技术的重大突破，提升首钢京唐公司整体技术水平，解决现场重大和共性技术难点问题等。

随着首钢京唐公司创新机制和平台的设立，具有京唐特色的科技创新工作体系全面建成。在此基础上，首钢京唐公司加强与北京科技大学、东北大学、华北理工大学等多所院校和科研院所的技术联盟，形成了"企业出题、院校参与、产学研用、协同创新"的研发模式。

与此同时，首钢京唐公司还以创新工作室为示范引领，积极探索和搭建职工创新工作平台，深入开展创新活动，以技术创新和管理创新实现提质增效，真正激活了高质量发展的内在动力。

到 2020 年，首钢京唐公司共创建 52 个职工创新工作室，骨干成员达到了 850 余人，累计完成攻关课题 1650 项，取得科研成果 268 项，获得专利授权 325 项，创造最佳操作法 124 个，解决现场难题 3420 个，创造经济效益1.35 亿元。

自投产以来，首钢京唐公司共获得科学技术奖项 87 项。其中，微合金化钢板坯角部缺陷形成机理及控制技术的开发与应用获得国家科技进步奖二等奖，超大型高炉高效低耗技术集成、300 吨转炉铁水"三脱"与少渣冶炼工艺技术、高炉喷煤评价体系研发及应用等获得冶金科学技术奖。

发展精品，做优做强

首钢京唐公司领导提出，要走精品发展之路，追求卓越、做到最好，以产品诠释首钢搬迁的成功。为此，首钢京唐公司紧跟"轻量化、高强、环保、耐蚀"钢铁产品发展趋势，提升精品板材生产能力。

公司产品分为热轧、冷轧两大产品系列。热轧产品形成以汽车结构钢、管线钢、薄规格集装箱板为特色的产品系列，冷轧产品主要有汽车板、家电板、镀锡板、彩涂板。其中，公司管线钢大批量应用于西气东输三线、中缅线、中亚 C 线等国家重点工程，长输管线钢已实现从 B 级到 X100 的全级别覆盖；家电板实现了产品品种的全覆盖，全面满足不同用户的性能需求；汽车板具备 IF 钢（无间隙原子钢）、高强汽车板、镀锌汽车板生产能力，已实现了整车供货；镀锡板涵盖饮料罐、食品罐、喷雾罐、旋开盖、易开盖、奶粉罐等所有包装用板材。

此外，公司汽车板双相钢强度级别最高提升至 1180 兆帕，实现 1180 兆帕及以下级别全覆盖，以精品赢得宝马、大众等合资车企认可，并实现批量供货，高端用户和高端产品的供货能力逐年提升；镀锡板年设计制造能力达到 45 万吨，DR 材（镀锡用二次冷轧材）、奶粉罐用铁、高抗硫产品用铁、红牛罐用铁比例分别达到 25.5%、5.5%、28.56%、22.42%，涵盖饮料罐、食品罐、奶粉罐等所有包装用板材，实现了奥瑞金、中粮包装等国内高端客户全覆盖，品牌影响力迈入"第一方队"。

取得这样的成绩，得益于首钢京唐公司强化品种开发、实现"首发+领先"的研发模式。其开发新镀层系列产品 3 项，其中 2 项国内领先，产品由跟随型向领先型迈进。镀铝锌板实现批量稳定生产，初步形成华东、华北、华南以及出口市场布局。该公司开发高强高韧性桥梁钢、高建钢、风电用钢等特色产品，为雄安新区高铁站项目提供高品质钢材；冷轧专用板攻克高端汽车用油路管生产技术难题，与邦迪公司建立战略合作关系，开辟了进入细分市场的新航道。

与此同时，首钢京唐公司坚持质量为先，精益求精，"从用户中来，到用户中去"。其中，重点用户整单兑现率达到 96% 以上，EVI（先期介入）供货量达到 74 万吨；家电板凭借稳定的产品质量和优质服务，连续 2 年为首钢赢得海尔优秀模块商最高奖"金魔方奖"。

2018 年 12 月 6 日，邦迪管路系统有限公司举行了首钢材料产品下线仪式。这标志着首钢与邦迪战略合作大门的正式开启。因为邦迪管属于汽车上的安全件，对带钢尺寸精度、组织和性能均匀性、抗时效性等要求极其苛刻，国内很多优秀钢厂都望而却步。

"机会不会等着我们。"既然瞄准了产品的高端特性，就要迎难而上。

邦迪管是用冷轧薄板带钢经镀铜、分条、卷管、焊接等多工序加工完成，必须有精湛的精密轧制技术才能保证管材外径、壁厚的精密性和良好的同心度。首钢京唐公司在生产中，退火温度严格控制在正负 5 摄氏度以内，板材厚度公差必须保持误差不超过 5 微米，这个精度仅为头发丝直径的 1/16……首钢京唐公司在每个工序都精雕细琢、精益求精，在每个节点都按照方案时限要求进行。

2018 年 12 月下旬，邦迪向首钢提报了首批正式订单。至此，首钢京唐公司在汽车油路用钢开发上开启了新篇章。

2018 年，面对环保限产和市场变幻，首钢京唐公司坚持以效益为中心、以市场为导向、以客户为关注焦点、以产线为支撑的经营理念，全年实现销售收入 337.6 亿元，同比增加 39.3 亿元；实现利润 19.5 亿元，同比增加 1.2 亿元；炼钢吨钢综合能耗（标准煤）达到 579 千克/吨，其中 2018 年 6 月达到 543 千克/吨，达到国内先进水平。

目前，首钢京唐公司可生产的产品牌号达到 373 个，家电板、汽车板、车轮钢、管线钢等产品的市场占有率在行业中名列前茅，市场影响力快速提升。

（本文刊登于《中国冶金报》2019 年 5 月 21 日一版）

屹立在渤海之滨的绿色钢城

——首钢京唐公司投产 10 周年系列报道之二

陈晓莉　刘加军　杨立文

4 月 28 日，习近平主席在北京延庆出席 2019 年中国北京世界园艺博览会开幕式时指出："现在，生态文明建设已经纳入中国国家发展总体布局，建设美丽中国已经成为中国人民心向往之的奋斗目标。中国生态文明建设进入了快车道，天更蓝、山更绿、水更清将不断展现在世人面前。"

绿色，是人类永恒的追求，是中国钢铁追求的底色，更是首钢京唐公司发展的亮色。

10 年来，首钢京唐公司从工程建设到生产运营，始终坚持循环经济发展理念，在节能、减排、降耗上做"减法"，在管理、技术、市场上做"加法"，突出环境质量改善与总量减排，真正做到循环利用，变废为宝，在地区和行业内展现了良好的企业风貌和社会责任。

建成海上美丽花园

2007 年 3 月 12 日，首钢京唐公司破土动工。这一天是中国的植树节。选择这一天，就是决心要在这一片填海而生的土地上，用自己的双手筑起一座绿色钢城。

首钢京唐公司的每一寸土地，都是围海造地、吹沙填海造出来的，在这种地质构造上，植物几乎不可能生存。但首钢人硬是在这里迈出了与绿色同行的第一步，使之变成了大海上的"绿洲"。

随着绿化固沙工作取得突破性进展，首钢京唐公司加快了打造绿色钢铁的步伐，把打造绿色钢铁的工作重点，由绿化固沙转到景观提升和林带发展新阶段，每年投入绿化建设的资金都在 2100 万元以上。

为不断提升厂区生态环境水平，首钢京唐公司从 2011 年开始，连续组织了 9 年义务植树活动，共植树 5.9 万多株，占地面积达 29 万平方米。同时，为了丰富职工业余文化生活，还先后建起了京唐果园、京唐月季园、职工文化休闲公园等多个主题公园，让职工积极参与种植和管理，提高生活情趣。

从 2008 年首钢京唐公司投产前开始搞绿化美化，经过 10 多年的努力与付出，厂区绿化已初见规模，既形成了以纬一路～纬五路、经一路～经四路、炼钢路等 28 条主干道为整个环线的林荫带，又在参观沿线打造了 25 个绿化景观带，整个厂区形成了乔、灌、草以及宿根花卉相结合，凸显艺术色彩的整体布局。对于预留用地，首钢京唐通过种植芦苇、碱蓬进行固沙，这些植物以强大的生命力给茫茫滩涂装点上一片绿色。

目前，厂区已绿化面积达 499 万平方米，可绿化率达到 100%，绿化覆盖率达到 41%，形成了"三季有花、四季常青""林在厂中，厂在林中"的绿化景观效果，渤海之滨屹立着一座花园式的绿色钢城。

以海水淡化撬动循环经济

钢铁行业承担了重要的能源与资源转换和循环利用的责任。首钢京唐公司以低消耗、低排放、高效率为特征，集成应用了"三干"（焦炉干熄焦、高炉干法除尘、转炉干法除尘）技术、海水淡化、水电联产、烟气脱硫脱硝等一系列先进技术，使困扰钢铁行业多年的废水、废气和废渣（固体废弃物）得到了充分循环利用。

海水淡化项目是可以撬动钢铁循环经济的支点。钢铁生产需要消耗大量水资源。首钢京唐公司虽然临海而建，但可供钢铁生产所需的淡水资源少之又少。首钢京唐公司在建设之初经过充分论证，提出了水电联产的循环经济发展模式，即运用科技创新，采用海水淡化新技术，围绕制水和发电这两个核心，将副产物加以循环利用，实现能源全利用、废水零排放。

我国在颁布的《海水利用专项规划》中，明确提出了海水综合利用的方向，包括发电海水直流冷却及海水脱硫、海水淡化、海水化学资源综合利用。以此为契机，首钢京唐公司首先将海水淡化确定为水电联产的"水核心"。

在海水淡化和利用上，首钢京唐公司打了一个又一个漂亮仗。一期工程分两步建设了4套总产水量为5万吨/日的蒸馏式海水淡化项目，一期一步全套引进法国技术，而一年后投产的一期二步就已经完全实现了国产化。这是海水淡化工艺在国内钢铁企业的第一次应用，可分别适应钢厂余热蒸汽工况、发电机组乏汽+低压蒸汽工况，以及全乏汽工况。

这4套海水淡化装置，在原料侧，使用的是300兆瓦发电机组直流冷却水；在能耗侧，充分利用冶金工序大量的废弃余热蒸汽；在成本侧，直接取代汽轮发电机冷凝器，大幅降低了运行成本。这样既解决了地区性水源不足的瓶颈问题，又解决了钢铁厂乏汽无法回收的问题，同时通过海水淡化除盐水替代软化水，每月可节约近千吨工业盐消耗。

此外，首钢京唐公司还开启了钢铁—化工联营的新模式，形成了新的经济增长点。浓盐水作为海水淡化的副产品，基本都采用直排入海的模式进行消纳。但首钢京唐公司因地制宜，通过与临近化工企业的联营，将每小时4800吨的浓盐水通过管网送至周边盐场，用于盐碱制作。优质的海水淡化产水进入工业循环水系统，对于系统的盐平衡起到稀释和勾兑的作用。通过分质供水等手段，一期规模的总用水量和海水淡化产量相匹配，基本可以达到耦合式污水零排放的要求，为钢铁厂实现污水零排放奠定了坚实的基础。

对于水电联产的另一个核心"电核心"，首钢京唐公司同样打造了循环经济的一个样板。发电机组以焦炉煤气代替轻质燃油，作为锅炉点火及稳燃用燃料，采取了煤—煤气混烧发电技术，锅炉既可100%燃烧煤粉，又可掺烧高炉煤气、焦炉煤气和转炉煤气。煤—煤气混烧技术的应用，回收了钢厂副产品煤气，减少了因煤气放散而造成的环境污染，节约了大量电煤资源，产生良好的经济效益、社会效益和环保效益。

发电机组还大胆采用海水直流冷却利用技术，开了国内大型钢铁企业直接利用海水冷却的先河。由于300兆瓦机组凝汽器用水量大且水质要求单一，首钢京唐公司充分利用临海优势，采用岸边敞开式引水，将海水直接供给300兆瓦机组凝汽器做冷却用水，之后用于海水淡化及脱硫，不仅节约了大量淡水资源，而且实现了海水的直接利用和梯级利用。

首钢京唐公司还大胆采用海水脱硫技术对烟气进行处理，采用一炉一塔一曝气池单元配置，100%全烟气量处理，脱硫效率大于99%。从目前实际运行情况看，效果良好，净烟气 SO_2 排放浓度远远低于国家排放标准的要求。

在"电核心"方面，随着环保标准的一步步提高，蓝天保卫战的全面打响，首钢京唐公司300兆瓦煤—煤气混烧发电机组在配套建设了SCR（选择性催化还原）脱硝系统、布袋除尘系统、海水脱硫系统的基础上，又进一步开展提效改造。目前，处理后的锅炉烟气颗粒物、二氧化硫、氮氧化物稳定满足国家及地方超低排放标准要求。

以此为基础，在首钢京唐公司二期建设中，继续将热—电—水联产新模式做大做强，采用150兆瓦燃气轮机发电机组（CCPP）—35兆瓦背压式发电机组—反渗透膜法海水淡化的水电联产模式。较一期的低温蒸馏海水淡化技术，此模式在能耗上又有了大幅降低。

高效循环利用煤气、尾气

在打造绿色钢铁的过程中，首钢京唐公司还结合企业资源优势，实现对富余煤气和工业尾气的高效循环利用。2017年，其焦炉煤气实现了全年零放散。

围绕降低高炉煤气放散率，首钢京唐公司组织实施了4座焦炉全部使用高炉煤气加热运行方式，降低热电排烟温度，提高煤气掺烧比，同时制订异常情况应急预案，确保煤气安全使用，使得高炉煤气放散率仅为0.9%，比行业平均水平低1.52%。同时，首钢京唐挖掘转炉煤气回收潜力，使吨钢转炉煤气回收量达到116立方米，同比提高16.2立方米，节能效果显著。

为实现煤气中一氧化碳、氢气等成分的充分利用，首钢京唐公司通过与化工行业深入研讨与交流，构建了冶金—化工循环链接的关系。通过合理的技术整合，首钢京唐公司目前已实现了焦炉煤气规模化制氢，产品直接供应冷轧使用。而以钢铁工业尾气为原料，通过生物发酵技术直接转化为燃料乙醇、联产高附加值蛋白粉及压缩天然气项目，更使冶金—化工的循环链接成为循环经济发展的一轮新朝阳。

2012 年 12 月，首钢京唐率先建设了全球第一套年产 300 吨的全流程工业尾气制燃料乙醇示范装置，并通过中试实现稳定运行，成功将钢铁工业尾气转化为燃料乙醇、蛋白质、压缩天然气（CNG）。以示范装置为契机，依托首钢京唐公司二期工程，2015 年 10 月 21 日，全球首个商业化工业尾气制燃料乙醇项目正式启动，2018 年 5 月 16 日一次调试成功，顺利产出合格燃料乙醇。据测算，项目建成投产后，年可生产变性燃料乙醇 4.6 万吨、蛋白粉 7600 吨、CNG330 万标准立方米。该项目采用微生物发酵技术，将无机碳变为有机碳，实现了碳的革命，为绿色低碳可持续发展奠定了技术支撑，具有显著的经济效益、社会效益和科技价值。它不仅成为首钢京唐公司一个强劲的经济增长点，更为中国钢铁工业尾气资源的综合利用带来了一次革命。

在固体废弃物方面，首钢京唐公司建成固废处理设施 5 套，将工业固体废弃物资源化，全部消纳于厂内工业原料制造单元。其中，将焦油渣、酚氰废水污泥与原煤混合加工生成焦油渣型煤，用作炼焦原料，实现无害化处置；建设 240 万吨/年的矿渣细磨水泥生产线，使高炉水渣转变为高品质的水泥原料；对钢渣进行热焖处理，处理后的渣钢用作烧结、炼钢的副原料；建设 25 万吨/年炼钢一次除尘灰造球项目，作为炼钢造渣冷却剂加以利用等。

当前，首钢京唐公司与金隅集团冀东水泥合资建设了 4×60 万吨/年水渣细磨生产线，高炉水渣作为高品质的水泥原料被综合利用；每年向唐山三友公司供应 1300 多万吨海水淡化产生的浓盐水，用于制碱或晒盐，充分利用了海水资源，又解决了浓盐水排放造成的海洋污染问题。首钢京唐公司形成了钢铁产品与当地经济协同发展的产业链，带动了地方建筑、房地产、交通运输、加工制造、服务等行业的发展。

（本文刊登于《中国冶金报》2019 年 5 月 28 日一版）

党建为企业生根铸魂

——首钢京唐公司投产 10 周年系列报道之三

陈晓莉　刘加军　杨立文

2016 年 10 月，习近平总书记在全国国有企业党的建设工作会议上指出，国有企业党组织发挥领导核心和政治核心作用，归结到一点，就是把方向、管大局、保落实。

近年来，首钢京唐公司党委坚持以习近平新时代中国特色社会主义思想为指导，坚持党的领导，加强党的建设，发挥党组织领导核心和政治核心作用，把党建工作融入了企业发展的各个环节，为该公司全面实现"四个一流"（产品一流、管理一流、环境一流、效益一流）目标、建设最具世界影响力的钢铁厂生根铸魂。

坚持政治引领　把党建融入中心

近年来，首钢京唐党委紧紧围绕经营生产、改革发展、提质增效的中心任务，把方向、管大局、保落实，注重提升政治引领能力、推动发展能力、改革创新能力和凝聚保障能力，致力于把党的政治优势和组织优势，转化为企业的发展优势、竞争优势。

首钢京唐党委坚持党的建设与经营相融相进，以党建引领谋划战略、制定政策、部署任务、推进工作，其制订的《全面实现"四个一流"目标三年工作安排意见》，成为全体干部职工的行动纲领。在首钢京唐党代会上，该公司党委提出了"坚持党的领导，深化改革创新，为决战决胜全面实现'四个一流'目标，建设最具世界影响力钢铁厂而努力奋斗"，推动了战略部署的强化升级。

为了更好地将党建与经营相融合，首钢京唐公司创新基层党委书记会召开形式，把会议搬到了作业部现场，坚持每月一个主题、聚焦一项重点工作，围绕"履行职责，确保工程建设后墙不倒""党建及班组建设经验""本质化安全推进"等内容，开展现场观摩、相互学习。

2018年11月1日，首钢京唐公司党委在能源与环境部制氧作业区召开了基层党委书记会，与会人员现场观摩了3号转炉煤气柜出口蝶阀平台区域火灾事故应急处置预案演练，参观了能源与环境部供电作业区创新工作室和职工之家，观看了消防安全工作专题片、保密法规宣传警示宣传片，听取了炼钢作业部火灾隐患闭环管理经验介绍。

2019年2月28日，首钢京唐公司党委在炼铁部召开以"保降成本工作落实"为主题的基层党委书记会，炼铁部、炼钢部围绕降成本任务落实做交流发言，热轧部、能环部围绕进一步推进降成本工作做了表态发言。通过交流经验、表态发言等形式，各基层党委进一步增强了责任感和紧迫感，推动降成本工作落到实处。

首钢京唐公司质检监督部原料分析中心党支部书记赵永胜说："我们的工作涉及煤、焦炭、合金、熔剂等13大类物料，对这些价值220多亿元的物料进行质量检验，稍有不慎就会给公司造成巨大损失。因此，党支部认为廉政工作尤为重要，把严格制度规定、经常性廉洁教育、营造风清气正的廉洁文化氛围，作为夯实党支部廉洁工作基础的'三道防线'。在实际工作中，我们针对重点物料进行全程监控、电脑派位作业、岗位轮换、数据比对追溯等工作，开展不定期的检查，引导和督促党员争当质量卫士。"

首钢京唐公司党委坚持用理论武装头脑，每月组织党委中心组学习1~2次，突出学习的指导性和针对性。该公司党委注重理论联系实际，创新学习方式，先后到首钢股份公司、李大钊纪念馆，以及炼钢部、冷轧部、焦化部组织中心组理论学习，确保学习取得实效；扎实推进"两学一做"学习教育常态化、制度化，在学做同步上下功夫，在知行合一上求实效。例如，炼铁部烧结作业区党支部结合职工技能竞赛，深化"两学一做"的学习教育效果；

开展了"裸眼看亚铁""只手测机温""单耳听震动"烧结质量技术指标竞赛和烧结点检竞赛等比武活动，使职工提升了对结矿质量的判断水平，增强了对现场设备隐患的及时排查能力。

夯实基础　提升党组织战斗力

"上面千条线，下面一根针"。首钢京唐公司党委始终坚持以提升组织力为重点，突出政治功能，努力把基层党组织建设成坚强的战斗堡垒。

首钢京唐公司党委结合公司生产经营建设发展的实际，遵循"党建工作也是生产力，也能创造价值"的理念，提出并构建"量化有效"的基层党组织党建工作考核评价体系，组织制订了《首钢京唐钢铁联合有限责任公司基层党建工作考核评价实施办法》，从党建工作指标体系、基层党委年度民主测评、月度绩效考核3个维度，对基层党委的党建工作进行科学评价；党群各专业也从6个方面建立和完善了45项党建工作量化指标，使基层党委党建工作具体化、可量化、可评价，进一步明确基层党组织开展党建工作的方向和着力点，有力推进了企业党建工作与中心工作的有机融合，提升了基层党组织党建工作的科学化、系统化和规范化水平。公司党建考评制度实施一年来，凭借全面、准确、规范的考核评价，为基层党委抓党建工作指明了方向、明晰了路径，使党建考评切实发挥了以考促建、以评促建的作用，提升了首钢京唐公司党建工作的规范化、科学化水平。

公司党委要求各级党组织认真贯彻《关于新形势下党内政治生活的若干准则》，严格落实"三会一课"、民主评议党员、谈心谈话等基本制度，积极拓展微党课、党员"e先锋"等平台，推行主题党日、领导干部讲党课等做法，切实增强了党支部组织生活的感染力、吸引力、针对性、实效性，并聚焦基本队伍、基本活动、基本阵地、基本制度、基本保障，搭建党支部建设的"四梁八柱"，设立专职党支部书记，以党支部为单元创建党员活动室，不断丰富拓展"B+T+X"（标准+特色+先进）体系和"一规一表一册一网"载体，夯实了基层党建工作基础。

另外，首钢京唐公司还创新党组织工作思路，激活基层党组织这个"神经末梢"，打造坚强的战斗堡垒。

公司炼钢部党建工作以提高经营生产水平为出发点和落脚点，着力打造六大"零距离"工程。所谓"零距离"，就是党建与经营生产、基层一线的深度融合。其中，"党建服务零距离"依托基层走访活动，为职工解决了就餐困难、劳动强度大等700多个问题，稳定了职工群众的思想。热轧部党委打造的"星火耀旗铸精品板材"党建品牌，积极营造"一件事、一群人、一起拼、一定赢"的干事创业氛围，2250产线单班产量和日均产量12次刷新纪录，使得党组织的引领力转化成干部职工的战斗力和创造力。各基层党组织还打造了"优焦强铁""质检卫士"等一批特色党支部，形成了"打靶行动""星级皮带"等典型做法。焦化部炼焦作业区党支部聚焦"优焦强铁"，研发2号焦罐车与3号干熄塔自动对接程序，逐步实现了焦罐车在3号干熄焦的全自动生产，为公司节约费用20余万元。

炼钢部炼钢作业区党支部书记王劲说："知屋漏者在宇下，知政失者在草野。一线职工最了解基层情况，对基层的问题最有发言权，对专业管理和技术的指导和服务也最期盼。"针对服务基层，炼钢部炼钢作业区党支部创新开展的党员"3个一"活动，即白班党员每季度至少到班组与一线职工工作一个班，在一线岗位至少发现一个问题，为一线岗位解决一个问题。"3个一"成为党员深入一线强作风、密切联系群众的一项有效载体，打通了服务基层一线的"最后一公里"。

创先争优　激发党员活力

首钢京唐公司党委深入开展创先争优活动，通过选树先进典型引领、强化检查考核督导、坚持评比表彰激励等长效机制，不断增强基层党组织和广大党员创先争优的内在动力，提高各项工作水平。

"火车跑得快，全靠车头带。"首钢京唐公司党委强化班子建设，围绕全年生产经营目标，大力开展"锐意改革我带头、攻坚克难勇担当"的创先争优主题活动，促进生产经营取得投产以来的最好成绩；以党支部"达晋创"为载体，一年一个主题，围绕生产经营任务开展党内立功竞赛，形成了创最佳、争第一的浓厚氛围；加强党员教育和管理，组织开展以"党员示范岗""党员责任区""党员公开承诺"为载体的创先争优主题活动，设立党员责任区300多个、党员示范岗100多个，有力推动了各项重点工作任务的完成；每年开展的"民主评议党员"工作，坚持"抓两头带中间"，促进了党员队伍的整体健康发展，增强了党员发挥先锋模范作用的自觉性。

首钢京唐公司党委全面开展党员"领跑计划"活动，让每名党员找准自己在思想作风、业务技能、岗位业绩、遵章守制和服务群众等5个方面存在的主要差距，增强思想、技能、服务等方面的意识和能力。其中，炼铁部党委拓展与党员实施"领跑计划"的互动空间，提升效率；炼钢部党委将"领跑计划"活动与劳动竞赛相结合，拓展到炼钢工、炉前工、设备点检等34个生产操作岗位和45个操作班组，全年评选党员劳动竞赛先进930人次。

炼钢作业区党支部党员许志国，领跑精细化操作，2017年中有11个月获得月度劳动竞赛岗位第一名，被评为2017年首钢劳动模范；运输部港口作业区党员武龙利用休息时间对废钢料斗进行多次试验改造，大幅提高了船运废钢接卸效率，单班接卸能力达到2000吨，彻底解决了生产难题……这样的例子在首钢京唐公司不胜枚举。

党建为首钢京唐公司生根铸魂，为首钢京唐公司高质量发展、将自身建设成为最具世界影响力的钢铁厂保驾护航。

（本文刊登于《中国冶金报》2019年5月29日一版）

做实"文化根脉"工程 为企业高质量发展聚力铸魂

——首钢京唐公司荣获"新中国70年企业文化典范案例"经验介绍

(2019年11月)

首钢京唐公司是首钢搬迁调整的重要载体，是我国钢铁产业布局调整优化的重大示范项目，是我国第一个实施城市钢铁企业搬迁、完全按照循环经济理念设计建设、临海靠港具有国际先进水平的千万吨级大型钢铁企业。2005年10月注册成立，2007年3月开工建设，2009年5月一期工程投产运行，2010年6月一期主体工程全面竣工，2019年8月二期一步工程建成投产，具备1370万吨钢的年生产能力。

首钢京唐公司以习近平新时代中国特色社会主义思想为指导，以中华优秀传统文化为根，把根植于中国特色社会主义伟大实践中的百年首钢文化基因注入血脉，做实企业"文化根脉"工程，不断为企业高质量发展聚力铸魂，先后荣获"2012年企业文化建设优秀单位""2012—2017年度品牌文化建设标杆企业""第五届全国文明单位"等称号。

一、首钢京唐公司文化传承与发展

建设首钢京唐公司钢铁厂一期项目时，面对工地黄沙一片、喝水吃饭都是难题的艰苦条件，建设者们以"为有牺牲多壮志，敢教日月换新天"的英雄气概、"一天打八仗、三天不卸甲"的顽强斗志，舍小家、顾大家、战酷暑、斗严寒，在茫茫大海上吹沙造地，建起了具有21世纪国际先进水平的钢铁厂，铸就了不辱使命、不畏艰险、不屈不挠的拼搏精神。自 2008 年开始，公司先后颁发了《首钢京唐公司企业文化建设规划纲要》《关于加强和改进职工思想政治工作的意见》《首钢京唐钢铁联合有限责任公司职工行为规范》，为企业文化建设打下了基础。2011 年，在全球金融危机的大背景下，面对国内外严峻形势，公司以首钢"创新创优创业"精神为指引，提出了"理念先行、崇尚科学、精细苛求、追求卓越"的价值观念，引导干部职工解放思想，"为荣誉而战、为尊严而战"，自主探索先进工艺技术运行规律，扭转了生产被动局面。2013 年，在我国钢铁行业"寒冬"形势下，公司着力培育践行曲线文化和尺子文化，对技术指标横向研究，与国内先进企业纵向对比，为实现达产达标提供了动力。

党的十九大召开后，公司开展"学习贯彻党的十九大精神，找准新定位，展现新作为"大讨论，制定了《全面实现"四个一流"目标三年工作安排意见》，成为全体干部职工的行动纲领。2018 年，根据《北京市国资委关于加强企业文化建设的指导意见》和《首钢企业文化建设"十三五"规划》要求，紧紧围绕推进高质量发展、全面实现"四个一流"目标的实际，构建形成了较为完备的企业文化内容体系。企业目标：产品一流、管理一流、环境一流、效益一流；企业愿景：建设最具世界影响力的钢铁厂；企业价值观：理念先行、崇尚科学、精细苛求、追求卓越；企业精神：传承敢闯、敢坚持、敢于苦干硬干，发扬敢担当、敢创新、敢为天下先；企业作风：快速高效、严谨细致、深入扎实；企业理念：人才理念、学习理念、安全理念、环保理念、品牌理念、服务理念、质量理念、创新理念、管理理念、经营理念、生产理念。

二、首钢京唐公司企业文化建设经验做法

（一）牢记使命，坚定方向，以弘扬中国精神为己任

中国精神是企业文化的重要支撑，决定企业文化性质。

建设投产初期，习近平总书记等 48 位党和国家领导人到首钢京唐公司视察并作出重要指示，提出"低成本生产高附加值产品"的发展要求，以及

"高起点、高标准、高要求""产品一流、管理一流、环境一流、效益一流"的目标定位。作为具有国际先进水平的精品板材基地，首钢京唐公司牢记党和国家领导人的期望，怀揣钢铁强国的梦想，立足于国家大我，以弘扬中国精神为己任，确保企业文化发展方向。

建厂时，首钢京唐公司通过举行上岛升国旗仪式、开展"共度中秋节""大干100天""苦战冬三月"等活动，激发干部职工"一心一意跟党走、一切从大局出发"的情怀，肩负起"续写百年历史、再创首钢辉煌"的光荣使命，建成了现代化"海上钢城"。投产后，公司牢牢把握我国经济由量大转向质强的机遇，将"中国梦"与"企业梦"相融合，瞄准"三高""四个一流"的发展目标，坚持低成本生产高附加值产品，推进产品结构不断向高端迈进，形成了汽车板、镀锡板、热轧板、中厚板、冷轧涂镀板五大产品系列，家电板国内市场占有率名列前茅，汽车板实现向宝马、大众等国内合资车企批量供货，镀锡板具备国内强度最高、厚度最薄的生产能力，市场占有率进入国内前三名，实现了首钢产品结构从长材向板材升级，树起了先进制造业的旗帜。

（二）塑造品牌，凝练价值，以展示企业形象为目标

品牌是一个企业乃至国家的名片，是文化软实力竞争的最终体现。首钢京唐公司培育以质量和信誉为核心的品牌意识，大力宣传有情怀、有温度、有品位的创品牌故事，扩大社会影响力。

坚持"用户的标准就是我们的标准"理念，持续在"精细实"上下功夫。在研发制造高端汽车板中，公司瞄准精品板材，在产品质量上精益求精，以过硬的实力、拼搏务实精神实现了汽车板产销量不断飞跃，用户认证达到21家，供货能力及产品档次进入国内第一阵营。在服务上，坚持"从用户中来、到用户中去"，建立健全"掌握用户需求、科学设计技术工艺路线、及时交付产品、贴身用户服务"的服务体系，推出《客户走访制度》，形成了一套完整的售后服务管理网络，使用户体验到无处不在的满意和可信赖的贴心感受。家电板凭借稳定的产品质量和优质服务，连续两年为首钢赢得海尔优秀模块商最高奖"金魔方奖"。

推进媒体融合发展，全方位、全视角宣传企业文化，不断增强文化引导力、渗透力。策划"我是首钢京唐，这是我的名片"文案，多视角深层次地展示首钢京唐公司的发展变化，广大职工看后由衷地说"我点赞""我骄傲""我祝福""我幸福""我自豪"。采用新媒体直播集体婚礼、新年晚会、京唐故事、企业展览等活动 30 场，访问量达 40 万。在中国首届企业自媒体大会上，首钢京唐公司获新媒体金锐奖。

（三）自信自觉，开放包容，以深化协同发展为导向

中华优秀传统文化为首钢京唐公司坚定文化自信提供了力量源泉和不竭动力。

坚持"和合共生"的发展理念，充分发挥公司在京津冀协同发展中的示范作用，安置首钢北京地区停产职工 8000 多人，招收高校毕业生 4500 多人，带动相关服务业 1.2 万人就业；实施废弃物循环利用、海水淡化工程，与冀东水泥、三友化工等多家企业形成产业链，产产融合、产城融合带动地方经济发展，至 2018 年底共为当地缴纳税金达 34.8 亿元。2019 年临近春节，千余名建设者依然奋战在二期工程建设第一线，在得知大家春节买票困难、无法回家的情况后，京唐公司调派 24 辆通勤车送 1000 多名建设者回家，送达地涉及湖北、四川、江苏、黑龙江等 16 个省份、88 个市区，往返总里程 5.1 万公里，受到社会各界广泛赞誉。

加强对外文化交流，与曹妃甸区合作举办"马拉松比赛""集体婚礼"，积极参与当地"演讲比赛""万人徒步大会"；与首实幼教中心、北京景山学校曹妃甸分校及政府相关部门主动对接，帮助职工子女入托入学；积极联络曹妃甸区人力资源和社会保障局，举办职工家属专场招聘会，让 400 多名职工家属"落脚"曹妃甸。实施"鹊桥"工程，组织"爱心红娘"牵线搭桥，建设"京唐之约"服务网络平台，与曹妃甸区政府机构、企业、医院、高校举办青年交友联谊活动，连续 7 年举办集体婚礼，300 余对新人情定京唐。

（四）丰富内涵，拓展外延，以满足职工需求为宗旨

我国社会主要矛盾的变化，对企业来文化建设来说，意味着不仅要满足职工的物质需求，还要满足职工的精神需求。

建设和投产初期，公司口袋里钱不多，但还是千方百计满足职工基本的生活需求。近两年，随着公司经济效益的提升，不仅让职工收入逐年增长，还加大了职工生活保障的投入，修缮厂前区宿舍，提高职工居住舒适度；建设钢城怡园、温室大棚和花海项目，形成规模集中、功能齐全、环境优美的园林景区。同时，公司以"企业+市场化"的方式解决职工医、食、住、行等方面的生活需求。在曹妃甸区建设住宅 2392 套、厂前宿舍 2374 套，并组织职工在曹妃甸工业区团购住房；建设了 5 个生活服务区、8 个智能化自助化餐厅，满足两万余人多样化、个性化就餐需求；建设了学习中心、图书室、体育场、游泳馆等文体活动中心，建立"心灵驿站"，开展心理疏导讲座和心理解压活动，受到职工们广泛欢迎。开展"送温暖""送清凉"活动，走访慰问职工 3600 人次，为 148 名困难职工申请了首钢帮困基金，真切的人文关怀增强了职工认同感归属感。

针对职工在职业上有所建树的期待，首钢京唐公司实施三支人才队伍薪酬激励机制改革，打造富有活力、吸引力的薪酬激励体系和培育成长机制。突出重点人才重点激励、优秀人才优先激励导向，对一线职工"首钢京唐工匠"王建斌、张维中每人给予一次性奖励 5 万元，每月享受职务津贴 8000元，并在办公住宿、通信补贴、出差待遇等 7 个方面享受核心技术技能人才待遇，极具"含金量"的荣誉和待遇政策，激发了职工队伍的进取意识。

（五）教育引导，成风化人，以培养文明风尚为要点

打造文明企业，需要企业文化的持久涵养，增强职工的情感认同。

从 2011 年开始，公司每年举办职工文化节，举行"职工运动会""联欢会"等大型活动 350 多场，增强了干部职工凝聚力、向心力。在首钢建厂百年、京唐公司投产十年之际，举办以"十年筑梦、百年辉煌"为主题的 30 多项热烈、祥和、接地气、高品质的系列活动，重温企业的发展历程，描绘心中的美好未来，点燃接续奋斗、再创佳绩的激情，尽情展示"面朝大海，春暖花开"的诗意人生。

坚持用典型激励人，用标杆引领人。开展"京唐十大杰出青年""京唐榜样"等评选活动，评选表彰先进模范人物 550 余人、"京唐榜样"人物 56 名，形成了学习先进、尊重先进、爱护先进的良好风气。为广泛宣传典型、推广典型，公司打造以"京唐故事""京唐人物"为代表的系列文化产品，多种形式宣讲 50 多个典型故事，拍摄 10 部典型人物视频，并推荐登上行业、社会的各种舞台和荧屏，深情演绎了京唐人拼搏奉献、砥砺奋进的精神风貌，鼓舞和激励大批年轻人为梦想不懈奋斗。

三、企业文化建设成果

熔铸了企业之魂。首钢京唐公司从中华优秀传统文化中获取精华，为企业发展积累宝贵的精神财富。在二期一步工程项目建设中，面对工程量大、环保要求高、地质情况复杂等一系列困难，公司上下以高度的使命感和责任感，攻坚克难，日夜拼搏，推动工程建设于 2019 年 8 月投产运行，将不可能完成的任务变成了可能，开创了沿海钢铁大厂新格局。

形成了管理之道。首钢京唐公司与时俱进，把企业经营管理的指导思想、原则和积累的丰富经验升华成经营管理理念，形成了与现代企业相适应的管理之道。例如，培育践行曲线文化和尺子文化，为实现公司达产达标目标提供了动力，2014 年一举扭亏为盈，2015 年实现降本增效 11.67 亿元；以全面实现"四个一流"目标为引领，全体干部职工主动作为、锐意进取，2018 年实现利润 19.5 亿元，经营业绩创出历史最好水平。

塑造了企业之形。多年来，新华社、人民日报等主流媒体纷纷聚焦首钢京唐公司，持续报道其在搬迁调整、京津冀协同发展、绿色发展等方面的成果，央视四套播放五集系列片《百炼成钢》，全面展示了"首钢京唐"的良好形象，引发了国内外及社会各界广泛关注。2019 年 9 月，公司承办中国冶金政研会现场交流会，介绍了首钢京唐公司"加强党建思想政治工作，引领企业高质量发展"经验，受到了中央党校、北京市国资委及来自全国各地参会代表的高度评价，在行业内引起了强烈反响。

稳固了发展之本。首钢京唐公司不断以新的形式、新的内容丰富和拓展企业文化的内涵与外延，实现了人与企业共同发展。涌现出"全国百姓学习之星"王建斌、"国企楷模·北京榜样"吴礼云、荣彦明，"首都市民学习之星"徐芳、陈香等一批先进人物，成为大家学习榜样。2020 年 9 月，王建斌、张维中被评为首届"首钢工匠"，受到了北京市委、市政府领导的亲切接见，引发了干部职工的强烈反响。以这些榜样为标杆，各基层单位技术骨干带头，累计完成攻关课题 1650 项，取得科研成果 268 项，获得专利授权 325 项；广大职工累计提合理化建议 1 万多条，解决现场难题 3420 个，形成最佳操作法 124 个，创造经济效益 6 亿元。

聚合了全员之力。 首钢京唐公司坚持文明惠民、文化育人，让职工心中不仅有"铁水奔流""钢花飞舞"，也有海风轻轻吹、海浪轻轻摇的心灵港湾。在首秦产线迁移转型过程中，京唐公司领导冒雨迎接转入职工，并租赁 1000 余套房间作为职工宿舍，还举行了热烈的欢迎仪式，让 2100 余名转入职工感受到"家的温馨"。首秦职工迅速融入京唐，在各自岗位上发挥作用，建功立业。

首钢京唐公司将继续坚定文化自信，将中华优秀传统文化发扬光大，牢记使命、接续奋斗，谱写高质量发展新篇章！

做强融媒体 凝聚正能量

——中国冶金政研会首钢现场交流会经验介绍

任全烜

（2020 年 8 月 28 日）

2019 年 1 月 25 日，习近平总书记在人民日报社主持中共中央政治局第十二次集体学习时强调，推动媒体融合发展、建设全媒体成为我们面临的一项紧迫课题。要运用信息革命成果，推动媒体融合向纵深发展，做大做强主流舆论。党的十九届四中全会《决定》着眼制度建设管理，明确提出，建立以内容建设为根本、先进技术为支撑、创新为保障的全媒体传播体系。这些为加快推动媒体融合发展、建立全媒体传播体系指明了方向、提供了遵循。

首钢京唐公司现有《首钢日报·京唐版》、首钢京唐微信公众平台、京唐电视新闻中心、首钢京唐公司网站等 4 个宣传载体。几年来，公司以习近平新时代中国特色社会主义思想为指导，发扬首钢重视宣传思想工作的优良传统，在首钢集团党委和首钢京唐公司党委的正确领导下，在首钢京唐公司领导班子的支持指导下，以提升新媒体传播力、引导力、影响力为主攻方向，坚持开放创新，注重内容质量，努力把融媒体平台打造成舆论引导的重要阵地、加强企业文化建设的重要载体、加大对外宣传的重要窗口，为公司高质量发展凝聚正能量、振奋精气神。

一、坚持互联网思维，以信息技术为推动，把握趋势，与时俱进，形成媒体融合发展布局

2014 年 8 月 18 日，中央全面深化改革领导小组第四次会议审议通过了

《关于推动传统媒体和新兴媒体融合发展的指导意见》，"媒体融合"正式上升为国家战略。

面对新的形势和要求，首钢京唐公司也瞄准新媒体，开始了长时间的探索和实践。

（一）转变观念，植入互联网基因

新媒体具有传播速度快、覆盖面广、即时互动、灵活多样等突出特点，这对企业开展宣传思想工作，既是冲击和挑战，也是动力和机遇。对此，2014年，公司选定微信公众平台作为公司新媒体发展方向，"首钢京唐报"微信公众平台正式上线。随后，经过两年多建设运行，该平台具备了新闻发布平台的功能，初步发挥了宣传作用。

在当时行业内各企业纷纷布局新媒体领域的形势下，首钢京唐微信平台的运营效果并未达到理想状态。因此，2016年6月，公司到宝钢学习交流，并且通过对各企业新媒体建设运营的分析，确定了"走新媒体群众路线"的理念。2016年8月，"首钢京唐报"微信平台正式更名认证为"首钢京唐"微信公众平台。至此，微信平台与2006年诞生的《首钢京唐通讯》、2008年开始运营的网站、2016年成立的电视新闻中心一道，成为京唐宣传思想文化工作的重要载体。

（二）载体协同，初步实现从相加到相融的嬗变

至2016年底，报刊、电视、微信、网站四大载体经过优化，实现了升级：《首钢京唐报》（2014年由《首钢京唐通讯》更名）在微信平台上线数字报；京唐电视新闻中心建成并形成采编播一体化能力；"首钢京唐"官方微信公众平台运行后开通了微信直播功能；京唐网站开始第一次改版。但是，此时的"一报一台一微一站"，仍然处于"你是你、我是我"的局面。

进入2017年，公司明晰界定了四大宣传载体的功能定位，《首钢京唐报》在增强导向性上下功夫，出版周期由每周一期调整为两周一期；首钢京唐电视在规范化运行上下功夫，实行"每周一期+动态加播"播出模式，并在通过内部闭路信号播放的基础上，入驻微信平台；首钢京唐微信在提升影响力上下功夫，优化、固化栏目的内容、形式及发布方式；首钢京唐网站在合法合

规上下功夫，并把控信息上传节奏。2019年《首钢京唐报》改版为《首钢日报·京唐版》发行，同时京唐网站进行第二次改版，并于2020年4月完成入驻微信平台。如此，不仅建立起了四大载体的支撑联动机制，做到了整体协同、功能互补、资源共享、各具特色，而且报刊、电视、官网"落户"微信平台的协同融合，让人们在增强阅读体验中日益熟练使用微信，新媒体逐渐占据了新的重要舆论场。截至2020年上半年，首钢京唐新媒体平台用户数量达到2.2万，较2016年增加了两倍；年阅读量保持33%～50%的增长率，预计2020年底达到240万，在2016年的基础上翻两番。

（三）技术驱动，打造多介质、多元化融媒平台

技术创新是推动媒体融合发展的"金钥匙"。随着5G、大数据、云计算、物联网、人工智能等技术不断发展，移动互联网已经成为信息传播主渠道，移动媒体、媒体智能化进入快速发展阶段。

2019年，在区县级融媒体中心建设亮点频出、百花齐放时，首钢京唐公司也开始构思建设企业融媒体中心。宣传部整理了建厂以来的视频和图片资料，建立了以媒资系统为核心的视频资料库和图片资料库，提升图片资料的管理水平和利用效率，为建设融媒体中心打下了数据信息基础。2019年下半年，经过场地勘查、工程设计、费用预算、业务流程等方面的详细规划和充分准备，12月初提出了融媒体中心建设方案。2020年3月正式立项批复，6月开工建设，8月27日正式投入运行。

建设融媒体中心，通过空间布局整合美化、新增设备与已有设备有效匹配，信息化支撑与管理流程优化相融合，建设了融媒体多终端管理系统、大屏信息展示系统，完善了电视采编播系统，实现信息内容、技术应用、平台终端、管理手段共融互通，催化融合质变，放大一体效能。在融媒体中心，我们打通报刊、电视、微信、网站，实施一体化管理、专业化运行，打造一次采集、多元生成、全媒传播的新格局；对各基层单位微信订阅号有效管控，为做实做强京唐微信矩阵联盟奠定平台基础；实时统计并展示全公司宣传报道工作进度，并通过数据输出做到与党建量化考核评价无缝衔接等等。至此，我们构建了载体多样、渠道丰富、覆盖广泛的全媒体传播矩阵，形成了以大数据信息资源为支撑的新型媒体传播平台。

从最初的探索到大胆实践，从宣传载体功能的优化升级到协同融合，从互联网技术植入到建成融媒体中心，我们紧跟信息社会发展的步伐，用了6年时间推进媒体融合发展，最终让首钢京唐公司宣传思想工作插上了信息化的翅膀，构建了宣传思想工作的新模式和新格局。

二、坚持大宣传理念，以管理创新为支撑，推进体系能力建设，打牢媒体融合发展的保障基础

2019年2月20日在京发布的《媒体融合蓝皮书：中国媒体融合发展报告（2019）》指出，我国媒体融合已由形式融合、内容融合一跃而升级至以体制机制融合为主要特征的融合3.0时代。可见，体制机制的融合将成为媒体融合发展向纵深发展的一个重大课题。媒体融合要由表及里，关键在于体制机制的改革，让融合深入每个流程与环节。

因此，在推进媒体融合发展，特别是建设京唐融媒体中心时，同步创新管理，以体系能力建设为主线，通过创意激发、线索统筹、策划融合、一次采集、多元生成、全媒传播，精锐引领、团队学习、兵团作战等一系列手段，推动宣传思想工作换挡升级，为加快推进媒体融合提供坚实保障。

（一）以管理链条多维延伸

我们着眼于点、引导穿线，立足于面、深化拓展，不断在管理模式、管理制度、管理效果上下功夫，推动宣传管理由平面向立体转变，由静态向动态过渡，由单一向多维发展。

实施"扁平化"管理，借鉴京唐公司集中一贯、精干高效的管理优势，定期由部长召集宣传战线人员召开"新闻线索统筹会"，传达精神、学习交流、总结工作、布置任务，建立起一种消除层级、直接沟通、无缝衔接的机制，让宣传系统彼此间的距离更加紧密，实现了务实高效的一体化管理。

实施"清单化"落实，对新闻线索采取"分类分级"原则梳理汇总，按内容要点将线索划分为具有部门特色为主的"专题"、多部门协作完成相同题材的"公共题"、展示公司经营亮点的"主推题"等三类，并明确完成单位、

撰稿人员、完成时限、发表媒体，让宣传队伍的职责更加清晰，促进了各基层党委将宣传工作的目标统一到公司的舆论导向、工作重点上来。同时，由专人监督新闻线索完成进度、指导重点报道写作情况，促进线索按时、按质、按量完成。

实施"指标化"激励，调整优化公司党建量化考核评价宣传专业指标，重新划定宣传报道发布、刊登的各类平台和途径，明确稿件被不同平台采纳后应得的分数，让宣传员日常报道有"分"可依、凭"分"说话，让考核的"指挥棒"作用得以充分发挥，调动了宣传战线的积极性主动性创造性，营造了宣传队伍比学赶超的氛围。

（二）以流程再造生产新闻

坚持融合发展，改革策采编播流程，参考大型报社媒体融合进程的机构设置，建立微型"中央厨房"，实施"一次采集、多元生成、全媒传播"创作流程，由各媒体以及各基层单位单独或共同采集的信息经过整理加工后统一传送至微型"中央厨房"，再由《首钢日报·京唐版》、首钢京唐微信公众号、电视新闻平台等根据所需直接或间接采用，不断提升宣传报道"制造+传播"能力，实现信息传播效益最大化。

建成融媒体中心后，在大数据、移动互联等技术的支撑下，通过平台的系统中稿件管理、素材库等功能，实现文稿、图片、视频等资源的共享共通，从线索捕捉、选题清单确定，到稿件一审、二审传送至共享稿库，再到各媒体多元生成回填至回填库，实现了对报道的智能化、全生命周期管理，从而替代微型"中央厨房"，成为新的新闻生产组织平台和服务平台。

（三）以整体思维兵团作战

整体思维即系统思维。首钢京唐公司坚持全区域统筹、大兵团作战，多方面联动、多领域融合，提高宣传系统把方向、抓导向、管阵地的能力。在组织策划、采访写作、编辑加工、发布传播等各环节都能从整体来把握，从大局来考量，充分发挥联动作用，通过策划融合、聚集资源，让相关部门和人员都参与进来，人人都动脑、人人都动笔、人人都出力，形成瞄准焦点、集中发力的工作新局面。疫情大考中，宣传系统精准对接京冀地区、冶金行业等知名媒体，联合各单位一天不落地精心策划、深入挖掘、创新制作，推出《疫情期间首钢京唐公司让职工餐餐暖心放心》《首钢京唐全员战"疫"，"控""产"两不误》等80余篇有引导力、影响力的精品，在"学习强国"河北平台、北京卫视、河北卫视和《北京日报》《劳动午报》《中国冶金报》、国资京京等平台播出、刊登，讲述了首钢京唐公司抗疫故事，展示了首钢京唐公司企业形象。

（四）以创新平台聚拢人才

始终坚持开放的思维和开阔的眼界，聚拢人才和渠道资源，形成宣传合力。早在2016年，首钢京唐公司就着手成立了新媒体创新工作室，在全公司范围内发掘微信编辑、播音、PS、flash、视频制作等有特长的职工，发挥他们的特长参与新媒体宣传中来，集思广益，寻找微信平台制作运营的金点子，同时发挥企业摄影、摄像、音乐等协会的力量，为职工各尽其能、施展才华提供平台。策划推出的"当《成都》遇到京唐，离不开的，只有你"，通过基层职工用心演唱，让京唐职工的心随着音符跳动，唱出了对企业的感恩和热爱。目前，京唐新媒体创新工作室团队成员超过20人，涵盖编辑、美工、摄影、摄像、航拍、直播、播音主持等多个专业，在公司历次重大会议、大型活动中都有着不凡的表现，圆满完成了新媒体宣传各项工作任务。

三、坚持产品化意识，以内容建设为根本，把准方向，认准导向，明确取向，占领媒体融合的信息传播制高点

推进媒体融合，"正能量是总要求，管得住是硬道理，用得好是真本事。"在万物互联、万物皆屏、万物皆媒的传播格局下，"人人都有麦克风"成为常态；过去主流媒体牢牢占据的"舆论主场"，变成了众人涌入的"舆论广场"。这就需要所有的媒体，越是传播方式多样化，越要坚持内容为王；越是信息海量供给，越要增强"内容为王"的定力。

在推进媒体融合发展中，我们始终把内容生产作为第一要务，用社会责任规范内容生产，以优质平台聚合思想力量，以价值含量驾驭信息流量，让纷呈迭出的媒体产品始终围绕中心、服务大局，弘扬主旋律，传播正能量。

（一）把握传播规律，塑造媒体价值

信息时代，传播变得越来越快，互动变得越来越强，分享变得越来越广。我们紧紧围绕企业中心工作，深刻把握媒体传播规律，找准工作的切入点和着力点，使主流价值借助互联网、移动互联网扩展到更加广阔的空间。2019年春节前夕，首钢京唐公司用24辆大巴送工程建设者回家过年的消息一发布，便迅速刷爆朋友圈，近3万人点击，被各方赞誉为"最暖的光""大手笔、大动作、大担当"。2020年新冠肺炎疫情发生后，我们迅速将媒体的信息发布频次由原来的平均每天1条增加到每天至少2条，推送了《战"疫"时刻，我们都是战士》《"小红帽"，那道最亮丽的风景线》等高品质文案，做到了及时发声、有力引领，仅上半年阅读量便达到110万人次，同比增加57%。我们在积极应对新冠肺炎不利影响中主动出击，团结职工、凝聚用户，有效提升了微信平台对受众的黏性，7月阅读量达到23万人次，创出了月度新纪录。

（二）提高用户意识，构筑体验情境

人在哪儿，宣传思想工作的重点就在哪儿。媒体融合的最终落脚点在用户。我们采用更加生动贴切的表达，融入更加多元的服务，让用户参与形式更加丰富、获取信息更加便捷。自2017年开始，首钢京唐新媒体加强对直播、无人机航拍等技术的运用，在公司春节晚会、企业展览会、集体婚礼等大型活动中采用直播、互动等新媒体元素，并通过多通道直播盒子和切换台的使用，提升微信直播流畅性与观看体验，迅速拉近了读者和媒体的距离，达到了"以个性化小众去引爆大众口碑"的效果。截至2019年底，运用新媒体直播活动30场，访问量达43万，用户的参与感、体验感大大提升。

（三）丰富产品形态，扩大供给优势

高度重视传播手段建设和创新，充分运用新媒体产品形态的感染力，已经成为大多媒体的一致追求。自2016年8月在新媒体平台开播的每周一期的"阳光语录"栏目，一上线便采用了可读+可听的模式，用声音和文字记录美好时光，为读者和听众提供文化的滋养。阅读量是衡量新媒体传播力的重要指标，但我们不唯阅读量，为新媒体注入文化的滋养、提高文化品位也是新媒体健康发展的重要方面。我们策划制作的"钢铁是怎样炼成的"钢铁流程宣传动画，通过扁平化的动画形式，全流程展示了京唐公司钢铁冶炼流程，将原本枯燥无味的生产环节生动形象的呈现出来，也体现了京唐公司设备和技术的先进性，动画腾讯视频点击量 10 万余次。此外，通过媒体融合平台创新性开展的线上音乐分享活动"声动京唐""毕业 N 年，我在京唐"主题征集活动等等，让职工充分展示自我，深受干部职工的喜爱。

（四）强化精神链接，传递企业理念

通过优质的内容提供丰富的精神食粮，强化媒体与受众之间的精神链接，更好满足广大职工对高品质精神文化生活的需要。为企业作出贡献的老职工是企业的宝贵财富。我们深入挖掘老职工张新国、董志宝在老首钢、新京唐扎根奉献的点点滴滴，透过细腻的图文融合成为生动的人文情怀，使读者在阅读中启迪思想、凝聚共识，增强了感性认识和文化认同。职工纷纷表示："这些人物已经不只是一个名字，而是一种精神，一种品质，一种文化。"在2020 年疫情防控中，我们通过视频和图片推出的《你是守护京唐 30000+人的卫士》《向最美的平凡致敬！京唐人战"疫"图鉴》等，展示了京唐公司职工在抗击疫情中心怀大局、担当奉献的精神风貌，职工纷纷留言："硬核京唐，战'疫'必胜！"首钢京唐媒体成为了"有情怀、有温度、有正能量"的平台，被中国首届企业自媒体大会授予新媒体金锐奖，并给予了"创意引领，温暖用户，关注核心价值"的高度评价。

（五）不断增强"四力"，壮大内容生产

媒体优势核心是人才优势，媒体融合落到根本，融的是人才。我们按照"政治过硬、本领高强、求实创新、能打胜仗"的要求，增强宣传队伍脚力、眼力、脑力、笔力，以更多有温度、有深度、有情怀的产品涵养人心、抓牢用户。自 2019 年下半年至今，融媒体团队分批先后到山东、上海、天津等地，与海尔、上汽大众等客户面对面交谈，零距离感知客户心声，追寻京唐产品运动轨迹，挖掘客户口碑价值，撰写的通讯报道均在《中国冶金报》刊登，有效传播了京唐品牌。2020 年，我们开展"一线探访"，将镜头对准基层，多角度、多画面、多手法展示职工中忠诚事业、感恩企业、激情创业的感人事迹，触及了心灵，凝聚了力量。

"芳林新叶催陈叶，流水前波让后波"。媒体不变则退，融合势在必行。我们将以更专业的姿态、更深入的探索、更创新的实践，推进媒体融合向纵深发展，为京唐、为首钢、为钢铁冶金行业贡献力量！

第三章　深耕践行融入

企业理念的生命力在于践行。首钢京唐公司干部职工将 11 个企业理念融入制度体系，融入管理运营，融入生产经营，融入企业与客户的协同发展，融入人的内心深处，成为指导经营、生产、管理、品牌、人才等各方面工作的行为准则，为实现企业理念的真正落地、推动企业可持续健康发展打下坚实基础。

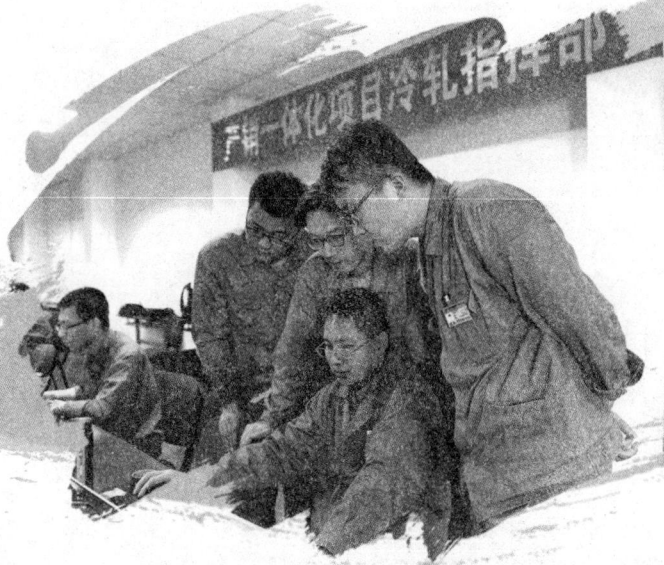

第一节 打造首屈一指的钢

首钢京唐公司高强镀锌线第一卷成功下线

许国安

2019 年 11 月 13 日,首钢京唐公司高强镀锌产线第一卷产品成功下线,这标志着首钢京唐公司具备生产最高强度等级可达 1470 兆帕的高档汽车板产品。

镀锌高强度汽车板专用生产线工程,是首钢京唐公司实现高质量发展的重要建设项目。作为首钢产品升级,结构优化的重要载体,镀锌汽车板专用生产线项目的规划、设计、施工各个环节融入了首钢十多年板材文化与技术积淀,得到了技术改造专项中央预算内投资补助。该项目产品规格覆盖汽车整车用钢需求,产品以高强、超高强汽车用镀锌板为主,强度等级最高达1470 兆帕。整条产线采用了超高温退火、超快速冷却等 5 项国际最先进的高强钢生产技术,在产线的设计上,集成了具有首钢自主知识产权的炉鼻子锌灰锌渣控制等 40 多项技术。项目建设期间,参建单位明确责任分工,分专业把控施工质量,通过施工前详细的技术交底,施工过程中工序检查及验收,抓过程,抓细节,产线施工质量得到了有效的保证。高强镀锌线第一卷产品轧制前,对负责区域工艺参数、机械阀门、电气信号等反复确认,确保生产过程万无一失。2019 年 11 月 13 日,随着产线入口上料作业正式开始,带钢清洗—高温退火—产品镀锌—光整拉矫—出口卷取……各工序一气呵成、全线贯通。

在 11 月 13 日举行的下线仪式上，首钢京唐公司领导邱银富宣布首钢京唐公司高强镀锌产线第一卷正式下线。

首钢技术研究院领导朱国森，首实公司领导陈四军，首钢京唐公司领导邱银富、曾立、杨春政、周建、关错、王贵阳，项目设计施工监理等单位领导和职工代表，首钢京唐公司工程部、制造部、冷轧部、设备部、人力资源部等部门负责人及职工代表共计 60 余人参加了仪式。

曾立在致辞中代表首钢京唐公司对给予公司大力支持的各级政府部门以及首钢技术研究院各级领导致以诚挚的谢意，对各参战单位和为高强镀锌线项目建设付出艰辛努力的每一位建设者，致以崇高的敬意。曾立说，首钢京唐公司以"打造首屈一指的钢"为品牌理念，始终专注于生产高技术含量、高附加值产品。高强镀锌线正是秉承这一理念，瞄准国际汽车用钢前沿技术，重点生产品种以汽车用超高强钢板为主，产品强度级别可达 1470 兆帕。高强镀锌线的投产，标志着首钢京唐冷轧发展进入到一个新的阶段，彰显了首钢京唐对汽车用钢发展趋势的精准把握，也是首钢京唐迈向全面实现"四个一流"建厂目标的坚实一步。

朱国森在讲话中，对首钢京唐公司高强镀锌线第一卷产品下线表示热烈祝贺，对项目设计单位、项目施工单位以及首钢高强镀锌线项目团队表示衷心感谢。他希望大家把高强镀锌线打造成科技创新的试验田、人才成长的新高地。朱国森说，要充分认识高强镀锌线在首钢产品结构调整中的重要地位和作用，汽车板是首钢的第一战略产品，要和项目设计单位、施工单位一起在确保人身设备安全的前提下，做好产线的调试工作，同时发挥产销研团队作用，积极做好产线的达产、产品认证开发和产品的推广工作。

仪式上，冷轧作业部相关领导介绍了高强镀锌线的整体概况。参建单位代表五冶集团相关负责人作了表态发言。

首钢京唐公司高强度钢热基镀锌卷成功下线

杨立文　许国安

2020年7月29日，首钢京唐公司高强度钢热基镀锌生产线热试第一卷成功下线。集团领导刘建辉，首钢京唐公司领导邱银富、曾立、周建、王贵阳，首钢京唐公司相关部门及建设单位干部职工150余人参加下线仪式。曾立主持仪式。

首钢京唐公司热基镀锌生产线以打造世界一流产线为建设目标，包括热基镀锌生产线一条、半自动包装机组一条、重卷机组一条以及配套的公辅设施，设备选型及采用的工艺技术均达到世界领先水平。该产线瞄准厚规格镀锌市场，主要面向建筑结构用钢、高速公路护栏、光伏支架等高耐蚀热基镀锌板市场。2019年6月15日项目正式开工建设以来，各参与建设单位协同作战，于2020年5月开始单体试车，6月进行了冷负荷试车，7月10日按计划组织烘炉、熔锌。

下线仪式前，集团公司、首钢京唐公司领导参观了热基镀锌产线主控室和产线现场。

在仪式上，刘建辉代表集团公司和股份公司，向首钢京唐公司热基镀锌线热试第一卷成功下线表示热烈祝贺！向参与项目设计、建设、调试的各单位干部职工表示衷心的感谢和崇高的敬意！他说，热基镀锌线的建成和投产，是首钢京唐公司发展史上的又一个里程碑，意味着首钢第一次拥有了厚规格、厚锌层、高耐腐的热基锌铝镁产品，再次向"低成本生产高附加值产品"目标迈出了新的步伐。刘建辉希望首钢京唐公司以项目运行为契机，加强产线后续运行管理，深入研究市场，搞好产销对接，切实把项目运行好、经营好、管理好，使其尽快发挥经济效益。与此同时，要围绕发挥一、二期协同效应狠下功夫，进一步优化产线分工和资源配置，大力推进产品和用户结构优化，持续提升高附加值产品和高端用户比例，不断增强京唐品牌的核心竞争力，为做优做强首钢钢铁主业作出新的贡献。

邱银富在致辞中对始终给予首钢京唐公司大力支持的集团公司专业部门、钢铁板块平台公司的各级领导致以诚挚的谢意，对各参战单位和为热基镀锌线项目建设付出艰辛劳动的每一位建设者，致以崇高的敬意！邱银富说，热基镀锌生产线热试第一卷钢成功下线具有特殊意义，标志着首钢京唐公司在全面推进高质量发展的征程中又迈出了坚实的一步。邱银富希望冷轧作业部干部职工继续发扬不畏艰难、勇攀高峰的精神，加快设备调试，优化生产工艺，狠抓精细管理，科学组织生产，快速实现产线达产达效。

项目施工单位首钢国际工程公司、首建集团等单位领导汇报了工程设计和建设情况；首钢京唐公司冷轧部领导介绍了产线情况并汇报了产线热试生产准备工作。

刘建辉宣布，首钢京唐公司热基镀锌生产线热试成功。

投产仪式结束后，与会领导到第一卷钢卷取样钢板上签名留念。

首钢京唐公司成功生产700兆帕级宽薄规格商用车箱体用钢

侯振元　李　瑞　王文广

2020年7月22日，首钢京唐公司2250毫米热轧产线成功生产出700兆帕级1.5毫米×1500毫米宽薄规格商用车箱体用钢，产品规格突破产线轧制极限，成为国内首条具备该规格钢种生产能力的常规热连轧产线。

高强度和宽薄规格任何一项要求都是热轧带钢生产的技术难点。首钢京唐公司2250毫米产线生产的700兆帕级1.5毫米×1500毫米宽薄规格商用车箱体用钢，不仅要求部分轧制设备负荷要达到极限负荷的80%以上，且产品宽厚比更是达到了1000，远超目前常规热轧产品最大宽厚比880的水平。

对此，热轧部依托EQMS系统和设备信息化管理系统持续优化完善设备功能精度管理模块，强化缺失和超标功能精度项目的处理，夯实设备功能精度管理基础。同时，推行"轧机刚度、轧机调平值"为重点的设备功能精度管控模式，做精做细轧机内部27个关键接触面的日常检查、清理和精度检测等工作，大幅提高了产线设备功能精度和轧制稳定性。

接到试制任务后，热轧部主动对接营销中心和公司制造部产品室，全面掌握用户需求；对内综合评价产线能力，超前预判试制过程中可能出现的所有问题，并通过多次离线模拟轧制确定最优工艺参数，确保将各项准备工作做到万无一失。试制过程中，各专业人员密切配合，协调联动，针对生产过程中出现的尾部亮印等轧制不稳定现象，快速反应，在保证板形及厚度精度的前提下改善了尾部亮印问题。最终，试制任务一次成功，产品各项技术指标均满足用户技术要求。

（本文刊登于《首钢日报·京唐版》2020年8月3日一版）

首钢京唐公司成功助力雄安高铁站建设

尹 航 李玉颖

2020 年 6 月，首钢京唐公司镀铝锌产品成功应用于雄安高铁站项目，这是继雄安市民服务中心后，京唐公司涂镀产品第二次在雄安新区建筑中亮相。千年大计，交通先行，作为雄安新区重要的交通枢纽，雄安高铁站的建设对于完善京津冀高速铁路网结构，提高雄安新区的辐射能力，推动京津冀协同发展具有积极意义。雄安高铁站于 2018 年 12 月 1 日开工建设，2020 年 4 月 30 日完成主体结构封顶，预计于 2020 年底投入运营。

作为京津冀协同发展的先行军，首钢京唐公司注重发挥示范引领作用，精细苛求，追求卓越，为经济社会发展作贡献。今年 5 月，公司通过营销中心天津分公司了解到雄安高铁站项目对镀铝锌产品的采购需求，于是迅速进行接洽和跟进。雄安项目此次采购的镀铝锌产品将用于高铁站屋面建设，工期非常紧，对于交货期和材料进场时间都提出了严苛的要求。

在接到订单后，营销中心与京唐公司制造部、彩涂板事业部立即协调生产计划，第一时间下传合同，密切跟踪生产排产进度。彩涂板事业部积极做好订单生产准备工作，在生产前全面了解用户对材料用途、性能、板型的要求，围绕用户个性化需求组织生产准备会，明确过程控制关键点，制定生产控制方案。镀锌作业区组织各岗位操作人员仔细学习方案内容，为精准操作打好基础。生产过程中专业工程师全程跟踪，确保各项关键控制参数落实到位，并结合产品实际表面质量和性能等综合评估确认，保证了产品质量和性能符合用户要求。最终按时完成生产并发货，满足了雄安项目方的进场要求，得到了用户和工程团队的一致认可。

日前，京雄城际铁路北京大兴机场站至雄安站已经开始联调联试，预示着京雄城际铁路全线开通运行进入最后的倒计时冲刺阶段，这将为进一步完善和优化区域及全国路网布局，服务雄安新区"千年大计"宏伟蓝图，助力京津冀协同发展提供重要支撑和保障。首钢京唐公司也将持续关注雄安新区建设，积极发挥产品优势，不断提高产品质量和服务水平，为京津冀协同发展贡献智慧和力量。

首钢京唐公司成功生产0.11毫米 5G设备用钢

刘美松　滕云　龙佳明　孙凯

2020年5月28日，首钢京唐公司镀锡板事业部1420罩退产线成功轧出0.11毫米×800毫米超薄高端电子产品用钢，产品规格突破产线轧制极限，钢卷各项技术指标均满足用户要求，这标志首钢京唐产品制造能力提升到新的高度。该产品主要应用于5G基站等高端电子设备。

"薄"和"光"是该产品的特点，也是生产的难点。产品薄至0.11毫米，仅相当于一张标准A4纸的厚度，如此薄的规格超出了1420罩退平整机设计的轧制能力；带钢表面粗糙度要求0.2微米以下，也达到了平整机参数设置的极限。该钢种对钢质纯净度、力学性能、厚度精度、板形和表面质量要求都非常高，生产该规格超薄高端电子产品用钢是对企业综合制造能力一种考验。

京唐公司发挥产销研一体化和一贯制管理优势，组织制造部、技术中心和镀锡板事业部等相关生产单位密切协同配合，先后解决了组织性能精确控制等一系列技术难题；认真吸收借鉴前期薄规格、超薄规格产品生产技术经验，对该产品的全流程工艺设计、轧制工艺选择及配辊要求等关键技术问题进行了专题研究部署。炼钢部、热轧部和镀锡板事业部均制定了详细的专项生产准备方案。

1420罩退产线是此次生产的重中之重，为保证生产顺稳，主管部长专门主持召开生产准备会，对各环节研究制定了详细的生产控制措施。设备和生产操作人员还对设备的功能精度及各类轧辊的辊面状态进行了细致检查。生产过程中，专业技术人员全程现场跟踪，实时指导关键控制参数调整。他们通过优化焊接参数等措施，保证了带钢的焊接质量。最终，成品各项技术指标均满足用户技术要求，各工序一次命中率 100%，圆满完成了此项新产品订单生产任务。

（本文刊登于《首钢日报》2020 年 7 月 10 日一版）

首钢京唐公司船板钢顺利通过八国船级社认证

冯 博 孙 凯 王世坤 杨 柳 姜林宪 丁宏健

2020年2月27日，随着工厂认可环节的资料审核、现场审核、型式试验、外委试验及型式试验报告全部圆满完成，标志着首钢京唐公司中厚板升级产品顺利通过八国船板认证，进一步拓宽了产品市场，为首钢品牌驶向市场蓝海注入了新动能。

船板钢是首钢京唐公司2020年重点拓展的品种之一。此次船板扩规格、扩交货状态认证涉及八个船级社，认证级别拓展到EH36高强船板，认证厚度从50毫米拓展到100毫米，交货状态涵盖TMCP和正火。其中，TMCP状态的60~100毫米的规格为中厚板有史以来首次认证，没有任何认证经验可以遵循。全新的产品、更为复杂的流程，给此次认证工作增加了难度。

面对挑战，首钢京唐公司制造部积极与各国船级社接洽，优化整合各国认证实验项目，联合洛阳725所共同开展焊接、CTOD实验，对取样、加工等过程实时跟进，保障数据的真实性与准确性。制造部中厚板室专业技术人员马国金翻阅上千页各船级社英文船级规范，整合了八国船级社90%试验项目，对10%的特色条款进行合并汇总，编制1528页中英文船板认证试验大纲，一次性通过了各船级社专家审核。

合力攻坚，优工艺设计。按照船级社规范要求，屈服强度应没有厚度减弱效应。同时，在保证强度的前提下，要求芯部位置有良好的时效冲击性能。100毫米钢板芯部试样在零下40摄氏度的时效冲击性能实验必须保证全部合格，与此同时还要进行零下80摄氏度低温冲击检验。第一轮试制100毫米钢板时，就遇到了低温冲击韧性和时效性能不合的问题。

技术中心主管工程师何元春主动请缨，牵头成立了联合攻关组。凭借多年的技术经验，他们通过金相分析，提出了一套优化性能"双管齐下"的解决方案。一方面通过降低碳含量和优化合金成分改善韧性组织；另一方面从控轧控冷工艺入手，通过细化晶粒和优化组织结构实现强韧性良好匹配。经过第二轮钢板试验检测，芯部强度及韧性得到显著提高，发挥出了技术支撑、现场协同的联动优势，试制钢板具备认证条件。

周密部署，保精准落实。钢轧作业部和中厚板事业部接到任务后立即成立了船板认证工作组，多次召开认证专题会部署相关工作，将船板认证涉及纵横交叉的问题进行周密安排，并制定现场工作方案，各个环节指定专人负责。

钢轧作业部生产技术室谢翠红、庞立鹏通过调查，结合实际编制生产组织方案和冶炼操作要点，组织各岗位管理和操作人员开展针对性培训。自2019年12月10日冶炼船板系列钢开始，各作业区作业长24小时值班，分别对KR脱硫、转炉冶炼、精炼处理、铸机浇铸等各岗位工序配合及操作情况全程跟踪监控。经部门职工的共同努力，船板系列钢共冶炼12个炉次，成分全部合格，铸坯质量满足轧制需求。

中厚板事业部生产技术室许藏文、李波根据专家现场审核时间，对钢坯入炉、轧制、水冷、堆冷、探伤、热处理、划线取样等工作实施量化管理，明确时间节点，提前将工艺难点宣贯到相关岗位及作业区负责人，全程协调各工序紧密配合。2019年12月17日上午10时第一块E级40毫米厚认证船板准时出钢，共计试轧8块钢板。船级社专家现场审核加热、轧制、水冷的一级、二级操作界面，并对工艺的精确控制表示高度认可。专家们对认证钢板探伤、取样划线、热处理等工序监督审核，操作工规范操作、精准控制，在规定的时间节点内完成全部现场工作，得到船级社专家的好评。

为保证现场认证顺利开展，质检监督部第一时间制定了认证专项方案，为船板认证工作的推进提供保障。轧钢分析中心首席作业长朱启茂整合设备资源、人力资源，从一期轧钢分析中心抽调4名骨干配合认证试验。由于认证的E级高强度船板碳含量低，TMCP焊接冲击样融合线的腐蚀遇到了困难。

为此，质检监督部专门成立了低碳成分奥氏体晶粒度攻关小组。为获得满意的实验结果，质检监督部技术人员孙静仔细查阅相关资料，主动放弃休假时间，制定了多套试验方案，连续三周对奥氏体晶粒度试验反复摸索。经过几百次试验，总结热处理温度、通氧时间的精确数据，以及在轻微磨制样品保留氧化层、采用15%盐酸浸蚀液的情况下，获得完整奥氏体区域，为船板认证提供可靠的数据支持。

认证过程中需要 NDT 落锤焊接试验检验样品性能。以往这项工作都是外委给相关研究所，但加工费用高达30万元。首钢秦机公司试样加工中心迅速召集于惠志等有焊接基础的7名骨干，成立焊接攻关小组。为更好、更快地掌握焊接技能，他们邀请首钢刘宏工作室成员开展统一培训。落锤焊接试验技术难度大、标准高，有的试样仅比头发丝粗一点儿。勤学苦练，熟能生巧，在专业老师们手把手地悉心指导下，攻关小组成员们迅速掌握了焊接技巧，仅用一个半月时间就成功加工了128个标准试样，自主完成了落锤试验的焊接工作，为后续认证、实验不再外委创造了条件。

认证工作顺利完成，标志着京唐公司宽厚板的生产能力和管理水平又登上了一个新的台阶，为首钢船板产品拓展国际市场打开了更为广阔的通道。

（本文刊登于《首钢日报》2020年4月1日一版）

一心为客户 产销不断档

——首钢京唐公司一手抓疫情防控一手抓订单交付

刘美松 刘美丽

面对新冠肺炎疫情造成的市场"寒流"，首钢京唐公司毫不放松抓实抓细疫情防控，全力以赴有序推进生产经营，始终以客户为中心，满足客户需求。2020年2月，镀锡板事业部提前五天完成下月接单任务，在疫情期间以优质服务确保了产销衔接，高端产品订单比例显著增长。

特殊时期 联系更紧密

"越是困难时刻，越要主动加强与客户的交流互动。"2020年春节后上班的第一天，首钢镀锡板营销人员第一时间向客户介绍了公司的人员上岗和生产运行情况。很多用户得知在如此严峻的疫情防控形势下，首钢京唐公司仍在全力确保他们的订单按时生产、如期到货，均表示很敬佩、很感动。

2月，一客户在某企业订购的产品无法交付。客户预计开工后很快将面临断料的风险，于是转向首钢京唐公司镀锡板事业部求助。急用户之所急，首钢京唐公司毅然决定接下订单，并很快将其纳入了排产计划。

受疫情影响，公司订单需要提前生产。对此，镀锡板事业部决定将3月的订单收口日期提前。原本客户延期复工、市场需求下降，订单组织已面临很大困难，现在还要提前收口，每个营销人员要承受的压力可想而知。"有压力才有动力，有挑战才够刺激。"部长助理、产品营销室主任郭大庆表示。

郭大庆每周都给客户发一封函件，详细介绍当前客户订单的产运情况、客户问题的整改情况，进一步了解用户需求和诉求，同时阐明公司的营销政策，积极为用户付款、订货创造条件。

客户经理同样每天要与客户进行电话或视频沟通，详细了解他们的复工复产、原料库存和下游市场行情等情况，倾听他们对首钢产品和服务的意见建议，通过"屏对屏"的交流，让用户能始终感觉到首钢京唐"心贴心"的服务。

某客户因延期复工，在抢产一个临近交货期的订单时，出现制罐过程罐底起皱问题，于是向首钢京唐公司发来紧急视频求助。公司客户服务人员通过分析起皱照片和用户设备参数，提出了调整磨具参数的建议，起皱问题得以顺利解决。

立足自身　全力保交付

镀锡板事业部直接面向市场开展营销业务，仓储、物流几乎没有中间缓冲环节，大部分产品都是由镀锡成品库直接发至终端客户的原料库。疫情发生以后，很多下游企业延期复工无法收货，一下打乱了既定的节期仓储物流计划。为此，镀锡板事业部立即启动应急预案，全面了解送货流向的疫情和交通管控情况，精准掌握客户的复工情况和接货能力，加速完成向有接货能力客户的订单货权转移，保证及时发货。

同时，与生产制造部门一起优化生产排程，结合各产线特点和当前库存情况，分析各工序产出时间，并按运输方式、运输流向、包装方式等重要参考项进行分类，为仓储物流调配做好充足准备。

此外，他们还要每天关注河北省、唐山市的疫情情况及环保限行政策，及时掌握在途船舶动态和目的港的开封港情况，全力保证客户产品能快速发运、如期到货。2月5日，一名营销人员注意到原目的港上海龙翔码头封港，于是第一时间与客户沟通，用最短的时间完成了接卸港变更，确保了客户原料的及时交付。

网络营销　服务不隔心

现货营销以其价格透明、信息真实、供需匹配度高、交易成本低、采购周期短等优点受到市场欢迎。为方便疫情期间客户选购产品，首钢京唐公司决定加大镀锡镀铬现货产品网络营销力度。但是，不少客户还未复工。他们会不会参加竞拍呢？提高客户的竞拍兴趣成了一道难题。

为了尽可能提高网络竞拍的参与度，营销人员给国内外的潜在用户一个一个地打电话，了解对方的复工、库存、现货需求情况。他们还对现货进行了精细分类，并精心准备了不同的套餐产品，大大提升了客户选择的精准性。"一天下来这样的动作要重复四五十遍，下班时声音已经嘶哑、嗓子干得要'冒烟儿'。"负责马口铁现货营销的宿振鹏说。

对宿振鹏来说，每一个电话既是通知又是调研。白天他认真记录每个潜在客户的需求和他们对市场的看法，晚上再进行汇总分析。几天下来，网络竞拍的效果超出了预期。

把现货卖出去只是第一步，后续服务也必须跟得上、跟得紧。一些海外客户由于时差关系，只能参加下午的拍卖。因此，首钢京唐公司专门增加了下午场的活动次数。交易成功以后，营销人员会第一时间告知客户的产品发运情况，并耐心为客户答疑解惑。有一次到了半夜12点多，宿振鹏还在回答意大利客户的问题。"买产品就是买服务。只有把后续的服务做到位，真正让客户满意，下次客户才会再来购买我们的产品。"宿振鹏说。

抗疫的非常时期，依然坚持"从用户中来，到用户中去"的服务理念。以用户为中心，首钢京唐公司正朝着高质量发展大步迈进。

（本文刊登于《首钢日报》2020年3月25日一版）

求木之长者　必固其根本

——首钢京唐公司强化质量管理纪实

杨立文　杨景

最新数据显示，截至 2019 年第一季度末，首钢京唐公司生产的车轮钢、家电板、汽车板等产品的市场占有率分别达到 35%、12%、9.4%。其中，车轮钢市场占有率在全行业排名第一，家电板行业排名第二，汽车板行业排名第四名。

2018 年 12 月 6 日，秦皇岛邦迪管路系统有限公司举行了首钢材料产品下线仪式。这标志着首钢与邦迪战略合作大门的正式开启。

"只有把产品做好才能把产品卖好，只有好的质量才能保证好的销量，这是我们支撑企业品牌发展的职责所在。"在每次的部长例会上，首钢京唐公司领导都会这样强调。

首钢京唐公司坚持品牌发展战略，瞄准国际先进水平，加大质量管理力度，推进质量提升工作，增强了产品竞争力，提升了企业效益；多项产品荣获中国钢铁工业协会颁发的"金杯奖"，其中集装箱用热连轧钢板和钢带（SPA-H）获得我国钢铁行业最高产品质量奖——"特优质量奖"。

质量管控不可少

"求木之长者，必固其根本"。产品要赢得市场，关键在于过硬的质量，而过硬的产品质量要靠扎实的基础工作保驾护航。以设备、工艺、操作为重点的基础管理是首钢京唐公司提升质量管控水平的"传家宝"。

从原料入厂到产品，再到用户，公司围绕质量管理，持续进行过程管理，构建标准化体系。公司实行集产品研发、技术标准、生产组织、市场营销、用户服务、异议处理为一体的管理方式，形成了用户先期介入、质量设计、质量管控、物流跟踪、质量异议处理、持续改进、用户技术服务等业务的一贯制管理模式。与此同时，该公司着眼生产全流程，抓住关键控制环节，开展与先进企业全面对标，健全完善对标管理制度和工作机制，建立了一贯制管理、用户管理、过程管理、重点指标"四合一"对标体系；对各工序影响产品质量的因素进行梳理，对处于前3位的影响因素制订了153项攻关措施；加强运输时效管理和过程质量防护，严格落实标准运输周期要求，强化交货保障能力，重点客户整单合同兑现率超计划2.24%。

在首钢京唐公司，六西格玛先进管理被应用到了质量管理。以炼钢连铸、热轧精轧和冷轧镀锌工序为样板，利用六西格玛科学管理工具，建立起了"首钢京唐公司TS16949标准运行评价指标体系"。公司结合G8D质量改进和汽车行业五大工具的应用，加强质量持续改进的闭环管控。在工艺稳定体系上，公司调整完善工艺稳定评价体系，形成公司级97项重点指标和作业部级179项支撑性指标，实现全流程覆盖。公司按照质量管理体系架构，全面落实质量目标和过程绩效指标，持续推进ISO9001和IATF16949质量管理体系再造。公司加强新版IATF16949标准换证工作，2017年8月底，顺利通过了审核组换版换证现场审核；2017年9月24日，国际汽车工作组向公司颁发了新版质量管理体系双证书。

用心做好细节

现在，"用户标准就是我们的标准"的质量理念在首钢京唐公司深入人心。1987年，在河北省秦皇岛成立的邦迪管路系统有限公司，是全球化汽车零部件供应商TI Aautomotive集团在华设立的第一家工厂。邦迪管主要用于汽车制动和燃油油路管。因其生产难度大、报废率高，秦皇岛邦迪管路系统有限公司所需材料主要从宝钢采购、部分需要进口。30余年的发展，邦迪管路系统有限公司产能不断增大，经济效益成倍增长，在全球最畅销车型百强中，

80%以上车型使用邦迪的产品和科技。

瞄准高端、开发多功能材料产品，是首钢京唐公司迈入细分市场希望之路。一个是后起之秀，在发展战略上谋求高端，一个是老牌强企，在扩大经营中秉持高端。更巧合的是，秦皇岛、曹妃甸均为海港地区，两地仅隔180千米——机遇的叠加，让首钢与邦迪的合作出现了契机。不过，因为邦迪管属于汽车上的安全件，对带钢尺寸精度、组织和性能均匀性、抗时效性等要求极其苛刻，国内很多优秀钢厂都望而却步。

难字当头，容不得半点退缩。首钢京唐公司制造部、镀锡板事业部联合首钢技术研究院迅速向邦迪产品认证发起了进攻。团队加急组织生产和质量保障专题会，制订详细的生产保障方案，并协调计划室预排生产计划确保各工序生产节点，协调产线制订备辊进行双重保障。邦迪管是用冷轧薄板带钢镀铜、分条、卷管、焊接等多工序加工完成，必须由精湛的精密轧制技术才能保证管材外径、壁厚的精密性和良好的同心度。在生产中，退火温度严格控制在正负5摄氏度以内，板材厚度公差必须保持误差不超过5微米，这个精度仅为头发丝直径的1/16……每个工序都精雕细琢、精益求精，每个节点按照方案时限要求进行。第一卷认证卷送达到邦迪后，经过检验，邦迪决定进行制管试用。很快，邦迪完成使用效果的评价，并通知首钢京唐公司顺利通过认证。

首钢京唐公司将生产制造管理体系由按照专业分工管理，转换为按产品分工管理，实现对产品从前期介入、认证、合同评审、技术质量标准制定，到售后服务跟踪、异议处理的全过程管理。同时，该公司成立了技术管理室和产品推进管理室，加强产线共性技术管理、体系管理，并实现了与集团公司产销研团队的高效对接。

产品跟着用户走

在市场经济环境下，"以客户为中心""坚持用户至上"几乎成为所有企业的立身生存之本。首钢京唐公司也不例外。

"服务也是产品,我们不光要做好'硬'产品,也要做好'软'产品。"首钢京唐公司践行"从用户中来,到用户中去"的服务理念,进行"区域+重点"的全方位布局,构建服务内容、服务范围、服务手段、服务技术、服务标准一体化管控体系。公司围绕用户满意度提升,实现快速响应,做到接单快、研发快、交付快、理赔快;强化质量异议管理,做到先理赔后追责,缩短质量异议周期。

首钢京唐公司的镀锡板事业部和彩涂板事业部是直接与客户打交道的单位,他们向重点客户和区域派驻研发人员,负责从市场调研接触客户、建立沟通渠道,再到材料认证使用跟踪、质量持续改进的全程服务工作。他们从产品质量设计阶段就针对客户需求制订工艺,将客户所提问题和需求第一时间反馈到生产现场,提高了响应效率。一次,北京一家公司提出 20 吨的彩涂板紧急订货需要,要求 10 天交货,彩涂板事业部产销密切协同、急事急办,在保质保量的前提下,将原本需要 20 天完成的任务只用了 8 天就完成了,得到了客户的高度认可。

国内一家汽车厂商发来紧急订单,要求一个月内保证全部产品到货。接到订单后,首钢京唐公司汽车板室孙建立等人立即启动紧急订单评审程序,组织生产计划处、首钢技术研究院派驻站,以及炼钢、热轧、冷轧、质检监督部、运输部等人员对订单进行评审。

"用户的需求就是命令!一定要保证交货!"大家一致认为。这批订单最重要的环节就是按时限生产和及时发运,生产计划室专业员柏加元紧盯冶炼工序,采取了浇次组炉组浇的办法。对热轧、冷轧辊期进行匹配分析,换用新周期轧辊。首钢京唐公司相关人员提前组织安排货运发车方案。同时,销售管理部及时将评审意见反馈给客户。经过各部门各环节人员的通力协作,这批汽车板订单保质保量地交付到了客户手中,客户看到首钢京唐公司的服务如此到位,表示十分满意。

(本文刊登于《中国冶金报》2019 年 4 月 9 日四版)

在攻关夺隘中迈出做优做强新步伐

——首钢京唐公司新产线达产达效系列报道之一

杨立文

2020 年 6 月，首钢京唐公司 MCCR 产线连续多次刷新日产量纪录，当月共生产钢卷 14.7 万吨，圆满完成了生产任务；

1~6 月，中厚板事业部 3500 毫米产线、4300 毫米产线双线完成产量 100.7 万吨，突破 100 万吨；

冷轧作业部新投产的高强镀锌线产品规格不断向宽薄、宽厚、窄厚方向拓展。DP1180、CP1180、DH1050 等一批具有高附加值的超高强钢陆续下线……

当首钢京唐公司早调会发布这一组生产数据后，一时成为传播的"焦点"。把"达产达效"与"刷新纪录"搭配成固定组合，这是京唐公司新产线 2020 年上半年的生产运行态势。

坚持高水平、高质量、高标准，是首钢京唐公司新产线的建设要求，打造钢铁业竞争新优势、实现做优做强，更是首钢京唐人的初心和使命。新产线达产达效是集团公司党委交给京唐干部职工的重要任务，也是首钢京唐公司的核心目标。在集团公司党委的正确领导和亲切关怀下，从新产线投产开始，首钢京唐公司就精准发力，合力攻坚，以跑接力赛的劲头向着全面实现"四个一流"目标、建设最具世界影响力钢铁厂冲刺。今年上半年，新产线多项生产指标创下纪录，运营持续向好，达产达效目标取得突破性进展。

"使产品结构更合理，品种规格更齐全，市场竞争力更强"，这是首钢京唐新产线项目建设的目标，项目能否达产，最终要体现在产品产量上。消耗 400 多万吨的钢材产能，对于行外人来说，或许没必要锱铢必较，但对于承担着整个集团转型发展重任的首钢京唐公司来说，每一个环节都要做到毫厘必争。

MCCR 产线是世界首条多模式全连续铸轧产线，也是首钢京唐公司优化产品产线，拓宽产品结构，提升市场竞争力的重要举措。由于是世界首条多模式全连续铸轧产线，建成后调试工作没有任何经验可以借鉴。而且，新设备、新产线、新工艺、新职工，也为产线的调试提升了难度。

为加快 MCCR 产线达产步伐，首钢京唐公司领导亲自挂帅督战，到生产现场召开生产调试推进会，统筹调遣各方资源，协调解决各种问题难题。制造部、技术中心在品种开发、板形控制等方面开展技术攻关，营销中心积极组织订单支撑。首钢京唐公司上下举全局之力帮助 MCCR 产线，部门及专业之间互相配合形成合力，打出了一记漂亮的"组合拳"。

（本文刊登于《首钢日报》2020 年 7 月 3 日一版、二版（专版））

创新为魂 产线为核 品质为先

——首钢京唐公司新产线达产达效系列报道之二

杨立文 毕景志 姜林宪 许国安 孙 凯

2019 年 8 月 1 日，对于首钢京唐公司注定值得铭记。

这一天，拥有多项技术创新集成的首钢京唐二期一步工程全面建成投产。新建 1 座 5500 立方米高炉，新建 3 座 200 吨转炉，新建 1 套多模式全连续铸轧生产线（MCCR），异地搬迁重建 1 套 3500 毫米、4300 毫米中厚板产线……碧海蓝天间，一个千万吨级规模钢铁大厂向海而立，首钢京唐公司又一次惊艳世界。

8 月盛夏炙热的光束，像极了京唐人"撸起袖子，甩开膀子"的冲天干劲。一年来，按照集团公司的统一决策和具体部署，围绕新产线达产达效，京唐公司党委团结带领全体职工上下一心，攻坚克难，以持续的创新、持续的提速，双向推进新产品开发、新技术驾驭各项工作，实现全工序、全流程高效贯通。从建好使用到成功运营，新的"首钢速度"助力京唐人在百年首钢新的发展航程中"乘风破浪"。

产线为核厚植高质量发展"根基"

MCCR 产线。炙热的钢水迅速进入高速板坯连铸机内，成型后随即进入 80 米的隧道加热炉……紧接着，由粗轧经电磁感应加热器精准升温进入精轧环节，冷却、卷取……30 分钟后，一卷高端薄规格热轧板材生产出来。

"打造最具世界竞争力的钢轧产线！"这是首钢京唐人共同的心声。

MCCR 产品定位为高附加值的精品板材，配备世界首台套新型全无头薄板坯连铸连轧生产线，具有单坯、半无头、无头三种生产模式，引领未来薄规格高强热轧带钢绿色智能制造新趋势、新方向。此生产线生产的产品性能、质量、成材率、能耗等各项经济指标均达到国际先进水平，产品在国内外市场上具有较强的竞争力，以热带冷生产"超薄+高强"热轧钢卷，MCCR 这条生产线填补了国内钢铁行业的空白。

"掌握新产线核心技术必须靠自己"。进入 2020 年，京唐公司领导对钢轧作业部寄予厚望，要求所有部门全力配合 MCCR 产线调试工作，明确了"确保新产线达产达效，构建一、二期协同高效运行新格局"。公司领导的信任和支持，给了钢轧职工极大的信心。刚刚进入 2020 年的首月，炼钢连铸产线分别在 17 日、19 日连续两次打破日产纪录。MCCR 产线调试也取得重大进展，产量较上月提高 1 万吨；薄规格、无头比例分别达到 40%、56%，产量大幅提高。

正在钢轧人士气正浓时，一场突如其来的疫情打乱了正常的生产秩序。负责产线调试的外国专家撤了，备件不足、生产物资缺了……原调试计划被彻底打乱，薄规格轧制、品种拓展、产能提升背后涉及的一系列难题，摆在了钢轧人面前。

"我们自己干！"钢轧部上下决心已定。他们打破常规手段，围绕 MCCR 达产达效，重新部署安排……生产技术室副主任董占奎知道这件事后，毅然承担了调试组组长的重任。年前已长时间没有休假的他，在大年初二就急匆匆赶回公司，各骨干成员也都及时回到岗位上。就这样，一场如火如荼的产线攻关开始了。春节后，感应加热器故障率升高，严重影响无头生产，供应商答复：必须外方人员进行修复，中方不具备这个资质和能力。可是外方返程日期始终无法确定。被吓倒退缩，还是迎难而上，到了不得不抉择的时刻！他们当机立断，董占奎带领王立辉、高秀郁、刘海云等人立即制定修复方案，组织点检、首宝、首自信各路人马开始修复工作。没有指导手册，他们一边小心拆解，一边研究设备结构，连续一周多每天只睡三四个小时。经过近半个月的艰苦努力，他们利用手里仅有的资源，在没有外方协助的情况下一举完成了自主修复，初步解决了感应加热器异常问题。

设备管理水平决定着产品水平。2020 年 2 月，MCCR 磁通增量模块冷却紫铜管发生裂纹故障，现场几十个同类型的紫铜管，频繁出现漏水问题。设备部负责 MCCR 产线的专业人员秦小龙深入现场，对设备进行故障分析，发现由于设计原因，紫铜管受磁通模块中导磁板干涉出现裂纹导致漏水。按照常规，设备出现设计问题，必须由厂家技术负责解决。可此时正值疫情防控关键时刻，设备厂家的技术人员无法到现场解决设备故障。

达产达效迫在眉睫。困难面前，秦小龙选择迎难而上，他决定自己解决。他由空调水管的维护想到了故障点。"我们有首宝核力专业队伍，都是水管维护的能手，处理起来应该是异曲同工。"想到这儿，他迅速找到了首宝核力的师傅。果然，维修师傅用修理空调水管漏水的方式，经过气焊，解决了表面漏水。治标不治本，可不行。秦小龙又组织钢轧、首宝核力专业人员多次研讨，用电木将磁通模块整体包裹，从而彻底解决了紫铜管裂纹漏水问题。

首钢京唐 MCCR 新产线在疫情影响、外方撤离的不利条件下，自主推进各项调试工作。2020 年 6 月产量达到 14.7 万吨，产线制造能力逐步提升，连铸实现 5.0 米/分钟高拉速的稳定控制，2.0 毫米以下薄规格比例达到 60% 以上，无头比例达 89%，实现了最薄规格 1.0 毫米的小批量稳定轧制。实现了阶段性达产目标，为产线进一步顺产、稳产、达产创造了条件。

创新为魂激发高质量发展动力

一直以来，首钢京唐公司依托自身优势，不断提升自主创新能力，加强新产品、新技术、新工艺的科技创新，着力提升市场竞争力。对于新产线也不例外。

2018 年，首钢京唐公司"高强韧、厚规格海洋工程用钢高效制备技术及应用"项目获北京市科学技术奖一等奖；同年，首钢京唐公司水电钢国内市场占有率列居第一位，高端水电用钢填补国内行业空白，获国家科学技术进步奖二等奖；2019 年，首钢京唐公司 3500 毫米中厚板迁建产线工艺升级及产品突破，获得首钢科学技术成果奖三等奖。2020 年，首钢京唐公司造船板获中、美、英、法、德、日、韩、意、挪九国船级社认证，高强船板及海洋工程用钢，相继在十余座海上钻井平台应用。

创新，一直伴随着首钢京唐公司中厚板的发展进程。

首秦公司3500毫米和4300毫米两条产线搬迁至曹妃甸，成功实现了装备升级、工艺升级、产品结构优化，220万吨产能规模无处不在体现着中板人科技创新的能量。

在中厚板两条产线上，加热炉燃料由750千焦高炉煤气调整为2200千焦的混合煤气，通过配套连续加热炉及车底炉，满足了400毫米铸坯和特厚复合坯的连续生产。同时，加热炉步进系统完成升级改造，钢坯最大单重由24.5吨提升至31吨，为特厚钢板生产创造了条件。为满足特厚板和特殊产品生产工艺需求，技术人员还与西马克专家进行技术交流，恢复粗轧机精度，提升粗轧机轧制控制能力。

根据高级别特厚钢、合金钢等产品需求，他们对钢板缓冷设施进一步完善，在轧线跨和厚板跨分别增加品种钢缓冷坑四座，有力保证了厚板内部质量。为解决150毫米以上厚板无法热处理矛盾，增加了淬火池并开发特厚板淬火工艺，中厚板技术人员王坤联合公司技术中心、制造部相关人员开发了特厚板淬火工艺，实现热处理钢板极限交货能力进一步突破，达到180毫米。

创新驱动，技术先行。中厚板产线"在线淬火"不仅可节省离线淬火的工序成本，而且可进一步带动合金降本。技术瓶颈是在线淬火过程钢板板形的控制和经济合理的成分体系设计。在线淬火技术是国内外先进企业一直严密封锁的技术，对设备精度、工艺参数设计及过程控制要求较高。为了突破该技术瓶颈，技术负责人田鹏与首钢京唐公司技术中心、制造部人员通过理论研究、设备改进和工艺优化，整合开发出"超快冷集管喷嘴堵塞快速判定法""不同厚度规格的淬火水冷规程""淬火钢板温矫直方法""在线淬火工艺路线设计"和"特厚板在线淬火摆动水冷"五个技术创新，最终实现20毫米至60毫米钢板在线淬火工艺，突破板形控制难题，满足工程机械钢的技术要求，同时实现低成本体系的品种钢生产。为首钢京唐公司中厚板高强钢采用在线淬火工艺技术起到了关键作用。通过测算，采用该工艺技术高强钢合金成本大幅度降低，减少了热处理离线淬火工序，提高了合同交货期，大幅降低吨钢成本。

"8CrV"是来自德国的锯片专用钢，用于生产硬质合金锯片，厚度仅有5毫米。由于合金元素含量高、强度硬度高，生产工序异常复杂困难。5毫米和5.5毫米厚的钢板，在中厚板行业是一个极限规格，生产成本高、工艺复杂。中厚板产线搬迁后首次承接高等级锯片钢合同，中厚板事业部对该产品的研发及生产高度重视，多次对合同技术要求进行了细致研究，并制定详细的生产预案。生产期间，技术人员武卫阳、张同等对合同的生产进行了全程跟踪，针对厚度公差±0.3毫米的特殊要求进行了重点控制。由于8CrV锯片钢冷态容易发生裂纹，需要保证切割钢坯温度大于150摄氏度，在堆冷温度到达所需温度后，现场人员密切组织，有序进行切割，他们利用钢坯在入炉端缓慢加热，确保了钢坯顺利出炉，保证了后续极限规格的轧制。轧制中，钢板厚度已经超过轧机设计的极限值，他们优化轧制规程，通过进行高温轧制，解决了由于钢板厚度小、长度大，导致温度变化快，影响轧制板形的问题。在轧制过程中，选择设备最佳状态，辊期最佳时期，选取特定轧机操作工进行轧制，同时配合手动轧制保证钢板板形，确保了产品顺利交货。

品质为先把握高质量发展的内涵

产品是企业的名片，品质是产品的生命。对生产制造企业来说，促进品质提升，实现制造进步，是推动企业高质量发展的有力手段。

首钢京唐公司以问题为导向，聚焦"新产线、新工艺、新产品"，形成跨专业、跨部门的攻关团队。坚持"制造+服务"的工作理念，立足现场、放眼全局，依托产销一体化系统和运营保障机制，为企业实现高质量发展提供了有力支撑。负责生产管控部门的制造部联合技术中心、营销中心及各作业部，将生产过程控制作为关键环节，导入SPC质量管理，建立生产主流程363项控制点。"建成SPC控制体系，对于推进过程控制有很好的帮助，通过数据我们可以清晰地找到存在的差距和问题所在，为下步开展工艺攻关和产品质量改进提升指明了方向。"公司领导在现场对技术人员说。

面对新产线集中达产达效、新品种集中投放的局面，首钢京唐公司聚焦经营目标，产品结构持续优化。协同推进包括家电板、汽车板、镀锡板等高附加值战略产品的关键共性技术研究，全力推进特殊品种、特殊工艺、特殊需求产品类的开发与拓展，丰富企业的高端产品集群，从而推动产品的结构调整和质量品质升级。

MCCR 产线热试以来，围绕这条产线稳定和品种开发，首钢京唐公司加大攻关力度，先后开发出普材、普冷、高强、耐候、酸洗、高碳六大类 21 个品种。高强钢 S700BL 已经稳定生产，客户试用情况良好；集装箱 SPA-H 实现小批量供货，SMMB 系列产品给国内主要门企供货，满足门企高尺寸精度要求；汽车结构用钢 SAPH370 和 SAPH400 经试用，表面、尺寸、性能均满足用户要求。

中厚板打造以"专、强、宽、厚"为拳头产品的市场竞争优势，品种钢比例在全国同行业名列前茅。升级改造后的中厚板产线正瞄准高强度（超高强度）、高硬度、高抗应变能力、低磁或无磁化、耐腐蚀的高端板材，开发具有一定独有性、专用性的并替代进口的高品质板材产品，使首钢京唐公司产品结构更合理，品种规格更齐全，市场竞争力更强。

冷轧高强酸洗板是以优质热轧薄板为原料，经酸洗机组去除氧化层，切边，精整后，获得使用要求表面质量极高的产品。有着良好的市场发展前景。首钢京唐高强酸轧洗线刚投产不久，设备功能还处于磨合调试阶段，运行不稳定。2020 年春节期间，又赶上新冠疫情突发的状况，外方调试人员撤离回国，机组调试和运行维护受到严重制约。面对困难，产线技术人员不等不靠，主动出击，组成团队协同攻关。他们集中力量解决了人口开卷、切边不良、飞剪折边堆钢、穿钳口等众多技术难题，产线运行稳定性得到快速提升。实现了冷轧高强酸洗产线连续稳定生产，日产达到 4758 吨，突破机组设计能力4580 吨。

首钢京唐公司一直致力于汽车用整车及零部件板材的研发、生产和销售，高强酸洗线的投入使首钢京唐汽车板生产如虎添翼。2020 年 6 月，某知名车企要求首钢京唐开发酸洗复相钢CP800。此产品为厚度3.6毫米的高强钢，最终成品为冷轧酸洗板。由于此产品强度级别极高，表面质量要求相当严格，板形也极难控制，在生产过程中极易产生浪形、氧化铁皮残留及划伤等缺陷。为保证产品质量及良好板形，首钢京唐公司精心组织，冷轧部、制造部与首钢技术研究院专业人员认真讨论工艺设计，制定专项技术通知单，确认排产周期，明确各共工艺段的生产控制要求及异常预案，确保在设备最佳的状态下进行生产。生产过程中，技术人员现场跟踪，动态掌握每一个工序环节，酸洗—破鳞—拉矫……各工艺段环环相扣，一丝不苟，工艺状态一直稳定。为达到万无一失，质检人员反复检验确认产品表面质量，确保提供合格的酸洗卷。经过大家的共同努力，所有产品的各项技术指标、性能都以最优状态交付到用户手中进行认证使用。产品提供了，服务也不能落空，制造部、技术研究院技术人员来到用户生产现场全程参与产品生产过程，为生产提供各种技术支持。用户使用后，对首钢京唐公司高强酸洗产品表面质量和性能均表示满意，同时为首钢的技术服务点赞。

（本文刊登于《首钢日报》2020年7月20日一版）

渤海之滨激荡担当誓言

——首钢京唐公司新产线达产达效系列报道之三

吴憬

北京首钢园区，在古朴典雅的陶楼一层展厅里，展示着首钢建厂百年的光辉历程。其中，有一张图片格外醒目，那是 2010 年 7 月 18 日，习近平总书记视察首钢京唐公司时在炼铁部高炉主控操作室里的画面。习近平总书记在详细询问了京唐公司高炉生产、指标达产情况后强调，要尽快实现低成本生产高附加值产品。

整整十年了，字字嘱托，言犹在耳，指引方向；句句希望，重逾千钧，激励担当；种种期待，寄予厚望，鞭策进取。京唐公司广大干部职工牢记总书记的嘱托，扬帆逐浪，勇立潮头。

整整十年了，当时光航船停驻在又一个七月的港岸，渤海湾畔的炙热海风里充满了阳光与灿烂。2020 年 7 月 1 日，从京唐公司传来喜报：上半年，京唐公司紧紧围绕"提质增效、高质量发展"，紧盯指标管控，确保新产线达产达效，构建了一、二期协同高效运行新格局；全力做到疫情防控与经营生产"两手抓、两不误"，在消化外部市场减利影响后完成了经营目标计划。京唐公司领导班子带领干部职工劈波斩浪、奋力前行，描绘出一幅波澜壮阔、气象万千的生动图景。

两难时做出"硬核"抉择

进入 2020 年，突如其来的新冠肺炎疫情打破了正常的社会工作、生活节奏。疫情冲击之下，京唐公司经营生产形势异常严峻，客观发展条件十分艰难：秘鲁铁矿公司因疫情暂时停产，上游铁矿石供料紧张，直接影响高炉生产；二期工程项目的设备、工艺调试和产线打产迫在眉睫，掌握核心技术的外籍专家和设备调试人员却悉数撤离；京唐公司投产以来最大规模的系列大修，涉及成千上万检修人员健康管理和检修安全、质量、进度，工作千头万绪、繁重复杂，牵一发而动全身。

寒冬里的曹妃甸，霜风凛冽，冰封水岸。正处于企业重要发展阶段的京唐公司，面对着前所未有的多重矛盾压力，乃至一系列重大风险考验。干还是不干？如果干，怎么干？困难面前，如何干好干成？正如一首歌所描述："冬夜里有百万个不确定，该向前走或者继续等，有一百万个可能。"

以一号高炉系列大检修来说，如果启动检修涉及上万人的组织集结，面临极大疫情风险；而不开展检修，由于下游市场需求还未全面激活，公司经营链条高度紧绷，从经营角度讲，此时无疑是进行大修的最好时机。京唐公司党委班子深知，疫情期间开展系列大修，其中的风险，"干就存在风险，不干根本没风险"。从客观上讲，完全可以找理由、找借口往后推，但是，这样会影响集团公司、京唐公司的经营生产工作大局。修？还是不修？两难选择；疫情风险和经营突围因素既交织叠加，又如同天平的两端，重压如山。

每到重大关头，总有一种引领，一锤定音、把舵全局。"不干没风险，干就要敢于担当、就要冲在最前头！"集团党委书记、董事长张功焰多次听取京唐公司及有关单位、部门的汇报，对既要保证疫情防控安全，又要做好高炉大修提出明确要求。直面现实矛盾，锻造超强的胆识和应对能力。在集团党委的大力支持下，京唐公司党委班子准确识变、知重负重，经过认真研究讨论，决定如期开展检修。这是京唐公司党委班子带领全体干部职工做出的"硬核"抉择：在守严守牢疫情防控防线的同时，企业发展同样不能放松！

担当精神需要担当能力来支撑。集团党委副书记、总经理赵民革多次通过视频会议等形式听取汇报，组织研究检修相关方案。京唐公司党委班子超前谋划、统筹部署，确保疫情防控和检修备战齐头并进两不误。大年三十至正月初二一直在京唐公司值班的党委书记邱银富，初三又赶到石景山首钢厂东门京唐公司班车点，和实业公司的领导一起查看、落实车辆清洗消毒和安全运行等情况，"不去现场看看，放不下心"。因这份"时刻在岗"的责任意识，京唐公司党委班子成员放弃春节假期休假，全力部署落实检修人员和材料，协调安排检修与生产。

2020年2月29日，1号高炉停风，吹响了京唐公司有史以来最大规模系列检修的号角。当时面临的工作难度之大，让京唐公司炼铁部炼铁一作业区热风炉主控甲班带班班长王辉记忆犹新：疫情导致部分京唐公司职工无法正常到岗，班组里人手短缺；一边是疫情防控，一边是检修任务，如何自我挖潜、排兵作战？

"别看我们班组只有四五个人，但责任重大，只有精心检修、维护好热风炉，才能为高炉持续不断地提供高温热风。因此我们必须高质量高效率、认认真真完成每一项相关的检修工作。"

越是面对疫情的挑战，越要强化责任担当，越要确保安全检修、高效检修。在做好疫情防控、又派出1名职工支援其他班组的情况下，王辉作为党员主动放弃休假，经常加班加点，甚至通宵工作。为了保证热风总管砌筑管道质量，他和点检职工在夜里连续12个小时盯在现场，严把各部位砌体的砖缝厚度标准，还通过精心修复，解决了热风总管温度过高的问题，为高炉顺稳生产筑牢了安全屏障。因为炉体内同时还开展着砌筑切割等工作，他们身上脸上都是灰，下班时才发现自己穿着的深蓝色棉大衣已经变成了灰白色。

满身灰尘换来检修顺利，为后续高炉高质高效运行打下了坚实基础。检修后，1号高炉生产指标不断刷新。"困难面前没低头，再苦再累也值得。"王辉觉得："如果见到困难就躲、就逃，京唐公司也不会一路走到今天。"

如果将王辉这样的生产一线职工比作一滴滴折射企业发展的闪光水珠，那么在京唐公司广阔的事业蓝海里，党委领导班子则是奔涌大潮中的中流砥柱。疫情期间，公司上下按照"控疫情、强保障、保安全、稳经营"的工作方针，完成了上万名职工安全返岗、有序排查流调和安全检修工作，透射出领导班子在非常时期的非常之力：从2020年2月29日1号高炉停风到5月9日铁水再次从高炉出铁口奔涌而出，这场京唐公司投产以来最大规模、覆盖一、二期产线全流程系统的检修战役，历时69天，比计划提前3天胜利结束。其间，在京唐公司统一组织下，首钢股权投资公司充分发挥平台功能和作用，组织首建集团、首自信公司、机电公司、国际工程公司等项下单位全力推进各项施工。近万名人员协同作战、顽强拼搏，从施工内容、备件准备、技术要点把控、质量控制、现场文明检修等方面严格落实检修要求，共制定了 248 项施工方案，完成 8400 余项检修项目，确保全系统检修工作顺利进行。经过检修，设备系统得到优化升级后，京唐公司一季度经济效益实现"开门红"。

"越难熬的时候，越要靠自己！"

疫情之下，企业发展充满爬坡过坎的关口，一系列现实问题和从未遇到过的难题迎面而来。作为世界首条多模式全连续铸轧产线，京唐公司二期工程项目 MCCR 产线的达产达效，关乎企业产品产线优化、产品结构拓展、市场竞争力提升等企业高质量发展的根本成效。正当京唐公司面对驾驭新产线、新设备、新工艺、新操作的全面挑战时，60 多名掌握核心技术的意大利、日本等外方技术专家和设备、工艺调试人员因疫情原因，于 2 月初全部撤离京唐公司。

外方人员的撤离打乱了原有的工作计划，此时 MCCR 产线设备、工艺系统的稳定性远没有达到批量生产的能力，而按目标要求如期调试达产，京唐公司该怎么办？

每到急难时刻，总有一种力量，砥柱中流、众志成城。关键时刻冲得上去、危难关头豁得出来，保持定力、迎难而上、真抓实干、主动作为，这是京唐公司党委班子的责任担当，是首钢人的精神基因，也是京唐公司干部职工勇往直前、夺取战疫和经济发展双胜利的动力源泉。京唐公司总经理曾立说，本着"一天也耽误不起，一刻也不能停"的态度，京唐公司上下统一思想："企业要发展，最终靠自己！越难熬的时候，越要靠自己！"

钢轧作业部成立了由首席作业长、技能操作专家、生产技术和设备管理骨干等组成的 14 人攻关团队，共产党员、钢轧部部长助理李继新担任总牵头人、党员、钢轧部生产技术室副主任董占奎任攻关组组长。他们给大家鼓劲、建立信心时说的话特别实在："老外早晚有撤离的一天，咱首钢人不能总拄着拐棍过日子，必须得靠自己的力量全面组织生产调试。既然没有退路，那就冲上去，自己的事情自己干！"

每天早起一睁眼，没等从床上爬起来，李继新的第一件事就是抓起手机看 MCCR 产线工作微信群。"每天两个浇次钢水浇到连铸机上的生产、两次之间做工艺更换件的生产准备、浇次暴露出的问题和设备改进提升"等，他一边看一边琢磨怎么调试、安排，怎么做应急性变化处理。有几次脑子里想着事，家里灯没关、门没锁就上班去了。

攻关没有任何可以借鉴的经验，调试也没有任何缓冲的余地，为了确保万无一失，攻关团队日夜奋战、潜心研究、破解难题。感应加热器是无头轧制关键设备，也是外方专利设备。2 月初，外方技术人员撤离后，感应加热器故障率较高，严重影响生产。没有指导手册，攻关团队成员和京唐公司点检职工，以及首自信、首宝核力等单位职工一边小心拆解、一边研究设备结构，经过近半个月的艰苦努力，他们在没有外方协助的情况下完成自主修复，初步解决了感应加热器异常问题。

全国"五一"劳动奖章获得者、青年劳模、共产党员荣彦明也从热轧部调到钢轧部支援攻关。通过大量数据对比和分析后，他发现由于感应加热线圈问题和控制方式不合理，造成中间坯跑偏事故，导致无头轧制调试工作陷入停滞。他和攻坚团队采取控制上下线圈重合度及限制加热功率等措施，连续奋战 36 小时，终于解决了问题，实现了中间坯稳定穿带，为无头轧制顺利调试打下坚实基础。

与难题共舞、跟时间赛跑，是攻坚团队的日常状态。由于 MCCR 产线调试中出现的各种"疑难杂症"都是他们要攻克的目标，大家视团队为推进产线调试的"尖刀班"、扫除调试障碍的"除暴组"。他们奉行"1630"工作制，即一天工作 16 个小时、连续工作 30 天、周末和节假日无休。每当攻关课题取得进展和突破、产线试制出最薄或极限规格、日产再次刷新纪录等工作亮点纷呈之时，攻关团队核心成员、共产党员、钢轧部首席作业长王立辉就会在微信工作群里给大家"点赞",更是不吝惜"撒花""送心",以此来表达喜悦,鼓舞士气。

依托于集团公司和京唐公司高效协同机制,得益于首钢各单位、部门和京唐公司内外各方的支持配合,在外方技术、调试人员撤离的不利情况下,京唐公司自力更生,集中最强技术力量解决 MCCR 产线各项攻关、调试难题,在产能、拉速、无头和薄规格轧制比例等方面不断取得新突破,成功开发出一系列高强品种。2020 年 6 月,MCCR 产线连续突破日产纪录,京唐二期工程一步项目建设打产取得良好开端。

紧紧围绕产品、管理、环境、效益"四个一流"目标定位,2020 年上半年,京唐公司党委班子敢担当、有作为、抓落实,团结带领全体干部职工在疫情考验中谋大事、干大事、成大事,夺取经营生产全面胜利:多条产线创月产纪录 16 项,与行业先进指标对标刷新纪录 42 项、71 次,产线运行质量大幅提升;完成产品开发 48 项、产品认证 63 项,高端领先产品占商品材比例达到 52%,产品结构调整创历史最好水平;京唐二期一步工程荣获"十三五"钢铁工业创新工程奖。

实践证明,越是困难和风险挑战的时候,党的坚强领导核心作用就越加突出。疫情及其不利影响是一场"大考",在应对困难和挑战中磨砺责任担当之勇、科学防控之智、统筹兼顾之谋、组织实施之能,京唐公司党委班子带领广大干部职工以"扎实推进不畏难"的攻坚精神,认真落实年初集团公司、京唐公司"两会"工作部署,不断提升驾驭大型先进钢铁产线装备的能力,在承压前行、攻坚克难中完成了合格答卷。

党建工作在基层扎根扎实

2020 年 6 月 29 日上午,刚刚观摩了二期工程煤气柜区安全生产事故综合应急救援预案演练的 17 名京唐公司基层各单位党委书记,又马不停蹄地集合到中厚板事业部,参加在这里召开的基层党委书记会,与以往一样,京唐公司党委书记邱银富主持会议。围绕"生产与安全管理"的主题,在中厚板事业部、钢轧作业部党委书记作中厚板两条产线和 MCCR 产线的达产达效工作汇报后，由制造部党委书记作点评；在运输部、质检监督部的党委书记作安全管理经验交流发言后，由安全管理部部长作点评。其后，京唐公司分管安全工作的领导剖析了安全管理问题，公司党委办公室总结部署近期工作。由于重点工作注重用数据、图表"说话"，大家看得清楚、理解得透彻，会议特色鲜明、亮点纷呈，有分享、有互动，开得丰富而生动。

据了解，这样开在生产现场的基层党委书记会从 2019 年到现在，紧紧围绕京唐公司当前经营生产中心工作，每月设定一个主题，各单位党委书记或作典型经验介绍，或作表态发言，大家在相互交流中学习经验，在启发和感悟中找差距、补短板，在感受变化中提振信心、激发干劲。

京唐公司基层党委书记会虽然是党建工作的一个具体载体，但已充分发挥出助力企业发展的"指挥棒""风向标"作用，具有示范意义。不仅细化明确了基层党委书记党建工作责任，确保履职到位，同时还使党建工作真正融合于企业发展之中，有为有位、责任共担，有效实现了党建工作与企业发展目标同向、发展同步，做到"党建强、发展强"。

"一个支部一个堡垒，一个党员一面旗帜"。2020 年 7 月上旬，记者走进京唐公司能源与环境部燃电作业区联合党支部的党员活动室，看到红色底牌上用金色铭刻着这样一句话。并排展示在墙上的五个展牌格外引人注目，上面书写着"国企党支部职责""党支部基本任务"等内容。这一面墙仿佛是能环部干部职工心中的一面镜子，促使基层党组织时刻牢记承担党的奋斗使命，凝聚着党员发挥先锋模范作用和全体职工奋发有为的进取动力。

让党建在与经营生产融合中彰显价值。能环部党委开展的"聚焦组织架构调整，推进机构优化整合"特色管理与改革，在 2020 年上半年已经初显成效。从大面上说，由部党委牵头把 7 个作业区整合为四大作业单元，将两个职能室合署办公，并根据行政机构调整重塑组织架构，以达到资源整合、人员融合、机构瘦身、合力创效的目的，为加速推进点、运、维三位一体有机融合创造条件，为实现提质增效目标奠定基础，为深入服务经营生产提供组织支撑。

能环部燃电作业区联合党支部书记冯冉作为一名亲历者，切实感受到了能环部党委精准施策，从操作、技术、管理3个层面推进这场管理改革的决心和力度。冯冉介绍，部党委针对一线操作人员主要的改革措施是"三个流动"，即"低岗级到高岗级流动、操作向点检流动、夜班向白班流动"。由于精准契合每一名操作职工的需求点，"三个流动"一推出，立刻吸引职工积极参与，让更多的职工受益、共享改革成果。能环部党委牵住了这场管理变革最基础、最广泛、也是最困难的"牛鼻子"，为后续工作做了良好开局。而针对专业技术人员，部党委则通过打破办公"地域"上的壁垒，把原本两个不同区域、不同专业的技术人员集中到"同一个屋檐下"，进行合署办公，以此促进建立资源集聚、高效协同的工作模式。冯冉打比方说："先把日子过起来，过着过着就成了一家人。"在互帮互助、团结协作的工作过程中，在日常朝夕相处的潜移默化中，尽快实现专业对接、文化融合、思想统一，"这就是日久生情"。冯冉说。

管理改革向纵深推进，既要有组织保证又要全面激活。在管理岗位层面改革中，一方面，能环部党委要求部领导挂帅，每个融合的区域都有一名部领导牵头推进，保证改革不走样、不跑偏、不拖后；另一方面，向合并、融合的区域输送年轻干部，用激情点燃改革的助推器。

冯冉所在的"燃电作业区"是由之前的燃电和燃气两个作业区整合而来。在这里，记者见到了51岁的老党员、燃电作业区CCPP集控作业长梁占林。老梁自豪地告诉记者，"五效一体"高效能源利用系统是世界上首套拥有燃气蒸汽联合发电（简称CCPP）和水电共生并实现燃—热—电—水—盐五种能源介质高效循环再利用的系统。在他看来，能环部区域合并改革成效并不仅仅体现在转型提效上，同时也倒逼CCPP各项工艺、技术加速进步。"我们通过一系列的技术改造，不断提高设备的自动化水平，既达到提高劳动效率的目的，又要求系统各工序之间精心操作、密切协调，保证全系统的稳定运行。"

老党员与时俱进的思想境界、生生不息的奋斗热情，带动着生产一线上的年轻人。36岁的共产党员、燃电作业区CCPP集控丙班班长刘晓飞告诉记者，原来锅炉、汽机、电气等运行岗位，现在统一叫做"CCPP集控"。"既然是集控，就没有专业划分了，不管职工以前是什么岗位，现在得把所有活都担起来。"转变间，不仅仅是工作量的简单重复增加，更因每个工种的专业性，需要职工学习培训上的"自我集成"。虽然操作职工们更新知识技能的过程充满艰难挑战，但大家认为："这是一个知难而上的事，没有退路。"

让34岁燃电作业区CCPP集控甲班班长李辉感动的是，班组里两名党员带头刻苦学习燃机、汽机、锅炉等整套系统知识，还自费购买与机组工作原理相关的资料供班组职工学习，共同提高整体技能、操作水平。改革变化如此真切，党员榜样就在身边，作为一名入党积极分子，李辉如今正按照党员标准，以实际行动积极向党组织靠拢。

在京唐公司党委和能环部党委的领导下，在燃电作业区党员、职工的共同努力下，CCPP高质量投产，成功构建全球首例"燃—热—电—水—盐"之"五效一体"高效循环利用系统，开创了京唐公司"低品质能源高效利用"的新格局。此外，在疫情防控过程中，能环部干部职工还用海水自制次氯酸钠消毒剂，缓解了防疫物资紧缺的状况，被《北京日报》客户端等主流官方媒体广泛报道，"硬核京唐"再次赢得了社会各方关注与赞誉。

把党建工作渗透到经营生产现场，在产线、项目上生根发芽，京唐公司党委班子持续推动组织阵地向一线拓展、骨干力量向一线集聚、党员能量在一线迸发，基层党组织、党员聚合成了强大的战斗力。

2020年2月初，曹妃甸气温大幅下降，漫天雪花飞舞。共产党员、成品作业区热处理四班作业长刘伟和热处理工艺技术员杜群超，得知4300毫米中厚板产线常化炉弱水冷出来的钢板变形严重影响正常生产后，立刻赶到现场了解情况。他们发现因气温骤降、冷却水温度下降导致钢板上下表面的冷却效果发生变化。他们重新确定集管数量，反复调整水比参数，不断观察钢板侧边的水冷厚度，从下午三四点钟一直忙到晚上11点，让生产回归正常。当时，夜黑风疾，能见度差，厚厚的积雪埋没了从车间回到厂前公寓的道路，两人边商量边小心翼翼开车找路。寒夜里，车灯照耀出一道道橙色的光，这是京唐公司共产党员质朴平凡的坚守。

风雪里的足迹，产线上的身影，无私奉献、勇挑重担是京唐公司共产党员的真实写照。

京唐公司中厚板两条产线从搬迁建设到达产达效，与之共进的干部职工们没有丝毫"喘息"时间，始终在加压跋涉。品种要精、轧制能力要往薄规格上发展，干部职工们感慨："人还是这些人，干的工作和生产质量却跟以前完全不一样了。"所有成绩都不是水到渠成的，无所畏惧、越战越勇的京唐人让两条迁建产线采用新工艺、焕发新活力，综合供货和服务能力大幅度提高，2020年上半年，超额完成了试运行经营计划。

以党的政治建设为统领，推进党建与经营生产融合，这根"红线"贯穿始终。京唐公司党委做实、做强、做优党建统领基层管理体系，基层党组织建设更加坚强有力，党员队伍先锋模范作用持续增强，京唐公司党委班子在切实履职"把方向、管大局、保落实"中，交出了蓄积"红色"力量、凝聚着"红色"动能的精彩答卷。

遍布产线班组的"小家"

淡淡苹果绿的墙纸衬着白枫木书架，天蓝色的窗帘浪漫清新，一走进京唐公司钢轧部MCCR产线"连铸连轧职工之家"，顿时觉得满目清凉、书香沁脾。这个十几平方米的职工小家就设在轧机主控室不远处，是产线承上启下的核心区域。钢轧部首席作业长王立辉说："要是把产线比作我们的'战场'，那职工小家、轧机主控室、二级电气室就是'作战据点'，打仗之前，我们先在这里研究作战方案。"三个"据点"与轧线平行，能直观看到设备。特别是职工小家，正对着轧机和感应加热器。钢轧部部长助理李继新说："今年这半年来的攻关，很多现场核心问题的解决，都是在这三个地方碰撞出来的。"

作为全新布局的无头轧制产线，MCCR产线从设计之初就充满挑战性。在MCCR产线建设、打产这场既是攻坚战又是持久战的"战斗"中，职工小家不仅为职工提供了一个温馨的休息环境，还充分发挥了促进职工创新、改进工作的职能作用。为什么把"小家"建在产线旁？李继新说："只有听到现场机器设备正常运转的声音，大家的心里才感到踏实和平静，各种决策也能以最快速度落实到产线上。"攻关成功时刻，往往是职工小家最热闹的时候。夜晚，大家一边吃着加班饭，一边举着饮料庆祝"今天又取得了突破"，笑语、机声和鸣，快乐的旋律飘荡在产线上。

在京唐公司，像 MCCR 产线"连铸连轧职工之家"这样，通过职工自己动手、全员参与、创意打造的职工小家共有 112 个，遍布各单位作业区及产线班组。"扬帆启航""平安归航""爱的港湾"，一听名字就知道是运输部临海的小家；"幸福驿站""精彩制造""精益之家"，充分体现了制造部工作特色；"炉前驿站""空中驿站"，肯定是炼钢作业部的小家……职工们纷纷在朋友圈晒出独具特色的小家，表达的是个人感受，反映的却是职工的幸福感。

依靠职工、服务职工，始终是京唐公司党委班子工作的鲜明主题、自觉追求和基本职责。在 2020 年初疫情发生后，领导班子克服防护物资紧张、运输困难等问题，多渠道紧急采购、发放体温测量设备、消毒用具、防护用品等防疫物资，全力做好干部职工安全防护保障。

为最大限度减少人员聚集，降低感染风险，公司党委班子决定实行分时就餐、就近取餐、分散用餐模式，为职工统一供应午餐。在 2020 年 2 月，平均每天提供午餐 1.8 万份，最高峰时达到每天 2.5 万份。此外，还为生产一线职工煮饺子、熬姜汤、送水果等，党委班子千方百计保障职工生活与身心健康。

面对相当一部分职工受疫情影响无法离岛回家，又有慢性病用药需求的情况，京唐公司党委班子经与北大首钢医院协商，由医院开设单独的"绿色通道"，满足异地职工疫情时期用药需求。京唐公司先后 7 次往返北大首钢医院集中运送药品，为 186 人次代开药品，种类涉及 452 种，及时满足了职工用药需求。

进入 3 月，公司党委班子经慎重研究决定，重新开通暂停的通勤班车，运送已经留岛一个多月的河北省内低风险地区人员回家。3 月 6 日中午，18 辆首钢京唐公司通勤车分别从厂前和水景公寓出发，前往唐山、秦皇岛。

送职工回家，一个都不能少。经北京市国资委、集团公司批准，京唐公司党委班子组织对北京职工开展注册健康码、信息汇总等工作后，3 月 27 日，京唐公司的通勤车通过交通和高速管理部门专门开辟的班车专用通道，在北京市防控办工作人员为每名职工测量体温后驶进北京。已经连续63天没回过家的冷轧部职工付海军坐在车上激动地赋诗一首："奔腾百里荡尘埃，跨海登山紫雾开，京唐班车再启程，职工欢喜归家来。"

悠悠诸事，以人为本；特殊时期，最见格局。懂得尊重和关爱职工的企业，必能长久。让职工在企业发展中有更多获得感，这片临海的热土释放出更强大的吸引力。

今年37岁的共产党员、金属材料工学博士缪成亮回想起2011年，那时他博士毕业入职首钢技术研究院，被派驻京唐公司搞产品研发和用户技术服务。生产线上，这位博士跟京唐职工"一起扛枪、一起打仗"，既分享成功的喜悦，也历经攻关的艰难，正是在产品开发、质量提升、用户服务等诸多挑战中，在"协同、聚力"水乳交融的合作过程中，彼此建立了深厚感情。2018年，缪成亮正式调到京唐公司制造部，成为"京唐一员"。2019年，京唐公司技术中心挂牌，这是集团公司科技资源、创新要素高效流动、协同共享的一个支撑平台，缪成亮作为首席研究员，负责热轧产品技术和用户技术开发与应用。

"搞科研，就得扎根一线"。京唐公司技术中心成立后，又逢MCCR产线调试生产。为尽快形成拳头产品，缪成亮牵头带领热系技术攻关团队与京唐公司制造部热轧板室、钢轧部紧密协同，立足于MCCR现场产品调试，对连铸拉速、电磁感应再加热、MCCR低温轧制工艺推进等十多项过程关键点影响进行深入解析，对不同工艺下的组织性能、表面成型性进行全面系统研究，开展多轮全无头轧制新工艺试验，完成20多批次的取样和性能对比分析，提出多项工艺关键点控制优化建议，解决了卷渣、红锈、划伤等瓶颈质量问题，产品质量合格率从70%以下提升至96%以上，为新产线顺利开展产品开发认证、进军广阔市场奠定了基础。

日前，缪成亮又新任京唐公司制造部副部长，一颗火热的心更加贴近产线。与京唐公司职工一样，他在工余难得的闲暇时间，最爱在厂前吹吹海风，放松一下。目之所及，视野开阔，在缪成亮眼里，最美的风景不是水天一色，却是对面的三座高炉，因为"京唐的美，在于这里有别处没有的风景"。

"忠诚、感恩、激情"，在京唐公司党委所倡导的共同价值追求下，每一名京唐职工的言行中，都有他们对理想、信念和岗位的坚守，都有一股自强不息的力量。心之所向，一往无前，团结带领广大干部职工向着企业高质量发展、向着全面实现"四个一流"的目标进发，京唐公司党委班子在"党群一条心，画好同心圆"的和谐之路上，捧出了暖心答卷。

2020年上半年，在京唐公司党委班子提前谋划、带领干部职工全面做好疫情防控的基础上，企业经营生产各项工作经受住疫情冲击，在挑战和考验中表现出坚强韧性，呈现出蓬勃发展态势，创出开年至今最好水平。

巩固成绩，再接再厉，京唐公司党委班子将立足习近平总书记视察京唐公司十周年的新起点，带领干部职工努力实现"四个一流"，打造中国钢铁梦工厂，为实现中华民族伟大复兴的中国梦作出首钢人的贡献。

首钢京唐，逐梦不息，未来可期！

（本文刊登于《首钢日报》2020年8月7日一版）

第二节　走技术强企之路

首钢京唐公司转炉出钢温度取得新突破

薛超杰

2020 年，首钢京唐公司炼钢部转炉出钢温度取得新突破，达到 1647.4 摄氏度，创历史新低。

转炉出钢温度是由整个炼钢系统决定的，是衡量炼钢厂生产工艺、设备管理、技术水平的重要参数。在一定范围内，出钢温度越低越有利于炼钢操作稳定，有利于提高产品质量，有利于降低生产成本。

为降低出钢温度，炼钢部狠抓关键环节、组建多个攻关团队，采用"各个击破"的方法，攻克了生产管理、技术提升、智能化改造等难关，最终取得了良好效果。

疫情防控和系列检修带来的双重压力，使炼钢部的生产组织难度陡然倍增，尤其是在出钢温度等重要指标的控制方面，难度就更大了。为提高生产效率、降低温降带来的温度损失，攻关团队在生产组织、检修施工等方面下足了功夫。

生产管控组组长胡敏说："要想减少生产过程温度损失，关键就在于加快生产节奏，减少物流时间，只有节奏快起来，温度才能降下来。"

胡敏比谁都清楚这项工作的难度。系列检修期间，他以"提高生产效率"为主线，牵头组织制定了"抢生产保检修"的工作方案，瞄准关键瓶颈问题展开了系统攻关。在炼钢五座转炉同步检修过程中，攻关团队通过"桌面推演""现场模拟"等措施，增强检修项目的可操作性与针对性，确保了炼钢6路能源气体介质、9路水介质按计划停机，全力保障检修工作的优质高效，更为高效化稳定生产奠定了基础。

炼钢部持续加强生产管控，不断优化生产组织。在系列检修期间，针对钢水不能满足转炉满负荷生产的问题，创新采用了封炉封机"1+2"的生产模式，封存1座转炉、1座精炼站、1台铸机进行高效生产。

同时细化了转炉的冶炼品种，大大提高了全流程生产效率，提前做好了铸机与钢包的协调工作，减少了交叉吊包影响，实现了品种钢的常态化生产。在提高板坯液面波动合格率、提高铸坯质量方面，通过参数对比实现了铸机氩气吹入量的持续优化，使得非计划下线率降低了3%。在此基础上，结合前期生产准备、设备强化、原辅材料测算供应、稳产试验等，推进炼钢厂与调度室、板坯库、钢轧计划等岗位相互联动、密切配合，提高了板坯热装率，有效控制了转炉到铸机的过程温度损失。

在以"高效化快节奏生产"为核心提高生产效率的基础上，炼钢部深挖内部创新潜能，通过转炉高强度供氧、快速精炼、高效连铸等工艺技术的应用，为全流程快节奏生产提供了强有力的技术保证。

生产技术室技术员关顺宽说："今年年初，在确保全流程生产提速的基础上，我们在1号脱碳炉创新使用了'大口径出钢'技术。与普通出钢相比通钢量明显增加，不仅降低了转炉冶炼温度，还缩短了出钢时间。"

"大口径出钢"技术的应用对转炉的生产节奏及设备要求较高，国内只有几家钢厂掌握这项核心技术。在创新采用这项技术之初，关顺宽和团队成员们费尽了心思。

技术研究过程中，由于出钢口径加大，使得钢水与出钢口的滑动挡板接触面积也随之增大，这样一来极易导致挡板被钢水侵蚀，还会造成出钢口关闭不严产生新的化学反应，影响钢水的质量，甚至还可能造成事故。为解决这个问题，团队成员早出晚归、披星戴月，搜集了大量一手数据，不断分析总结试验结果，终于找到了问题的关键。他们又趁热打铁，通过改善滑动挡板，增加了滑动挡板的开闭行程，通过优化耐材配比，提高了滑板的抗侵蚀能力,大大延长了滑动挡板的使用寿命,转炉冶炼周期提升了 2%,出钢温降减少了 3.6 摄氏度。

前道工序生产节奏的加快,也推动了后道工序工艺技术的升级。为避免冶炼中间环节出现生产停滞、损失过程温度、减缓生产节奏,生产技术室技术员王少军以"缩短精炼处理时间"为目标,优化物料确认、加强过程管控、强化措施执行,使得钢水脱碳冶炼时间稳定控制在 16 分钟以内。此外,他还通过扩大强制脱碳工艺技术的应用,将 IF 钢真空处理时间降低至 23.2 分钟,加快钢水的反应速率,为降低出钢温度打下了基础。

除了工艺技术创新助推出钢温度降低之外,炼钢部还加快智能化改造的进程。以精炼作业区为例,新投入使用的"新型废气分析仪"系统,能够精准检测出钢水在真空冶炼过程中的碳含量,缩短冶炼时间,并为加快生产节奏、减少过程温度损失起到了关键作用。"现在一炉普通钢水真空冶炼脱碳时间只需要 11 分钟,比原来缩短了 2 分钟。"精炼作业区四班作业长温瀚说。

在常态化稳定高产的大环境下,如何降低出钢温度实现产线提速是炼钢部最迫切需要解决的难题。2019 年,炼钢部对全流程工艺特点进行了深入分析,将目标锁定在了"缩短真空冶炼时间"上,下决心一定要啃下这块"硬骨头"。

为攻克这道难关,温瀚带领团队成员"兵分两路",一路主攻工艺技术难关,一路"走出去"瞄准先进企业进行对标。经过多方不懈努力,攻关组通过智能改造,创新使用了新型废气分析系统,实时检测钢水发生化学反应后产生的一氧化碳和二氧化碳的指标,以此来判断钢水中的碳含量。

相比以前取样检测的传统经验做法,新型废气分析系统不仅能够准确、快速、稳定地检测出钢水中碳含量指标,还避免了因多次取样检测造成时间浪费,在快节奏生产的情况下,每炉普通钢水的真空冶炼时间平均缩短了 2 分钟,使得炼钢产线生产效率整体提升了 5%。

在智能化改造项目的推动下,炼钢部通过 RH 机器人自动测温取样、钢包调度系统、铸机智能化改造、智能库区建设等一系列措施的实施,实现了操作流程向标准化、程序化转变。还一举攻克了缩短冶炼周期、钢包功能提升一体化项目等多项技术难关，全面助推了生产效率的提高，为降低出钢温度、节约生产成本、提升产品质量奠定了坚实的基础。

（本文刊登于《首钢日报》2020 年 6 月 3 日一版）

首钢京唐公司 1580 毫米粗轧
R2 换辊升级提速

侯振元　汪涛

2020 年以来，首钢京唐公司 1580 毫米粗轧 R2 换辊连续提速，最短用时 14 分 1 秒，达到国内先进水平。

高效率才能高效益。近年来，"精准用好每一秒，杜绝浪费每一秒"的"秒"文化已逐渐成为京唐公司热轧部全体干部职工在经营生产工作中自觉践行的行为共识，他们主动向生产节奏要时间、向产线故障要时间、向每一次轧机换辊要时间。

在热轧工序生产中，为保证产品质量，粗轧机 R2 每隔三天左右就会更换一次工作辊，而每次换辊时间大多都在 25 分钟左右，一定程度上制约了热轧产能的持续释放。

"我们决不允许 R2 换辊成为制约热轧产能持续释放的瓶颈，精轧换辊能提速，我们粗轧也一定能做到。"1580 毫米产线机械点检工程师汪涛信心满满地说。

说到就要做到，承诺就要兑现。1580 毫米粗轧区域设备、工艺、操作三方人员迅速组建了 R2 换辊攻关组，对涉及设备改造、工艺优化、生产操作的具体工作进行细化分工、制定节点、明确责任。

为准确找出影响换辊节奏的关键要素，汪涛、刘京涛、孟庆龙等攻关组成员对 R2 整个换辊流程进行了系统研究，从中梳理出 6 个主要换辊步骤，并在此基础上进一步细化出 32 个分步骤。在每次换辊时，他们安排专人跟踪记录每一个分步骤的动作用时，时间精确到 0.1 秒，并通过反复对比，深度挖掘提速空间。

　　R2 入口下卡紧板接近开关信号不准、信号时有时无，是换辊过程中经常出现的问题。为此，1580 毫米粗轧区域自动化专业人员从源头入手，对接近开关本体、线路、控制箱接线端子进行逐一排查，发现问题迅速处理。机械专业人员和操作人员密切配合，通过卡紧板反复开关试验，找出接近开关支架的最优位置，成功实现了卡紧板每一次开关的一次性精准到位。

　　升级 R2 换辊模式是此次攻关中最关键的项目，也是技术性最强、难度最大的项目。针对以往手动换辊模式下操作步骤繁琐、耗费时长等问题，设备专业人员第一时间与操作人员进行沟通，认真听取"设备第一主人"的意见建议。他们在换辊控制程序中增加多设备控制子模式一键选择、多动作一键控制功能，有效节省设备停车及启车操作时间；在操作画面上增加自动换辊步骤显示功能，方便操作人员更加直观快速掌握换辊的每一个动作，这不仅节省了不必要的沟通时间，还为后续精准把控要钢时间，快速恢复生产提供了准确依据。

　　在整个攻关过程中，攻关组先后完成了换辊程序优化、操作步骤精减、换辊小车和换辊横移平台提速等一系列工作。由于 R2 换辊周期相对较长，很多换辊都会安排在晚上进行，攻关组成员主动牺牲休息时间，坚守现场进行试验跟踪。他们说："R2 换辊次数本就比精轧换辊少很多，我们必须牢牢把握每一次换辊机会，加快攻关进度，兑现自己的承诺。"

　　目前，首钢京唐 1580 毫米粗轧 R2 换辊时间已稳定控制在 16 分钟以内，平均单次换辊节约 9 分钟。

（本文刊登于《首钢日报》2020 年 8 月 14 日一版）

攻坚克难开发奥氏体晶粒度检验技术

杨 柳

在 2020 年首钢京唐公司船板钢的认证过程中，质检监督部负责型式试验。其中奥氏体晶粒度检验是船板钢认证试验的关键项目也是难点项目之一。在此之前，公司并未进行过该实验，而其他实验室也没有针对低碳船板相对成熟的试验方法，这一项目给理化检验专业员们带来了极大的挑战。

轧钢分析中心成品理化分析检验员孙静是船板认证试验的第一负责人。作为一位有着十多年金相检验经验的老职工，她意识到整个试验流程会存在很多难点。但她相信：有问题就一定有解决方法。试验开始后，孙静对整个试验流程进行分析整理，查阅了相关标准和大量资料，并向首钢技术研究院和原首秦负责该试验项目的专家请教学习。

让晶粒、晶界在显微镜下清晰地呈现出来是最终的目标。虽然做了准备，但能否得到满意的试验效果仍是个未知数。随后，孙静和团队从试样热处理和热处理后试样制备两方面开始了试验摸索。

他们先进行热处理的交叉试验设计，借鉴前期调研的经验为热处理温度在 880~900 摄氏度之间，保温时间为 1~1.5 小时，通氧时间为 10~25 秒。但这个范围对于想要得到最终的试验效果太过宽泛。

孙静和团队成员决定把试验流程标准化，对热处理条件进行固化。为探索最优方案，他们通过参数组合，制定了交叉试验方案，并在一次又一次的热处理条件尝试中总结经验。一遍一遍地升温、调温。几十次的试验，仍然没有出现理想的结果。但团队依然没有气馁。随后，他们加入通氧时间这一参数进行试验，在温度达到 900 摄氏度、保温 1.5 小时、通氧 15 秒的条件组合后，出现了较厚的氧化层。这组数据被确定为热处理条件。

热处理过程完成了，接下来就是热处理后带氧化层试样的磨制。孙静和团队成员根据经验，计划采用标准中推荐的倾斜 10～15 度的磨制方法，但发现磨制成功的几率太小了。孙静心里不禁犯起了嘀咕："这样可不行，效率太低了。按现在的速度，想要完成认证试验至少需要一个月，必须得改进。"她赶紧召集团队商量对策。他们分析，之所以推荐倾斜角度磨制就是为了能分层找到一条能符合条件的区域，那如果确保所有区域都能满足要求就不存在这个问题了。于是大家决定推翻前期的磨制方法，放弃倾斜磨制，采用平磨方式。在吸取前期磨轻和磨重两种状况的经验后，他们采用 1200 微米的细砂纸轻磨，几秒钟后，发现保留了氧化层，随后又迅速进行抛光。对比发现，效果令人非常满意。通过采用新方法，磨制的成功率达到了百分之百。

剩下的最后一个关键点就是对磨制好的试样进行腐蚀。对于试样腐蚀，标准推荐的是 15%盐酸酒精溶液，团队同样优先进行了尝试，试验效果直接被否定了。要想得到理想的腐蚀效果，就需要一种新的腐蚀溶液。经过不断尝试，他们综合所有溶液的优缺点和腐蚀效果，最终选用氯化铁盐酸水溶液腐蚀，再用 15%的盐酸酒精进行清洗。就这样，一张清晰漂亮的照片终于呈现在了显微镜下。"照片太漂亮了！"大家都激动地喊了出来。

利用奥氏体晶粒度氧化显示方法获得的清晰、优质的照片，得到了各国船级社的认可，确保了公司船板认证工作的顺利通过。这一技术达到了国内先进水平，不仅工作效率提高了近五倍，而且节省了水电、砂纸、抛光剂等耗材成本。

炼钢部中间包全氧实现新突破

薛超杰　安泽秋

炼钢部深挖内部潜力，以稳定炼钢工艺、提升产品质量、降低工序成本为中心，眼睛向内，狠抓落实。其中，超低碳中间包全氧指标已连续两个月创出好成绩，最低降到 16.3ppm（$1ppm=1\times10^{-6}$），达到国际先进水平。

炼钢超低碳中间包全氧指标是判定钢水洁净度的重要指标之一，全氧含量的高低直接决定京唐公司产品的质量，因此提高钢水质量、降低超低碳钢水全氧含量是炼钢部最重要的工作之一。

降低中间包全氧含量是长期困扰炼钢部的一项技术性难题，涉及炼钢、精炼、连铸等各道工序的工艺控制。为此，炼钢部攻关团队从提高铸坯质量的角度出发，深入推进质量流程管理，开展产品质量缺陷分工序管理，狠抓质量攻关和现场改善，对超低碳钢中间包钢水全氧含量全流程控制数据进行了全面分析，并结合转炉碳氧积、RH 脱氧前氧、RH 顶渣改制等影响环节，进行持续优化，强化基础管理，在生产组织方面，积极探索技术要点，强化过程管控，细化操作步骤，实施有效改进。

通过全流程低氧控制技术的开发和应用，明确了转炉钢水的动态联系，将碳氧积控制在了最优水平，转炉终点氧由 650ppm 降低到了 450ppm，脱氧前氧指标稳定控制在 300ppm 左右。通过摸索优化 RH 顶渣改制，促进了钢水夹杂物的上浮，降低了钢水中夹杂物含量，提高了钢水的洁净度，RH 出站全铁含量不大于 6% 的合格率控制在 85% 以上。通过操作制度规范，中间包全保护浇注增氮合格率达到 94% 以上，取样合格率提高到了 99%，为产品质量的稳定提升提供了坚实的保障。

（本文刊登于《首钢日报·京唐版》2019 年 6 月 24 日二版）

科技赋能，跑出发展"加速度"

——首钢京唐公司焦化部"科技焦化"建设发展纪实

韩会涛

"瞄准世界科技前沿，建设全球最大最先进的焦炉集群，引领焦化行业发展方向，勇做新时代科技创新的排头兵。"2013年初，京唐公司焦化部就将科技创新作为企业战略发展的重要内容，提出建设"科技焦化、生态焦化、人文焦化"的发展理念，明确了做全球焦化行业引领者的目标。

近年来，焦化部全力推进"科技焦化"建设，以科技创新驱动高效发展，先后建成"唐山市煤焦化工程技术研究中心"和"河北省煤焦技术创新中心"，成立了"煤焦化产业研究院"，取得30余项国家专利，形成15项科技成果，连续两次被中国煤焦行业协会授予"技术创新型焦化企业"，被认定为"国家高新技术企业""河北省科技型中小企业"，获得"河北省冶金科学技术奖""焦化行业技术创新成果""唐山市科技进步奖"等。

以技术创新为依托走优焦强铁之路

"服务于实际生产的科研和创新，才更有意义。"从事首钢焦化事业30年的京唐公司副总工程师、焦化部部长杨庆彬对科学技术的重大作用深有感触，"焦化作为炼铁的前道工序，承担着为京唐公司5500立方米高炉提供优质焦炭使命，保障大高炉顺稳运行是我们首要的任务。"

随着高炉大型化的发展，对焦炭质量要求越来越高，而焦炭质量的优劣主要取决于焦炉的炭化时间和温度、配煤的质量和稳定性。"火落"技术就是京唐公司焦化高端引进的一项"独门"绝技，可以精准预测焦炭的成熟时间，从而保证焦炉加热的最佳"火候"。

"在提升焦炭质量的道路上，我们决不能墨守成规。不仅要认真积累生产经验，还要积极探索先进的前沿科技。"炼焦区域作业长陈永利说。2015年，焦化部提出"火落"技术研发项目，在7.63米超大型焦炉上开始"火落"试验。成立了专项攻关小组，组织专业技术人员开展了大量的实验和研究，利用大数据生成结焦周期的温度变化曲线和煤气的温度变化曲线，计算出所有炭化室的准确"火落"时刻，形成焦炉的"火落"集，把"老经验"和"新技术"有机融合。"火落"技术的实践应用，在稳定焦炉加热、降温降耗、加热系统故障预判、事故原因分析等诸多方面发挥了重要作用。通过实施"火落"管理，还可以节省2.86%的燃气消耗，每年可实现直接经济效益200万元。

精准备煤是提升焦炭质量的前提要素。设备工程室信息化管理专业员丁洪旗说："我们从单种煤精准入仓、来煤稳定和布料均匀等方面入手，研发出备煤仓仓号自动识别系统，发明了'一种旋转布料机全自动布料方法'专利，解决了布料系统不能实时显示煤塔煤粉料位和煤粉存量的问题。另外，我们采用的红外检测定位和容错技术在国内还是第一家。"为了实现整个备煤系统的智能化，丁洪旗和同事们每天反复攀爬6层楼高的备煤仓进行现场考察研究，晚上回家查阅资料，开展技术攻关。经过半年努力，他们在消化吸收多年经验的基础上，对配煤系统和粉碎系统软硬件升级改造，把所有系统设备加以连锁控制，通过大量实践和优化，整个备煤流程实现安全、精准、高效运行。

科学配煤是焦炭质量优劣的决定性因素。以往焦化企业传统配煤方案主要是通过人工经验进行调整，配煤存在一定滞后性，出现问题无法及时调整补救。为了达到提前预判、提前干预焦炭质量，从而达到"预知未来"的目的，焦化部组织专业人员建立攻关团队，在首钢技术研究院，京唐公司制造部、炼铁部等单位的支持下，共同分析、反复讨论，将"传统经验配煤转变为大数据模型配煤"确定为主要攻关方向。

配煤攻关团队利用300千克实验焦炉，针对单种煤、配合煤开展试验，实现数据积累。同时，将单种煤、配合煤和焦炭质量，小焦炉试验数据，历史与计划配比等集中信息化管理，还将炼焦配煤工作中所积累的丰富经验和成果结合生产实际，利用计算机软件技术，建立了单种煤评价体系、单种煤及配合煤分别与焦炭质量的关系模型，经大数据整合，开发出了"配煤专家系统"，实现了炼焦配煤的科学性。

创新从无坦途。焦化部遇到的困难不计其数，承受的压力难以想象，先后尝试新煤种50余个、完成炼焦实验200余炉……终于在组织适应5500立方米高炉生产的7.63米焦炉低成本配煤技术研究与应用上取得了多项首创性突破：首次提出"焦炭块度贡献指数"的概念和算法，实现了单种煤、配合煤对焦炭块度影响的评价，提高了科学评价、预判能力；首次在7.63米焦炉上开发应用弱黏结煤资源和石油焦，拓宽炼焦煤资源，对国内外焦化行业炼焦配煤具有指导意义；首次将结焦时间纳入7.63米焦炉的焦炭质量预测模型，实现了包括焦炭块度在内的质量指标的预测。

目前，京唐焦化配煤智能控制技术处于世界先进水平，焦炭质量达到5500立方米大型高炉需求，与国内同行相比质量最优，高于国家一级冶金焦标准。

以技术创新为先导走绿色循环经济之路

保护环境，实现循环经济是21世纪焦化行业可持续发展的根本出路。焦化部着眼长远发展，坚持高起点、高标准，按照"节约优先、保护优先"的原则，以技术创新为先导，积极推进节能减排项目开发研究，大力开展清洁生产和资源综合利用。

"绿水青山就是金山银山。"为了实现环境友好的"生态焦化"建设目标，京唐公司焦化部在废水处理领域研发多项新技术，达到焦化废水零排放。焦化废水是炼焦及化工生产过程中的混合废水，难降解、危害大。为了深度处理焦化废水，生产技术室能源环保管理专业杨红军和同事扛起了攻克此项技术难题的重任。他们扎根现场、刻苦钻研，进行将分段进水AO工艺应用于焦化废水治理的大胆尝试，一举解决了废水处理系统生化出水总氮、氨氮超标的问题。一位环保专业负责人说："这个专利不仅仅解决了废水处理问题，还大幅降低了好氧段碱液的消耗，在达到污染物降解的基础上，又大大降低了废水处理的运行成本，每年可节省运行成本约 300 万元。"

树立绿色生态文化理念，从一开始就根植于"焦化人"的内心。完整的循环经济产业链，让焦化人自豪地说："焦化生产产出的多种产品没有废料出厂，完全做到'吃干榨净'，全部循环利用。"如今，走进焦化部厂区，各种高大的焦化设备挺立在整洁干净的道路两侧，让很多参观交流的国内外同行业人员都对这里的环境和管理竖起了大拇指。

以科研中心建设为平台走人才兴企之路

2020 年 6 月 10 日，京唐公司焦化部顺利通过河北省科技厅审批，正式成立河北省煤焦化技术创新中心，这是继 2015 年被评为"唐山市煤焦化工程技术研究中心"后的更高殊荣，标志着京唐公司焦化科研工作又登上了新台阶。

"创新是首钢人永远的追求。"王海龙是京唐公司焦化部第一批大学毕业生，十多年来，致力于四大机车智能化的提升。

"企业为我们创造了良好的平台，我们决不能辜负企业的期望。依靠焦化科研中心，让四大机车实现'一键式操作'，在原有设计基础上实现质的飞越，京唐公司焦化一定能走在行业最前列。"王海龙在京唐公司制定"智能化工厂"顶层设计时，自己也暗暗立下誓言。

创新不仅仅是"理想火花的闪烁"，更需要艰苦的科研、攻关作支撑，其难度之大、问题之复杂，在于 4 座焦炉、13 台机车之间的匹配控制和上万个自动化程序 PLC（可编程逻辑控制器）控制点的升级改造。四大机车远程操控项目，体现着京唐公司焦化产线生产操作向制造管控的转变，而其中"变"的核心，在于更高的自动化、信息化、数字化程度。为此，王海龙和攻关团队本着精细苛求、追求极致的态度，明确责任人全力攻关，组织技术人员瞄着问题去、跟着问题走、迎着问题上，最终实现了 4 大机车的"一键操作"。

如今，在炼焦日常生产中，按下"一键操作"按钮，4个庞然大物就会乖乖听从指挥，开始繁冗复杂的各种动作。

制造四大机车的生产厂家领导率队前来参观学习时说："我们没做到的，首钢京唐公司焦化做到了。"此行之后，该企业董事长亲任组长，组织成立了"智能机车小组"，借鉴首钢京唐公司焦化经验搞研发。此外，宝武、马钢、台湾中钢等钢企代表都慕名而来学习"首钢经验"。其中，台湾中钢2019年先后三次派人到京唐公司焦化部"取经"，他们竖起大拇指称赞："看了国内外这么多产线，首钢京唐公司属最优。"

人才是科技发展的重要支撑。为打造现代化的一流焦化企业，培养"高、精、专"全方面人才队伍，京唐公司焦化部建起了功能强大的仿真教室。他们针对焦炉四大机车、干熄焦系统、化工煤气鼓风机和脱硫解析四个主要工艺流程的54个模块，开发了模拟生产操作系统、模拟事故处理培训、智能操作指导及评价系统等软件，一套完整的流程模拟仿真系统构建完成。职工们来到仿真教室，可以针对重点工艺设备进行模拟操作、事故演练、应急能力训练、全员上机考试等，大家感慨地说："这里就像生产现场一样，我们通过模拟训练，能够迅速掌握生产操作，可以在很短的培训时间收获很多。"

（本文刊登于《首钢日报》2020年8月26日二版）

按下科技创新快进键

——首钢京唐公司技术中心发展纪实

杨立文　孙　凯

2019 年 4 月 10 日,"首钢京唐钢铁联合有限责任公司技术中心"(以下简称:技术中心)挂牌成立,伴随着首钢技术研究院迁顺技术中心一并成立,首钢集团"一院多中心"技术创新体系变革拉开帷幕。

奋斗的脚步马不停蹄,流转的光阴春华秋实。

一年来,技术中心按照集团"同一个队伍、同一个目标、同一个任务、同一个机制"的工作推进思路,团队快速融合、成果高效输出、人才苗壮成长,成为了首钢京唐公司高质量发展的"推进器"。

一年来,技术中心不断强化产品驱动、效率驱动、效益驱动,以科技资源、创新要素的高效流动、协同共享,实现科研创新硕果累累。一年来,技术中心团队成员开展科研任务 33 项,提报验收 6 项。其中,冷轧炉箅子改造等多个项目获评达到国际先进水平。首钢京唐公司技术中心这个"新兴科技平台",用奋斗为成立一周年交上一份优秀的答卷。

打造科技创新"核心筒"

科技创新是企业发展的第一动力。

启动键按下,首钢京唐技术中心建设快马加鞭——

在技术中心建设中,有来自制造部、各作业部 21 名技术骨干、27 名集团技术研究院专职研究员。同时,为了体现专业性,做到"术业有专攻,互补强协作",安排 4 名科研领军人员到制造部和作业部担任兼职技术专家和产品专家。通过强化科技驱动，创新体制机制，使企业真正成为了创新的主体。

规章制度是组织运行的保障。建设伊始，技术中心高度重视体制机制、规章制度建设。通过认真总结搬迁调整时期的派驻站模式经验，迅速制订了《首钢京唐钢铁联合有限责任公司科技项目管理办法》等6项管理办法，为科研开发和日常管理工作提供了遵循和规范。与此同时，设立了以"及时、高效"为导向的重点科研项目并制定了相应的评审细则，邀请各领域专家参与季度评审。热轧产品结合用户需求，创新开发国内首发产品2项。轮辋用双相钢 SRS650 制造的轻量化车轮是国内第一款通过欧洲双轴疲劳实验严苛标准（2.4 万公里）的车轮，实现为国际顶级车企供货；机械胀形桥壳钢SQK700ZX 为国内首次开发，车桥疲劳寿命不小于 114.5 万次（标准不小于50 万次），实现为国内一流乃至国际顶级车企供货。自成立以来，"技术中心"创新体系的各项规章制度持续得到完善，科研项目从预算、论证、过程管理、结题管理到后评价逐步形成闭环，贯彻落实各项管理制度，严把课题开发各道关口，使管理流程更加规范化高效化。

推进规范化管理，是促进企业高质量发展的软实力。技术中心建立了各所长、室主任年度述职制度，由技术中心主任、相关作业部、技术研究院相关研究所三方进行评价，结果作为领导人员评先、晋级等的重要参考依据。同时，向述职本人反馈，以述职评价推动工作改进，提升科技领军人才的综合能力。

首钢技术研究院认真梳理、总结国内外先进企业研发体系的特点，从服务产线、整合科研力量、搭建科研人才成长平台等方面统筹规划，壮大研发实力。运行中，技术中心主任和产品、工艺所负责人参加制造部生产例会，使科研团队紧跟经营生产节奏，实现了制造部全流程管控优势和技术中心科研力量优势的统筹整合。

"从研发到各生产工序再到销售服务，涉及产销研，各环节构建了多元化的沟通渠道，促进了科研技术在产线开花结果。"技术中心常务副主任徐海卫说。74 项新产品的开发、31 项新成果的应用，汇聚成技术中心一年的业绩。

构筑高质量发展 "新高地"

坚持协同高效、开放创新，是高质量发展的新动能。技术中心的建立对于首钢京唐公司来说，是提升企业技术创新能力的绝佳方法，也是自我发展、提高竞争力的内在需求和参与市场竞争的必然选择。

面对高质量发展的新要求，首钢京唐公司从战略高度擘画出品牌塑造和企业发展的蓝图，将技术中心定位于参与企业发展，重大新产品、新技术的前沿阵地，按照"打造首屈一指的钢"的品牌理念，紧跟"轻量化、高强、环保、耐蚀"钢铁产品发展趋势，走精品发展之路，提升高档次产品和高端用户增量。

目标笃定，蓝图铺开。针对市场个性化需求，对产品进行准确市场定位，充分发挥科研技术力量，开展产品认证。一年来，技术中心与首钢技术研究院先后开发了高强汽车板、家电外板、抗酸管线钢、镀锡板、镀铝锌板等新品种，提升了新产品增效能力。特别是围绕汽车板开展了26家车企905个零件的认证，包括国内一流的合资车企和自主车企的产线、材料及零件认证工作，品牌效应逐渐显现。非汽车板完成搪瓷钢、冷轧高强集装箱板等102项认证，集瑞重卡高强减量化大梁用钢、DR材化工桶减薄等产品实现稳定批量供货。围绕镀锡板大力开拓欧洲、韩国等海外用户认证，为高锡铁等高端产品出口奠定了坚实基础。

顺势而为，有的放矢。在首钢京唐技术中心，技术人员以现场亟待解决的重难点问题为抓手开展科研。技术中心的季晨曦、潘宏伟博士等人组成的炼钢技术团队，与制造部、炼钢作业部、技术研究院一道，积极推进高效连铸技术，IF钢平均拉速达到1.7米/分钟，低碳钢常态化生产最高拉速提高至2.05米/分钟，达到了国际先进水平。他们还先后对中间包流场的量化评价、连铸新型浸入式水口设计、结晶器流速测量等技术问题，开展了一系列的探索。在代表首钢集团参加的国际交流中，美国俄亥俄州立大学著名冶金学教授Sahai先生说，首钢开展的板坯连铸研发技术走在了行业前列。长城汽车某基地在首次使用首钢京唐锌铝镁材料时，冲压过程中出现流料过快、局部起皱、开裂等问题。技术中心的"产销研运"团队，及时组织对客户进行走访，技术中心韩龙帅随团与客户技术人员在现场摸爬滚打十余天，收集现场技术参数、参考仿真分析结果，对问题原因做出准确评估。通过局部拉延筋优化、平衡块垫片调整等手段，成功解决了客户技术问题。与此同时，技术人员及时将客户相关情况反馈至公司制造部，立即对产线过程控制点进行完善，为用户后续生产稳定提供了技术保障。长城汽车新材料推进处负责人竖起了大拇指称赞首钢京唐技术过硬、产品放心，是值得信赖的合作伙伴。

技术中心成立后不久，恰逢 MCCR 产线调试生产。为尽快形成拳头产品，缪成亮博士带领热系团队与制造部热轧板室、钢轧部紧密协同，立足于 MCCR 现场产品调试，对连铸拉速、电磁感应再加热、MCCR 低温轧制工艺推进等十多项过程关键点影响进行深入解析，对不同工艺下的组织性能、表面成型性进行全面系统研究，开展多轮全无头新工艺试验，完成 20 多批次的取样和性能对比分析，提出多项工艺关键点控制优化建议，均取得良好效果。解决了卷渣、红锈、划伤等瓶颈质量问题，产品质量合格率从 70% 以下提升至 96% 以上。为新产线顺利开展产品开发认证、进军广阔市场奠定了基础。

科研工作一盘棋。技术中心的技术人员和生产现场保持高效联动，专业研究服务于产线制造能力提升，生产技术问题凝结为产品开发、质量提升的突破口，二者相辅相成，相得益彰，有效促进了技术和生产的深度融合。

搭建人才成长"孵化器"

心有乾坤则居高望远，穿透时空则预见未来。成立技术中心的初衷之一也是为人才搭建快速成长的平台。

技术中心抓住科研工作特点，立足科研需求，注重搞活学术氛围，定期组织内部技术交流，科研人员结合自己的研究方向拟稿备课，向其他工序的同事们讲解授课，汇报要点和关键，交流不仅增加了科研人员对全流程控制的认识，同时也是讲课者系统梳理自身所学的良好时机，教学相长，一举两得。

技术中心成立后，为体现协同效率，各专业技术人员在相应产线作业部均设立了办公地点，扎根一线的同时，坚持问题导向，随时参与生产现场相关问题的技术讨论，及时跟踪了解产线热点难点问题。通过每月的生产总结会、重点项目评审以及专题视频会议等方式，及时对工作的开展情况和遇到的问题进行沟通。技术人员提炼产线问题并形成研究项目开展攻关，提出"共性、前沿"难题，会同技术研究院重点突破，促进各方力量不断凝聚，形成合力。

为拓展科研人员的发展，首钢京唐技术中心与集团技术中心共同建立了科技研发体系，使研发与产线应用实现了有效的衔接。同时结合三支人才队伍建设，建立了科研人员薪酬体系，建立了良性的激励机制，促进了科研人员个人和团队的共同进步。技术中心王保勇来自冷轧部，他在现岗位上组织完成了彩涂板事业部锌铝镁产品切换、锌铝镁产品典型缺陷攻关等工作。用他的话说："通过一年的努力，不仅在薪酬待遇上提升一级，更凭借自身熟悉现场的优势，使科研能力和解决问题的能力得到很大提升。"

首钢京唐技术中心40余名科技人才，平均年龄37岁。这支年轻化、专业化的高科技"特种兵"队伍，体现出强大的科研力量。成立一年来，共申请各项专利50项，发表论文25篇，参加学术会议28人次，其中国际会议主旨宣讲3次。与此同时，人才培养也取得丰硕成果。技术中心获聘首席工程师8人；1人获得"北京青年榜样"称号；1人获得中国金属学会"冶金青年科技奖"称号；1人获得"首钢劳动模范"称号；2人获得"首钢模范共产党员"称号；2人获得"首钢青年创新先锋"称号。

置身行业高质量发展的大环境中，京唐技术中心深知，品牌的培育铸造是一项系统工程，未来的路还很长，也会更加艰难，必须持续用力、紧赶快跑，打好攻坚战，把握主动权。路虽远，行则必至。奋起直追，奋力奔跑，首钢京唐技术中心的脚步更加坚定而扎实，正向着全面实现"四个一流"目标、建设最具世界影响力的钢铁厂阔步前行。

（本文刊登于《首钢日报》2020年5月15日一版）

强引擎助推新发展

——首钢京唐公司科技创新纪实

杨立文

科技是利器，国家因之以强，企业因之以赢。2018 年，首钢京唐公司以创新引擎发力，以提高经济效益为中心、依靠科技创新提升"制造+服务"核心竞争力。深化改革，探索科技创新机制，创新人才培养模式，激发全员创新活力，全面提升公司发展质量，多项课题研究全面开花。"烧结料面喷吹蒸汽机理研究及应用""高炉喷煤评价体系研发及应用"获得冶金科学技术奖一等奖；"基于商用车正向设计轻量化用钢的开发与应用技术""7.63 米焦炉四大机车无人驾驶技术研究与应用"分获冶金科学技术奖二、三等奖；"260 吨/时大型干熄焦装置稳定运行关键技术与应用"等两项科技成果获河北省科学技术奖三等奖。

创新体制激发技术研发活力

"科技创新必须着眼于解决制约企业安全生产的关键技术难题和行业高精尖前沿技术研发，使其成为推进企业改革发展、转型升级的发动机和助推器。"围绕科技创新工作，首钢京唐公司领导点明了科技创新在企业中的角色定位。

京唐公司坚持政策引领，不断强化顶层设计，积极落实集团探索建立"一院多中心"的钢铁板块研发体系要求，做实京唐公司技术中心，组建公司技术委员会，为企业发展规划、重大工程、技术改造、科研管理等项目的决策提供有效支持和保障，催化科技创新，实现工艺升级。同时，在科技创新中，京唐公司紧贴经营生产发展实际，努力提升效率效益和发展质量。

每年实施的"蓝精灵"项目，已成为京唐公司科技创新的品牌。2018

年，京唐公司继续深入推进"蓝精灵"项目攻关，"蓝精灵"项目被分解成若干"精灵"课题。这些"蓝精灵项目"团队由核心小组、专职攻关团队和协同支持团队组成。核心小组成员全都是首席专家、专业专家、主管技术等领军人物，专职攻关团队由技术专家、技术带头人、博士和高级职称的专业技术人员组成，协同支持团队由相关专业技术和管理人员组成。"蓝精灵项目"团队职责就是把握相关领域技术的发展方向，实现相关领域技术的重大突破，提升京唐公司整体技术水平，解决现场重大和共性技术难点问题等。

与此同时，京唐公司还以创新工作室为示范引领，积极探索和搭建职工创新工作平台，深入开展创新活动，以技术创新和管理创新实现提质增效，真正激活了高质量发展的内在动力。截至目前，京唐公司共创建 52 个职工创新工作室，骨干成员达到了 850 余人，累计完成攻关课题 1650 项，取得科研成果 268 项，获得专利授权 325 项，创最佳操作法 124 个，解决现场难题 3420 个，创造经济效益 1.35 亿元。

随着京唐公司创新机制和平台的设立，具有京唐特色的科技创新工作体系全面建成。在此基础上，京唐公司加强与北京科技大学、东北大学、华北理工大学等多所院校和科研院所的技术联盟，形成了"企业出题、院校参与、产学研用、协同创新"的研发模式。

创新硕果转化为第一生产力

创新能力不断提升，重大项目创新与职工创新比翼齐飞，由点到面，由量到质，京唐公司的科技创新成果得到有效转化，企业发展动力持续增强。

翻开京唐公司创新成果的画卷，一系列重大技术创新格外夺目。

焦化系统通过焦炉四大机车远程管控技术开发与应用，实现了焦炉四大机车远程管控。该项目共形成 6 项专利，年效益 1438 万元。获国家冶金科技奖三等奖，河北省冶金科技奖三等奖。

炼钢系统通过采取铸机提速、缩短精炼处理周期、转炉直接出钢等高效化生产措施，结合推进 RH 工艺、转炉终点稳定控制等技术优化攻关，3 号铸机拉速实现了 2 米/分钟的常态化生产，打破了小断面周期长的限制性，彻底解决了炼钢全流程生产节奏慢的问题。结合钢包加盖等措施，出钢温度比 2017 年降低了 6 摄氏度，达到了历史最好水平。同时，炼钢工序还开展了镀锡产品控氧控氮 CAS 工艺开发，释放 RH 负荷，降低了生产成本，月均 CAS 工艺马口铁生产炉数比上年增加了 44%；奶粉镀锡基板经过攻关取得突破，在保持现有湿平整工艺并保证较高粗糙度前提下，形成了干平整独有的清晰轧制纹路，为国内首创技术；开发热轧铝镇静钢铁素体轧制技术，出钢温度由原 1200 摄氏度降至 1100 摄氏度，从而降低了镀锡产品热轧工序能耗，并成功实现厚度 2.5 毫米以上规格试制。

能源工序开展大型热法海水淡化装置阻垢与清洗技术研究，自主开发了复合垢层的双循环清洗技术，首次采用量子管通环防垢技术，建立了热法海水淡化装置的多维度阻垢、除垢机制，有效延缓结垢，同时提高了海水淡化除盐水产量；降低了海水淡化装置的运行成本；自主开发转炉煤气产生与回收技术，提高转炉煤气回收量和热值，为进一步实现炼钢工序负能化，降低生产成本，优化能源结构创造了条件。

围绕创新管理手段，为提高实验室检测及时性和准确性，自主开发了实验室拉伸试验自动测试系统，将拉伸试验的检验流程进行细化、优化、固化，实现自动化，彻底改变了原来的"人员—设备—人员—系统"手工分析流程，实现了"软件—设备—软件—系统"无人参与的自动化检测流程，推动了检验过程的规范化、标准化、高效化，完全避免了人工操作出现错误的现象，检测准确率达到了 100%，测试效率提升了 1 倍。该项目荣获河北省冶金系统质量管理优秀成果奖一等奖。

人才培养打造科技人才精英

"创新之道，唯在得人。得人之要，必广其途以储之"。围绕打造科技人才，京唐公司建立了与之配套的研发人员职业发展阶梯，探索与科研成果挂钩的薪酬激励机制。深化三支人才队伍"纵向晋升、横向互通"的职业发展通道建设，突出业绩与能力导向，加快高技术、高技能人才和复合型人才队伍建设。同时，推进实施特殊贡献奖励晋级，鼓励职工立足岗位创新创效，激发干事创业活力。

京唐公司把人才战略放在首位，面向生产实践，开展有针对性的技能培训，通过师带徒、精英带团队、骨干带全员互动学习，促使职工技能全面提升。

焦化作业部的仿真教室成了焦化职工学练技术的基地。职工们在这里可以针对重点工艺设备进行模拟操作、事故演练、应急能力训练、全员上机考试等。职工们感慨地说："这里就像生产现场一样，我们收获了很多。"

京唐公司还以职工创新工作室为平台，把有发明爱好、创新兴趣、技能专长的职工组织起来，在知识上互通有无，共同攻克技术难题，实现技术创新。在京唐公司，职工创新工作室逐步成为提升职工技能、激发创造活力、实现自我价值和企业凝聚人心的重要平台。

全国百姓学习之星、炼钢部王建斌在工作中全身心带领团队，大力开展科技创新和人才技能提升等工作。在王建斌看来，"传帮带"是一种既简便又有效的培养人才的方法，对于在生产一线的职工，并不是采用传统的方式进行培养，而是结合人员自身性格特点"因材施教"，亲自制订详细的培训计划，使新人培养工作做到了有计划、有步骤。他在人才培养过程中，采取"两条腿走路"的方针：班中现场言传身教，不断把新技术、新规范传递给职工；利用班后会进行工作总结，使他们及时纠正自身操作错误并加深印象。将自己丰富的生产经验毫无保留地传授给他人，先后培养出高级技师 7 名、技师 11 名，培养的新人在各自岗位上都发挥了重要作用。

创新决胜未来。科技创新这一发展引擎必将催生更加强劲的动力，牵引首钢京唐公司在深化改革、产业升级、转型发展中劈波斩浪、稳健前行，在全面实现"四个一流"目标，建设最具世界影响力钢铁厂的新征程中，走出一条质量更高、效益更好、结构更优、优势充分释放的发展之路。

（本文刊登于《首钢日报》2019 年 2 月 25 日一版）

第三节　全局一盘棋　管理精细化

首钢京唐公司炼铁部创双炉月产历史纪录

薛贵杰

2020年3月，首钢京唐公司二高炉、三高炉铁水月产量完成80.22万吨，两座高炉平均利用系数达到2.35，刷新了双炉生产历史纪录。

3月，一高炉按计划系列检修，二高炉、三高炉则是全月满负荷生产。炼铁部在全力抓好新冠肺炎疫情防控、一高炉系列检修、环保"创A"等工作的同时，重点做好在线生产的顺稳保障工作，实现了历史突破。

2月以来，炼铁部就明确了加强非检修产线的运行保障、挑战80万吨产量目标的工作思路。高炉操作层面统一思想，坚持"攻守退"原则，强化过程控制，超前预判炉况趋势，提前做好控制调整。在稳定铁水质量的基础上，技术人员通过优化高炉基本制度改善煤气分布，根据原燃料质量变化，优化装料制度，确保了中心煤气开度在合理范围。两座高炉从入炉全风率、风温水平、富氧率等方面入手，通过扩矿批、提富氧、改善煤气等手段进一步强化冶炼，主要技术经济指标得到稳步提升，3月两座高炉平均燃料比完成489千克/吨。开展技术攻关，实现高炉三场出铁的生产模式。通过采取优化打泥量、分段憋压打泥、优化操作压力等措施，解决了炉门偏浅的问题，平均铁口深度、日平均出铁次等取得明显改善，不仅活跃了炉缸，改善了煤气分布，降低了炉内压差，而且提高了高炉出铁应对突发状况的适应能力，生产运行更趋稳定，为高炉提产达效创造了条件。

原燃料方面始终以"研、供、产"一体化工作为指导，推进焦炭质量改善、降低矿耗，保证高炉的顺稳生产。结合高炉对炉料的需求，炼铁部从入炉料质量保障、质量监控、仓位管控等方面积极牵头组织，加强对碱金属的监控、焦炭粒度的管理、过渡料的配吃管理，建立了原燃料质量周报跟踪机制，加强对原料进厂、原料入仓、原料实物的检查跟踪管理，提高了入炉料稳定组织保障能力。为解决球团矿在造球过程中的裂纹现象，球团技术人员在满足造球前提下，采取低控混合料及生球水分，适当调整皂土配加，稳定机速、生球入机量等措施保障成品球质量。球团裂纹、爆裂从25%稳定到13%以内。

设备点检人员紧密围绕"保顺稳"的目标，加强设备运行管控，通过完善设备系统管理办法，明确了管理职责，有效整合维检单位、生产岗位、点检及专业管理力量，实现设备管理全员参与，为高炉顺稳达产提供了保障。3月12日三高炉开始三场出铁，为确保出铁顺利进行，高炉点检区域对炉前和冲渣设备进行统一强化。在炉前三机设备下线后，一周内完成保养，上线初期实施特护点检，为生产保驾护航。针对炉前三机高温环境，对沟盖机油缸、胶管等易出故障部位，加装喷雾冷却，降低了在线故障。对冲渣区域皮带机等关键性设备，利用出铁间隙进行预防性维护检修，为高炉长期顺稳奠定了坚实基础。

（本文刊登于《首钢日报》2020年4月22日一版）

日均100炉钢是怎样实现的

薛超杰

十年磨一剑，一朝试锋芒。

进入2020年，首钢京唐公司炼钢部坚持一手抓疫情防控，一手抓经营生产，聚焦全流程高效运行精准发力，1月，平均日产达到了100炉，充分发挥了千万吨级单体炼钢厂的生产能力。

时间的指针拨回到一年前。2019年4月29日，炼钢部转炉冶炼日产达到109炉，首次突破100炉大关，由此开启了常态化高效生产的新模式。近一年来，随着生产节奏的加快，冶炼日产纪录被一次次刷新，先后达到110炉、111炉、112炉、113炉。

为梦想接续奋斗

首钢搬迁至渤海之滨，首钢人的强企报国梦从石景山延续到了曹妃甸。对首钢京唐人来说，全面实现"四个一流"目标，建设最具世界影响力的钢铁厂一直是不曾改变的追求。

追逐梦想，炼钢厂从开工建设到全面投产，仅仅用了39个月时间。投产后，炼钢部坚持走技术强企之路，先后攻克了关键工艺、设备升级等一系列技术难关，多项科研成果获得国家、冶金行业和北京市的科学技术奖。

本着"高效化稳定生产"的原则，炼钢部以"提高铸机生产效率"为抓手，眼睛向内深挖生产潜力，通过优化生产排产、强化生产组织等一系列措施的实施，实现了铸机24小时不间断生产，全流程带动了转炉、精炼工序高效稳定运行。2012年，各道工序生产稳定性得到进一步提升，最高日产达到

97 炉。退休老领导罗伯钢曾说过："要是能够达到日产 100 炉的水平，炼钢厂的产能优势才能真正得到释放。"

随着技术的不断进步，连铸机的大包转台、中包车、结晶器振动、扇形段、引锭杆车等设备也完成了改造升级，实现最高拉速突破每分钟 2.5 米，达到了行业领先水平，为高效率、低成本生产高品质钢提供了坚实保障。从 2017 年开始，炼钢产能逐步得到释放，整体提速 13%，最高日产达到 98 炉，日产 100 炉的目标越来越近。

炼钢部致力于采用全新流程打造高效稳定的洁净钢生产平台。为进一步缩短连铸生产周期，实现高效化生产的目标，连铸作业区首席作业长杨春宝瞄准市场前沿，以智能化操作为主线，牵头组建了一支"浇铸平台自动化控制"攻关团队，重点展开了对连铸生产线控制系统的研究。他们结合 300 多个浇铸钢种的液位变化曲线对现场关键参数进行筛选，反复研读原有液位 PLC 控制程序，创新开发了一套新的控制系统，新编程序 640 多条，并且对每个程序块的含义都作了标注，实现了浇铸平台过程的自动控制与监测，不仅提高了铸机整体自动化水平，还实现了 4 台连铸机浇铸平台现场无人值守，开创了国内连铸机浇铸平台智能化操作的新纪元。

连铸技能专家肖华生感慨地说："4 台连铸机浇铸平台现场无人值守后，职工就不用在浇铸的热辐射区域盯着了。比起以前一个班下来走 3 万步的工作量，现在走 1 万步就能全解决。"

不待扬鞭自奋蹄。他们一鼓作气、趁热打铁，结合设备系统升级一举攻克了结晶器液面波动的难关，又以增大结晶器热流、优化现场二级模型、调整结晶器水量为抓手，攻克了铸坯冷却的难题，创新使用了中间包"飞包"、异钢种连浇等工艺技术，减少了生产准备次数，彻底扭转了全流程生产节奏慢的问题，确保了铸机高效化连续生产。

迎挑战攻坚克难

自 2018 年开始，首钢京唐公司二期建设开始紧锣密鼓地进行。想要缓解首钢京唐公司经营生产压力，提升市场竞争力，就必须以市场为导向跳出"舒适区"，寻求新的发展机遇，实现从"稳定生产"到"高效快节奏生产"的升级转变。

为此，炼钢部结合生产实际，以"强化现场管控能力，提升工艺技术水平，提升设备功能精度"为核心，对全流程工艺特点进行了综合分析，提前制定了"常态化高产"的工作方案，周密部署了各项组织方案，瞄准关键瓶颈问题开展了系列攻关。

工欲善其事必先利其器。设备功能精度提升是炼钢部的第一道关口。面对转炉固定烟道冷却系统总是出现爆管的难题，设备机械技术员史良看在眼里急在心上，他暗下决心，一定要摸透这个庞然大物的"秉性"，啃下这块"硬骨头"。于是，他趁着检修重新对汽化系统的 336 根设备管道进行了梳理，一天最多 13 次爬上 59 米高的操作平台，累到双腿打颤也没松过劲。功夫不负有心人。他终于从密密麻麻的设备管道中找到了缘由，并大胆对进出水系统进行了改造，重新改变了管道分布，优化了进水点分配器，彻底解决了固定烟道爆管这个老大难问题，并获得了首钢科技奖二等奖。

针对设备运行的关键环节，炼钢部充分发挥了"工艺+设备"的协同优势，对设备实施 24 小时不间断维护，并严格按照"8+12""12+20"的模式开展检修，扎实推进检修串排，做到了精心谋划、合理施工、全过程监督管控及标准化检查，构筑了完善的设备管理体系。

设备工程师王腾飞说："为提高设备管理能力，我们设备点检人员主动要求进入班组，维检人员也全部按照'保产预案'的运行模式推进，时刻掌握设备运行状态，确保了设备的高效稳定运行。"

逢山开道遇水架桥。在工艺技术提升上，炼钢部也加快脚步。部门成立了多个攻关小组，以"高效化快节奏生产"为核心，深挖内部创新潜能，持续提高生产效率，各道工序均取得了重大突破。

攻关组通过优化供氧机制、提高转炉脱磷率、加大出钢口等措施，使得转炉冶炼周期缩短了 1.9 分钟。通过优化物料确认、加强过程管控、强化措施执行，使得钢水脱碳冶炼时间稳定控制在 16 分钟以内。通过结合转炉高强度供氧技术、快速精炼技术、高效连铸技术等单工序高效生产技术，开发了战略支撑产品的专线化生产模式，减少了物流交叉，提高钢包周转效率，将钢包周转时间控制在 192 分钟，超低碳钢出钢至开浇时间控制在 73 分钟。他们还优化了生产工艺的路线，通过重新开发铺展性和流动性的新型保护渣等措施，打破了小断面周期长的限制性环节，实现了超低碳钢 7 炉连浇，使整个流程运行顺畅、高效平稳，为提高生产效率打牢了基础。

战新局众志成城

随着三高炉的投产，首钢京唐公司运行秩序新模式的到来，让炼钢部全体干部职工愈战愈勇。自从"高效化快节奏生产"攻关以来，炼钢部办公楼内几乎每天都灯火通明，现场职工们也是干劲十足。

炼钢操作专家王建斌从高产冲锋号吹响后，就一直盯在现场指挥操作，职工们看见他在现场，操作起来心里就更有底了。王建斌根据自己的炼钢经验，提前总结了一套高硅铁水"全三脱"处理、枪位控制、渣料控制、原辅料控制等操作方法，并推广到四班执行，确保了每名操作工均能准确操作，为常态化高产打下了基础。

产线上下道工序环环相扣，哪一个环节出现"梗阻"都会影响整条产线的正常运行。为此，他们坚持每天早上 7 点 30 分组织召开部门生产例会，针对重点、难点问题进行专题讨论，主动出击提高应急能力，全方位保证常态化稳定高产。

为了确保万无一失，他们坚持以"保"促"稳"，以"稳"促"快"的举措，把每一炉钢水冶炼的机会都当成一次挑战。五座转炉、四台铸机、精炼站、天车等系统全部正常生产，全力以赴，稳中求进，不断突破，按照"1+4"的生产模式，细化了转炉的冶炼品种，大大提高了转炉的生产效率，提前做好了 4 台铸机并浇期间的钢包协调工作，减少了交叉吊包影响，实现了品种钢的常态化生产。结合前期生产准备、设备强化、原辅材料测算供应、稳产试验、检修周期模型制定等攻关方案，实现了炼钢厂与内外部的相互联动、密切配合。通过完善功能分区、质量一贯制判定规则、扩展垛位、优化备料、挖掘系统潜力等一系列措施的实施，释放了高产期间板坯库的上料能力，为下道工序的稳定生产提供了条件。

此外，他们还合理安排渣罐周转，持续优化白灰、轻烧、冷固球等辅原料的供应模式，确保了生产过程的原辅料的供应，以稳定控制风、水、电、气等能源介质为前提，做到了生产能耗的提前预警和提前报警，保证了能源峰值期间供应和使用平衡。

调度管控组组长胡敏说："在炼钢各道工序高效配合的情况下，我们已经适应了这种常态化高产的工作模式，与炼铁、热轧等工序做到了高效协同，同时也为进一步释放产能创造了条件。"

正如炼钢部领导所说，"日产 100 炉，以前是梦想，现在是常态。"面对困难，他们心怀梦想，勇往直前。在下一个挑战到来之前，炼钢部已经做好了一切准备。

（本文刊登于《首钢日报》2020 年 7 月 13 日二版）

首钢京唐公司铁前系统 4 个月降成本 3.27 亿元

薛贵杰　孙　凯　韩会涛　孙子轶

首钢京唐公司聚焦铁前成本，坚持以高炉为中心的铁前一体化管理，以保高炉顺稳为准则，强化成本和费用管控，降低生铁成本，取得实效。2020年1~4月，铁前系统累计降成本3.27亿元，吨铁成本排名集团第一、行业第二。

定目标，系统化攻关。进入2020年，按照首钢京唐公司降本增效工作安排，炼铁部牵头制造部、焦化部、供料部，以一体化管理为指导，分解落实铁前系统降成本任务，所有工作以高炉为中心，明确职责和目标，为全年降成本工作理清了思路和方向。

炼铁部成立了部领导挂帅的9个降本攻关组，围绕提高产量、降低高炉燃料消耗、优化配矿等9个方面，制定了131条具体措施挖潜降本。对细化的降本措施实施跟踪，每月召开专题生产经营会进行分析总结，抓实降本措施落实。三座高炉先后实现了三场出铁的生产模式，不仅活跃了炉缸，改善优化了煤气分布，降低了炉内压差，而且提高了高炉出铁应对突发状况的适应能力，生产运行更趋稳定，为高炉提产达效创造了条件。在稳定铁水质量的基础上，技术人员从入炉全风率、风温水平、富氧率等方面入手，通过扩矿批、提富氧、改善煤气等手段进一步强化冶炼。1~4月，高炉全面完成产量计划，主要技术经济指标得到稳步提升，高炉煤气利用率稳定在52%的高水平运行。供料部坚持向管理、向一线要效益，通过眼睛向内抓主要矛盾，挖掘自身潜力，全力推进降本增效工作，围绕能源费用、修理费和机物料费3项关键可控费用指标成立3个降本增效攻关组，主攻降本重点任务。焦化部牢固树立过紧日子的思想，坚持稳字当头，苦练内功，紧盯炼焦煤市场，在持续降低炼焦成本上做足文章。制造部总体牵头缩差任务，编制《2020年铁水成本与同行平均缩差100元实施方案》，立足铁前一体化平台，做好部门间的高效协同，深挖潜力、深度优化配煤配矿，在保证质量前提下，加大高性价比新资源开发力度，加强市场预判、完成采购跑赢市场的任务。

优化配煤结构，降低原燃料成本。在保证焦炭质量的前提下，焦化部眼睛向内，深入挖潜，通过持续优化配煤结构，1~4月降低配煤成本1670万元。在提高综合配煤效益方面，通过配煤专家系统和300千克小焦炉试验，不断优化配煤比，实现配煤效益最大化。在优化配煤品种结构方面，利用大数据平台，在国内寻找质优价廉的煤资源，每吨实现降成本300余元。同时，紧盯国外煤炭资源价格变化，做好长协定价工作，将进口煤配比提高至32%。采购上通过期现结合，焦化部与制造部专业管理积极拓展资源渠道，应对进口煤船期波动，在进口煤具有性价比优势时，按上限配比应用。此外，采购部分国外焦煤替代国内焦煤，增加进口煤使用比例，每吨可降低配煤成本111元。

为保证高炉喷吹煤资源供应，制造部与炼铁部技术人员综合考虑混煤质量和成本，合理调整喷吹煤配比，通过增加配比调整频次，在避免混煤质量波动过大的前提下，逐步提高烟煤配比，降低铁水成本。自2月末以来调整配比12次，烟煤配比由30%提至43%；通过提高性价比较好的地方阳泉煤、提质煤，增配进口俄罗斯煤等措施，可实现吨铁降本10元。

及时调整配矿，保证高炉"吃好料、精料"。制造部与炼铁部原料专业紧密跟踪市场变化趋势，提高市场预判能力，及时调整配矿结构，降低铁前成本。通过优化混匀矿中各类矿粉、熔剂、固废配比，实施"等硅等钙"堆积等方式，混匀矿指标得到明显改善。在《关于烧结配吃秘鲁球团粉提案》实施过程中，制造部专业罗尧升牵头炼铁部成本管理和烧结生产管理，组织制定了烧结矿低温还原粉化指标体系，大大降低了配矿成本。他说："高炉顺稳讲究'七分原料，三分操作'。配矿就相当于高炉的'配菜'工序。作为铁前技术管理专业人员，必须围绕'七分原料'下大功夫，保障高炉吃得好。"

供料部通过优化熔剂配加方法，弱化消化灰渣的不利影响，多措并举提升混匀矿制备水平，混匀矿指标明显改善，为烧结矿质量提升打下良好基础。

炼铁部针对矿粉锌含量升高，降低钢渣配比，并停配锌含量高的精料渣，单机生产期间控制好旋风灰回吃量，保证了高炉有害负荷受控。通过增加烧结性能较好的矿粉配比，配加折扣矿，降低配矿成本。在优化配矿方面，1~4月实现降本 6255 万元。熔剂方面消石灰全部实现自产自供，月降成本 42.2万元。烧结停购石灰石块，全部使用套筒窑筛下及消化渣，月降成本 62.8万元。

（本文刊登于《首钢日报》2020 年 5 月 20 日一版）

抓关键　破难题　十四项纪录这样被刷新

孙　凯　薛超杰　侯振元　许国安　刘美松　蔡香君　韩会涛

全流程工艺稳定，是衡量公司生产运营质量和水平的直接体现。

首钢京唐公司坚持目标导向，聚焦全流程过程管控，梳理对标指标 79 项。制造部组织各部门开展技术质量攻关，建立过程指标和结果指标对标体系。以国内外先进钢企为标杆，开展"质量、效率、效益、成本"全方位对标。每月以"摘挂牌""曝光台"等形式，发布对标情况，对照计划指标进行分析讲评。引导各单位优先抓重点，提升公司级指标评价权重，保障产品特性和关键过程特性，同步指引作业区开展过程指标的攻关和改进。各部门用"曲线"和"尺子"所描绘的数据来深入分析，总结经验，查找不足。4 月对标指标综合达标率为 57.0%，比 3 月提高 7.6%。吨钢能耗、转炉碳氧积等 45 项指标达到标杆企业水平，14 项指标创历史最好水平。

炼钢部以"高效化稳定生产"为核心，组建了多支攻关团队，瞄准任务目标狠下功夫。为提高 IF 钢脱氧前氧合格率，他们通过强化化冷钢、涮槽、底吹氩气等工作，促进钢渣界面流动顺畅，避免了真空室异常耗氧，同时通过优化吹氧方式、增加定氧操作等措施，保证了脱碳效果，提高吹氧的准确率，使得 IF 钢脱碳前氧合格率稳定控制在 98.7% 以上，优于对标标杆。转炉出钢温度是由整个炼钢系统决定的，也是衡量炼钢厂生产工艺、设备管理、技术水平的重要指标。在一定范围内，出钢温度越低越有利于提高产品质量，有利于降低生产成本。为降低出钢温度，炼钢部创新采用了"大口径出钢"技术，使得转炉冶炼周期提升了 2%，出钢温降减少了 3.6 摄氏度。在此基础上，炼钢部还加快了智能化改造的进程，新投入使用的"新型废气分析仪"系统，使得每炉普通钢水的真空冶炼时间平均缩短了 2 分钟，生产效率整体提升了 5%。4 月，转炉出钢温度达到 1647.4 摄氏度，创历史最好水平。

热轧部聚焦年度工作任务，加大产线精轧换辊攻关力度，建立换辊攻关正向激励机制，明确全年目标，咬定青山持续发力。该部精轧换辊攻关团队在坚持执行原有攻关措施的基础上，深度分解换辊工序，以秒为单位计算各道工序所需最短时间，挖掘优化空间。同时，他们将攻关重心转向现场，深入总结前期换辊过程中出现的问题，按专业、按部位分类汇总，并将现有攻关组细化分解成多个攻关小组，同步展开针对性攻关。他们通过实施信号开关支架改造、改善电气设备运行环境、摸排液压换向阀动作稳定性等措施，成功解决了换辊信号丢失、换辊动作卡顿等一系列问题。1～5 月，热轧部2250 毫米产线精轧月均每次换辊时间实现 11.64 分钟。其中，4 月月均每次换辊时间达到 11.41 分钟，突破 11.50 分钟大关，优于对标企业轧机。

冷轧部狠抓过程工艺稳定，提升产品质量保障能力。成立以主管副部长为组长的工作小组，以 SPC 过程管理为抓手，责任和绩效到岗到人。从用户反馈的质量异议、抱怨及内部质量问题，梳理各产线过程特性、产品特性及需监控的特性项目，建立 162 项风险关键控制点，动态掌握质量变异，及时识别、分析、解决问题点，减少异常波动，确保产品质量一致性。通过优化镀锌超高强钢产线分工，完成超高强钢产品由一期产线向高强镀锌线的转移，实现产线专业化生产。4 月超高强钢原品种成材率超过标杆企业，创历史最好水平。围绕影响镀锌 O5 板前三位质量缺陷和客户抱怨，重难点问题实施滚动式"摘挂牌"解决问题机制，强化正向激励，O5 板镀锌工序降级品率比标杆企业低 4.06%，刷新了纪录。

受新冠肺炎疫情影响，食品、饮料等镀锡板常规产品的市场需求严重下滑，产品同质化竞争异常激烈。镀锡板事业部及时调整营销策略，凭借敏锐的市场"嗅觉"，精准掌握用户需求开拓市场。4 月某奶粉铁用户因其另一供货商产品质量不稳定，暂停了该供货商的供货。首钢京唐公司营销人员积极跟进销售工作，凭借首钢产品一贯的质量稳定性赢得用户青睐。4 月镀锡板事业部奶粉铁订单比例比去年平均水平增长 63%，创历史新高。同时他们积极发挥自身优势，加快推进 DR 材等高强减薄产品开发和市场推广，既避免了同质化竞争，又保证了产销衔接。一方面，利用自身连退材、罩退材种类齐全的 DR 品种优势和离线平整、在线平整兼备的 DR 材产能优势，积极拓展国内外市场空间；另一方面，充分发挥产销研一体化优势，加快薄规格产品开发，积极拓展 0.16 毫米以下的薄规格产品接单能力。4 月，DR 材订单比例达到 43.9%，超过标杆企业产线 29.9%，创历史新高。

焦化部紧盯配煤、炼焦、熄焦、运焦等各个生产环节，不断优化工艺参数，持续提升设备稳定性，最大限度挖掘潜力。在提升焦炭焦炭反应性（CRI）、焦炭反应后强度（CSR）方面，充分依托配煤专家系统，以历史大数据作支撑，根据炼焦市场行情，在"物美价廉"的基础上不断优化配煤结构。注重在每次改变配煤比后，主动增加校秤频次，保证煤量准确。同时，在炼焦过程中，发挥"火落"技术优势，稳定直行温度均匀系数和直行温度安定系数，做到焦炉炉温精准化控制。在熄焦作业时，最大限度提高干熄焦料位，减小干熄过程中的落差，保证焦炭质量。4 月，干熄焦吨焦产蒸汽、炼焦单位工序能耗、焦炭的抗碎强度 M40、CRI、CSR 五项指标处于行业领先水平，其中 CRI、CSR 分别优于对标企业 1.53%、1.75%，创历史最好水平。

刷新纪录背后的秘密

孙 凯

三座 5500 立方米大高炉同步运行、具备 1370 万吨钢的年生产能力，翻开了首钢京唐公司经营生产的新篇章。

2020 年，在全新的经营生产模式下，首钢京唐公司多条产线创月产纪录 16 项，与行业先进指标对标刷新纪录 42 项、71 次，产线运行质量大幅提升；完成产品开发 48 项、产品认证 63 项，高端领先产品占商品材比例达到 52%，产品结构调整创历史最好水平。诸多优势协同汇聚，迸发出了前所未有的活力。

高效协同　优先做大蛋糕

纪录的屡次刷新，依托于全流程的持续顺稳。新冠肺炎疫情期间，京唐人按照"控疫情、强保障、保安全、稳经营"的工作方针，主动担当、积极作为，交出了一份经营稳定有序的"钢铁答卷"。

兵马未动，粮草先行。高炉顺稳讲究"七分原料，三分操作"。但秘铁因疫情停产给京唐公司带来巨大考验。对此，公司迅速优化配矿结构、开发新品种、引入秘细替代资源等措施，筑牢了原料保供第一道防线。炼铁部按照"早动、少动，小步快走"的思路，大力开展技术攻关，通过加强煤气调整和数据监测等措施，三座高炉先后实现了三场出铁的生产模式。同时通过强化外围协同保障，狠抓设备管理，提升操控水平，提高驾驭能力，高炉焦炭负荷水平稳步提升。在 1 号高炉年修期间，虽然产能释放受到了制约，但 2 号、3 号高炉保持了高水平稳定运行，多项指标创出历史纪录，有力支撑了公司生产运行大局。

"一枝独秀不是春，百花齐放春满园。"除了铁前系统供料互备互用外，钢坯、平整、热卷、酸轧、镀锌等协同保障措施"全面开花"，为保障工序服从、合同交付、品种覆盖、效益最优提供了有力支撑。依托协同手段的多元化，一期炼钢2月创造了平均日产100炉的历史纪录；热轧产线一季度综合产量达到近年来同期最好水平，1月两条轧机产量分别完成52.52万吨、38.88万吨，均打破历史纪录；1700毫米酸轧产线5月产量高达17.28万吨，刷新了1月的纪录，实现了建厂投产以来的历史性跨越；2230毫米酸轧产线从2019年10月起，连续9个月创出高水平，2020年3月23.06万吨，再次打破产量纪录，达到国内同类轧机领先水平；1420毫米酸轧5月实现月产7.79万吨，创历史最好水平；彩涂板继3月突破1.4万吨后，5月完成1.41万吨，创出历史最好水平。

首钢京唐二期一步产线达产达效，在首钢集团发展规划中占有重要的战略地位。首钢京唐公司狠抓影响高效运行的关键环节，各项工作取得阶段性进展。MCCR产线铸机平均拉速水平逐步提高，最高拉速达到5.3米/分钟，2.0毫米以下薄规格比例达到60%以上，实现了最薄规格1.0毫米的小批量稳定轧制，6月产量14.7万吨，完成月度攻关目标。中厚板一季度双线轧制量、热处理量均超额完成计划。其中，1月两条产线产量19.75万吨，刷新产量纪录；热处理过炉量3万吨/月，达到设计产能。高强镀锌线通过设备功能精度保障、关键生产工艺合理内设计等措施，实现产线设计最高1200兆帕双相钢接单能力，厚度、宽度规格接单能力达到了产线设计的95%，成材率、合格率控制水平基本达到了一期镀锌线水平。同时进一步拓展品种和规格，产线运行稳定性进一步提升。2月完成3.8万吨，实现月达产，6月完成4.3万吨，创最高水平。连续酸洗线生产、调试同步进行，连续取得切边剪卷边、飞剪折角等问题的技术突破，产能逐步提升。

做实体系　促进管理升级

纪录的屡次刷新，离不开基础管理的保障。首钢京唐公司坚持从制度、体系管理入手，完善管理架构，理顺业务流程，推进合规运行，以专项攻关为抓手，基础管理水平实现全面提升。

"没有规矩，不成方圆。"企业高效运转得益于扎实的基础管理和持续改进的优化模式。首钢京唐公司倡导"以考促学"，推出交叉式内审组织编制年度审核计划，审核结果纳入评价排名，促进体系标准的落地。2020 年上半年开展了为期 2 天的中高层质量意识能力培训，培养了领导干部风险思维，深化了持续改进的体系理念。针对技术人员，制造部根据课题开展 FMEA 培训和课题辅导，累计培训 133 人次，增强了技术骨干运用工具识别产品和工艺过程的关键风险点的能力。同时，公司选择 16 个试点作业区 1600 余人进行岗位规程在线考试。炼铁部炉前岗位孙国光师傅说："岁数大了，背诵是有点困难了。但是经常考考也是好事，熟能生巧，也有利于安全生产。"

"志之所向，金石为开。""欲责其效，必善其方。"首钢京唐公司以国内外先进钢企为标杆，梳理对标指标 79 项，开展"质量、效率、效益、成本"全方位对标。每月以"摘挂牌""曝光台"等形式，发布对标情况，对照计划指标进行分析讲评。2020 年上半年，共有 43 项达到或超过标杆企业，其中 38 个对标指标累计创历史最好水平 71 次，将公司产品质量从事后管理向精准的过程管理推进了一大步。尤其是 4 月，吨钢能耗、转炉碳氧积等 45 项指标达到标杆企业水平，转炉出钢温度等 14 项指标同时创历史最好水平。

"产销系统上线，就是要让数据说话，用数据实现全流程的改善。"制造部党委书记林绍峰感慨地说。制造部以外部客户需求、内部降本为导向，以识别过程变异、评价过程稳定性、保障质量一致性为目标，从无到有建立以 SPC 为抓手、以 Cpk 评价为主的工艺稳定指标评价体系，设立钢后主流程 363 项控制点，覆盖 40 余条产线，上半年综合达标率从 37.8% 提高至 51.2%。首钢京唐公司副总经理周建说："建成 SPC 控制体系，对于推进过程控制有很好的帮助，通过数据我们可以清晰地找到存在的差距和问题所在，为下步开展工艺攻关和改进提升指明了方向。"

服务创新抢抓市场机遇

纪录的屡次刷新，得益于对市场需求的精准把握。首钢京唐公司注重持续推进产品结构调整，以渠道升级为引擎驱动产品结构向"专、精、优、特"持续优化，抗菌板、抗静电板、极薄镀锡板、极低温容器钢、调质储罐钢的问世，进一步提高首钢品牌知名度。

在严峻的市场形势下，首钢京唐公司面向产品市场，加大产品推进力度，动态适时优化产品结构，2020年上半年推进产品完成年计划的54.6%，战略产品完成计划的52.6%。

周到的服务才能赢得顾客的信任。首钢京唐公司以客户为焦点，完善服务机制，延长服务半径，构建质量工程师"产品开发+用户技术服务"一岗双责制度。通过"重点用户+重点区域"的双重锁定，拓展用户服务辐射圈，以过硬的产品质量为用户提供"贴心服务"。汽车产品实行"一人一户"的点对点式服务，将单一的"划块"式工作分配转变为以"重点用户+重点产品"的横向延伸，提高了问题的分析能力、解决能力，反应速度、整改效率也获得大幅提升。自2019年以来，涂油不均、侧围外板等诸多瓶颈问题纷纷被攻克，首钢京唐公司获得了宝马汽车"2019年最佳供应商"和上汽大众"2019年度最佳供应商入围奖"两个奖项。同时，建立重点客户服务机制，快速响应客户需求。汽车板产品、家电专用产品、热轧产品、中厚板产品等分别根据客户服务、产品产量、质量需求等建立战略客户"即时"响应机制，做到24小时全方位服务。上半年空调锌铝镁用钢、电油汀用钢也快速上量，新增用户大金空调通过产品认证，并实现了首次小批量供货，为下一步扩大合作奠定基础。4300毫米产线船板钢认证工作顺利完成，为公司船板拓展国际市场打开了更为广阔的通道。

企业竞争力的实现取决于创新。首钢京唐公司坚持创新引领，注重技术研发。围绕2020年任务目标，技术中心以现场瓶颈问题和行业疑难问题为导向，聚焦"新产线、新工艺、新产品"，以优质适用技术为作业部及重点用户提供服务，开展"高炉顺稳长寿技术研发"等9项成套技术、12项课题研究，均按进度要求完成80%以上。铁前高炉风口服役周期延长技术，完成了坏损风口的解剖调查，为建模仿真研究提供了数据基础，探索形成风口入厂检测和上线安装的技术标准，风口坏损量降低30%。热系产品完成700~800

兆帕回火高强钢开发，通过徐工焊接认证。镀锡板开展高氮钢技术攻关，强度最高可达到 DR-9 以上。中厚板开发了调质储罐用钢，并成功中标中石油库车项目，产品业绩实现了近五年来"零"的突破，也实现了 4300 毫米搬迁后原油储罐供货业绩的突破。

争国内第一 创世界领先

——首钢京唐公司三高炉生产高水平稳定运行

薛贵杰

"负荷 5.51、炉温 0.36、富氧率 6.9%……" 在首钢京唐公司炼铁作业部生产早会上，调度室汇报着三高炉的各项生产指标数据。

集团公司领导在首钢京唐公司三高炉调研时指出，京唐炼铁人要立志做到 "国内第一、世界领先"。围绕目标，炼铁作业部党委确定了党建统领、保障高炉高质量运行、夯实基础管理、打造一支过硬的人才队伍四条工作主线，明确任务、压实责任，通过量化技术指标，坚持精细化操作，稳扎稳打，全力推动大高炉技术进步，三高炉各项技术、经济指标均达到国内先进水平。

稳字当头，夯实基础管理

"制粉，煤量改 87 吨!" "热风，煤气调整，先稳一稳。" "上料……" 在三高炉值班室，丙班作业长白普林与各岗位联系着。高炉生产是一个相辅相成的系统工程，上料、热风、炉前等班组为高炉炉内顺稳提供优质服务，炉内的稳定也会促进外围生产的稳定。

稳定是组织炼铁生产的灵魂。在三高炉日常生产中，四班作业长严格执行操作制度，积极做好各系统的衔接。炉内强化过程控制，增强技术人员操作的快速反应能力，超前预判炉况趋势，提前做好控制调整，保持合理、稳定的热制度。技术人员通过加强高炉用料运行规律总结，细致掌握各类炉料的冶金性能参数，合理调控配加比例。在确保入炉原燃料质量整体稳定的前提下，针对不同炉料结构，对影响高炉顺行的关键工艺参数进行摸索，完善了不同原燃料条件下高炉操作工艺参数标准值体系，为高炉操作人员有效执行"攻守退"措施，提供了精确的数字指导。外围强化筛分管理、布料管理、出铁管理，为炉内形成稳定活跃的炉缸状态创造条件。

"大矿批是饭，小矿批是药。提矿批对我们继续提高煤气利用，增强炉缸吃热能力提供了支撑。"三高炉日班作业长裴浩然说。围绕大矿批冶炼攻关，技术人员首先从提高鼓风风速和动能入手，不断提高风温使用水平。在逐步增加上料矿批过程中，他们平衡压量关系，保持高炉良好运行状态，技术人员24小时值守在监控画面前，紧紧盯住高炉数据曲线变化，炉内煤气流逐步稳定，煤气利用率逐步提高。目前，三高炉上料矿批达到184吨，煤气利用率稳定在52%以上，高炉稳定顺行。

在稳定铁水质量的基础上，技术人员从入炉全风率、风温水平、富氧率等方面入手，通过扩矿批、提富氧、改善煤气等手段强化冶炼，主要技术经济指标稳步提升。3月，平均焦炭负荷达到5.53，平均燃料比完成479千克/吨，利用系数2.40，创开炉以来最好水平。

结合高炉对炉料的需求，炼铁作业部以"研、供、产"一体化工作为指导，从入炉料质量保障、质量监控、仓位管控等方面，加强对原料进厂、原料入仓、原料实物的检查跟踪管理，提高了入炉料稳定组织保障能力。一季度，三高炉炉料结构稳定，入炉球比稳定在55%，综合入炉品位达到62%。此外，通过设备的预防性维护管理，逐步完善维修故障库，提升设备维护水平，降低设备故停。3月，三高炉投入三场出铁生产模式，为确保出铁顺利进行，高炉点检区域对炉前和冲渣设备进行统一强化。针对炉前三机高温环境，对易出故障部位实施改造，降低了在线故障。并对各区域关键性设备，利用出铁间隙进行预防性维护检修，为高炉长期顺稳奠定了坚实的基础。

科学创新，坚持技术强企

科学管理5500立方米高炉，重视技术积累，坚持数字化炼铁，已经成为炼铁作业部的技术追求方向。在管理上，炼铁作业部党委坚持科学化、精细化管理，走出了具有首钢特色的大高炉科学发展之路。

三高炉从设计开始就站在了高起点上，借鉴一期高炉的运行经验，京唐炼铁技术人员优化和改进了部分工艺技术，为高炉的可操作性和稳定性打下了坚实的基础。发挥资源优势，践行绿色发展理念，三高炉大胆选择了大比例球团冶炼的工艺技术路线。

大比例球团冶炼具有高品位、高效率、低能耗、低排放等技术优势，而国际上 5000 立方米级大高炉没有应用先例，技术经验空白。风险面前彰显勇气与担当。炼铁作业部党委集中精兵强将成立了技术攻关团队，先后组织了 28 次工业试验，持续优化每一个试验方案，最终成功掌握了从原料管理到高炉冶炼的一系列技术要领，逐步形成了京唐高炉大球比冶炼操作制度，球团矿比例稳定达到 56% 以上，开创了同类型高炉大球比冶炼的先河。

在三高炉主控室，首席作业长兼党支部书记皮福生一边查看高炉运行数据和布料情况，一边说："三高炉采用的是新型分体并罐式无料钟炉顶设备，能使料流更加精准，为炉况顺行提供保障。"

此外，炼铁部还认真对比分析一期高炉生产中曾出现的问题，采取减少风口数量、引入均压系统等创新方法，提高了高炉整体运行稳定性。

类似于这样的技术革新，三高炉共优化和改进技术 16 项，创新技术 18 项。通过一系列新技术的应用，高炉的可操作性和调节性得到了更大程度的提高。

以人为本，熔炼过硬团队

大高炉高质量运行是系统工程，最关键的是人的思想观念统一。炼铁作业部党委坚持以炼铁高质量发展的最大公约数来统一思想，以开放、包容来融合团队，以关爱职工凝心聚力，营造了团结、共进的良好氛围，"炼铁一家亲""我们都是炼铁人"深入人心。

三高炉投产初期，职工当中 95% 是首秦职工，从首秦到京唐，不仅有环境的变化，更有思想观念的差异。为更好地凝聚融合团队，炼铁作业部党委主动做思想工作，下班后到职工宿舍慰问，通过走访谈心，帮助他们尽快适应新岗位、新环境，树立建功立业的信心和动力。首秦职工的快速融入，为三高炉的建设投产及高水平运行提供了保障。

炼铁作业部党委以"世界领先"为使命，传承和发扬首钢精神，涵养干部职工热爱炼铁、心系高炉的铁人情怀，推动炼铁人与炼铁事业共同发展，让百年炼铁文化在新时代焕发出新的生机。热爱炼铁，敢于苦干硬干已经成为炼铁人的标识。三高炉建设期间，热风炉砌筑正值数九寒冬，施工困难，工程拖期，部党委一声号令，近百名职工组成的突击队加入到建设队伍中，不讲条件全身心投入，"奋战冬三月、全力保工期""手拉手、战严寒"争分夺秒，夜以继日，连续作战，变不可能为现实。负责工程管理的党员张劲锴，一心扑在高炉上，查图纸、跑工地、抓进度、解问题，每天工作十四五个小时，连续3个月没有休过一天假，不完成任务不下战场，那种敬业与认真，感染着每一名职工，凝聚了团结拼搏的力量，战胜了各种施工困难，三高炉如期高质量投产。

随着三高炉投产达产，冶炼强度稳步提高，炉外出铁次数显著增多，一方面渣铁排放效率差影响高炉炉内的顺行，另一方面增加了炉前物料的消耗。炉前班长梁永松和同事们认真分析变化因素和限制环节，优化出铁管理，按照出铁间隔要求，结合炉门实际状况判定出铁时间，保证出铁重叠率。通过一段时间的实施，高炉出铁次数得到合理把控，既保障了高炉的稳定顺行，又实现了低成本高效冶炼。

首钢京唐公司打造三支人才队伍成长通道，大力弘扬工匠精神，有效地激励了技能人才成长。面对炉前岗位50%以上为新员工的现状，班长梁永松发挥党员的先锋模范作用，充分利用自己的工作经验，主动给新员工讲案例、定标准，加快新人对新工艺新设备的适应，为三高炉出铁秩序正常打好了基础。他先后承担和参与了降低铁次攻关、三铁口出铁倒场出铁模式优化等多项重点工作任务。2019年，梁永松晋升为首钢京唐公司技能专家。

三高炉投产后，生产步入正轨，这时候首席作业长兼支部书记皮福生又有了新想法："目前，三高炉各项生产指标在国内达到了先进水平，但我们还缺少一张能拿得出手的具有特色的亮丽‘名片’。"于是，在他的带领下，大家集思广益，在三高炉主控楼成功打造出"高炉铁人之家"。在名字上就贴地气，透着家的温馨味道，深受广大职工的喜欢，打造所需物件皆出自职工自己"小改小革"之手，大家都有一种获得感、幸福感。

"走啊，到皮书记那儿取取经去。""来，到咱家坐坐，喝杯奶茶暖暖心。"其他作业区纷纷到三高炉参观学习。

先进的工艺、科学的管理、精细的操作、过硬的队伍，使三高炉在高效稳定运行当中不断突破。正如主控楼前的标语，"炉火映初心，铁肩担使命"，勇毅的京唐炼铁人正在朝着"国内第一、世界领先"的目标，奋勇前进！

书写海上大物流

——首钢京唐公司做大做强物流运输纪实

杨立文　宋厚岭

在首钢京唐公司运输部成品码头，16 台门座式起重机、6 台卸船机有序地摆动着巨大的臂膀，将一卷卷锃亮的冷轧板卷吊入硕大的船舱……这里一片繁忙景象，一批又一批冷热轧产品从这里走向全国各地。

"打造优质、高效、快捷的物流服务品牌"是首钢京唐公司运输部成品码头的发展方向。近年来，他们按照"立足首钢、服务环渤海"的战略方针，面向社会开展经营业务。运输部 5 号智能物流库的投入使用，使成品码头如虎添翼，开启了全天候无人化自动作业，带动了整个成品码头向现代"智慧物流"的转型升级。2019 年以来，成品码头全力提升经营能力、服务能力和综合竞争力，创收经营实现了新的突破。1~9 月，港口吞吐量完成 1167.2 万吨，创收收入 1.09 亿元，创出历史最好水平。

顺畅高效靠的是有效管理

正如人体的循环系统，物流系统的顺畅、高效，对于一个企业的健康、快速发展作用至关重要。

在物流管理过程中，首钢京唐公司结合工作实际，创新出台层层授权、快速协同的决策机制。为适应钢铁板块产销一体化项目上线运行对业务分工、内部管控带来的变化，主动对接，构建了海运、汽运、铁运、商务、仓储、成本 6 个管理模块，实现运输计划、执行、监控、实绩收集的全流程闭环管控。同时，不断强化指标体系建设，完善以码头为中心的物流管控体系，以

"四标"为抓手，促进运输部经营管理水平的不断提升。

为使成品码头的整体功能充分发挥出来，他们一方面强化船舶靠港的计划性，科学组织，超前计划，依据船期计划表制定船只装运产品的配载图，保证了装船作业的连续性。强化海运配货、要货功能，缩短作业环节，提高产品周转效率；另一方面从加强产品库场的动态管理入手，提高货物运放的准确性和时效性。实际工作中，他们在确保成品卷装船外发的同时，平衡管理产品的出入库种类和数量，通过现场微机操作，实时监控整体物流流程，使产品的集港、储存，都实现了标准化库场管理，实现了热、冷轧产品成品库的物料进出平衡。为激发职工的生产积极性和工作热情，他们在成品码头的一线岗位中广泛开展劳动竞赛活动，根据人员新、设备新的实际特点，聘请秦皇岛港务局专业管理人员为职工培训，提高现场操作人员的业务能力和操作水平。着手建立以设备点检作业区为核心、以点检规范化为标准的设备管控体系，加快点检能力建设，提升设备状态对生产的保障能力。港口作业区扎实推进自有产成品装卸运输质量管理，质量责任到岗到人，产品货损率降低到 0.025% 以下。铁运作业区以保铁水运输为核心，强化生产组织，坚决落实季节性、节日期间各项安全生产措施，保障铁区生产稳定运行。汽运作业区强化协作单位人员管理和运输设备运行质量管理，提升班组交接班质量，提高保产运输能力。铁运设备维检作业区夯实设备检修管理工作，责任分工到人，保障设备稳定运行。

顺着卸船机的电梯起升 40 米，来到卸船机的机房，绝对会让人眼睛一亮。这里完全颠覆人们脑海中对设备机房的概念，没有油污灰尘、没有杂货杂物，见到的是窗明地净、整洁明亮。在靠东方向的墙面上，用空水瓶自制的首钢 LOGO 格外醒目，墙上装饰的绿叶与地板上的花草相辉映，随着微风轻轻摇曳。走在巡检绿色通道中，会感受到 40 米高空独有的气息。这就是被大家誉为"空中花园"的 QTI 打造示范点。通过改善职工的生产作业环境，提升管理效率，实现企业可持续发展，是首钢京唐公司开展 QTI 精益管理的目的。工作在运输部码头卸船机上的职工，每天都要坚守在 40 米高空作业，为此运输部以卸船机机房为试点开展了 QTI 重点打造，他们要把这里变成

"家园"。生产任务紧,工作之余,大家就主动放弃休息时间,对卸船机设备间进行清洁和维护。纷纷从自己的家中找来各种材料,亲自动手布置"最美小家"。经过大家的共同努力,卸船机操作现场面貌焕然一新,一座座别具风格的"空中花园"在运输部成品码头的 40 米高空呈现出来。他们还在机房增加了学习和培训的功能,加深了彼此的沟通与交流。"空中花园"得到了首钢京唐公司领导及广大职工的赞许。

打造品牌靠的是用心服务

一艘名为"正和 58"的万吨级货轮,停靠在运输部成品码头,正准备装船作业时,货主急忙上前制止,禁止装船。原来,这艘船之前装过煤矿,虽然经过了清理,仍然污染了部分船舱,货主怕弄脏冷轧板卷产品,拒绝装货,船方与货主发生争执。运输部港口作业区区域长张世烨看到这种情形,立刻赶了过来。了解完情况后,张世烨马上召集作业人员:"船方在咱这遇到了困难,今儿大伙多出一把劲儿,咱把这活给干利索了,这也是打造咱京唐品牌的机会。"说完,他第一个下了船舱,大家积极响应。在他的指挥下,20 个人分成 5 个组,齐心协力,很快船舱被清理得干干净净。货主的气消了,船方人员也被感动了,拉着张世烨的手,连说:"谢谢!谢谢!"

良好的服务是企业品牌的生命和灵魂。物流行业也不例外。首钢京唐公司运输部在重点开发钢材货源市场的同时,不断提升港口经营的服务能力。

他们定期组织业务人员前往国内大型港口进行学习,对标找差,不断完善。安排专人到浙江物产、中航矿产、杭钢国贸等公司进行走访,了解客户的需求,掌握发运过程中存在的问题,积极制定相应措施,提高客户的满意度。同时实施大客户代表制,做到专人专责,为客户需求及时提供帮助,维护客户权益。健全客户档案,收集和分析市场数据,强化市场开发渠道管理,提升业务能力和服务质量,增强客户合作信心。通过强化与终端客户的业务衔接,打造精品服务平台,给自有码头战略用户、重点用户提供全方位贴身服务，实现客户需求快速响应。他们在走访福建客户过程中了解到，几家客户都希望与首钢京唐公司码头签订战略合作协议，开通首钢京唐公司至福建直达班轮航线，从而实现货物不分先后顺序卸货。为此，运输部认真研究，打破传统配载模式，优化装船流程，合理调配货物。经过努力，首次实现了福建泉州龙翔码头和漳州兆龙码头的平行卸船。2019年5月31日，一声嘹亮的汽笛声后，满载货物的"京海盛"货轮，顺利驶离首钢京唐公司码头……这是采用新装船配载模式的第一艘货轮。新装船配载模式不仅提高了卸货港泊位利用率，还大大缩短了船舶运转周期，加快了产品发运速度，真正实现了双方利益最大化。

2019年，运输部在稳固和发展现有大客户的基础上，利用自身作为钢厂熟悉生产、销售、运输全流程服务的优势，通过优化港口配套服务，提高现场作业效率，合理安排泊位，促进拼船发运模式，不断开发中、小客户。5月14日，铁海多式联运正式开通，彻底打通成品码头铁路集港的"最后一公里"，成品码头辐射范围将突破唐山周边地区，铁路集港业务已成为港口经营生产常态化的运营模式，港口经营能力实现跨越式提升。运输部充分发挥精品钢材专业化码头的规模化集约优势，在降低远端货源钢厂至成品码头下水口岸的物流运输成本的基础上，做强做大精品班轮航线，进一步提升成品码头成本更低、效率更高、功能更全的综合服务水平。目前，首钢京唐成品码头已开通了10余条直达航线，与30多家航运公司建立合作关系，为300多家客户提供高效、快捷、经济的物流服务。

绿色物流靠的是智能创新

首钢京唐公司运输部码头5号库。一辆运货卡车缓缓地顺着库房大门倒行进入指定区域。此时，库房内的天车随即启动起来……天车到达包装好的冷轧板卷下，缆绳自动下行，抓钩自动将一卷冷轧板卷吊起。随后，天车运行到卡车货斗上方，缓缓地将冷轧板卷放入车内……天车这一连串的动作，流畅精准，一步到位。然而，天车的操作室确是空无一人。这就是首钢京唐运行中的第一个智能化物流库。

随着首钢产销一体化进程的加快，物流运输成为首钢京唐实现产业增长重要助推器。同样，绿色智能物流是连接供应和生产的重要环节，也是构建智能工厂的基石。

首钢京唐公司持续以"打造智慧物流，实现绿色运输"为目标，让科技成为绿色物流"智慧大脑"。在智能化物流建设过程中，首钢京唐对6台天车进行无人化改造，研发并应用了11项专利技术。整个项目由地面站、车辆管理、车辆防撞、车辆形状识别、无人天车控制5大系统组成，并采用大小车激光测距、称重传感、自动定位、防摇摆控制、钢卷内径识别、夹钳夹紧识别等关键技术，实现全天候全自动无人化作业。"作业时，成品码头5号智能物流库系统具备与上级生产作业系统进行数据自动交换的功能，自动接收生产作业系统下达的作业计划，进行目标位置预约、天车分配和生成天车工单，自动完成入库出库工作。"智能物流库管理员马宏伟指着天车兴奋地说。首钢京唐公司采用先进智能装备，创新仓储物流工艺，最终实现港口生产物流自动化、装备智能化、操作无人化、管理最优化。该项目能够实时监控产品与产品信息，提高管理库存的速度与准确度，提高设备运转率及改善工作环境，降低物流费用及提高生产作业率。目前，在首钢京唐运输部成品码头5号智能物流库，智能化、高效化、低成本、自动化程度高等特点和优势，已经在运营中得到充分发挥，实现了首钢京唐公司成品码头向智能物流的转变。2019年7月8日，首钢京唐公司运输部成品码头5号智能物流库单日作业量达到830卷，创出智能作业新纪录。

首钢京唐公司不断拓展绿色物流领域，同时实现智能化与数字化的有机结合，在业务梳理基础上，实现了运输计划、执行、监控、实绩收集的全流程闭环管控。围绕降低铁包全流程周转时间，提高铁水运输效率，运输部联合制造部持续开展"多目标优化顺稳炼铁—炼钢界面智能化闭环控制技术"的课题研究，利用先进技术和软件开发模式，实现运输机车的智能化实时监控、调度、管理，使该系统成为国内具有领先水平的铁包全程管控系统，为铁包全程管控提供信息化支持手段，满足了铁水运输全程管控的业务需求，极大地提高运输生产效率和管理的信息化、科学化水平。

2019 年以来，首钢京唐公司在智能物流建设方面还完成了桥式卸船机半自动化调试，实现卸船流程的半智能化作业。此举是在智能仓储基础上，又向智能生产线迈出实质性的一步，为打造智慧运输新模式拓展了新的发展空间。

"红星"耀现场

——首钢京唐公司供料作业部打造星级皮带机侧记

孙子轶

"看，三颗红星的皮带，犹如新的一般吧！"耀眼的"三颗红星"在皮带机上显得格外醒目，就像是对它多年来勤恳劳作的一种认可。首钢京唐公司矿料场点检作业区区域作业长王志刚骄傲地说："到今年 5 月份，矿料混匀区域三星级打造计划将提前完成！"

总共 10 万米长的 284 条皮带在首钢京唐公司供料部各个料场平稳有序地运转着，它们承担着为高炉及后续用户运输"粮食"的重任，是首钢京唐公司在全面实现"四个一流"目标征程中，为企业顺稳运行保驾护航的"生命线"。供料部瞄准"建设世界一流原料场"目标，自 2017 年起开展"星级皮带打造计划"，以持久战之势，坚决打赢 284 条皮带设备改善攻坚战。截至目前，共打造三星级皮带 221 台，占比 77.8%。

目标引领攻关

"一年更比一年难，一年更比一年好！"矿料场作业区职工高翔对星级皮带打造工作发出由衷感慨，"一年接一年的改造，已经使我们形成了定期维护皮带的好习惯，不单单是为打造而打造了……"三年来，供料部以星级皮带机打造为抓手，抓设备基础管理、抓设备系统维护，结合现场实际每年研究更新打造计划、项目，紧盯一个目标不放松、坚持不懈打赢持久战，以点滴成效汇聚大能量，不断推进设备保障功能上台阶。

"得分必须 90 分以上，当月无停机故障，再加上 9 个否决项，7 个月内完成30%将近50条皮带的三星级打造，这难度也太大了吧。"开展星级皮带机打造之初，职工们不知从何下手。

万事开头难。矿料作业区接到打造任务后，作业长李国光便召集职工对星级皮带打造标准和计划进行讨论，大家纷纷响应。"皮带机要求功能精度、两源治理、安全防护、可视化等方面都要达标，难度可想而知！""今年三星级任务50台，任务很重，是一场硬仗啊！"他们拿着标准单跑遍区域的所有皮带机，挨个做记录、对比、分析，再讨论研究、摸排梳理、确定等级，形成了具体的打造方案。

标准单和着汗渍和勾勾圈圈的备注显出了他们的缜密思考和信心决心。功夫不负有心人。在矿料作业区职工们的齐心努力下，仅用了5个月的时间便提前完成了2017年度49台三星级皮带的打造，超量完成了当年目标任务。

打造过程中的难点主要来自于超过1000米的长皮带，日积月累造成皮带底部积料又厚又实，清积料活脏、难度大、耗时长。"清理是打造的第一步，是后续打造的基础。干！"首建维检职工孙军拿着铁锹说。他和他的队友们是现场打造的主要参与者，他们埋头在现场一锹一锹将积料碾碎铲出，1000余米长的皮带不间断清理需要1个月才能达到标准。

但打造完不是终点，保持住才是责任。"保持的难度不亚于打造的难度，要做好保持，别被摘牌了！"为了留住"红星"，各区域划片管理，划定片区皮带管理责任人，监督检查做好日常维护改善，确保"红星"长耀现场。

打造完善功能

"皮带机上的星级标签是目标但不是终点，红星标志更不是一蹴而就的，是我们不断打造创新、用心改善的成果，星级皮带打造是一项长期性并需要不断回头看的设备管理方式。"2020年3月，例行的星级皮带授牌发布会现场，部长宿光清对打造提出进一步要求。

星级皮带机打造就是对日常使用皮带机"望、闻、问、切"的过程，以系统性修复皮带机功能、完善缺陷为主要目的。为将复杂的皮带机等级评定标准简单化，设备室专业将安全环保、机械部分、电气及自动化部分、辅助装置、周期清扫保持 5 大重点单元纳入打造计划，划分为 25 个重点项目，从安全警示标识到减速机、液力耦合器等机械部位运转情况，电气、电缆等是否完好有无破损，再到照明声光报警器、日常清扫管理，涵盖皮带机及皮带周边，均实施星级皮带打造管理。

"细化出的每一个项目都不可或缺。"供返料区域负责星级皮带打造的职工崔东耀说，"比如运转时禁止清扫、严禁触碰任何转动部位，严禁钻跨皮带机，这些明显的安全警示标语随时提醒职工要安全操作。"

打造中对机械及电气等项目的检查治理完善其实就需要从头到尾对每条皮带机"诊疗医治"，确保其机体各性能的正常运转。这些项目的打造效果与皮带机是否能够成为"三星"有着直接的关系。"这 22 个重点项目，是组成皮带正常运转的必不可少的条件，打造完好的各个项目有条不紊地在皮带机旁发挥着各自的作用。"专业技术人员潘家新表示。截至目前，供料部共制定相关警示标示牌 2000 余个，并全部应用于皮带机。

为使皮带机打造成果最大化地服务生产，部门成立了两个评定组，交替对各作业区皮带机进行星级验收及评比，领导抽查组对评为三星级的皮带机开展抽查。专业对计划打造皮带进行标准比对，并做好最初记录及存在问题项，待打造完成后进行标准评审并随时"回头看"，确保原问题项得到彻底解决。煤场区域职工张欣垒说："自从开展星级皮带机打造以来，皮带设备故障率明显减少了，而且能系统地完善皮带机的各种缺陷，提高设备精度，更好服务生产，对我们是大好事。"

创新推动升级

球团料场的 QB103 "升级版"皮带机已经使用了三年，故障率降低，平稳性提升，运行状态良好。星级皮带打造融入"创新+"后，效果得到最大化凸显。

伴随星级皮带打造催生出的创新成果为现场实际生产带来了便利，也为皮带机的顺稳运行提供了技术保障。其中，以星级皮带打造为依托创新出的撕边检测器、自动清扫器等10余项技术成果已经在部内进行推广应用，其中有2项获得了国家专利。

从职工的无从下手到后期的常态化维护，再到融入创新理念，热情和激情是他们的创新源泉。

"皮带机头部溜槽增加照明灯便于岗位职工日常点检、清理料库。""皮带机溜槽经常卡异物，组织进行扩容。""点检门原设计偏小，组织扩大尺寸，方便岗位人员捅槽用力。"在职工们群策群力的智慧中，星级皮带机打造也增加了许多新的内容。

星级皮带机打造在供料部竞相开花、如火如荼地进行着。现场的星标皮带也再逐月增加。

"曾经KB101皮带跑偏撕边，如果打造过程中把问题一次性解决就皆大欢喜了。"打造过程中，一名职工的一句话成为成就一项创新成果的导火索，矿场混匀区域打造小团队说干就干，从结果出发推理论证，他们查找、收集同行经验，一起讨论研究，反复推敲、琢磨，画了多种防撕边检测器装置的草图，然后再改动、制作、现场试验、分析检查，往复循环。在大家的不懈努力下，防撕边检测器成功投用，达到预计的效果。

（本文刊登于《首钢日报》2020年6月10日二版）

从"软实力"到"硬动力"的转换

——首钢京唐公司推进 QTI 精益管理工作纪实

杨立文　赵世杰　丁宏健　侯振元　许国安　薛贵杰

孙子轶　杨　柳　韩会涛

强基固本，才能更好地保障高质量发展。近年来，首钢京唐公司牢固树立"精细、规范、协调、执行"的管理理念，以"现场标准化管理、改善人才培养、全员快速改善"三位一体推进 QTI 精益管理，为企业迈向高质量发展提供了重要的管理支撑。

搭建体系运维平台

精益之道，不仅在精耕细作，更需要科学的顶层设计和决策。"开展 QTI 精益管理，既要做细做实，更需久久为功，从实际出发，补短板，挖潜能。"首钢京唐公司领导如是说。在这样的背景下，首钢京唐公司结合自身实际，以"一个聚焦、两个结合、三个有利于"为方针，聚焦现场，结合岗位实际，结合专业管理，做到有利于安全管理水平提升、产品质量提升、生产效率效益提升。通过与现有体系建设有效融合，构建了推动员工自主管理、自我改善的创新机制，为深入推进精益管理打下了良好基础。

首钢京唐公司配套建立了 QTI 精益管理办法，通过创新实施改善积分奖励机制，研究开发改善成果信息化管理平台，成功实现了改善成果的分层实施、分层评价、快改快奖，以及改善成果共享的功能。建立公司及作业部两级改善名人评选机制，对于聚焦现场，结合专业管理、结合岗位实际，主动解决问题，取得突出业绩和群众评价高的职工进行重点表彰，提升了广大职工参与现场改善的积极性、获得感和荣誉感。

为构建优质现场管理状态，推进现场标准化管理体系建设，首钢京唐公司结合 6S 现场管理，通过"精品车间、小组自主管理阶段性现场诊断"等专项工作，形成了"改善—固化—改善—提升"的现场标准化管理模式。在以网格化管理机制保障现场基础管理的同时，以通用可视化管理标准及区域专用可视化管理标准引导现场职工结合岗位实际和专业管理对所辖区域实施自主管理，建立了"作业区、作业部、公司推进办"三级诊断及公司领导班子不定期现场验收自主管理成果等多项活动机制，有效提升了基层员工自主管理、自我改善的积极性，为基层员工展现自我搭建了平台。

一锤接着一锤。随后，为提升 QTI 精益管理的针对性和专业性，首钢京唐公司围绕问题意识和问题导向，突出抓重点、补短板、强弱项，聚焦生产现场，进一步完善各项制度体系。在组织全员对设备设施开展初期清扫及两源治理工作的基础上，建立了以 4MY 管理为抓手的现场设备自主保全活动机制。结合专业管理，明确了全员在设备常态化管理过程中的职责与标准，在对设备关键部位实施常态化清扫的同时，缩短了各类隐患、缺陷的暴露治理周期。同时，为强化操作人员对于设备基本结构原理的掌握，配套建立了"专业指导、定期学习"的设备讲师培训机制，并将该项工作纳入了小组自主管理三级诊断项目，有效促进了基层职工设备维护使用技能及设备稳定运行水平提升。

改善在基层落地生根

精益管理始于建设、成于管理，最终好不好还要看实效。只有把精益理念融进业务、落地基层，才能发挥出其"精"在当下、"益"于长远的效果。

改善不畏难，改善不嫌小，"小"改善往往有"大"效果，能为职工带来便利，同时可以提升工作效率。热轧作业部按月下发 QTI 小组活动任务清单，积极探索"责任单位+相关方"的双重现场改善管理模式，建立相关方改善成果管理和改善积分奖励机制，形成了良好的全员 QTI 精益管理氛围。打造出亮点 747 个、提案 847 个，QTI 改善总积分在首钢京唐公司排名第一，荣获年度 QTI 管理推进先进单位荣誉称号。供料作业部以"管理标准完善固化、现场维持标准稳步提升、现场标准管理机制优化"为主线，深入推进现场的标准化、规范化管理。持续开展专项治理活动，共查找出落料等问题 200 余项，均有效得到治理。组织清扫设备 127 台套，深入挖掘并治理不合理项 617 项，全部治理完成。

冷轧作业部职工针对身边的隐患观察深入一步、思考深入一层、动手更快一步。1700 毫米酸轧产线飞剪用于带钢的剪切分卷，以前生产时会遇到产线速度低、飞剪不能切断带钢故障，造成产线停车。在 QTI 精益改善活动中，作业区生产、机械、电气人员自主结成攻关团队，围绕问题深入跟踪，将各次故障数据进行汇总对比，持续跟踪、研究，依据不同钢种、规格对剪切程序进行优化，并增加了电气连锁，彻底解决剪不断带钢问题，这项改善获得首钢京唐公司优秀改善案例。"省下来的就是挣来的。"这是炼铁作业部炼铁二作业区制粉班组逯建军常挂在嘴边的一句话。在 QTI 攻关中，他绘制出了"移峰填谷"可视化图表，并制作成桌面摆件摆放在生产操作台上，岗位人员按照表中分段颜色选择最佳时间段操作。通过推行"移峰填谷"可视化用电方法，在保证不影响高炉正常生产的前提下，有针对性地启停大型用电设备。经过测算，用这个法子，每年可节省电费 30 余万元。质检监督部冶炼分析中心的全自动设备的样品收集器经常出现故障导致设备停机，直接影响样品分析的及时准确。看到这一情形，冶炼分析员王坤经过细心观察研究，提出并实施了在传输皮带转角处增加缓冲装置的建议获得成功。此举彻底解决了样品收集器故障问题。

像类似的小改小革，在首钢京唐公司现场改善管理工作中还有很多。每一次改进和完善，都是一次精益理念转变成改善成果的过程。近年来，首钢京唐职工小改革、小发明、小创造如雨后春笋般涌现，有效促进了现场管理效率的稳步提升和运行成本的持续下降。据统计，2018 年以来，QTI 信息化管理平台已累计通过改善亮点评审 19305 项，改善提案 9819 项，解决了效率、质量、成本以及管理等诸多实际问题，累计创效 1.3 亿元。成绩的背后，是首钢京唐对 QTI 工作的重视，更是各单位苦练内功、力求精益的结果。

营造以人为本良好氛围

精益管理最大的价值，在于应用；精益改善最大的潜力，在于人才。"用精益法、干精益事、育精益人"正是首钢京唐公司推进 QTI 精益管理的出发点，也是落脚点。

"QTI 改善骨干培训"是首钢京唐公司坚持的一大特色和亮点。培训采取了理论结合改善实践的方式。在培训流程及课程设计上独具匠心，强调思想引领为先，力争打破基层职工原有工作思维模式，强化学员的问题意识，以亲身实践的方式促进学员体会攻坚克难的改善乐趣和改变传统认知的思想洗礼。培训以军事化训练的方式提升团队组织纪律性，以拓展训练的方式打造团结协作的团队文化氛围，以"易学易用"为初衷，集成了适用于生产现场一线职工学习和使用的各类改善分析工具，融合了六西格玛基础分析工具教学；以三现（现场、现物、现状）、两原（原理、原则）为原则，引导学员聚焦现场解决实际问题。

在改善课题实践中，首钢京唐公司领导、各单位部门公司领导定期听取改善课题进度完成情况，在改善思路上为学员指点迷津，在改善资源上为学员提供有力支持。每一期的 QTI 改善骨干培训班结业，全体公司领导都参加。公司领导零距离感受职工的改善效果，亲自为职工颁发奖励。"我没想到这么小的一项改善内容，公司领导亲自过来详细倾听，真切地感受到了什么是企业的主人……"质检监督部职工刘亚茹发自肺腑地说。在首钢京唐公司第一届改善名人颁奖典礼上，来自冷轧作业部的改善名人吴庆波深情地说："这种骄傲感和自豪感让我非常激动，有了更强的使命感……""大家的好主意好点子在实施后，不仅仅能给公司降本增效，大家还能收获成功的喜悦和自豪，责任感也油然而生。"焦化部王文斌深有感触地说。

精益管理不仅是对各项工作方法的持续改善，更是一种思维方式、行为习惯的转变。经过多年探索和实践，在首钢京唐，一支专业的人才队伍正在不断成长。他们不仅成为精益理念的实践者，同时也是管理转型的推动者和示范者，为提升企业管理水平发挥着有力的支撑作用。

搭建钢铁智慧经营管控平台

——首钢产销一体化项目京唐系统上线纪实

苗亚光

2019 年 6 月 3 日，在产销一体化项目上线仪式上，宝信软件、首自信公司、股份公司、京唐公司领导共同启动了产销一体化系统，产销一体化项目京唐系统成功上线了！台下掌声雷动。京唐系统上线在首钢钢铁产销一体化经营管理系统项目建设中具有里程碑式的意义，是向京唐投产十年、首钢建厂百年的隆重献礼！

随着京唐公司的不断发展，产线数量、产品规格、管理模式、组织机构等较建厂之初都发生了很大变化，原有的信息化系统与当前的生产、经营、管理业务要求的矛盾日益突出。探索新的运营模式，实现流程再造、组织优化、管理提升已迫在眉睫。

2017 年 3 月，首钢集团董事会批准了《首钢钢铁产销一体化经营管理系统项目》的实施立项。在集团大力指导支持下，在相关单位通力合作下，京唐公司着力打造适应市场变化、运行高效的钢铁产销一体化经营管理系统平台。

高点站位　谋事"一盘棋"

首钢钢铁产销一体化项目是首钢历史上一次管理变革加信息化升级改造的系统工程，涉及首钢股份、京唐公司等众多单位，包含生产、质量、销售、客服、成本、财务、采购等多个专业。通过引入大数据、云计算、物联网、移动应用等新技术，建设一个基于冶金知识库和商务智能的业务规范、流程统一、高度集成的钢铁智慧经营管控平台，从而提升首钢"一业多地"一体化协同水平，提高精益化高端精品智能制造能力，增强市场化高效经营运作能力，持续提升"制造+服务"的核心竞争力。

万事开头难，产销一体化项目的建设不是一蹴而就的，需要周密计划、系统设计、精心组织、稳步推进。京唐公司高度重视，谋深谋准谋实工作任务，成立了以公司领导牵头、信息计量部负责组织推进、专业部门负责业务优化的组织体系，开始了项目前期的调研、筹备、招标工作。

2017 年 7 月，京唐公司与宝信软件签订了产销一体化经营管理系统项目合同，同时与首自信签订了新建 PES 项目合同，首钢钢铁产销一体化经营管理系统项目正式启动。京唐公司项目团队与股份公司、销售公司、采购中心、宝信项目团队、首自信项目团队团结协作，开启了产销一体化项目建设的征程。

工欲善其事，必先利其器。IT 机房建设中，自主完成 62 面机柜布线、铺设光缆 300 余条、连接设备跳线 1200 余条、网络双绞线 320 根、熔接光纤 6400 余芯、制作双绞线接头 5000 余芯……为了完成产销一体化经营管理系统项目的建设，京唐公司整体谋划，建设了一整套新型 IT 配套设施。

光解决硬件的问题还好说，可是要把原来的旧系统换成新系统，通过管理咨询，引入一贯制质量管理、一贯制合同管理、一贯制计划管理、一贯制物料管理等理念，建设一个适应当前业务需求的管理体系和支撑平台。这就需要改变广大职工的思维方式和工作习惯，它能被大家接受吗？

想在前，做在前，一项项培训在京唐公司开展起来。自项目推进以来，公司多次组织相关领导人员及专业人员进行培训、考试，各专业培训次数共计 150 次，覆盖人员 2000 余人。为了确保产销一体化经营管理系统被职工认可，项目组成员多次深入现场，与专业人员沟通、交流，讲解新系统的优势。时任信息计量部副部长郭亮是项目推进工作的主要负责人，他常常语重心长地和项目组的成员们说："产销一体化是有利于公司发展的好事儿，再苦再累，咱们也要做下去。"

拼搏奉献　干事"一股劲"

产销一体化经营管理系统项目是一项庞大的系统工程，业务影响面大，复杂程度高，需要集团公司、股份公司、营销中心、采购中心以及京唐公司各专业部门协同工作，做到工序协同、板块协同、专业协同、内外协同，让产销一体化项目成为一项"绿灯工程"。

新系统包括产销一体化经营管理系统、经营决策支持系统、一贯制过程质量控制系统以及 MES 改造四部分。每一部分都需要标准化数据来支撑，要把以前凭经验做的工作梳理成业务代码、业务规则及业务基表固化到系统中，难度之大，可想而知。

为确保项目高效推进，京唐公司按生产、质量、财务、成本、销售、销售物流、厂内物流、设备、采购、工程项目、能源环保、IT 技术 12 个专业组建了近 200 人的项目专案组，并抽调 30 名业务骨干，脱产加入股份公司系统创新部参与项目建设。

成本组组长韩琪龙是一位 90 后的小伙子，新婚不久的他放弃了婚假，每周往返迁安和曹妃甸之间，一心投入到项目建设中，这样的工作状态持续了近两年。

工程组的王伟娟是一位年轻妈妈，去股份公司参与项目建设时，她的女儿刚刚过完 1 周岁的生日。为了顺利完成工作任务，她只能给孩子提前断了奶。一个星期才能回家见女儿一次，在年幼的孩子眼里，妈妈成了最熟悉的陌生人。每每提及孩子，王伟娟总是心怀愧疚地说："没有别的办法，只能忍痛割爱。"

王朝斌和李纪是一对夫妻。"产销系统必须得上，这是企业转型产品升级必须迈过的一道坎。没有强大的信息化、智能化系统支撑，产线难以摆脱'作坊式'生产的影子。"从李纪的话语中可以感受到她那颗坚定的心。然而，干产销对他们两口子来说是一个巨大的挑战，没有时间照顾孩子，他们只能把两个孩子送回老家。

这些人的故事只是项目团队的一个缩影，他们在工作中尽职尽责，他们与家人聚少离多，可是从来没有一个人抱怨过。所有成员都在默默付出，拼搏奉献，拧成了干事创业的一股劲。正是在他们的共同努力下，2018年7月，京唐公司迎来了产销一体化经营管理系统项目详细咨询、详细设计的重要节点。形成详细设计规格书99份，绩效管理优化报告1份、业务流程优化报告11份、业务管理制度优化报告1份、代码优化报告9份，代码基准书28份。

两年夜以继日，两年无怨无悔。2018年9月，项目团队终于完成了系统开发，首战告捷！可是这些战士们来不及庆祝，等待他们的还有更艰巨的任务，系统能否顺利切换上线，还是个未知数。

攻坚克难　成事"一条心"

在京唐公司W8的几间平房里，驻扎着一支"神秘部队"，他们有的来自京唐公司，有的来自首自信等首钢兄弟单位，有的来自宝信……他们穿着不一样的工装，却有着一样的火一般的热情，这就是产销一体化项目团队。

W8是一个坐标点，这里曾是京唐公司工程建设的指挥部，它见证了"海上崛起新钢城"的奇迹。2020年1月以来，这里又成了产销一体化京唐系统切换上线的总指挥部，另外还有12个分指挥部分布在各作业部、事业部、专业部门，一场信息化的战役即将打响。

本次产销一体化京唐系统切换上线，覆盖了11个业务板块和主产线，覆盖面广。切换期间要确保部分系统不停机，部分产线不停产，切换组织协调难度大。同时，切换系统多、变化大，切换方案复杂，涉及业务部门多、人员多，上线组织协调沟通难度也比较大。

为了保证系统顺利上线，京唐公司做了详细的切换准备工作，完成了领导人员、产销系统用户、PES系统用户的操作培训，通过以测代培、以测代练，保证各级人员满足系统上线要求。

2020年3月以来，京唐公司共组织两轮模拟月结，三次上线切换演练，发现并解决问题4000余项。在第二次上线切换演练时，项目组成员发现MES

系统和产销系统之间的数据传输问题依然比较突出，经分析得出是系统之间字段的定义不一致，当数据的长度、单位或者小数点后保留的位数不一样时，就会导致数据接口不匹配。假设一个数据接口定义的单位是"吨"，而另外一个数据接口定义的单位是"公斤"，单位不统一就会影响数据的传输。为了快速解决问题，项目组成员马上投入到梳理数据的工作中，在不耽误其他工作的基础上，仅用两天时间完成了近 100 个二三级接口的提前核对，为系统顺利切换上线创造了有利条件。

兵马未到，粮草先行。进入 5 月，上线切换人员就放弃了休假，加班到晚上 8 点已经成了家常便饭。京唐公司高度重视，为上线切换人员的用餐、住宿、出行等诸多方面提供便利，创造条件。公司工会给予大力支持，为系统上线切换人员提供了方便面、饼干、八宝粥等物资。办公室积极协调，为保证系统上线切换期间连续作业人员的工作状态，安排了 8 间厂前宿舍，用于切换人员临时休息。

所有的准备都是为了这一天的到来。5 月 31 日早晨，系统切换全面开始，共有 1000 余人参与到此次系统切换中。各个指挥部的切换人员都进入了作战状态，现场回荡着键盘的敲击声，指挥部之间密切配合，时刻沟通。"热轧一切顺利！""中厚板按时间节点完成！""彩涂没有问题！"……一个个振奋人心的消息传回了总指挥部。经过 24 小时的连续奋战，6 月 1 日 7 点 57 分，热轧 1580 毫米产线产出第一卷产品。生产计划下发、质检判定、质保书打印、产品外发、厂内转库等功能正常运行，产销一体化项目京唐系统成功上线了！

"成功了，成功了！"指挥部内的欢呼声此起彼伏。系统切换人员激动万分，他们互相拥抱，略显疲惫的眼中闪烁着晶莹的泪花。制造部庞二帅兴奋地说："从一开始对项目的陌生，到现在的熟悉，再到系统成功上线，一路走来，我收获了很多，一切的付出都值了，希望它能为公司的生产经营管理提供更好的信息化支撑！"信息计量部孙彬涛早在 2016 年就接触到了这个项目，当时他去其他钢企交流学习，那时他没敢想过，有一天产销一体化经营管理系统竟然真的在自己的公司成功上线。"除了激动，还是激动，切换期间，大家都舍不得合眼，它就是我们的孩子，我们不想错过它成长的每一步！"

　　22个月，660多个日日夜夜，在京唐公司投产十周年的重要时间节点上，一张上下贯通、左右协同的信息化大网终于编织成功，实现了业务与信息系统的有机融合，实现了"业务靠管理落地、管理靠流程优化、流程靠系统固化"，同时培养了一批懂管理、业务精的优秀人才。

　　追逐着新时代信息化发展的浪潮，京唐公司产销一体化的成功上线，必将助力公司提升经营管理能力，谱写建设现代化智能钢铁厂的宏伟篇章。

体系改革　跳动的京唐韵律

——首钢京唐公司推进设备体系改革综述

杨景　耿方媛

2020 年，首钢京唐公司在新冠肺炎疫情期间开展的系列大检修，除了时间最长、项目最多、难度最大等让人印象深刻之外，还有一个引人注意的地方，就是检修现场干净整洁的环境、摆放整齐的工具和有条不紊、高效协同推进检修的设备检修人员。

而这，正是公司推进设备体系改革中检修标准化的有力呈现。

从最初的思考摸索、搭建框架，到稳步推进计划值管理、标准化作业等等，首钢京唐公司设备管理体系改革，如同首钢京唐公司高质量发展道路上的韵律，持久地、平稳地跳动着。

积厚成势——全局性谋划

改革，破的是旧藩篱，立的是谋长远。

作为具有国际先进水平的精品板材生产基地，首钢京唐公司拥有着一流的工艺设备，这也是公司向高质量发展目标迈进的基础。显而易见，设备稳定运行是全流程、全工序高效顺稳的最基本条件。

2009 年 5 月，首钢京唐公司一期一步投产，各产线的设备从调试期的"训练备战"状态进入了生产期的"真刀真枪"状态。而后的几年中，设备运行整体稳定，但设备系统机构和岗位设置差别较大、点检力量分散、设备故障预判能力不强等问题也随之而来。

问题是发展的声音。发展的过程，也是发现问题、解决问题的过程。

事实上，早在 2010 年年初的公司年度工作会议上便提出，"设备管理体系要实现从重修理向重维护的转变"；2012 年工作会议上提到，"强化设备状态管理……提高点检、检修、检测质量"，为日后的改革做好了铺垫。

此后，自 2013 开始，每年公司的职代会报告中都会对设备管理提出明确的要求。

2013~2014 年，检测诊断、在线监控、先进工具、数据说话等成为关键词，目的是狠抓设备功能精度，提升设备保障能力，从而为推进设备管理体系改革创造条件。

2015~2016 年，采取插入式管理的方式，将点检人员插入维检单位，参与其日常管理，从点检人员和维检单位上双管齐下，为设备体系改革打好队伍管理的基础。

2017~2018 年，要求扩大点检信息化覆盖面，提高设备预防性维护水平，并全面推行工单制，做实点检定修，以更加突出重点的方式进一步推进设备管理体系改革。

2019 年，公司职代会报告中指出，要建立以设备点检作业区为核心、以点检规范化为标准的设备管控体系，涉及 11 个作业部门、1500 余人的蓄势已久的改革正式开始。

——建立管理体系。以集中一贯制和扁平化管理为指引，按照分层分类管理的原则，理顺设备管理关系，搭建起"设备部统筹规划、设备工程室统一领导、点检区域具体执行"的组织管理新模式，构建了两级职能、一级实体的设备管理体系，推进设备专业集中一贯制管理。

——统一管理方式。优化岗位设置，统一设置管理组和技术组，按"5 个固定统一岗位和 1 个有自身特性岗位"的"5+N"模式设置岗位。精干设备室专业组及管理人员，充实点检员队伍，点检人员占比设备人员比例较调整前提高 12%。在公司成立 35 个点检区域，将点检人员全部集中在点检区域，由各单位设备室直接管理。

——强化职责落实。实施点检包机制，通过人员信息分析、点检计划分析和日均项量分析，明确点检员是包机设备第一责任人，明确每名点检员包机设备，明确点检项量的合理区间，提升了点检的科学性和有效性。

——加强制度保障。发布《调整优化公司设备体系管理方式、组织机构和岗位定员的通知》和《关于落实设备体系管理方式调整的通知》，出台《做实设备体系改革12条边界条件》，通过专业例会、常态化检查、自检自查、跟踪整改等方式，指导、督促改革方案落地执行。

一步一个脚印地走，一棒接着一棒地跑。蹄疾步稳的改革接力，带着不断积蓄的势能，正在向目标快速靠近。

截至2019年底，以计划值为目标、以设备点检定修制为重点、以标准化作业为准绳、以自主管理为基础的点检作业单元已经成型，实现了全公司设备全覆盖、人员分层管、职责不重复。

"管理更精简、更高效。少了推诿扯皮，多了协作共进，大家劲儿往一处使，故障率降低了，生产顺稳了，我们点检员的价值也充分体现出来了。"彩涂板事业部酸轧点检区域作业长刘辉对改革深有体会。2020年上半年，全公司点检标准数量、点检项次数量、点检任务量分别增长了19.6%、45.7%、36.4%，漏检率降低到0.05%，降幅达5倍。

2020年5月，在一次设备系统专题会上，公司副总经理王贵阳指出，体系改革是管理方式的改变。要继续在推广经验、协同高效上下功夫，提高点检精准性和有效性。这说明，改革进入了做实体系、巩固成果的新阶段。

化繁为简——信息化管理

2019年6月1日，首钢钢铁板块产销一体化项目上线运行，为首钢京唐公司推动管理变革、业务变革奠定了基础。在同一时刻，作为京唐产销一体化项目的子系统，设备管理系统（EQMS）的所有模块也成功切换上线，成为首钢京唐公司设备管理新时期的重要标志。

信息化、数字化，为改革插上了腾飞的翅膀。

设备管理系统项目于2017年7月正式启动，历经项目咨询、概要设计、详细设计、系统开发和测试等阶段，编制了各类标准100余万条，优化业务流程 104 条，修订完善了设备管理制度和标准 51 个，重构了设备和物料编码体系。

EQMS 设有"基准、点检、状态、特种设备管理、计量管理、检修、物料管理、合同管理、维修成本、固资管理"10 个模块，覆盖了设备管理业务全流程。从计划生成、过程控制、实绩归集到评价分析，流程简便，一气呵成。

在点检模块中，系统以"点检定修"为主线，串联检修业务，并与状态、物料、合同等模块相关联，同时通过建立点检标准数据库，自动生成点检计划，然后实施点检和结果记录，流程完整，脉络清晰。此外，整个流程依据设备点检标准，通过定期检查，及时发现缺陷，并经过一段时间内检查结果的分析，判断设备的劣化趋势，做到及时维护，减低缺陷的发生率。

与系统应用前独立、不成体系的点检工作相比，现在的点检工作从发现问题到解决问题，流程在系统中贯通、业务在系统中协调。

对此，运输部点检员王鹏程深有感触。每天上班到岗后，他打开系统，登录个人账号，就收到了待办通知，当天的点检计划等着他逐一完成。"自从有了系统，点检工作就像有了个'小管家'，提醒我要应检尽检，漏检现象大大减少了。"

EQMS 的上线，实现了以设备全生命周期管理为核心、设备点检定修为主线、以预防性维修为主的多种维修方式并存的全方位的设备维护管理，推动设备系统在管理思想、管理模式、管理方法、业务流程、组织结构和信息的集成与处理等方面发生了明显的变化。

好的工具，用得好才是硬道理。

作为开展点检工作的重要支撑，如何运用 EQMS 执行点检任务是必备的技能。但是，在系统运行初期，因为对系统的不熟悉，数据、操作等问题层出不穷。这不仅是对点检人员的挑战，也是对设备部系统管理员孙欢的挑战。

从系统运行开始，孙欢就很忙。他要奔波在各作业部开展系统操作培训和交流。2019 年 10 月~11 月，孙欢在运输部、炼铁部、质监部等 7 个部门培训用户 600 人以上，为 EQMS 在生产一线的推进与落地打下坚实基础。

随着 EQMS 系统持续推进，与生产操作不断融合，系统管理方面开始收到正向回馈。与此同时，设备部定期组织 EQMS 系统推进例会，积极改善用户体验，持续系统优化。截至 2020 年上半年，共新增点检标准 20 余万条，修订点检标准近 24 万条，目前系统内点检标准总数量超过 71 万条。

改革在路上，优化在升级。科学的管理方式从来不是依附于固有的信息化产品，也不是迎合数字化架构的纸上谈兵，而是将其打磨成利剑，披荆斩棘。

以往检修之前，需要填写纸版的《设备系统定（年）修计划变更申请》，然后经过层层审批，流程繁琐、用时较长。EQMS 应用后，系统"检修模块"新增了"定年修计划编制"，以信息化的流程彻底取消纸版审批，减少作业部在多个单位辗转批复时间长的难题，实现信息上传下达的无延迟传递。

随着对点检任务执行性的持续提升，系统先后实现了点检任务自动排程、点检工作日的设定和功能调整、点检日工作清单的打印功能、利用点检仪工具快速点检作业功能等。

定标治本——标准化作业

2020 年 3 月 25 日，公司副总经理王贵阳带领设备部、炼铁作业部、炼钢作业部、能环部等 13 个作业（事业）部主管设备领导和维检协作单位主要领导，到热轧 1580 毫米产线、冷轧镀锌产线学习参观标准化检修工作成果并交流经验。

检修标准化包括检修工具、检修牌、检修看板、检修工单、检修现场、检修试车、检修资料等七大标准，旨在规范检修作业，实现检修科学高效。自推行以来，公司持续推进标准化落地，把检修管理由"实时控制"的被动管理模式转化为"计划控制"和"过程控制"的主动管理模式。

热轧作业部为顺利推进系列大检修，提前制定了检修标准化手册，构建了三级管理网络，将检修标准化管理工作深入到全员工作中。检修中，热轧作业部建立"检修现场四停工"管控机制，将检修现场标准化与防疫、安全、检修质量作为抓检修过程管控的重中之重。粗轧区域涉及检修项目多，下线设备也多。对此，点检人员提前制定下线废旧设备外运方案，特别针对在检修前三天这一废旧设备集中下线期，统一协调天车和运力，确保废旧设备下线后快速离场，让检修现场以往"堆成山"、满世界找备件的场景一去不复返。

冷轧作业部针对年修新进厂人员不熟悉摘挂牌流程的现状，实行培训上岗制度，将《标准化管理办法》入心入脑。在检修现场严格执行"三不见天""三不落地""三条直线"；绿色通道铺设苫布保护自流平，保障地板不被剐蹭；充分组织检修试车，有计划地起草检修项目中的所有试车方案，并做好数据分析。在1号镀锌炉鼻子摄像头冷却管路改造的施工过程中，点检人员与技术人员反复引气，测试装置气密性，保障了检修质量。

标准化涉及方方面面，每一样都需要认真、谨慎。

系列大检修期间，设备部钢前检修主管项宝胜每天都早早地到高炉，"为了让施工单位少跑路，现场签工单最高效。"他表示。

项宝胜口中的"工单"就是一张检修委托单，上面有检修项目名称、检修单位、安全交底及应对措施、检修需要人员与工器具等内容。在检修作业前，由点检工程师下达到施工单位，作为检修依据。在检修完成后，由点检、运行、施工单位三方签字确认。

"工单制"让检修更富计划性、规范性。通过增加班组录入、安全交底及对应措施等内容，优化工单页面，并将检修过程中的安全确认整合到工单中，严格落实检修项目安全措施及交底，确保检修过程安全可控。通过严格执行"三不"制度，保障检修备件码放规范、防护到位，确保检修过程质量可控。通过增强检修看板、技术资料的警示性、指示性和务实性，细化检修资料，确保检修过程组织科学规范。在以工单制为抓手的全过程管控下，2018年和2019年的检修兑现率分别达到99.95%、99.97%。2020年上半年，检修兑现率达到99.96%。

去粗存精——精细化维护

"精细"一词被放在首钢京唐公司管理理念的首位，足见其重要性。对公司全工序、全流程起着至关重要的设备系统来说，"精细"更是重中之重。因此，近年来频频提到的"提升设备状态对产线的保障能力"，可以称之为设备体系改革做到精细管理的重要指向。

曹江是炼钢作业部的点检人员。7月24日，在一次现场点检时，他发现2号RH真空系统C1冷凝器中下部封头部位出现母材变薄，影响到设备功能精度，如果任其发展，则会出现漏点，甚至出现停机事故。于是，他迅速行动，制定了精准故障处理方案，对该部位进行测厚数据检测，掌握裂化趋势，利用生产间隙时间临时处理，有效避免了突发故障。

点检，就像给设备"看病"的医生，通过"望、闻、问、切"，不断强化生产过程中的动态点检和状态诊断，把深度隐患排查工作做到位，让设备运行处于最佳状态。

王震是2250毫米热轧生产线上的一名机械点检员，被身边的同事称为"点检小哥"。他所负责的层冷区域在热轧生产线上是公认的故障多发区，该区域不仅环境艰苦，而且单体设备还多，仅辊道一类设备就有386根，保证设备"健康"运行，难度确实不小。王震从故障本身入手，反查造成故障的直接和间接原因，并在脑海中反复演示故障处理的每个步骤，逐项工序研究缩短作业时间的方法，最终将目标锁定在了层冷护板这一关键设备部件上。白天，他蹲守现场仔细研究护板结构特点，晚上回到家就坐在电脑前一门心思地用软件设计护板的结构，一干就是好几个月。他先后设计出分体式、上翻式等五种不同结构，试验是做了一遍又一遍。经过不懈努力，一款既能满足电机防护要求，又方便故障处理和日常点检的层冷护板终于"出炉"了。新护板上线后，电机故障处理时间从之前的50分钟一下缩短到了15分钟以内，而且新护板结构更便于日常的设备点检，大大提高了设备故障的预判性。2020年1~6月，2250毫米热轧生产线层冷区域月均设备故障停机时间较去年同期降低72%。

精细，就是在每一个环节、每一个细节都用心、用力。

2020年3月中旬，炼铁作业部1号烧结机年修正式开始，其中环冷机水密封改造项目是此次年修的重中之重。在对环冷机支撑辊进行定位时，为保证位置准确，点检员石永伟、黄磊和周宣宇与施工人员在现场不停复测，得到上千组数据。通过计算、对比得到精确的点位，为环冷机改造提供了强有力的数据支撑。回转体的安装关系到环冷机的整体运行是否顺稳，不能有丝毫大意，点检员严格控制每块回转体的水平度。回转体合车后，他们测出在每个支撑辊方位的偏移量，将位置调整到最优，整体偏移量控制在正负1毫米以内。在安装校正时，他们又加班加点地"趴"在设备安装上，全程跟踪测量，106个支撑辊每个支撑辊的校正都需要30~40分钟，支撑辊从测量投点到全部验收合格，比计划提前1天完成。旧环冷机拆除、回转体安装、回转体合车，三大关键节点都按期完成。

发展无止境，改革无止境。从夯基垒台到全面推进，再到系统集成，首钢京唐公司设备体系改革将以更强大的战略定力，更振奋的发展活力，更凝聚的队伍合力，为企业高质量发展、全面实现"四个一流"目标作出新的更大贡献！

筑牢高质量发展压舱石

——首钢京唐公司实现全流程高效稳定运行纪实

王 宇　杨立文

一套打通销售、采购、生产、质量、财务、成本、库存和发货等关键管理流程的信息系统在首钢京唐公司建成并顺利投入使用。2019 年 7 月 1 日零点至 7 月 3 日 20 时，京唐公司产销一体化系统首次月结顺利完成。"月结顺畅是检验产销一体化系统成功运行的重要标志。"公司领导掷地有声地说。

随着产品档次的不断升级，首钢京唐公司越来越认识到，构建生产运行协同高效新格局的重要性。2019 年以来，首钢京唐公司科学谋划产线分工、资源调配，把保证全系统顺稳作为重要抓手，坚持稳中求进工作总基调，牢牢把握"强基础、促协同、优产品、增效益"工作主线，统筹推进，建立科学运行评价体系，坚持对标缩差，坚持协同高效，提高全系统运行效率，加快推动公司高质量发展。

构建以高炉顺稳为中心的生产组织体系

高炉生产的长期稳定顺行是全系统生产稳定乃至公司高质量发展的基石。在年初的职代会上，围绕 2019 年目标任务，首钢京唐公司就确定了"坚持以高炉顺稳为中心，实现全流程高效运行"的工作思路。

首钢京唐公司强化高炉技术操作、原燃料质量、设备运行三大基础管理体系，深化铁前一体化管理，完善运行监控和技术管理，推进大比例碱性球团应用，全面提升高炉运行水平。在炼铁部各作业区落实作业长制，发挥四班作业长在作业区日常管理中的作用，强化值班室的管理职能，同时狠抓原燃料管理、仓位管理、出铁制度以及各种非常态事件的处理，强调外围稳定是高炉顺稳的基础。他们每周召开技术例会，通过周分析、月分析掌握重要参数的变化情况，制定下一步高炉的操作规范以及调整方向，同时总结高炉冶炼规律，固化至高炉操作技术手册。高炉技术人员狠抓炉内操作，不断优化矿焦平台，通过将矿石平台摊开，逐步将矿焦平台外移，改善煤气分布，提高煤气利用率，降低炉内压差。二高炉炉长陈川深有感触地说："通过控制好水温差，控制炉内装料边缘，高风速、高动能、活跃炉缸等一系列措施的运用，两座高炉炉内压差逐步降低到 160 千帕水平，焦炭负荷稳定在 5.2 水平。"

"注意，控制提球比节奏！关注煤气转变过程！"在技术人员的指挥下，操作者正稳步进行碱性球团的添加。2019 年 5 月 16 日，高炉炉料提升球比至35%……5 月 18 日，球比提升至 40%……5 月 22 日，球比达到 45%……6 月 10 日，高炉球比达 52%……6 月 23 日，高炉球比再次刷新纪录达到 55%。在提球比过程中，两座高炉压量关系平稳、炉况持续稳定。

在钢铁冶炼中，高比例球团矿冶炼是未来高炉炼铁行业的发展趋势。因此，提升高炉大球比冶炼能力，不仅为钢铁厂全线的生产稳定运行奠定基础，而且在节能降耗、环保排放方面具有重要意义。

首钢京唐公司持续探索大比例球团的技术应用，在总结前期大球比冶炼工业试验及炉况变化特点的基础上，逐步探索出了一套与现在生产相适应的大球比冶炼规律。在开展大球比冶炼技术攻关过程中，制造部、首钢技术研究院、炼铁部技术人员组成的攻关组，稳中求进，对碱性球箅条糊堵、还原膨胀率高等制约性难题进行攻关。他们通过前期 7 次工业试验摸索以及结合实验室试验、相关文献记载等，最终确定矿粉碱金属含量跟球团还原膨胀存在对应关系。通过改善造球、优化焙烧温度、严格控制矿粉碱金属等措施，平均还原膨胀率达 17.6%，实现了连续稳定生产。操作人员提前预判，合理调整装料，稳定中心煤气，并通过优化料序，高炉工长每班到料仓检查原料筛分情况，跟踪入炉原燃料质量变化，在加强原料质量管理的同时，有序控制提球比节奏，让生产操作与炉况一步步相适应，从而实现炉况的平稳运行。2020 年上半年，首钢京唐公司铁水成本同比降低 65.1 元/吨。

构建以深化对标缩差为核心的过程管理指标体系

与先进企业全面精准对标，用各项指标数据寻找差距。向先进学习，找差补漏，赶超先进，助推首钢京唐公司驶入高质量发展的快车道。

进入 2019 年，首钢京唐公司以上年先进水平为基准，继续通过外对浦项，内对宝钢等先进钢企，开展"质量、效率、效益、成本"全方位对标。建立达标追赶激励机制，以"达标率""进步率"为抓手，加强对产品制造和流程管理差异点分析，聚焦指标差距背后的管理问题，推进对标管理从"结果管理"向"过程管理"转变。实施指标分类管理，巩固提升已达标指标，强化提升初见成效指标，着力提升"高炉利用系数"等 54 项进步缓慢指标，全面提升系统整体运行水平。

首钢京唐公司在与先进企业的对标中，采取由点到面、逐步深入的方式，以行业平均指标、先进指标为标杆，健全完善对标管理制度和工作机制，围绕生产指标建立了一贯制管理、用户管理、过程管理、重点指标"四合一"对标体系，开展全面、精准对标，并针对对标过程中反映出的问题，进行专题研究，制订整改措施。首钢京唐公司对标以宝钢股份和宝钢湛江钢铁为主，其中铁前工序钢铁指标全部与湛江钢铁对标。同时，钢后工序鉴于产品结构、指标定义和统计口径等方面的差异，兼顾梅钢、马钢、迁钢、韩国光阳等企业先进指标，确保"真对标、对真标"。首钢京唐公司对各工序的指标按照绩效情况及与先进企业的差距设定"权重"，并根据权重高低将指标分为"重点指标"和"一般指标"两个级别。重点指标为反映该工序的综合过程生产能力和质量水平的指标，每个工序的重点指标在 2 至 4 项；一般指标为该工序的"短板"指标。

对标找差、挂牌督办，明确责任人、完成时限，细化实施方案，按月、按日跟踪完成进度，各项挂牌任务有序推进……为持续提高产品实物质量水平，激发专业技术人员解决产线、产品技术及管理瓶颈、难题的积极性、主动性，提高生产过程保障能力，首钢京唐公司生产管控部门制造部通过与先进企业生产管控管理的对标，从强化内部管理入手，组织收集技术攻关、质量管理、客户服务、生产组织等四大类 36 项重难点问题，实行了"挂牌督办"制度，解决生产难题，提升各专业工作效率。实施过程中，他们明确各单位职责，规范和细化内部各个环节的管控。技术攻关、质量管理、客户服务、生产组织四大环节环环相扣，形成闭环管理。技术人员强化责任，勇于担当，一个个技术瓶颈、一项项生产难题迎刃而解。计划室项目负责人李国昀面对新的经营生产局面迎难而上，与相关作业部、产销系统开发人员、销售部、营销中心业务员多方调研，提出开源节流的工作思路。一方面向销售部、营销中心提报定向合同，调整轧制工艺，提高不同牌号板坯通用性；另一方面利用产销系统一体化，每月新合同下传后第一时间组织库内无合同板坯寻挂单，提高板坯可对应性，同时针对唯一流向的品种，提前按周进行梳理，对板坯可轧制订单准确把控，降低无合同板坯库存，使板坯库库存得到有效控制。2020 年 6 月，公司板坯库减少资金占用 7500 万元。

在对标过程中，炼钢作业部领导深有感触："对比浦项，我们有很大差距，但是有差距不可怕，差距恰恰是我们前进的方向和动力。我们要实现建设具有世界影响力炼钢厂的愿景目标，就要在世界坐标系上找准自身位置，看清差距、迎头赶超！"他们组织相关人员陆续到浦项、现代、宝钢等国内外先进钢铁企业进行考察、学习，从质量、工艺技术、成本管理、安全管理、机构设置、设备管理以及自动化信息化等多方面对比找差，选取了 14 项能够代表转炉、精炼及连铸各工序技术水平的指标。每一项指标均由部领导亲自挂帅，明确责任人、对标先进水平、具体举措及完成时限等，每天通过部早调会的平台发布攻关情况，每周及时总结攻关进度，做到日日明差距、时时追先进。该部通过优化指标分类、明确攻关责任、强化目标管理等一系列措施的落地，IF 钢碳含量控制、工序成本、钢包自开率等多项对标指标均得到提升。彩涂板事业部围绕制约产品质量中的关键环节，组织专人到先进企业进行对标学习，大家在干中学，在学中干，大胆尝试，逐步摸索规律，一举解决了锌化不均和钝化不良的问题。

构建以钢铁信息化框架为依托的产销一体化体系

运用信息化手段是提升企业管理效率和竞争力的有力手段，而构建产销一体化经营管理系统则成为了京唐高质量发展的加速器。

首钢产销一体化经营管理系统是钢铁行业当前集成水平最高、架构最完整、管理流程最高效、实践效果最佳的信息化管理体系，是钢铁行业竞争力第一梯队的突出标志。这套系统是高端钢铁产品制造的必要前提，是企业运营改善体系化、长效化的最有力支撑，也必将是钢铁企业进一步在智能制造发展路径上持续发力的基础和必要驱动力。2019 年 6 月，经过努力，京唐公司启动了产销一体化变革，开启了"产销研"的有机合作和无缝衔接。

在首钢京唐公司产销一体化系统协同办公界面上，经营分析、经营管理、制造管理、生产执行、过程控制等系统模块一目了然，"各产线 PES 系统""一贯制工序质量控制系统""销售管理系统""设备管理系统""销售物流系统"……各项操作界面简洁明了、清晰有序，各专业系统操作人员紧盯屏幕执行着流程操作。首钢京唐公司每一项产品订单合同都要在每一个界面上体现。系统根据合同订单自动进行质量设计、生产计划排产，依次流转到相关作业部门，各部门根据系统命令执行生产操作，再将产出成品信息反馈给生产管控及销售物流部门，最后组织发运工作。整个流程下来，所有数据和产品均遵循"数据不落地"原则，既有效地提升了业务之间的贴合度，又规避了人为干预的粗放风险，做到了系统的精准化控制。

2017 年 3 月，首钢集团董事会批准了《首钢钢铁产销一体化经营管理系统项目》的实施立项。在集团的大力指导支持下，在相关单位通力合作下，首钢京唐公司产销一体化项目于 2017 年 7 月启动，在方案形成时，就处处彰显着京唐人的智慧。结合集团、股份以及首钢京唐公司的实际情况，产销一体化经营管理系统架构实现了"专业集中、流程一贯、产销一体、高效协同、全面掌控、快速优化"的实施效果。首钢京唐公司质检监督部负责公司进厂原燃料及辅料、产成品等的检化验，出厂产成品的质量终判、质保书打印管理等工作，涉及的种类环节复杂繁多。产销一体化系统上线测试阶段，他们针对产销系统检验计划不全，硬度、粗糙度等平均值委托信息不全等情况，及时组织相关人员每班核实系统中检验项目平均值，对信息不全的检验项目进行补全上传，确保产销系统检验信息准确。负责首钢京唐公司物流运营单位的运输部，针对产销一体化上线组建了专门的信息化团队。在系统上线期间，由于物流运输生产受外界因素影响较大，且同一船舶多次配货的情况时常发生，导致配货与船舶配载需求不符，只有在等待后续配货统筹再进行装船作业，过多的环节在一定程度上降低了效率。团队成员深入到港口装卸产线，多次模拟影响生产正常运行的突发情况，确保物流系统与码头五号库智能物流系统实现功能对接，达到智能化与数字化的完美结合，彻底打通物流运输的任督二脉。上线测试环节，他们共搜集、优化测试问题452项，保证了物流板块与产销系统的顺利融合。

在首钢京唐公司产销一体化系统上线运行过程中，检验、物流系统，生产执行、过程管控、设备仓储等系统均结合实际，有序进行。

在2019年5月31日的产销一体化系统切换工作中，共有1000余人参与，各方人员做好准备，与指挥部之间密切配合，时时沟通。"热轧切换，顺利！""中厚板切换，完成！""彩涂没有问题！"……2019年6月1日早7点57分，是个值得纪念的时刻。随着热轧1580毫米产线首先产出第一卷产品，生产计划下发、质检判定、质保书打印、产品外发、厂内转库等功能正常运行，产销一体化项目在首钢京唐公司上线成功。

2019年7月1日，首钢京唐公司产销一体化成本系统、制造系统、生产PES、投料PES四个系统数据核对顺利完成；2019年7月2日，原燃辅料模块、厂务会计模块、产副品模块顺利并抛到成本核算系统；2019年7月3日，财务SAP系统进行库存商品产副品收发存核算，顺利完成利润月结。至此，首钢京唐公司产销一体化系统全流程各项指标参数都顺利实现了预期的设计运行效果。

首钢京唐公司实现全流程高效稳定运行，筑牢了高质量发展的压舱石。

站在集团深化改革的发展线上，首钢京唐公司将劈波斩浪、稳健前行，在全面实现"四个一流"目标，建设最具世界影响力钢铁厂的新征程中，走出一条质量更高、效益更好、结构更优、优势充分释放的发展之路。

（本文刊登于《中国冶金报》2019 年 8 月 13 日二版）

风起渤海湾　钢城再奋进

——首钢京唐公司高质量发展纪实

薛贵杰　孙　凯

2020 年，首钢京唐公司深入践行京津冀协同发展战略，坚持"三高""四个一流"目标定位，在新产线达产达效，促进以高炉为龙头的全流程长期稳定运行、高效协同，以及"制造+服务"能力实现新突破等方面，取得丰硕成果。截至 8 月，首钢京唐汽车板向高端车企供货实现新突破，车轮用钢市场占有率连续六年保持全国第一，镀锡板产线突破轧制极限，成功生产超薄高端电子产品用钢，中厚板产品广泛应用于"蓝鲸一号"海上钻井平台、冬奥会滑雪跳台、孟加拉国帕德玛大桥等国内外重点项目，实现了首钢产品结构的持续优化升级。

当前，首钢京唐公司三座 5500 立方米高炉稳定运行成为新常态，一二期产线协同优势被有效激发，二期产线顺利实现达产、达效，经营生产模式依托产销系统得到重塑升级，精品战略以及产销研运保障机制的实施成效显著……白天生机勃勃，夜间灯光璀璨，首钢京唐公司犹如一颗海上明珠，照耀着渤海湾。

京唐铁前一体　协同共创佳绩

2020 年，首钢京唐公司以铁前一体化管理为抓手，围绕"保供、降本"的目标，克服新冠肺炎疫情等对高炉用料供应的影响，制造部牵头组织炼铁作业部、焦化作业部、供料作业部等铁前系统各部门，以每周的保铁例会为纽带，逐步形成了部门之间物料种类、配比变化"调整—反馈—调整"的工作协调机制。三座高炉持续高负荷稳定运行，应对秘鲁铁矿停产顺利开创品种替代新模式，同时焦炭生产均衡稳定、质量大幅提高，实现了铁焦平衡的新突破。

"粮草先行"保供应。 供料作业部作为铁前系统的"粮草官"，始终坚持"用户满意就是我们的工作目标"。特别是七八月，时值高温酷暑、雨季潮湿的季节。供料作业部还面临着施工建设、环保改善项目对保产保供带来的严峻挑战。料场收发存管理专业人员刘鑫说："再困难也不能让进口矿卸到港口，决不能因此发生倒运费用！"进入雨季，供料作业部制定了多项措施，保证料场封闭施工顺利进行，依据天气预报提前组织大堆澳块和成品澳块防雨苫盖。在曹妃甸实业港务有限公司的通力配合下，进口矿船全部卸入京唐公司矿料场。S5转运站负责为高炉输送烧结矿，8月，S5风机进入安装新除尘管道阶段。为了完成保产保供以及环保改善项目的顺利实施，生产组织采取两台烧结机成品流程合并，同时给一座高炉上料的作业模式，通过集控操作的精细作业，圆满完成了交叉作业的双重保障。

球团敢吃"百家饭"。 "吃得惯'细粮'的京唐球团产线，必须吃得惯'百家饭'！"炼铁作业部球团、矿选专业工程师刘文旺坚定地说。秘鲁铁矿停产，对球团质量控制及高炉适应能力是一次严峻的考验。为此，首钢京唐公司以高炉顺稳为前提，在中国首钢国际贸易工程有限公司等兄弟单位的大力支持下，拓展非秘鲁资源渠道，同时全力稳定入炉原料质量。制造部、炼铁作业部与首钢技术研究院组织非秘鲁细粉配加试验28次、球团"投笼试验"23次、新资源烧结杯试验6次、改善RDI烧结杯试验12次、综合炉料冶金性能试验18次。算下来，共进行了87次293组试验，确保在新资源应用以及原料配比调整过程中，入炉球团矿、烧结矿质量满足高炉需求。按照"早调、少调、微调"原则，共计调整球团结构60余次。根据实验室试验及工业应用情况，采购非秘鲁资源202万吨，成功应对秘铁疫情带来的不利影响、保证了高炉稳定顺行，同时实现采购降本1570万元。

焦炭"质、量"双提升。 铁焦平衡是高炉稳定生产的先决条件，也是影响公司经营生产节奏均衡的关键性难题。焦化作业部持续优化全流程生产工艺，紧盯配煤、炼焦、熄焦、运焦等各个环节，找问题、找差距，稳定生产。京唐技术中心以含碳燃料为切入点，打通了科研开发与京唐铁前工艺产线应用相融合的"最后一公里"。通过整合科研、供应和生产力量，建立完善铁前工艺"产供研"一体化推进机制，形成以煤质性能-焦炭质量信息为链条有机结合的一体化工作方案。"筛运焦系统，要减少焦炭在运输过程中的摔打，保证3米料位，降低焦炭仓储落差，避免焦炭摔打对焦炭粒级的影响，提升焦炭质量。"焦化炼焦专业工程师李玉清说。7~8月，焦化作业部对焦炭仓料位实施科学管控，降低焦炭仓储落差，提升焦炭质量。设备点检人员加强点巡检，保障设备精度和稳定运行，提高生产效率。为了保障焦炭供应，多次缩短炭化时间，结合焦炉生产情况不断优化生产操作，对焦炉炉温精细操作、精准调节，保证了一、二期焦炉的产品及质量的稳步提升。同时，增加了20余次全焦分析，从微观角度进行煤岩分析，引入瑞峰等新煤种丰富煤资源，依托配煤专家系统持续优化配煤结构。近3个月，焦炭产量均完成计划值，创出历史最好水平。

高炉精操"助消化"。炼铁作业部在量化技术指标、加强精细化操作上下功夫，除了积极分析炉况、把握发展趋势、主动进行适当调整外，还对炼铁集控工的操作提出更高、更严的要求。6月份以来，以"小指标竞赛"为抓手，在竞赛规则中增加"达产先进"和"风温稳定操作"指标进行激励和考核，不断提升工长操作水平，提高工长全风、全氧、全风温的达产保质意识。同时，狠抓工长日常规范操作，减少因操作造成的炉况波动，高炉风口寿命由2019年的平均89天提升至123天，为实现铁水优质优产提供了保障。针对二高炉边缘煤气不稳、炉墙温差波动大的问题，日班作业长郭宏烈与四班作业长细心观察数据变化，积极商讨应对措施，多次微量调整中心焦量和边缘矿石量；在调整过程中，严抓精细化操作，将调整量控制在合适范围，保证了调整的准确性。同时，结合炉况的实际反应，灵活掌握调整方向，最终实现了边缘煤气的逐步稳定，煤气利用率逐步提高至50%以上，燃料消耗逐步降低。8月，高炉系统对所有岗位的监控画面报警程序进行系统梳理和优化，提升了设备故障状态下应急处理的时效性。截至目前，三座高炉平均负荷稳定在 5.6 以上水平，为公司铁焦平衡实现新突破奠定了胜局。

钢、轧攻关夺隘　携手做优做强

铁前工序的顺稳，为钢、轧工序产能提升提供了条件。一、二期产线协同配合，主动加压，最大限度发挥产线潜能，携手掀起了一波比拼"刷纪录""创高产"的热潮。

产品高端重"底蕴"。IF 钢是首钢京唐公司的拳头产品之一，对前后道工序的生产品质要求极为严格。炼钢作业部坚持以"高效化稳定生产"为核心，紧盯指标管控，科学运行转炉高强度供氧、快速精炼、高效连铸等工艺技术，全流程保障了快节奏生产的稳定性。炼钢作业部副部长赵长亮说："我们重点对影响高端产品质量的因素进行了梳理，制定了有效的应对措施，采用各个击破的方法，攻克了生产管理、技术攻关、智能化改造等难关。"

在提高产品质量、缩短冶炼周期方面，他们通过提升设备功能精度、优化指标参数等措施，IF 钢平均真空处理时间降低至 22.3 分钟，达到国内领先水平。同时，创新使用"大口径出钢"技术，实现了与前后道工序的高效协同，生产效率整体提升了 5%，出钢温度降低至 1647.3 摄氏度，达到历史最好水平。在此基础上，他们还非常注重产品的"脸面"问题，并坚持以市场为导向，以汽车板、镀锡板等高端产品生产为主线，通过对板坯的表面清理，大大提高了产品的"颜值"。在产销系统的推动下，火焰清理机的清理能力得到释放，操作工们在 600 多摄氏度板坯的高温炙烤下挥汗如雨，坚守在自己的岗位上。他们主动放弃休假机会，用似火的热情诠释了新时代产业工人的责任与担当，并为公司交上了一份当月板坯产量超计划 300 块、机清亮面率 91.1% 的优秀成绩单，也为提升热轧工序产品质量奠定了基础。

持续向"秒"要效益。热轧作业部在确保主线超额完成生产任务的同时，持续深化一、二期协同运行，全面梳理细化平整生产组织标准，持续释放平整产能。谈及平整的生产，热轧作业部成品管理工李双超感慨地说："为了完成任务，我们可是拼尽了全力。"围绕生产节奏提升，热轧作业部在生产组织过程中深入践行"秒"文化，严格执行"小时"组织生产模式，持续强化生产过程管控，真正达到"时保日、日保周、周保月"的生产组织效果。针对制约产线产能持续释放的瓶颈问题，该部组织部级领导深入平整班组，与一线职工共同分析诊断影响因素，梳理细化生产组织标准、完善工艺制度、改进操作方法，全力打破阻碍产能释放的壁垒。6~8月，热轧两条平整产线连续3个月产量完成15万吨以上。其中，8月累计打破班产、日产等生产纪录17次，月产产量完成16.27万吨，超出平整设计产能3万吨，实现历史性突破。

"**狭路相逢**"**勇者胜**。MCCR新产线达产达效，是集团公司党委交给首钢京唐公司干部职工的重要任务，也是首钢京唐公司的核心目标。调试关键阶段，外方专家因新冠肺炎疫情撤离，我们怎么办？"老外早晚有撤离的一步，咱首钢人不能总挂着拐棍过日子，必须靠自己的力量全面组织生产调试。既然没有退路，那就冲上去，自己的事情自己干！"钢轧部部长助理李继新在给大家鼓劲、建立信心时说道。面对问题，在公司统筹安排下，制造部、技术中心、设备部、销售部、钢轧部等部门，迅速成立了"16+1"模式的技术攻关组和综合推进组，一个个重点难点问题被逐一攻破。在关键环节取得进步的同时，钢轧作业部以"自古华山一条路"的决心，苦干实干、攻坚补短，与"老产线"齐头并进，屡次刷新纪录，尽显追逐超越的节奏。他们坚持与一期炼钢对标、瞄准产量、质量、品种任务，从生产组织、原燃辅料供、设备维护等方面入手，多管齐下。面对高强度的生产节奏，有着20多年炼钢经验的工长刘金旭与同事一起狠抓基础管理，紧盯脱硫、废钢、转炉之间的工序配合，将冶炼周期压缩至35分钟左右。他还组织班组人员利用生产间隙对设备隐患进行排查，发现问题及时上报处理，为稳产顺产打下了坚实的基础。8月MCCR产线实现17炉连浇，单辊期最长轧制111千米。生产63个浇次773炉，无头占比92.54%，2.0毫米以下薄规格产品占78.9%，平均厚度1.97毫米，首次突破2.0毫米。

"**双线**"**联动开新局**。"中厚板产线快速的达产达效，不但标志着首钢中厚板的迁建成功，更是完成了首钢集团实现精品板材品种、级别、规格全覆盖的战略部署，这标志着首钢中厚板迈进了追求更合理的资源配置、更优化的产品结构、更高效的运营水平、更顺畅的产销体系，实现最好经济效益的发展新阶段。"中厚板事业部部长王普说。

进入 2020 年，中厚板事业部把提升盈利能力摆在了经营生产的突出位置。充分发挥 3500 毫米和 4300 毫米双线协同优势，围绕"提质增效、高质量发展"，着力攻克制约生产经营的重点和难点问题。根据产量计划高、品种结构复杂的特点，该部有针对性地制定了生产组织方案，进一步细化了工作任务和工作标准，明确了班保日、日保周、周保月的工作思路。特别强调调度室的指挥协同作用，由其牵头做好班总结和日总结。生产技术室对合同交货、钢板取样、热处理备料和船检等工作进行了细化安排，成品作业区安排专人对取样送样、综判、报产、准发等工序进行跟踪掌控，确保了全月产量任务的完成。同时，加强与制造部计划专业沟通协调，建立日沟通机制，每周召开周计划会，对计划安排、热处理备料和生产、合同兑现等进行全面梳理和安排，为打产、高产夯实了基础。7 月，中厚板事业部双线报产量、双线入库量、双线发货量，均创投产以来最好水平。8 月，中厚板事业部再接再厉，双线报产量、4300 毫米产线报产量、热处理过炉量三项指标再次刷新历史纪录。

紧盯市场拓新品　京唐服务不打折

2020 年，首钢京唐公司密切跟踪国内行业发展需求，市场开发取得新突破。首钢京唐公司超高强钢 CP980 总量创新高，首钢京唐产品品牌的制造能力和服务质量，得到了用户的高度认可。

汽车板家族再添新成员。 首钢京唐公司坚持以客户为中心的服务理念，积极开展客户需求调研、产品前期策划，在生产中充分准备物料、精准过程控制，对最终成品表面质量检验严格把控，确保高质量产品交到客户手中。围绕超高强钢极限规格产品生产，首钢京唐公司冷轧部高度重视，由部领导挂帅组织团队开展工艺攻关，制定了详细的生产方案，从合同梳理、生产准备、检修安排、参数控制、现场跟踪等环节进行全流程控制，确保产品质量的稳定性。生产技术室技术员巫雪松、胡硕等人根据客户对特殊镀层表面质量的需求展开攻关，他们从试验中积累经验数据，对缺陷的宏观和微观表象进行分析，结合生产过程工况和工艺参数，确定了产生缺陷的关键因素，对炉内气氛进行了一系列优化，逐步固化工艺制度，确保了产线具备批量稳定的生产能力。首钢京唐冷轧超高强钢汽车板实现向以宝马为代表的高端客户群批量供货。

热轧精品挑战极限新突破。 2020 年，首钢京唐公司"两会"明确指出"坚持精品战略，提升品牌形象"。对此，热轧作业部副部长杨孝鹤坚定地说道："只要坚持做好'加减法'，不断优化产品结构，走高端精品板材路线，我们的发展之路就会越走越宽，我们的产品盈利能力才会越来越强。"为坚定不移推进更薄、更宽、更强产品结构拓展，持续开发适销对路、高盈利水平的新产品，全力提升首钢京唐公司热系产品市场竞争力。热轧作业部跟进终端客户，千方百计满足用户个性化需求，实现"产品"与"用户"的精准对接。同时，聚焦产线制造能力升级，在依托 EQMS 系统和设备信息化管理系统，不断夯实设备功能精度管理基础上，屡屡突破产线轧制极限，成功拓展 500 兆帕级 1.8×1350 毫米酸洗板等 23 个极限规格，700 兆帕级 1.5×1500 毫米宽薄规格商用车箱体用钢的成功试制，标志着首钢京唐公司实现了常规热连轧产线生产该规格钢种的国内首创。

中厚板产品大纲再扩展。 首钢京唐公司成功中标中石化库车原油商储项目油罐中厚板用钢 5300 吨。这是首钢京唐公司首次入围中石化储罐钢供应商名录，创首钢历史上储油罐用钢单次订单量最大纪录。其中，2900 吨合金容器钢是首钢京唐公司中厚板热处理产线投产以来，批量生产最高级别的产品。同时，中厚板产品通过火运运输模式，为公司拓宽西北市场提供了有力支撑。通过深耕以风电钢为龙头的产品开发和市场开拓，带动中厚板产品实现连续盈利。1~7 月，风电钢产品累计销售 62.89 万吨。产品中标中水大唐陆上风电项目、江苏海力三峡如东海洋风电、福船一帆中广核甲子、华电重工阳江沙扒海洋风电等项目。风电钢市场占有率跻身行业前三。8 月，中厚板事业部成功生产出 8.8 毫米、10.13 毫米厚度极限薄规格 X60M 管线钢。产品冲击性能和落锤性能指标均满足客户要求。过硬的产品质量、优质的技术服务赢得了客户的青睐。近年来，首钢京唐公司薄规格管线钢产品已成功应用于山东青岛港油气管道、潮州市天然气高压管道项目等重点工程，为实现全品种薄规格产品的开发打下了坚实基础。

高端镀锡板开发结硕果。 面对新华社全媒体客户端的现场采访，镀锡板事业部副部长莫志英自豪地说："我们不仅做到了把一个普通的钢坯轧出了半程马拉松的长度，而且让'百炼钢'变成了'绕指柔'。接下来，我们将结合产品用户使用情况，进一步优化产品设计、完善过程管控，努力以更加优质的产品和服务助力国家 5G 信息技术产业发展。"镀锡板事业部坚持走高端精品之路，不断强化产品技术创新，高端电子产品用钢系列产品 2018 年初刚开始接单时只能生产 0.25 毫米厚度的普通规格产品，经过一年技术攻关，实现了 0.15 毫米薄规格产品的批量稳定生产，并达到了国内先进水平。但是他们并不满足，继续深挖产线制造潜能，最终突破产线装备和产品规格轧制"双极限"，成功生产出 0.11 毫米×800 毫米的极薄宽幅 5G 设备用钢，达到国内领先水平。同时，他们紧跟市场需求变化，组织产销研团队开展 1035 毫米宽幅逆晶红牛铁产品开发和技术攻关，连续攻克了产品板形和横向厚差精准控制、焊接性能保证、带钢表面质量提升等多项技术难题，实现批量稳定生产，产品质量赢得客户的认可。为保证 0.14 毫米超薄规格 DR 材在线顺稳生产，镀锡板事业部发挥一贯制管理优势，强化瓶颈工序管理，狠抓工序服从，通过优化热轧工序出钢温度和终轧温度，为酸轧板形控制创造了有利条件；组织专业技术人员开展酸轧板形技术攻关，通过优化轧辊辊型匹配方案和板形目标曲线等措施，提高板形控制能力和放行标准，解决了带钢边紧问题，为连退产线稳定运行提供了重要保障。同时，该部狠抓 SPC 关键控制点，实施全过程质量预判、预防，加强各工序 DR 材生产联动，最终一次性稳定产出 0.14 毫米超薄规格 DR 材 1000 吨。

彩涂生产服务两不误。 彩涂板事业部紧紧围绕年度经营生产任务，遵循"十二字"工作思路和"三个下沉"作风，坚持以经济效益为中心，全力组织好各条产线的生产及检修工作。酸轧作业区 1420 毫米轧机成立"达产攻坚护航小组"，充分调动班组成员生产积极性和主观能动性，做好统筹协调，优化操作流程，节约生产时间，6 月完成产量 2.83 万吨，打破月产纪录。镀锌产线通过成立攻关组，反复研究锌液调整方案，降低产品表面黑线、圆点、锌流纹缺陷等措施，保证了中铝中镁锌铝镁产品的成功下线，在锌铝镁产品开发中迈出重要的一步。彩涂作业区瞄准设备瓶颈问题，克服重点项目多、参战单位人员多、时间跨度长、实施难度大，以及疫情防控带来的困难，完成了投产以来最大的一次检修工作，并通过合理安排生产计划，以及操作、生产、工艺、设备等岗位的密切协作，彩涂线 8 月产量突破 1.5 万吨，再一次刷新月产纪录。同时，在与制造部、营销中心等部门的协同配合下，完成供凯西及深圳赤晓等多次紧急彩涂板交货任务，生产组织能力不断增强。

强化基础保障　为高质量发展"奠基"

灼热的天气没有打消人们工作的积极性，反而让京唐人干事创业的热情更加高涨，从 7 月以来的连续稳定高产，更是打出了大钢企的精气神，打出了新钢城的新作为。然而，在首钢京唐公司高质量发展的快车道上，离不开保障系统的强力支撑。

深挖潜输配优质动能。主工序高产对于能源系统既是机会，又是挑战，"越是稳定高产，我们越不能给公司添麻烦，要克服一切困难，为工序提供高质量的能源介质。"能环部早会上，副部长汪国川坚定地说。为了保证主工序能源介质的稳定经济供应，能环部统筹谋划，根据工序的变化和各种介质的消耗情况提前做好能源平衡工作。制定燃料平衡方案，保证 300 兆瓦机组煤气掺烧的稳定，优化煤气供应配比结构，重新划分燃气用户等级，在保证煤气稳定供应的基础上，提高燃气使用效率。加快推进天然气提"气"攻关，6 月底完成管道天然气敷设，并一次性完成置换引气、提压增量工作，实现了天然气的战略保供。强化各发电机组的运行保障，公司所有发电机连续 2 个月保持了高水平稳定运行，8 月总发电量创出了历史最好水平，为公司电力保供提供了强有力支撑。"越是高产，对我们降低能源消耗，摊薄能源成本来说越有优势。"部长助理陈恩军仔细研判当下形势。能环部紧紧把握高产机会，瞄准降本增效的任务目标，引导职工克服疫情和高温的影响，立足岗位精心管理，精细操作，精密点检，保障能源系统设备高效运转。继续坚持系统思维，强化系统管控能力，苦练内功，深入挖潜，瞄准年度降本任务，在精细节能上下功夫，在协同创效上聚合力，在服务提升上求实效，全面推动能源系统高质量发展，暑期两个月以来，吨钢综合能耗实现了 579 千克标准煤的历史最好水平。

通物流驾好三辆马车。"决不能因运输环节影响到主流程生产"，这是每一名运输人的铮铮誓言。三座高炉并行生产以来，运输部充分发挥临海靠港独特的运输优势，持续优化和完善以三座高炉为中心的物流运输保障体系，促使海运、铁运和汽运三辆马车并驾齐驱，实现原料接卸与成品外发运输生产组织平衡，全力保障主流程生产顺稳。连续的高温天气给露天作业的运输生产带来一定的困难，在毫无遮挡的成品码头，将近 50 摄氏度的地表温度，单船指导员陈光头顶烈日不停穿梭于船舱与码头前沿之间协调组织生产，任凭汗水在脸上肆意挥洒，如雨般的汗水顺着后背浸湿了红色工装，身上的工作服湿了干、干了湿，一层层白色的汗碱成为陈光工装的标配。正是有了这股敢干敢拼的劲头，"运输铁军"在 8 月高温期间屡创成品发运装船纪录，更是实现单班装船 21144 吨历史新高，有效保障京唐及迁顺成品发运，运输人用汗水擦亮了精品服务的"金字招牌"。

优体系促进成果落地。设备部强化设备运行管控，提高设备运行稳定性，推动 EQMS 状态模块基础数据的准确性和流程闭环的及时性。通过对设备运行状态和历史运行记录进行多维度分析，以典型故障、关键设备为抓手，组织多部门之间开展技术沙龙交流，加强部门间协同合作，夯实设备系统保障能力。负责设备运行管理的秦小龙，在钢轧部调试生产的关键时期发现 MCCR 磁通增量模块冷却紫铜管裂纹故障。结合现场几十个同性质的紫铜管频繁出现漏水问题，秦小龙深入现场，对设备进行故障分析，发现由于设计原因导致漏水。"解决现场问题，还要靠我们自己。"在困难面前，秦小龙选择迎难而上，组织钢轧、首宝核力专业人员多次研究，采用电磁屏蔽的方式解决磁干涉问题。用电木将磁通模块整体包裹，从而彻底解决了导磁板的干涉，根治了此类紫铜管裂纹漏水问题。同时，他们做实设备体系改革成果，强化以点检为核心的设备管理机制，严抓实管，促改革成果落地。加强设备体系改革方案的宣贯的同时，出台《做实设备体系改革12条边界条件》，采用深入现场检查、不定期抽查的方式，对方案落实情况进行检查，总结"问题清单"，督促落实整改措施，确保方案有效执行。

铆干劲抢产分秒必争。七八月份正值高温，高温下的高产不仅考验着各个流程、环节的应变、协同能力，也同样考验着每一名职工的意志力。秦机试样加工中心上下开足马力，擂起战鼓，满负荷组织生产，车间内机器轰鸣声此起彼伏，一片你追我赶战高产的景象。抢产期间，样板量骤增，送样的车一辆接着一辆，门口的样板也堆成了一座座"小山"，但职工干劲儿都很足。由于长时间紧张忙碌的工作，每个人的工作服上都渗出了大片大片的汗碱。为了分秒必争抢产，车间为大家统一订了"抢产饭"，大家吃完饭顾不上休息，就又返回到自己的岗位上继续工作。检查员姜梅霞有时连吃午饭的时间都不舍得浪费，一手拿着筷子，一手拿着鼠标，她说："我的工作是所有工序的开端，我抓紧时间把第一道工序做完，大家的进度才能更快！"就是凭着这样的劲头儿，试样加工中心8月实现月产10632.2炉，连续3个月突破万炉，创历史最高水平。

于危机中育新机，在变局中开新局。首钢京唐公司顺应历史潮流，在"十三五"收官、"十四五"谋篇的关键之年，迎难而上、敢作敢为、善始善成。在逆境中破解了一个个难题，用一项项新纪录，书写着这张带有情怀、带有血性的答卷。航程之上，京唐钢铁旗舰方向明确、马力强劲。正以高质量发展为引擎，瞄准建设最具世界影响力的钢铁厂目标，乘风破浪、锐意前行。

第四节　安全是红线　环保是底线

彩涂现场的"安全绿十字"

杨立文　李文通　李玉颖

走进首钢京唐公司彩涂板事业部镀锌作业区生产现场，一块不同于常规的日历看板醒目地伫立在那儿。看板上，12个月排列成一个"十"字的形状，在每天的日期下方均有个涂卡的长方格。同时，在这个日历的旁边，还有一个由班组人员姓名和日期做成的表格看板，上面也是一个个小"十"字的图案，岗位人员当天没有任何安全事故发生的，就将日历当天的颜色涂成绿色，有违反安全的行为就涂红色。

为进一步提高现场职工的安全意识，规范职工安全行为，彩涂板事业部镀锌作业区从职工行为观察方面入手，实施了行为安全绿十字管理法。安全绿十字管理方法，是通过不同颜色在每月工作日历中对各种不安全行为发生的类别和频次进行直观的体现，旨在提醒现场工作人员及时纠正不安全行为并加以改进，是现场可视化管理的一种方式。乙班操作工王明超说："每天下班前亲自为自己一天的行为点评，在获得安全感的同时，也是对自己的安全行为点赞。我想，只要持之以恒地做下去，大家的安全意识一定会提高一个层次。"甲班操作工杨金坤说："每天看到这个看板，就是对自己接下来工作的一个警醒，这个形式非常好！""我觉得通过这种形式对大家的不安全行为进行展示，起到了互相促进、互相提醒的作用，班组成员都很支持！"丁班操作工任庆祺指着看板说。镀锌作业区首席作业长李文通说："此项工作的开展，量化了职工的安全素养，使大家在相互监督、共同提升的氛围中，有效减少了不安全行为的数量，进一步提高了'我要安全'的意识。"

在实际执行中，镀锌作业区还将不安全行为的文字描述及照片进行存储，当事人可通过扫描看板右上角的二维码查看，并引以为戒。如果当月发生不安全行为累计达到三次，作业区就会通知职工家属，以此来加强对职工安全行为的督促和监督。职工家属也可以扫描二维码，随时查看职工在工作中的安全状况，予以关心和提醒，与作业区安全管理形成互补。

为保证安全绿十字工作扎实有效，作业区在职工自觉填报的同时，还建立完善了班长监督和组员互相监督提醒的机制，不断提高职工遵章守制意识，营造"我要安全"的浓厚氛围。作业区还根据各班组的不安全行为数量，建立了班组长提醒谈话制度，督促班长在不安全行为管理中以身作则，加强对岗位职工的管理。特别是加强了针对夜班工作职工的提醒，要求各班班长要每天查看登记情况，邀请职工进行安全分享，督促职工不断提高安全意识，形成良好行为习惯。

与此同时，该作业区还通过"绿十字"工作，深化安全管理，每季度分班次召开由首席作业长组织的安全共建视频会议，邀请各班组职工及家属参加，开会时间选择班组休班时间。会上，由班长总结本班组季度安全情况，通报职工在岗安全情况，然后由不安全行为者进行检查分析。同时，作业长公布季度行为安全绿十字个人评价结果。在职工家属和班组职工讨论交流环节，大家畅所欲言，纷纷分享安全生产经验。甲班班长张静的妻子肖桂英说："张静工作这么多年以来，我还是头一次真实感受到他的工作环境和工作状态，我更加体会到他的不容易。感谢单位领导这么重视安全，我会经常嘱咐他工作中要注意安全的，严格遵守公司的各项规章制度，让他开开心心上班去，安安全全回家来。"镀锌作业区还通过制订班组人员不安全行为相互监督奖励方案，充分暴露问题，不断推动安全工作深入开展。

（本文刊登于《首钢日报》2020 年 4 月 10 日一版）

"机器人"哨兵守护煤气安全

——首钢京唐公司能环部发明可移动式水封溢流智能监控装置侧记

尹松松　吕文滕

2020年5月，首钢京唐公司能环部姚海峰带领团队设计的水封溢流监控"机器人"成功上线试运行，解决了影响煤气排水器安全稳定运行的大问题。

煤气是钢铁厂生产的副产品和能源介质，回收好、利用好煤气对钢铁厂实现降本增效和节能减排具有重要意义，但其易燃、易爆、易中毒的特性又让所有人望而生畏。因此，确保煤气系统的运行安全至关重要。

在煤气的回收和使用过程中，为了去除管道内煤气凝结的水分，需要在管道上安装煤气排水器，主要用于收集和排出煤气管道中的冷凝水，当煤气压力波动频繁时，若补水不及时，排水器很容易被击穿，导致煤气外漏，因此作为排水器的"守护神"——水封，尤为重要！

"别嫌我嘴碎啊，哥几个巡检、操作过程中一定要上点儿心……"作为首钢京唐公司燃气区域作业长的姚海峰不管是开会还是培训，都会不厌其烦地嘱咐大家要规范操作、注意细节、保证安全。

"姚哥，你说现在科技都这么发达了，要是发明个机器人替咱们站那里天天看着该多好。"同事的一句玩笑话让姚海峰上了心。姚海峰灵光一闪："对啊，说一千道一万，不如动手干一干，将隐患彻底消除才是根本。"于是，他将思路锁定在曾经自学过的通信传感技术上。

说干就干！姚海峰兴冲冲地列出材料清单，准备按照自己的构想绘制设计图，但是他发现那些"散装"的自学理论实在不好"拼装"，设计过程频频遇到瓶颈。于是他干脆从头学起，结合现场实际情况，熬了几个通宵终于将图纸绘制成功。

随着所需材料相继到货，姚海峰开始了废寝忘食的研究和调试。他白天深入现场测数据、找问题，夜晚查阅资料、验算数据，前后10多次修改设计方案，验算了近1万个数据。功夫不负有心人，经过近两周的施工和调试，由水流监测传感器、视频监控设备、电池组、信号发射器、手机接收等组成的可移动式水封溢流智能监控装置终于诞生了。此装置可将水流监测传感器安装在水封溢流排水器的排水口处，利用视频监测，能够实现多角度、全方位、远程实时监测水封溢流情况。水流监测传感器选用靶式流量感应开关，当水从排水口排出时，经过流量感应开关，靶式挡板偏转，激发接触器使其闭合。一旦水流中断，挡板就会回到起始位置，接触器恢复到之前的状态，并将数据信号通过云端传到监控系统，在电脑和手机上同时发出报警，提示岗位监控人员立即处理。

"机器人"投入使用后，岗位运行人员能够随时掌握水封式排水器的运行状况，及时发现其缺陷并处理，赢得了领导和同事们的一致好评，现已正式申请国家专利。

面对别人的夸奖，姚海峰不好意思地笑笑说："这就是一个'土发明'，只要能保证运行安全，就是值得高兴的事。"

（本文刊登于《首钢日报》2020年5月29日二版）

打造海上绿色 "粮仓" 运输线

——首钢京唐公司供料部原料场现场管理改善工作纪实

孙子轶

在供料部布满绿色苫布料堆的料场里，冬青在繁茂地生长，原燃物料整齐地堆积着，取料机悬臂在操作工的调动指挥下有序地回转摆动定位……将一堆堆指定的"粮食"通过"生命线"输送到各后序用户。

供料部作为首钢京唐公司的"大粮仓"，负责全公司原燃料的接收、储存、加工以及为后序工序高炉、烧结、球团等输送原燃料任务，料场面积达到 209 万平方米，负责传送原燃料的皮带机达 379 条，总长度约 147 千米。围绕"打造世界一流原料场"的目标，供料部针对料场、皮带精心精细抓管理，深挖潜力促改善，确保了"粮仓"运输线长期稳定高效运行。

精心呵护 "粮仓"

作为首钢京唐公司的"粮草官"，原燃料的精细管理显得尤为重要。供料部通过严细实抓料场标准化管理、持续强化日常生产管控、深度推进维检融合等促进料场管理取得了长足进步。

实抓标准化料场管理。推行标准化管理有利于规范原燃料作业，提升生产效率。矿料作业区日班作业长李国光，结合料场"面广、线长"的特点，通过采取增填绿色、制定标识、标准堆积、机械清沟等有效途径，实现了"整齐划一、苫盖齐全、标识明确"的全新改观。料场排水沟深度达 50 厘米，总长达 8.4 千米，每到雨季，作业区都要动用大量的人力物力来清理排水沟，加之巴卡粉水分多易塌方，排水沟被堵是常有的现象，日常清理排水沟的工作量非常大。李国光说："清沟问题长期不解决何谈标准化料场打造！"他主动带领班组职工对铲车进行改造，将铲车前端铲斗的侧面加装一个小铲斗，其宽度深度与排水沟的宽度深度一致。经过试验，铲车每天可以清理将近300米水沟，比起以前人工清理，大大节省了人力物力，提高了清沟效率。

持续强化日常管控。在物料管理过程中，供料部抓牢日常物料流转、料场传送系统、转运站、筛分站等各区域运行情况的日常动态监控和管理，各室作业区分别组织建立了信息沟通群，并为负责重要点位巡检的人员配备对讲机，按要求时时发布各重点点位设备运转、原料供应等情况，做到问题有回馈、应急有速度、事后有分析，形成了高效率高效能的闭环管理模式。同时，各作业区将环保工作纳入常态化管理中，严格按流程做好日常物料苫盖的过程管控、督查、指导、作业，确保料堆规范化堆积、流程规范化操作、苫盖规范化执行，扎实打好为下道工序服务的基础。

设备管理离不开维检队伍的强化。供料部积极推进维检工作的深度融合，将维检单位职工纳入班组统一管理，将公司和作业部有关要求第一时间传达到维检、协力单位职工，做到政令畅通。同时，强化维检人员技能水平，开展针对性的培训。结合电气自动化技术攻关，开展高低压电机日常维护、结合胶保装置延时等问题，组织开展维检提升技术水平培训、建立液压培训基地，提供双方学习液压润滑专业知识的平台，通过运用试验台不断实践操作，提升技术人员的动手能力和操作水平。截至目前，共组织液力偶合器、胶保、润滑油、混匀取料机等各种专业培训32场，300余人次参加。通过日常生产组织、知识培训、技能提升，有力促进了维检人员对设备的精心维护，设备长周期稳定运行。

科技创新促绿色发展

创新是第一动力。供料部坚持以科技创新促进料场设备管理，实现了料场设备及系统与自然环境和工作环境安全绿色环保协调运行。

供料部共有两台混匀取料机和一台混匀堆料机，自 2008 年投入使用以来，随着使用过程中设备的老化，有些功能濒临失效，无法满足实现无人化的需求。且作业人员操作时无法巡视设备，给生产组织带来不便。针对这种状况，他们主动出击，围绕设备改造创新创效。供料部成立了专门攻关小组，设备部、信息部及相关维检单位积极配合，联合国内外 15 家单位进行了两次原料场智能化技术交流，共同研讨改造方案。施工期间，他们完成了设备消缺 16 项和功能恢复 39 项，编写了控制程序及操作说明书，对中控岗位进行了远程操作培训等。混堆料机改造是此次无人化改造的难点，混堆作业时，走行速度快，为 30 米/分钟，极易发生折返点偏移或冲出作业范围的问题。同时，无人监护易造成混堆单层断料或定点堆积，降低混匀矿制造指标，影响烧结和高炉生产。为了避免此类事件发生，供料部攻关小组在设备部专业人员的配合下反复实践，对混堆的程序做了大量改进。经过反复试车检查，最终实现了混堆远程无人化操作所有功能，顺利实现了混堆无人操作试车。经运行测试，达到了预期效果，设备运行稳定。他们又趁热打铁，增加了远程自动和远程手动程序。经过大家的齐心努力，整个混匀堆料操作完全实现了混堆无人化远程操作，满足了生产要求。随后他们又完成了 2 台混匀取料机的无人化操作，设备智能改造在改变传统生产模式的同时，实现了提质增效。

供料部充分结合生产需要，积极在节能增效上寻求新的突破。面对破碎机筛网效率低的问题，将从前使用的聚氨酯筛网改为钢制弹性复合筛网，产量由 180 吨/小时提高至 230 吨/小时，同时减少锤头磨损，仅此一项每年就节约备件费用 207 万元，这一成果获得了河北省冶金系统优秀管理成果一等奖。HK202 皮带一到雨季运行不稳定，经常发生跑偏停机，托辊架调整后的效果不明显。李国光连续几天蹲在现场，琢磨皮带运行规律，带领团队设计了调偏器，并研究了可折叠式搬杆，一人即可操作，实用又便捷，一举解决了皮带跑偏问题。他还带领相关人员围绕安全、设备功能稳定、生产效率、稳定质量等方面，组织开展技术创新。几年来，李国光牵头开展的创新项目达 38 项，其中 3 项获得了国家专利。

打造现场本质化安全

走进供料部 E03 筛分转运站，整洁的设备、清晰的标识、有序的皮带运转，让人眼睛一亮。"过去铁锹清理洒料是一身煤灰，现在改用皮带自动清扫器，现场不仅清洁了，还便捷安全了！"筛分转运站班组职工们都深有感触。

筛分站作为供料部最大的物料枢纽站，有各类设备 28 台（套）。其中，皮带机 24 台，几乎涵盖了所有皮带机类型，每天进出物料多达 7 万吨，肩负着为焦化、烧结、高炉供料的重任。由于皮带是保产保供的生产命脉，属于不间断运转设备，加之作业时间不统一，给安全打造带来了不小的挑战。作业长李国光带领职工与维检单位人员协同配合，见缝插针充分利用生产间隙打造现场本质化安全。

皮带机本质化安全打造没有先例、没有样板，可参考的资料很少，只有靠他们自己摸索。李国光组织相关人员认真梳理，研究讨论改善方法、合理制定打造方案。打造中，小车对位点多，频繁移动危险性最大，岗位人员反映强烈。如何降低作业风险？李国光组织起大家逐点位摸排。他们通过设立大防护限制人员进入、加装连锁门控制车体移动、增加摄像头做到全视角监视、操作箱移位便于岗位操作、狭窄地段增加安全门悬挂警示等一系列行之有效的方法使本质化安全打造快速向前推进，初见成效。为快速完成筛分站的粉尘治理工作，李国光自掏腰包，购置了电磁阀，实现了皮带机喷洒水装置的自动控制，大幅改善了筛分站的环境条件，为整体的打造效果奠定了基础。他们还针对二层皮带机烟料多、导料槽相对短造成洒料的缺陷，通过采取加长密封箱并增加喷洒水降尘、在小车皮带铺板加装散料管的方法，解决了老大难问题。岗位操作人员反映，小车皮带下部车体连接支架多，物料落入支架缝隙很难清理。于是，李国光组织人员经过研究，采用在支架上部铺接料板，轨道两侧铺加皮子的方法，使料直接落到接料板上，一举解决了难题。他们还针对现场空间狭窄的现状，研究制作了电动刮料器……就这样，半年多的现场打造，E03 筛分转运站的现场面貌发生了翻天覆地的变化，39

个点位 68 个项目的打造如期完成，并通过了上级专业部门的验收，得到了公司领导的认可。

提及现场本质化安全打造，李国光感触颇深，"本质化安全打造的目的就是把安全与设备管理紧密地结合起来，促进企业安全发展。" E03 筛分转运站本质化安全打造还获得了公司两源专项治理一等奖。

首钢京唐　践行绿色发展理念

魏金梅

作为新时代的钢铁企业，首钢京唐钢铁联合有限责任公司（以下简称首钢京唐公司）积极履行和承担污染防治责任，采用清洁生产技术和工艺，以实际行动践行绿色发展理念，助力打赢蓝天保卫战。

牢记绿色发展使命

首钢因环保而搬迁，首钢京唐公司因环保而建设。从北京到河北，首钢完成的绝不仅仅是一个钢厂的搬迁，更是对绿色制造行业发展趋势的引领和示范。

首钢京唐公司一期工程是"十一五"期间重点钢铁厂建设项目，首钢京唐是第一个完全按照循环经济理念设计的具有国际先进水平的大型沿海钢铁企业。在指标控制上，首钢京唐公司在建厂之初便提出了粉尘排放浓度低于20毫克/立方米、烧结二氧化硫排放浓度低于50毫克/立方米的企业标准，远优于当时国家的排放标准要求。首钢京唐公司于2019年2月通过超低排放验收。目前，首钢京唐公司颗粒物、二氧化硫、氮氧化物排放执行唐山标准，排放浓度分别低于5毫克/立方米、20毫克/立方米、30毫克/立方米，同样远优于国家超低排放10毫克/立方米、35毫克/立方米、50毫克/立方米的标准要求。

大力实施环境治理

首钢京唐公司所有生产设施均按"三同时"（项目建设中防治污染的设施

应当与主体工程同时设计、同时施工、同时投产使用）要求，配套建设了齐全的环保设施，一期工程环保总投资近80亿元。2012年以来，首钢京唐公司又累计投入20多亿元，实施了焦化废水深度处理回用、热电超净排放、露天料场封闭、球团脱硫脱硝、焦炉烟气脱硫脱硝等重点环保治理工程，累计投资近100亿元。

2018年，首钢京唐公司积极落实超低排放改造要求，将炼铁、炼钢等工序布袋除尘器全部更换为覆膜高效滤袋，净化后颗粒物稳定达到超低排放标准，无组织排放治理、清洁生产指标、在线监测、清洁运输等均满足《唐山市钢铁行业超低排放改造验收参照标准》；投资近5亿元实施烧结机烟气脱硫脱硝超低排放改造工程，克服了大型烧结机超低排放无先例、技术难度大、工程量大、施工困难、关键设备采购周期长等难题，采用国际先进技术建设完成了4套循环流化床脱硫+SCR（选择性催化还原技术）中低温脱硝系统，投运后颗粒物、二氧化硫、氮氧化物排放浓度稳定达到超低排放标准。2019年2月，首钢京唐公司全流程通过了超低排放验收。

谱写绿色发展新篇章

首钢京唐公司在环境友好型发展道路上，勇于承担社会责任，展现了国企担当，赢得了社会各界的广泛认可。首钢京唐被列为第一批钢铁行业资源节约型、环境友好型企业创建试点企业；2014年被中国钢铁工业协会评为"中国钢铁工业清洁生产环境友好企业"，荣获"全国大气污染减排突出贡献企业"称号；2015年《大型钢铁企业循环经济运营体系的构建实施》创新成果被评为全国企业管理现代化创新成果二等奖；2016年荣获"第九届中华宝钢环境优秀奖"（企业环保类）；2017年成为全国钢铁行业第一家取得新版排污许可证的企业；2018年被工信部评为"绿色工厂"。

绿色发展带来的不仅仅是厂区面貌、企业形象的根本变化，更是发展理念的全面更新和发展方式的彻底转型。率先实现绿色发展，为首钢京唐公司适应资源环境等外部条件的深刻变化，在更高起点上加快转型升级争取了主动，使其赢得了新的发展空间。

（本文刊登于《中国冶金报》2019 年 6 月 5 日二版）

安全永远在路上

杨景 王平 李欣

2020 年 6 月 29 日上午，在首钢京唐公司二期煤气柜区，一场安全生产事故综合应急救援预案演练紧张地进行着。

这样的应急演练是今年首钢京唐公司"安全生产月"活动的重要内容之一。6 月以来，公司按照全国"安全生产月"的"消除事故隐患，筑牢安全防线"主题要求，开展了一系列主题鲜明、形式多样的活动。不仅如此，2020 年上半年，公司持续在狠抓安全责任落实、推进双控体系建设、打造本质化安全等方面下功夫，让"安全第一，生命至上"的理念进一步深入人心。

抓实"双控"强化基础管理

安全是生产的基石。

2019 年，首钢京唐公司"安全生产双重预防控制系统"上线运行；2020 年 1 月，新梳理的风险管控清单正式上线运行，为开展作业风险辨识、加强安全管理打下了基础。4 月，安全管理部以炼铁作业部为试点，组织生产、技术、工艺、设备等专业完善安全风险管控措施。同时成立 8 个横向交流模块小组，有效解决不同区域风险辨识标准不统一的问题。本次共梳理风险点10161 个，风险管控措施 23781 条，隐患排查项目 14414 条。

随着风险清单不断完善，现场风险点辨识持续细化，管控措施的愈加全面，现场隐患排查数量呈现逐月上升的趋势。2020 年二季度月均排查隐患数量较一季度提高了 50.8%。

为更好落实安全责任，安全管理部制定了《职能部门完善<全员岗位安全

生产责任制>及编制<岗位安全生产责任制清单>专项工作方案》，做到全公司"安全工作、人人有责"；相继修订了《首钢京唐公司安全生产双控工作指导手册》《首钢京唐公司重大生产事故隐患排查判定手册》《首钢京唐公司有限空间管理办法》等安全类制度23个，为制度有效在基层落实创造了条件。同时狠抓责任制落实，开展量化标准检查，对因安全生产责任量化标准落实有差距的领导人员实施考核管理，以考核的"指挥棒"推进安全责任落实。上半年，考核人数较去年同期降低42.6%。

检修中交叉作业、异常作业多，安全风险高，安全工作更需严格谨慎。特别是2020年系列大检修，与以往不同的是，增加了疫情防控的重任。对此，安全管理部组织各单位专业人员分日、夜班全程跟踪在现场，检查、督促检修人员按要求佩戴口罩，少聚集、勤通风。整个检修期间，检查发现各类问题556项，张贴违章通知单13张，现场针对违章采取停工一小时共计16次，确保了检修任务安全、高效推进。

教育培训　强化红线意识

每天，公司早会开始时，都会先播放3分钟的安全培训视频或课件，供领导人员学习。培训内容包括了事故案例、危险化学品安全管理等等，仅2020年上半年，便有7个系列116期培训课件在公司早会上播放。现在，各单位也纷纷效仿，在部门早会时，开展"安全3分钟"培训，逐渐形成了一种习惯。

安全生产，思想先行。2020年"安全生产月"期间，公司和各单位结合本单位特点和疫情防控实际，开展了多种多样的安全警示教育，目的就是让广大职工思想上时刻紧绷安全"一根弦"。安全管理部、设备部、制造部、保卫部、能源与环境部制作了安全管理相关的培训视频，在内网上发布供全体职工学习；钢轧部通过本单位公众号利用微信开展线上"安全来找茬"竞赛活动；炼铁部开展了主管安全部长上讲台安全生产月特色宣教活动，组织基层干部员工共享安全管理的经验方法等。

安全是红线，这种意识必须牢牢地印在所有职工脑中。6 月，各单位按照贴近实战、注重实效原则，组织开展了火灾事故、煤气中毒事故、触电事故、高温中暑等一系列应急预案演练，使管理人员和现场作业人员掌握了应对突发事故的处置、自保、救护知识和技能。

此外，公司针对不同时期，开展相应的专题教育。2020 年上半年，安全管理部围绕春节、冬季、雨暑季、疫情防控等重点，组织开展了专题安全教育，参与数量达 39364 人次。同时，为方便职工学习，公司将每轮班的"周安全活动"由原来的集中学习改为职工分散自主学习、线上考试；将危化品安全管理人员培训班统一改为通过 APP 软件在线自主学习，有效应对疫情影响，激发职工安全学习热情。

发动职工　强化全员参与

走进首钢京唐公司彩涂板事业部镀锌作业区生产现场，一块不同于常规的日历看板醒目地伫立在那儿。看板上，12 个月排列成一个"十"字的形状，在每天的日期下方均有个涂卡的长方格。同时，在这个日历的旁边，还有一个由班组人员姓名和日期做成的表格看板，上面也是一个个小"十"字的图案，岗位人员当天没有任何安全事故发生的，就将日历当天的颜色涂成绿色，有违反安全的行为就涂红色。

这就是彩涂板事业部别具一格的"安全绿十字管理法"。乙班操作工王明超说："每天下班前亲自为自己一天的行为点评，在获得安全感的同时，也是对自己的安全行为点赞。"

让职工自己点评，让职工亲身体验，正是实现从"要我安全"到"我要安全"的重要手段。

每次检修作业，现场需要办理多张动火票、临电票、三方确认书以及施工委托单等各类票据，焦化部化工作业区职工闫超提出了优化危险作业票据办理流程的改进建议，从而避免了签票单位的多方跑路，提高了工作效率，为检修创造了条件。

好的想法往往能起到事半功倍的效果。安全生产月期间，各单位认真组织开展安全管理卓越"金点子"活动，鼓励广大职工参与安全风险攻关和隐患排查治理。炼钢部职工范立新针对出钢过程存在炉壁、烟道渣子砸伤现场人员的安全隐患，提出了钢包包带增加斜护板的安全"金点子"，杜绝隐患的同时还降低了岗位劳动强度。能环部职工周志明针对压缩空气稳压罐安全阀的泄压口正对着人员巡检通道的问题，提出了改善压缩空气稳压罐安全阀的建议，保证了职工的安全。广大职工结合岗位工作实际，在生产现场、工作岗位发现了 168 个"金点子"，为设备、管理、检修等安全工作提供了保障。

治本攻坚　强化本质安全

在冷轧部 2230 毫米轧机镀锌区域，首先通过的是有严格权限管理的人脸识别系统，然后映入眼帘的是标准到位、警示鲜明的防护设施，展示安全管理成果的可视化看板；在作业现场，操作人员精神饱满，严格规范操作……而这就是冷轧部打造本质安全的一幕幕。

本质化安全，就是切断事故发生的因果链，实现人的安全和物的安全。2020 年 2 月，公司制定下发《首钢京唐钢铁联合有限责任公司 2020 年推行本质化安全管理实施方案》，为各单位推进本质化安全管理提供了指导。此外，公司安排专业人员到邯钢、新兴铸管等企业，围绕现场远程监控、"可视化"管理和现场管理责任落实等开展学习交流，吸取经验，借鉴运用，组织指导各单位推进本质化安全管理。

标准化管理是职工现场安全作业的重要保障，除检修及生产作业外，还涉及安全防护标准化管理、可视标准化管理、消防标准化管理。供料作业部矿料作业区通过在移动小车周围加装安全防护门并在门上安装限位，实现联锁控制做到本质化防护，当岗位职工打开限位门时，小车将自动停止移动，同时把门锁在固定位置，防止突然关闭，保证了点巡检及清扫人员的作业安全。"这个改进太好了，保证了我们点巡检和清扫的安全。"现场一位维检职工不由地赞叹。

本质化，从根本上把风险隔离开。运输部铁运作业区在针对摘钩作业，利用现有接近开关制作联锁保护装置。翻车机司机打开摘钩操作室门进入车皮车钩内作业时，操作室门锁与接近开关联动，将翻车机自动化系统循环程序中断，拨车机停止牵引运行，有效保护摘钩岗位操作人员的安全。质检监督部轧钢分析中心铣床加工时铁屑飞溅，威胁着员工眼睛。对此，部门先后试制3次，制作了轨道式防护罩，防护罩设有专门的排屑孔，既防止铁屑飞溅伤人，又方便了职工日常清扫。

安全生产工作只有起点，没有终点。只有时刻紧绷"安全弦"，拉紧"安全弓"，持续用力，久久为功，才能提高科学管理、自主管理水平，为企业高质量发展打下坚实基础。

（本文刊登于《首钢日报》2020年8月12日二版）

第四章　弘扬以人为本

人是企业改革发展的力量源泉，企业文化因为有了全员参与才有生命力，才能真正发挥蕴藏着的无限力量。首钢京唐公司大力弘扬以人为本，以京唐人的"初心使命"充盈京唐人的梦想空间，抒发并升华内心情感，让职工心中不仅有"铁水奔流""钢花飞舞"，也要有海风轻轻吹、海浪轻轻摇的心灵港湾，构建京唐人共有的精神家园。

大爱无声 担当有情

——首钢京唐公司巩固防控效果有序推进返岗复工侧记

杨 景

雨水时节过后，依然春寒料峭。

2020年2月23日15点40分，数辆前往滦南县接务工人员的首钢京唐公司班车到达厂区1号大门，车内职工依次下车，一一通过配装热成像仪的体温检测通道，返厂职工顺利到岗。

连日来，全国企业复工复产正不断加速。但受新冠肺炎疫情影响，职工能否及时到岗成为关键。对此，首钢京唐公司坚持以人为本，精准对接返岗单位、接人到岗、租赁酒店、免费住宿……贴心之举浸透着情怀、凝聚着力量。

大考砥砺担当

犹记得2019年春节前夕，千余名在京唐二期工地工作的务工人员因买票困难，无法回家。首钢京唐公司毅然调派24辆通勤车，将他们送回家乡，远涉湖北、四川、江苏、黑龙江等16个省份。社会各界纷纷称赞"大企业、大担当"。

一年后的2020年，因为新冠肺炎疫情，类似的事情再次出现——公交停运、道路不通……如何顺利返曹以及返回后日常生活问题，成为很多居家的维检协作单位职工最为关心的事儿。

病毒无情、生命至上，考验面前、尤需担当。

当前，公司复工检修、设备系统优化升级迫在眉睫。复工检修，面临疫情风险；不复工检修，经营压力增加。"两手抓、两手都要硬。"面对职工群众的关切，面对当前生产经营的重要任务，首钢京唐公司领导班子掷地有声地决定，"协作单位的难题，我们来解决！"

按照"控疫情、强保障、保安全、稳经营"的工作方针，首钢京唐公司又一次主动出击。2月12日，公司成立高炉检修疫情防控工作组。其中，第一小组专门协调施工单位职工返曹报备隔离工作。主要是对27家施工单位返曹人员的信息进行收集、核实，再经在厂内现场办公的曹妃甸钢电园区工作人员审核，符合条件的将允许返曹，并按"直接上岗"和"先隔离、再上岗"分类做好安排。

"最难的就是需要给他们一个一个打电话，核实每个人以及家庭成员的身体健康情况、有无密切接触史、有无健康通行证等。"第一小组组长张志军感慨地说，"平均每天核实200人吧，工作量挺大，但非常时期必须准确无误。"

为了解决返岗职工们的后顾之忧，首钢京唐公司多次召开专题会议研究部署，并与曹妃甸政府沟通协调，开辟维检协作单位职工到岗返岗绿色通道。同时租赁酒店、办理出入证，安排返岗人员免费入住，为职工安心上岗或暂时隔离提供保障。

贴心温暖人心

唐山市滦南县距离首钢京唐公司仅80千米。但因为疫情，滦南县各乡镇都采取了防控措施，早就着急上班却由于乘车难的职工只能望"路"兴叹。

因此，当听到首钢京唐公司"接人返岗"的消息后，大家惊讶之余更多的是激动。"首钢京唐公司接我们上班，真是想得太周到了，解决了我们没有交通工具的难题。"从滦南县张鲁庄村回来上班的首建集团职工毕紫新特别高兴。

2月23日11时30分，首钢京唐公司派出的专车分三路直奔滦南县各村镇接站点。按照疫情防控中交通运输工具消毒规定，公司提前对车辆进行消毒，并严格控制参运车辆乘坐人员数量，确保实载率保持50%以下，保证车内宽松、安全、卫生。

班车每到一处接站点，两名志愿服务者在车门打开后立即下车为等待的职工核对身份、测量体温，细心叮咛每个人做好自我防护，随后职工有条不紊地上车，按标有号码的指定座位就座。

一切井然有序，丝毫不乱。

"我们根据需要乘车职工的居住地设置接站点，制定好行车路线，随后又进行了实地考察，详细了解当地防疫措施，确保路线合理可行。"随行的首钢京唐公司办公室行政后勤室谷志华说，"提前着手规划，就是为了最大限度避免人员聚集。"

车上，虽然大家都戴着口罩、隔着距离，但是都在微笑。

刘亚盛是首自信公司的职工，他是从扒齿港镇上车的。"首钢京唐公司的专车太方便了。我能坐免费专车回来上班，同村的那些朋友好羡慕我，他们去外地都还发愁怎么上班呢！"对能返曹上班他难掩兴奋。

在油盘庄村口上车的首建职工崔雅倩同样深有感触："一路上非常舒服，不拥挤，志愿者还给我们测体温、讲防控知识，真的很贴心很安全。"

下午3点，一辆辆接职工返岗的大客车从滦南县汇集、一起出发，直奔首钢京唐公司。

责任筑成屏障

金豪酒店，首钢京唐公司租赁的150套房间，已经住下300名从唐山市以外地区返回曹妃甸的维检协作单位职工。

"从外地返回唐山和曹妃甸的职工必须先隔离。"首钢京唐公司检修疫情防控工作组副组长王小平很严肃地说，"公司也从实际出发为他们考虑，这些人住宿、用餐都是免费的。"

疫情下复工，处处小心谨慎。

现在，每个房间门口都放置着一张小桌。早、中、晚用餐时分，酒店服务人员就会将做好的饭菜放在小桌上，住在房间里的人再开门取走。

"这是非常时期的非常之举。"检修施工单位返曹隔离工作组成员张波主要负责暂时隔离人员管理，他表示，"不允许出门，最大限度减少接触。"

责任在肩，冲在前、做在前。

返曹职工入住后，王小平、张波等人就实施了严之又严的管理。他们对每个房间配备了消毒液，门口都贴上了体温记录表，给每个人发放了体温计，每天测量三次，并如实填表。同时，他们还带着志愿者对所有房间每天巡查三次，抽测职工的体温是否正常、消毒是否合规等，以细致深入的工作扎紧防控关口，为稳妥有序推进开工检修打好基础。

此外，宣传防控知识、告知制度要求、检查卫生情况、了解思想动态、解决个性问题……住宿的职工感触最深："他们来来回回忙个不停，很辛苦。但他们还总开导我们，我们心里感到很踏实。"

停不下的脚步，正在为防疫、复工筑垒起一道坚实屏障。

送回与接来，以人为本的尺度和浓度，始终如一。

防控与复工，大局为重的担当和情怀，尽皆彰显。

抗疫大考之下，首钢京唐公司正以自信自觉、开放包容的企业品格，变压力为动力，化挑战为机遇，为新时期的发展聚力助航。

（本文刊登于《首钢日报》2020 年 4 月 3 日二版）

硬核担当汇成温暖底色

——首钢京唐公司党委在战"疫"攻坚中践行初心使命

杨 景 薛贵杰 姜林宪 丁宏健

2020年3月6日中午，18辆首钢京唐公司通勤车分别从厂前和水景公寓出发，前往唐山、秦皇岛。车上载着的，是在这场疫情大考中，一直留曹驻岛、坚守岗位，已经与自己的家阔别月余的"候鸟"。此刻，他们正在激动着、欣喜着。

把初心落在行动上，把使命扛在肩膀上。物资保障、人员防控、返岗复工、交通恢复……首钢京唐公司党委始终带着责任、带着感情，在战"疫"攻坚中凝聚起硬核力量。

施策有力度

作为连续生产的钢铁全流程企业，首钢京唐公司的防疫工作面对着重重挑战。职工的生命安全和身体健康如何保证？物流运输受阻如何解决？经营生产压力如何缓解？不少现实困难摆在眼前。

每天上午，公司都会召开疫情防控专题会议，分析研判当前防控措施是否到位、人员安置是否妥当、职工思想动态是否稳定。

疫情就是命令，防控就是责任。

源头管控、区域管理、联防联控、依法防治。公司党委坚决抓好"外防输入、内防扩散"这两个环节，为广大职工打赢疫情防控阻击战撑起了"主心骨"。

近日，国家就进一步指导各地准确分析把握疫情和经济社会发展形势发出通知，要求各地落实分区分级差异化防控策略。

虽然全国疫情形势积极向好变化，但仍然不能麻痹、不能松劲。而此时，习惯了两地"候鸟"生活的职工们已经留曹居岛一个多月。

既鏖战疫情，也体恤职工。

公司党委决定，重新开通曾经暂停的通勤班车，让省内低风险地区的人员回家。

看似简单的决定背后，是首钢京唐公司党委在非同寻常的抗疫大战中坚定的初心和无言的担当。

想职工所想，忧职工所忧。逐步恢复职工正常生活，党心与民心贯通的"同心圆"在疫情大考中，越画越大。

服务有温度

3月10日上午9点多，办公室主任助理余永光正坐在电脑前，仔细查看河北省发布的新冠肺炎疫情风险等级分区分级名单。

"按照河北省卫健委发布的通知，先确定好各地风险等级，居住地在低风险地区的职工才可以回家。"余永光认真地说，"然后与当地疫情防控领导小组办公室联系沟通，确保职工'回得去、回得来'。"

精准、科学、有序的防控，是应对疫情让职工回家团聚的前提。

按照唐山市、秦皇岛市疫情防控工作指挥部要求，首钢京唐公司组织职工办理"健康通行卡"和注册健康码，通过精准健康监测，实时动态管理，为职工往返居住地提供便捷。

各单位统计返唐返秦人员、组织签署《告知书》、填写《"健康通行卡"申报表》……一系列流程后，所有人员信息都汇总到办公室，再由办公室携带统计表和"健康通行卡"前往曹妃甸集中办理。

"我们统一为大家办理，就是为大家节省时间。"办公室主任于杰说，"快点办完，我们的职工就能回家了。"

执行有速度，服务有温度。

3月5日是职工返唐返秦的前一天。仅当天下午，办公室于杰、余永光、李伟三人就往返曹妃甸街道办事处和公司 3 趟，最后一次直到晚上十点多，他们才回到公司。

3月6日上午，办理好的 2946 张"健康通行卡"发到了职工手中。

拿到"健康通行卡"，大家都难以抑制激动的心情。中厚板事业部产品营销室的陈勇、贾木子等人都很兴奋："公司理解大家的心情，为我们提供了一个大大的方便！"

感恩有热度

疫情挡不住温情，击不退热情。

"我现在最想做的就是回家吃一顿妈妈做的大餐，已经太久没吃过家里的饭菜了。"钢轧作业部 MCCR 作业区职工高宇坐在车上说，"岛上这段时间，虽然想家，但是公司为我们提供免费午餐，还有水果、饺子，开展各种小活动，所以倒也不觉寂寞。"

丁班是留岛时间最长的一个班组。3月6日中午，公司党委书记、董事长邱银富专门来到丁班返程的班车上，对大家说："你们辛苦了！谢谢！你们要平平安安地回家，平平安安地回来。"

是感谢，是嘱托，也是祝福。

炼铁部球团二作业区丁班职工刘俊鹏在秦皇岛市区班车站点下车后，仅用 5 分钟就到了家门口。在门口站立了几秒钟，他敲开了家门。第一眼就看见父亲和躲在他身后的女儿，"小家伙"偷笑着，似乎准备好"躲猫猫"的游戏要开始。刘俊鹏洗了洗手后，走到父亲面前，突然一把将老人家抱起来。

"那是我第一次抱他老人家，他笑得很开心。"刘俊鹏回到公司后，提起这件事儿，一脸的幸福。

不少人表示，"特殊时期，分外感觉异地上班能回家与亲人团聚是一件特别温馨、特别美好的事！"

李友广是中厚板事业部成品作业区丁班作业长。班组的职工到家后，他又逐一打电话确认情况。"打心眼儿里感谢公司。"李友广说:"以后会更加珍惜生活,努力工作,为疫情防控和经营生产双线胜利贡献自己的力量。"

疫情防控,责任所指,一时一刻不放松。

职工所盼,担当所向,一枝一叶总关情。

而这,激荡起的,定是全体京唐人的必胜信念和强大力量!

小餐盒背后的大关爱

——首钢京唐公司做好抗疫后勤保障侧记

杨立文 王宇

紧急采购口罩、消毒水等防护物资，并快速发放到各单位和职工手中；全力做好厂区、宿舍、食堂等场所的管理及卫生消毒工作；为职工购置并发放饭盒、组织职工错峰就餐。

面对突如其来的新冠肺炎疫情，首钢京唐公司克服物流运输紧张、防护物资紧缺等困难，全力以赴，以实际行动切实保障职工生命健康安全，满足职工工作期间的基本生活需求，让职工放心工作。

用餐新模式让职工放心

为最大限度减少人员聚集，降低感染风险，确保特殊时期疫情防控和生产经营两不误，首钢京唐公司决定实行分时就餐、就近取餐、分散用餐新模式，为首钢京唐公司厂区范围内的每一名职工，包括维检协作大包单位的职工统一供应午餐。

2020年2月3日中午，用餐时间到了。职工们有序来到各食堂用餐点，凭券就餐。食堂工作人员将一份份打包好的饭菜递给职工，大家快速领取后，回到自己的岗位单独用餐。

一切以安全方便就餐为原则。首钢京唐公司办公室强化对食堂就餐环境和服务的管理，最大限度方便职工取餐，减少在食堂等待和停留时间，并开通微信订餐和电话订餐。针对基层班组人员多、订餐量大的情况，首钢京唐公司办公室组织建立了用餐微信联络群，让各部门负责订餐人员和餐厅负责人直接对接，提前上报班组批量用餐情况，由餐厅提前配餐。同时，各食堂按照营养配比，科学搭配食材，确保疫情期间工作餐的营养健康。

疫情防控期间，减少人员流动是重中之重。首钢京唐公司办公室组织送餐车，为居住在水景公寓的订餐职工统一送餐。"作为负责给首钢京唐公司供餐的人，在特殊时期我们能做的就是坚守岗位，让职工有的吃，吃得安全，吃得称心。"忙碌中的热轧食堂送餐师傅如是说。

在首钢京唐公司中厚板事业部，中厚板食堂本着服务职工、保障后勤的原则，为职工准备了水果、蔬菜、粮油、调料等生活必需品，全部按进价销售。职工们纷纷表示，这些温暖举动，解决了职工的后顾之忧，让广大职工在做好防护的同时踏实工作，也坚定了打赢这场抗疫阻击战的信心。

"此次实行的新就餐模式，有效地避免了就餐人员聚集容易造成交叉传染情况的发生。"运输部职工唐金生这样对《中国冶金报》记者说。秦机公司钢材加工中心职工周浪说："公司关心职工、服务职工的举措，可以说是既贴心又到位，真正地落到了实处，落到了职工的心里。在这样的企业工作，我们心里很踏实。"制造部计划统计室职工陈光说："公司采取分时就餐、就近取餐、分散用餐的措施，是阻断病毒传播的有力举措。这是公司对职工健康关爱的具体体现，增强了我们战胜疫情的信心和决心。"

配备小饭盒让职工暖心

2月4日一大早，首钢京唐公司的职工都领到了一个二层密封便当盒。该饭盒具有保温、饭菜分别盛装、携带方便等特点，非常实用。原来，为了更充分有效地防控疫情，确保职工用餐环境清洁卫生，首钢京唐公司厂区内食堂的全部餐具停止使用。

非常之时必有非常之举。从提升职工疫情防控意识、保障食堂环境卫生，到统一供餐，首钢京唐公司牢牢把控后勤服务的每一个环节、每一个细节。为保证职工用餐的安全卫生，有效避免病毒的交叉感染，同时让职工在岗位上吃到热乎、可口的饭菜，首钢京唐公司工会火速定制了11000多个双层便当盒，并于2月3日晚及时运送到位，连夜发放到了各单位。

这小小的饭盒深深地温暖了职工的心。供料部职工鞠洪刚说："口罩的及时发放、饭盒的统一配发，透露着企业对职工负责任的态度，也彰显了企业抗击疫情的担当！"冷轧部职工裴永梅感叹道："还是咱首钢京唐为职工想得周到，这餐盒既解决了职工自己带餐具的麻烦，又保证了用餐的安全，真是方便、安全又暖心！"板坯库职工苏荣智说："在非常时期，公司第一时间就想到了我们的需求，不但做到了靠前指挥，更做到了靠前服务，我们一定会把本职工作做得更好，共渡疫情难关。"

一整套有效举措让职工安心

走进首钢京唐公司1号和4号大门，以及中心食堂、指挥中心门口，都有一台显示器、一部摄像机摆着。只要职工从这些地方经过，显示器上就迅速显示出体温……这是首钢京唐公司新购置安装的热成像仪设备，已经快速应用到了人员集中区域，保障疫情防控工作顺利进行。

为了遏制新冠肺炎疫情扩散，首钢京唐公司把疫情防控工作作为当前最重要的工作来抓，确保各项工作都做到位。首钢京唐公司首先开展了全员排查工作，对包括维检协作大包单位在内的全体职工进行调查统计，从源头摸排筛查，一对一询问职工及家人身体状况，加强对入厂人员体温检测，确保防控无任何死角。同时，首钢京唐公司建立了日报告制度，及时准确掌握人员动态变化，并为工作人员配备手持红外线测温仪，对重要场所实施流动人员体温监测；保卫部加强门岗入厂人员和车辆检查，严格规范疫情期间办理入厂证的审核流程，优化分流高峰时段入厂车辆。首钢京唐公司还通过微信、电话等多渠道进行疫情防控知识宣传，引导广大职工提高疫情防控意识。

此外，水景公寓的入住人员进入大楼都要严格检测体温、登记信息，工作人员一丝不苟，管理井井有条。这里的物业公司经理宁静向《中国冶金报》记者介绍，按照首钢京唐公司党委的统一部署，物业公司制订了一系列严格有效的措施，包括关闭公寓内活动中心，每天对公寓内的走廊、电梯、步梯扶手、门把手、垃圾箱周边等处进行消毒；对住在公寓内的职工进行情况摸底，及时掌握人员流动和健康情况，并在水景公寓公共场所和"水景公寓职工之家"微信群中宣传新冠肺炎预防知识，提醒职工做好个人防护工作。

（本文刊登于《中国冶金报》2020年2月12日二版）

防控疫情 志愿者的"温暖"力量

杨立文 姜晓璐

"关键时刻，我们这支队伍就要拉得出、用得上、打得赢。"这是首钢京唐公司为抗击疫情组建的青年志愿者队伍。

在首钢京唐公司各单位、各场所，处处可见身穿蓝色工装、头戴小红帽和红色袖标的青年志愿者们冲在疫情防控第一线，发挥着战斗员的先锋表率作用。连日来，这些青年志愿者在公司的协调组织下，主动投身新冠肺炎疫情防控阻击战。43支青年突击队，360余名青年志愿者已成为联防联控、群防群治的重要力量。志愿者们以身作则，阻断病毒"入侵"当仁不让，用行动践行着使命与担当。

疫情防控的排头兵

发放疫情防控物品、普及疫情防控知识、帮助职工认识疫情。面对新冠肺炎疫情严峻防控形势，首钢京唐公司的青年志愿者们自愿肩负使命，冲在一线，积极投身到疫情防控工作中去，充分发挥着青年生力军和突击队的作用，用行动诠释着责任与担当。

"我是共青团员我承诺：带头站在防控前沿，带头落实防控措施、带头配合排查走访、带头参加群防群治，带头做好宣传引导……听从指挥，上传下达，执行命令，配合各方工作……"这是镀锡板事业部所有团员签订的防疫承诺书内容。在青年志愿者的带动下，广大团员青年协助有关职能部门组织做好疫情信息的收集、报告、秩序维护及实施相关公共卫生措施，主动承担疫情防控险重任务，深入疫情防控一线，确保各项工作贯彻落实到位。在镀锡板事业部，五支青年志愿者队伍，服务内容包括宣传传达上级文件精神、普及疫情防控知识，工作现场的环境消毒及员工体温监测，居家隔离人员生活关怀服务，还有利用大屏播放防疫知识视频、张贴抗击疫情海报等一应俱全。"正确防疫手册"，利用简洁易懂的图片普及防控知识，提高职工的防控意识和能力。在质检监督部团委的组织下，志愿者们为本单位职工通过微信转发疫情防控知识，通俗易懂、幽默风趣，宣传效果明显。

关口前的暖心服务

"奉献、友爱、互助、进步"是志愿服务精神。在疫情防控的关键时刻，首钢京唐公司的青年志愿者们以高度的责任感和强烈的使命感，众志成城筑防线，同心聚力抗疫情，使志愿服务的正能量急速凝聚。

职工按时到岗、物流运输车辆安全通过，是志愿者最关注的大事。这不，焦化作业部和运输部的青年志愿者扛起了门禁检查的重任，为公司把好第一道关口。3个门岗、24小时、30余名青年志愿者轮班值守，他们为外来人员测量体温、登记信息、维持秩序。志愿者崔利芳每天晚上睡前都要先看天气预报，如果第二天是雪天、雾天，他就定好闹钟提前到岗，以免影响车辆和人员进出。随着大批职工的返岗，人员流动增加，崔利芳就干脆吃住在厂区宿舍，全身心做好服务。杨昊锟负责对2号门的入厂货车司机进行检查。夜班值班时，由于车辆较多，等待时间较长，他为司机师傅备好热水，用温暖、周到的服务树立了良好的京唐公司形象。看到志愿者的贴心服务，承德建龙钢厂的刘师傅不禁感叹道："虽然车多，但是来京唐公司送货，我这心里特踏实！"

哪里有风险，他们就冲到哪里

在首钢京唐公司各个乘车点、职工宿舍和各条产线，处处能看到"小红帽"的身影，他们构成了一道最亮丽的风景线。哪里需要他们，他们就出现在哪里；哪里任务繁重，他们就坚守在哪里；哪里有风险，他们就冲锋到哪里。

职工宿舍楼人员密集，防疫工作难度特别大。钢轧作业部、中厚板事业部和设备部的青年志愿者冲在前面，为疫情防控扫清障碍。钢轧作业部面向青年职工招募志愿者，微信链接发出不到半小时，名额全部报满。水景公寓的电梯按钮、楼梯口等接触人员较多，交叉感染风险比较大，中厚板事业部的志愿者们定期对这些关键部位进行消毒。两栋公寓楼，每栋都20多层楼梯，他们硬是背着消毒液上下楼来回跑，一天要五六次消毒操作，可他们谁也不觉得累，因为他们守护的是自己的同事，守护的是自己的兄弟姐妹。

面对疫情，这些青年志愿者竭尽所能贡献力量。炼铁作业部李飞和能源与环境部赵鹏涛主动请缨为乘坐班车职工测量体温；炼钢作业部李宏宇把购买的6套医用防护服全部无偿拿到了公司；镀锡板事业部李大政、史兵第一时间站出来，为隔离职工送水送餐。

食堂大厅里的"小红帽"

随着职工返岗人员的增加，为减少人员流动，首钢京唐公司强化对食堂就餐环境和服务的管理，供餐方式全部由零点模式改为套餐模式，并采取分时就餐、就近取餐、分散用餐、统一供餐的方法，为京唐院内的每一名职工，包括协力、维检单位的职工订制午餐。这样，就造成了疫情期间的供餐数量比平时翻出好几番。

中午时分，在厂区各个食堂，职工们有序排队，迅速领完已经打包好的饭菜离开。食堂打包区域内，几个"小红帽"在装餐、打包、分发……动作娴熟，配合默契。热轧作业部、供料作业部和中厚板事业部的青年志愿者每天上午9点30准时来到食堂，为保证上万人的午餐供应，他们紧张地忙碌着。白日川是热轧志愿服务队的队长，每天中午，他带着几名志愿者三四个小时都顾不上喝口水，把热乎乎的饭菜及时发放到每一位取餐的职工手中。等到忙完，轮到他们自己吃饭的时候，饭菜早已凉透。"让职工们能及时吃上热乎饭，这是我们来这里服务的初衷。"虽然饭菜是凉的，但志愿者的心里却热乎乎的。食堂工作人员感动地说："要是没有这群'小红帽'我们还真不知道每天要忙到几点，真是太感谢他们了！"

战"疫"时刻，我们都是战士

——首钢京唐公司全力筑牢疫情防控防线工作纪实

杨立文　苗亚光　李　洋　李玉颖　姜丽娟　薛贵杰　赵保付

许国安　薛超杰　孙子轶　刘美松　宋厚岭

"为了疫情防控，需要检测您的体温，查看您的证件，请配合。"每天清晨，入厂职工都会在首钢京唐公司一号门看到疫情防控工作督导检查组的身影。他们身穿湛蓝色工作服，胳膊上戴着鲜红的袖标，为这个初春增添了一丝春意，也为打赢疫情防控阻击战增添了一抹色彩、注入了一股力量。

2020 年春节，一场突如其来的疫情让原本轻松祥和的节日气氛变得紧张起来。生命重于泰山，疫情就是命令，防控就是责任，疫情防控刻不容缓！

首钢京唐公司第一时间对疫情防控工作进行认真研究、精心安排和周密部署。成立了疫情防控工作领导小组，设立了 3 个疫情防控工作督导检查组，各基层单位也相应成立了工作组，涌现出了一批"舍小家顾大家"的基层防疫工作者。在团圆和防疫中，他们选择了坚守岗位、护卫平安，打响了一场没有硝烟的疫情防控阻击战。

勇于担当的"排头兵"

疫情防控，必须要掌握所有人员动态情况。为掌握所有与首钢京唐公司相关人员的信息，首钢京唐公司疫情防控工作组成员，利用最快的时间对厂区内正式职工，协力、维检单位人员，流动性人员及厂外水景公寓、宏业楼、协力大楼等集中居住区域人员进行信息摸排，重点核实去向状况、疫情期间的行程轨迹、目前的身体状况等，进行登记造册实施动态管控。

公司办公室负责医疗保健及计划生育管理的崔文娟，毅然冲在了疫情防控的最前线。作为疫情防控工作组的一员，她放弃春节假期，大年初一便返回工作岗位，夜以继日地组织人员信息全面排查和防控物资筹措发放等工作。由于信息量巨大，每天晚上9点下班已经成了她的工作常态，经常是回到家两个年幼的孩子已经睡着了。"保护京唐公司职工生命安全和身体健康最重要，等疫情过去了，我再好好陪家人。"崔文娟说道。

杨晓光是彩涂板事业部酸轧作业区的一名事务员，也是一名基层防疫工作者。为了获得最新、最准确的人员数据，她每天早晚两次和班组长确认班组人员信息，逐个联系作业区重点关注人员，确保上报数据真实、有效，无一遗漏。由于临时且紧急任务较多，为了保证完成任务的时效性，她几乎每天晚上10点前都处于工作状态。电话响个不停，电脑常开，即使是周末也不例外。虽然经常接电话接到口干舌燥，但是她的心里却异常坚定和平静，她说："疫情严峻，职工有恐慌心理十分正常，我们只有把防控工作做好，他们才能安心。"为了更快更好地打赢这场疫情防控阻击战，她出谋划策，在作业区内组织开展了"众志成城战疫情"系列活动，为职工普及防疫知识，坚定了抗疫的信心，鼓舞了抗疫斗志，深受职工好评。

吕明是钢轧部公辅区水处理机械点检员，有着15年水处理机械点检经验，技术能力非常强。疫情来临，吕明主动请缨，扛起了维检单位疫情防控管理的重任。2月13日上午，吕明接到家里电话，最疼他的爷爷去世了，家人让他回家一趟。同事们劝他赶紧申请离岛，回家见爷爷最后一面。吕明却说："现在疫情这么严峻，水区域人员紧缺，疫情防控可是关系着职工们身体健康的大事，不安排妥当我不能走。"就这样，吕明忍住悲痛继续忙碌起来，直到当晚把相关工作安排好之后才返程回家。

挺身而出的"守护者"

疫情当前，责任如山，总有一些人挺身而出。

随着大批职工返岗，早晨入厂车流量剧增。疫情防控工作督导检查组在进入厂区一号门往厂前方向、经三路口、经四路口 3 个重点人流车流必经之路设立起检查站，重点检查进入厂区职工佩戴工作证情况，确保进厂人员安全。

早晨 5 点多，晨光熹微，疫情中的街道显得愈发冷清。家住唐海的职工周强早早驱车前往公司，他是疫情防控督导检查组的成员，必须赶在大批职工入厂前到达公司，和其他成员们一起对进厂车辆和人员进行核查核实。"要尽我们的所能，为抗击疫情贡献力量！"这是督导检查组成员们共同的心声。2 月 8～10 日早晨上班时段，他们累计检查各种车辆近 2000 辆，筑牢了入厂安全的防线。

与此同时，督导检查组还加强了对各单位落实疫情防控措施的指导服务。

在炼铁部督导时，炼铁部反映了疫情期间部分无法回家的职工在曹妃甸城区租房难的问题，督导检查组第一时间联系了公司办公室后勤室，协调安排这几名职工暂时住在厂前宿舍，既解决了他们的后顾之忧，又减少了疫情期间的人员大幅流动。在督导检查组的建议下，炼铁部完善了疫情风险排查相关台账，在办公楼、主控楼等公共场所出入口增加了脚垫，并定期进行消毒，防控措施更加到位。

到冷轧部进行疫情防控工作检查时，督导检查组反复叮嘱严密梳理正式职工和协作职工人数，特别是从疫区返回人员，要加强管控，做到疫情防控全覆盖、无死角。正是有了这些暖心的叮嘱、严格的要求，广大职工阻击疫情的信心更足了。

连日来，督导检查组成员的身影遍布厂区的各个角落。他们放弃了周末休息，早出晚归，披星戴月，用满腔热忱为全面打赢疫情防控阻击战助力。

疫情防控的"急先锋"

疫情防控，是一场没有硝烟的战争。有危险，因为随时都有可能被看不见的病毒感染；很辛苦，因为越是困难越需要把各项工作做细做实。在这个关键时期，广大共产党员发挥先锋模范作用，冲锋在前、战在一线，用自己的双手撑起了一片天。

"我是党员，我先上！"炼钢部板坯库党员刘春霆自告奋勇，提前结束休假返回工作岗位，与班组职工共抗疫情。为让职工安心工作，他主动制定了疫情防控工作方案，与作业区职工进行一一沟通，了解掌握所有职工身体状况，又自掏腰包为班组购买了口罩、体温计和消毒用品，积极承担起了疫情防控保障工作，消除了大家的后顾之忧。"比起广大职工的生命安全，这点付出算不了什么，我们能做的就是坚守岗位，坚定信心，坚决打赢这场疫情防控阻击战。"他用实际行动感染着身边的人们，疫情虽然最严峻，但生产更红火。这几天，板坯库日平均上料块数达到 1310 块，火焰清理亮面率达到88.3%，双双打破了板坯库的历史纪录。

面对突如其来的疫情，供料部党员田振双第一时间申请回单位值班。他说："春节后返岗人员增加，大家来上班心里肯定不踏实，我是党员，提前来为大家把好关，消好毒！"田振双每天都是第一个到单位，为职工工作区域仔细消毒，烧结仓值班室、一炉仓休息室、三炉仓休息室、41米高的喷煤仓值班室……田振双坚持每天上、下午各消毒一次，自他返岗以来从未间断。

镀锡板事业部生技设备党支部党员蔺红星、史兵、李大政等主动请战，担负起了给厂前公寓被观察的职工按时送餐、体温监测以及生活情况帮扶等工作。"他们在观察期间难免心中焦虑，我们必须帮助他们顺利度过这个阶段，为他们提供帮助。""我们心手相连、同舟共济，一定能战胜疫情。"这是他们最响亮的宣言。

"我是党员，我承诺，我将坚守岗位，奋战在阻击疫情的第一线。"这是港口作业区党支部书记陈万忠面对疫情最庄重的宣誓、最坚定的决心。为守住钢城十里岸线的防疫安全，他在第一时间奔赴防疫一线，全面落实网格化疫情防控管理机制，确保域内人员全覆盖、信息无遗漏，做到在岗人员"精准排查"，筑牢港区防疫钢铁长城。根据港区生产工序复杂、外协人员出入频繁的实际，陈万忠组织成立党员防控服务队，向靠港船舶发放《船员疫情防控告知书》，在船员生活区设置疫情防控隔离警戒带，并指派专人对船上人员动态进行掌控。期间，陈万忠带领全体职工积极响应公司保生产稳运行的号召，一手抓防疫，一手抓生产，对靠港船舶采取"快干快离"的原则，尽量缩短外来船舶的停靠时间，将疫情防控风险降到最低，守住公司经营生产原料供给和成品发运的"绿色通道"。

织密织牢防疫网

——首钢京唐公司全面联防联控抗疫

杨　景　孙　凯　耿方媛　宋厚岭　毕景志

薛贵杰　王世坤　李玉颖

疫情防控，最主要的方式是切断源头，阻断传播。

2020 年 2 月 7 日，首钢京唐公司新冠肺炎疫情防控工作领导小组办公室下发的工作方案中再次明确，源头管控、区域管理、联防联控、依法防治。2 月 17 日，公司党委书记、董事长、疫情防控工作领导小组组长邱银富指出，首钢京唐公司是曹妃甸区最大的企业，所担负的疫情防控工作极为关键、重要，要严格执行各级政府的防控要求，依法开展防控工作。连日来，公司不断强化防控工作，坚决抓好外防输入、内防扩散这两个环节，开展网格立体化排查，做到抓实抓细、不漏一人，全力织密织牢防疫网。

全企动员　不留死角

疫情防控是一场阻击战，也是一场总体战。

"人员都弄清了吗?""消毒剂够吗?"……近来，各部门疫情防控工作小组每天到生产现场、生活区域，对本单位的所有正式职工及管辖的维检协作单位职工的疫情防控情况开展检查，了解、解决大家在疫情期间遇到的困难。2 月 8 日，为钢轧部服务的庆安公司职工李太军听从唐山工人医院建议出院养伤，却面临一个窘境：回山东老家，被告知目前禁止返乡；回单位宿舍，又怕影响工友。左右为难之际，钢轧部得知此事立即与制造部、办公室、庆安公司多方沟通，最终为其单独安排了住处，待隔离期后再回到集体宿舍。家住滦南县的炼铁炉前职工吴永臣，因为疫情期间交通管制，不能像往常一样先乘公司通勤车到曹妃甸后再骑车回家，想在曹妃甸城区暂时租房住却又因疫情找不到房源。对此，炼铁部疫情防控工作小组迅速与公司办公室沟通协调，为吴永臣在厂前公寓申请了一间宿舍，让其安心住宿。

为全体职工统一供应午餐、紧急采购物资、做好卫生消毒、严控体温监测等，各部门分工负责，有力有序地为职工工作和生活筑起安全屏障。

联防联控，群防群控。首钢京唐公司把疫情防控作为头等大事抓实抓细抓落地，不断强化系统谋划，让协调更加主动、协同更加顺畅、沟通更加有效、资源更加共享，全力以赴打好这场"总体战"。

树立阵地意识，压实属地责任。成立首钢京唐公司疫情防控工作领导小组，明确要求各单位必须增强大局意识和全局观念，不仅要对本单位正式职工负责，还要管理所辖区域内的所有维检协作服务单位职工，做到管好自己的人，看好自己的门。

彩涂板事业部组织开展非曹妃甸籍流动人口备案工作，统计本部门及所属协作单位共计 500 余人流动人口，掌握各单位流动人员信息。秦机公司以 12 个科级单位为 12 个大网格，按照区域共划分 69 个小网格单元，实行分级分包负责制，实现网格管理无缝覆盖，让疫情防控摸排无死角。

"咱们是大院里的一家人，你们的安全就是我们的安全。"作为维检防控疫情服务队的一员，设备部综合办公室的徐彩红面对 27 家协作维检单位、6800 余名职工，总是这样朴素而真挚的一句话。

设备部管辖的维检单位多、数量大、居住分散、流动性强……一系列客观情况对疫情防控工作带来了诸多困难。

疫情就是命令，防控就是责任。设备部坚持管控到位，预防到位，全力动员，全面推进，打好疫情防控仗。成立维检单位检查小组，领导人员带队对水景公寓、维检大楼等职工居住地进行卫生清理、防疫消毒和体温测量检查，确保疫情防控工作落实落细。同时组织人员对 15 个生活区的 8 排板房进行修缮，协调床位，为维检职工住宿创造条件。

全面排查　不漏一人

全面、深入、细致的排查，是做好疫情防控工作的基础和前提。

制造部所管辖外包单位有国兴、鲁矿、安信、首瀚鑫等 19 家，人员达 3000 多人，信息收集、精准统计着实不易。对此，制造部制定大包单位疫情防控布控图，并梳理出各家单位人员的联系方式、家庭住址、家庭成员等信息 6 万多条。同时，对外包单位出入登记、消毒剂配备、体温监测、人员流动、就餐安排等进行指导和检查，确保不在任何一个地方留死角、不让任何一个环节出纰漏。

拥有 486 个房间、15 层高的维检大楼，容纳了 32 家协作单位，高峰时有 2100 多人居住，是首钢京唐公司延伸防控触角、强化疫情管控的重点"基地"。

按照首钢京唐公司的安排，首宝核力党支部书记张永宏主要负责维检大楼疫情防控工作，承担排查人员信息、检查大楼消毒等林林总总的任务。连续 10 天的值守，他每天忙得都像个"陀螺"。

"人多，单位多，工作量大，我们只有下苦功夫、笨功夫。"张永宏微笑着说。

苦功夫、笨功夫，却往往是最有效、最管用的方法。

张永宏的办法，就是按"返回住宿人员、人员流动动态、需要隔离人员、非本单位职工住宿人员"四个方面进行一一梳理、统计，逐步做到底数清、动态明。

——对 32 家单位的居住职工登记造册，注明人员关系、往来信息等，做到精细管控。

——每天下午 6 点前明确各单位人员的返回计划，全面掌握整座大楼进出人员信息。

——在每个房间门上张贴名单，包括房间号、住宿人、消毒记录等，让管理更加清晰、明了。

——设立专门隔离观察区，对返回的职工实施隔离观察，并按归口管理对隔离人员采取陪护措施，做好服务保障。

"就拿人员核查来说，我们分批对400多间宿舍核实了不下三遍。"张永宏介绍说。在接手这项工作的当天，张永宏就建立了专用的微信群，用来传达要求、发布信息，并实施动态监控。现在，摸排的信息已经清楚明了，原本整天响不停的微信群渐渐安静了下来。

宁愿多辛苦，也不漏一人。

与张永宏一道进入工作组的还有首宝核力检修运行党小组的张成春，是一位两个孩子的年轻父亲。为了尽快掌握人员信息，张成春从距离维检大楼不远的家搬到了"基地"，连续几天不停地查底数、核信息，回家也仅是把买好的菜放到家门口后再回到维检大楼。

"他责任心强，非常细致，所以我们很快就掌握了整座大楼的情况。"对张成春的作风，张永宏伸出了大拇指，但又不无愧疚地感叹，"2月5日晚上整理完信息，他才跟我说那天是他的生日，早知道就让他早点休息了。"

全力防守　不松关口

2月5日，从湖南地区出发为首钢京唐公司运送铝合金锭物料的4辆运输车到达天津，更换司机并对车辆消毒后驶向首钢京唐公司，到门口后办理手续，进厂后过磅、卸车，最后出厂。

"必须严格把好入口关!"对外来车辆，首钢京唐公司不仅严格管控司机体温、随车人员、进场目的，还对进厂人员的籍贯、居住地、近期往返地等多项信息进行筛查。进厂时，公司保卫部和其他部门组成的志愿者队伍共同对车辆及车上物品消毒，消毒后再入厂。

同样，对外发产品，也由公司备案的短倒车辆运输出厂，先卸至厂外库，再由外发车辆装运。

把"防"做实、做细，才能使"控"取得良好效果。

节后复工复产、返岗人流增大，对首钢京唐公司疫情防控工作来说，无疑是一场巨大考验。为此，公司实行"一卡通"实名乘车制度，严禁外来人员乘坐京唐公司通勤班车；自驾车职工凭车卡、工作证进厂，严禁无卡人员入厂……公司在厂内主干道设置 3 个检查点，公司防疫工作督导检查组和相关部门联动，于早班时段对入厂车辆和人员持证、持卡情况盘查核实，不断加强交通防疫。2 月 3 日以来，每天检查各种车辆 1600 多台（套）、人员5600 多人，筑牢了入厂安全的防线。

非常之举阻击非常之疫。严之又严、细之又细、实之又实的措施，就是为了把好防控疫情的"第一道关口"，坚决杜绝输入性风险。

运输部自有码头是首钢京唐公司对外经营的最前沿，对船方、代理等外来业务的管控无疑是疫情防控的关键。2 月 3 日，公司控股的港务公司向合作单位发放《唐山首钢京唐曹妃甸港务公司疫情期间告知函》，取消对外创收业务现场办理，以互联网为平台开展业务往来；2 月 4 日，运输部港口作业区向靠港船舶发放《船员疫情防控告知书》，要求船上工作人员不准下船，并在船员生活区设置疫情防控隔离警戒带。

"我们接触外来人员比较频繁，所以对靠港船舶就要'快干快离'，尽量缩短外来船舶停靠时间。"港口理货班班长韩超说。除测量体温、认真排查外，运输部还为港口理货室配备防疫手套 200 副，并要求与外来人员保持 2 米安全距离，将疫情防控风险降到最低。

群策群力，联防联控。从一个人到一辆车，从一道门到一栋大楼，从一个区域到整个公司……一道道抗疫的严密防线越织越密、越织越牢。当前，疫情防控工作到了最吃劲的关键阶段。与疫情的对垒和鏖战，必将随着防疫网的收紧而取得最终胜利。

职工小家　温暖大家

——首钢京唐公司职工小家建设纪实

李双丽　谢艳平

家，是心灵的港湾，是温暖的源泉，更是消除疲劳、放松身心、沟通彼此的地方。在首钢京唐公司，通过职工自己动手、全员参与，创意打造了112个遍布各单位作业区及产线班组的"各具特色、典雅温馨"的职工小家，职工们在这里工作、学习、休息，良好的环境使大家工作的压力一下得到了释放。

2018年以来，首钢京唐公司依靠大家建小家，建好小家为大家，着眼"建家就是建企业"，以文化引领品质，以文化铸造特色，不断扩大小家内涵，形成了富有特色的小家文化，把小家建设成为了凝聚人心、鼓舞士气、提升员工学习力和竞争力，助推企业高质量发展的重要阵地。

改善了环境——工作更舒心了

走进彩涂板事业部酸轧作业区，随着机器的轰鸣声，在现场远远就能看见一扇带大落地窗的职工小家，推门而进，一名职工正在洗手池洗手。他说："职工小家建在生产现场的轧机主操室下。这里原来是一个阴暗潮湿的仓库，中间还有一个大地坑。为了解决光线问题，我们大胆采用落地窗设计，不仅改善了采光度，还为职工坐在小家里随时查看生产状态提供了便利。轧机岗位油污多，我们安装了洗手池，可以随时来洗手。瞧，还配备了小厨宝，24小时有热水。小家改善了我们工作环境，大家感到很舒心。"自豪的表情中流露出满意的笑容。

打造职工小家，改善工作环境，各单位精心选址，贴近职工，因势利导，便利使用，合理利用现场或废旧空间改造而建，为的就是提高使用率。

钢轧作业部"炉火守望者之家"位于炼钢主控室通过炉台的必经之路上。炼铁部、炼钢部、中厚板事业部等单位在值班主控室旁边建设职工小家，极大便利值班职工使用。设备部小家在办公楼三层西侧拐角处开放式设计而建，职工一抬头透过玻璃隔断就能看到自己精心打造的职工小家。保卫部两个"卫士"小家也建在了门岗上，非常便于职工在工余时间短暂休息。供料作业部一线职工多在偏远岗位作业，他们主打"点位"小家，已完成打造高炉、喷煤仓等一线"暖心驿站"15个，将小家建在岗位上，建在职工心坎上。

对于职工小家，各单位还结合本部门特点及建家理念起了别具一格的名字，如运输部的"扬帆启航""平安归航""爱的港湾"；制造部的"幸福驿站""精彩制造""精益之家"；炼钢作业部的"炉前驿站""空中驿站"；冷轧作业部的"温馨家园""蓝精灵之家"；质检监督部"轻松驿站""爱的加油站"等，清新而又温暖的名字寄托了美好愿望，展示了部门风采及建家文化。

首钢京唐公司众多职工小家都设有会议学习区、健身休闲区、读书角等，具备多项功能，班组会议及职工放松都可在小家进行。现在最显著的变化就是职工们越来越喜欢在"小家"里读读书，观摩专业学习视频，相互探讨交流专业知识，又或者举举哑铃，健健身，拉近了同事之间的距离，发挥了小家促进职工快乐工作、健康生活的作用。

凝聚了感情——归属感更强了

走进质检监督部轧材小家，首先映入眼帘的是玄关架子上面最醒目的那块用钢铁切割的秦皇岛地图。"那是家的方向，也是大家奋斗的力量。离家虽远，但我们已经融入了京唐大家庭，幸福一直都在。"质检轧材实验室27名职工中有25名都是首秦公司转移职工，他们把自己内心家元素复制到小家之中，职工小家让远在他乡拼搏的心灵有了寄托，让异地打拼的职工们有了归属感、幸福感。

初次来到秦机小家，温馨怡人的气息扑面而来，忍不住走近细细参观一番。精致的手工葫芦灯、画在盖帘上的荷花、手工刺绣以及在飘窗上整齐排列"共建秦机家园"六字抱枕等40多个手工艺品。其中10个刻有"秦机之家"字样的手工葫芦灯格外引人注目，这是王岗山师傅特别为"小家"亲手制作的，他结合葫芦的形状特点及小家的内容进行画稿，再用电动雕刻工具雕刻，一手拿着葫芦，一手拿着电钻，做到准确无误，基本一干就是大半天。他说"自己辛苦点儿值得，希望大家看到葫芦灯，都能感受到'家'的温暖"。

小家的打造凝聚着职工们的智慧和汗水，家里的每一样物件都由职工们亲手设计、制作、布置，每一处摆放都颇为用心，给家里增添喜气和吉祥的寓意，职工们争相上前锦上添花，各单位涌现出了很多能工巧匠。

能源与环境部职工宋保存亲手制作的六氟化硫设备和一台变压器模型，按照10比1的比例完全符合现场实际的走线，透明的外身使得里面的走线一目了然，看到它你就看到了装置的五脏六腑。炼铁作业部用除尘器更换下来的龙骨架改装的花架，炼钢作业部职工利用废旧灯罩改造的茶几还可以养鱼，制造部全体职工手印打造出来的"奋斗树"以及冷轧作业部职工用废旧轮胎制作的鲜花台，用洗衣液空瓶雕刻的一帆风顺等精美摆台。彩涂板事业部老师傅王永方用废钢管制作的"阅读者"小摆件，更是给小家增添了一份乐趣，展示了职工风采。焦化作业部和质检监督部职工小家房顶的蓝天白云图案，也是职工亲手描绘上去的。镀锡板事业部职工小家的健身器材，为了省钱，网上购买了700多个散件，几名职工利用休息时间就组装好了。

建家就是建幸福，在这打造过程中，所有家人都参与进来，群策群力，增进了工友的感情，收获了快乐，提高了凝聚力，以更饱满的热情投入到工作中。

点燃了激情——干劲儿更足了

班组是企业的细胞，班组建设是企业管理的基础，凝聚班组向心力，方可点燃激情。"这边是我们的荣誉榜，看到这面墙集体荣誉感油然而生，那边是学习改善园地以及每月班组排名，将成绩形象直观地展现出来，时刻鞭策我们不断前进的脚步。"走进热轧作业部小家，王培培指着班组管理看板给我们介绍着。通过班组动态管理看板展示，营造了比学赶超氛围，时刻激励着职工为目标而努力打拼。

缓解疲劳，提高工作效率，有时只需一杯提神的咖啡。在炼铁作业部"高炉铁人之家"最受欢迎的便是在亲情墙下放着的那台咖啡机，职工累了，进门用微信轻轻一扫，六毛钱便能喝到浓郁飘香的咖啡来焕发活力，点燃激情。精心设计的职工心情晴雨表看板和"说句心里话"建议箱，更好地加强职工心理建设，理顺了职工心气。

我的地盘我做主。我们的家虽然不是很大，但这里有家的舒适与温馨，有家的踏实与温暖。中厚板事业部质检小家，原来是个钢板房，工会干事张琪拿出手机指着一张照片说："看，这是当初刚焊接完后的房子，一片漆黑，大家一起开动脑筋，听说要布置小家，他们主动请缨，我们有手艺，让我们来吧，既能给单位省费用，也是我们对小家的一份心意。就这样，几个人就扛起了制作家里大物件的重任，男职工负责吊顶，女职工买布缝制窗帘、将钢板贴上了具有代表性的'京唐蓝'的仿真墙贴，小家瞬间变得明亮温馨，我们花最少的钱，打造了最暖的家。"

家人是我们坚强的后盾，也是我们前进的动力。来到了镀锡板事业部镀锡小家，用便利贴组合而成"安全"两个字特别醒目，原来那是职工家属给家人们亲手写的安全寄语。镀锡四班作业长段宗灿说有一次忙完工作，拎着午饭到"职工小家"吃，推开小家的门，映入眼帘的是那一墙的家属安全寄语和全家福，看着照片中妻子和孩子微笑的面庞，一股暖流涌进心头，吃完饭便又精神抖擞投入工作岗位了。

建的是家，暖的是心，小家给了职工一份舒心，一份温暖，在忙碌的工作之外有了休憩的港湾，这是京唐公司的一份关怀。全面提升职工的幸福感和归属感，不断树立"忠诚、感恩、激情"的价值追求，一直是京唐公司不遗余力的责任和使命。

美丽的钢城 最美的奋斗

杨景 杨立文 苗亚光 李双丽

2020 年 5 月 9~10 日，首钢京唐公司融媒体团队进入炼铁作业部、冷轧作业部、热轧作业部、中厚板事业部等部门，深入一线挖掘采访，讲好广大职工怀着感恩、带着忠诚、激情奋斗的故事，为公司高质量发展聚力加油。

这就是我们的事业

渤海之滨，三座 5500 立方米的大高炉矗立在曹妃甸大地。

5 月 10 日下午，炼铁作业部炼铁一作业区主控室。

靠近中间的操作台电脑屏幕上，一条条曲线显示着刚刚结束 68 天检修的 1 号高炉正在迅速恢复着生产。

"5 月 8 日送风，9 日出铁，恢复得很顺利。"炼铁作业部副部长王凯见到记者后，盯了一夜高炉的他略显疲惫，但脸上难掩兴奋。

提起检修，并不容易。因为新冠肺炎疫情，首钢京唐公司认真研判、全局考量后，敲定了检修日期。炼铁作业部先后召开检修专题讨论会 16 次，检修、复产方案修改了七八稿，形成各类检修子方案 53 个。

据说，开炉时，几位从北京来的专家很早就到了主控室，却没有看到想象中"一群人围在计算机前，边研究讨论边指导操作"的情景。主控室内，工长按预先开炉方案一步步地操作着。

"跟以前不一样喽！"专家们看着 1 号高炉快速地恢复生产，不由地感慨。

"准备充分，标准严格，执行到位。"王凯笑着解释说，"当然，还有最重要的一点就是，大家心往一处想，劲往一处使。"

心系高炉、热爱炼铁，让这 5500 立方米的大高炉真正在全国、全世界发出夺目光彩，是京唐炼铁人的梦想。

从 2005 年毕业至今，王凯一直与高炉为伴。2012 年，30 岁的他参加"马钢杯"第六届全国钢铁行业职业技能竞赛，获得全国炼铁工第十一名的好成绩，其中理论成绩更是名列全国第一。

2018 年，首钢京唐公司第 3 座高炉正在如火如荼地施工中。刚刚成为副部长的王凯和其他领导班子成员一边认真"照顾"1 号、2 号高炉的生产，一边全力推进 3 号高炉的建设。

"这是我的事业。"王凯说，"能参与三座世界级大高炉的管理、建设，我觉得很荣幸。"

2019 年 8 月，3 号高炉正式投产；2020 年 3 月，2 号、3 号高炉创出月产量历史最高纪录。

敢打硬仗、敢于胜利，无论面对多大的困难，都有信心战胜，这正是首钢人的精神。

2020 年，受新冠肺炎疫情影响，钢铁市场形势严峻。

"疫情期间，本来订单就不充足。所以，就得想方设法满足用户需求，达到用户满意。"在销售管理部，负责用户业务的谷文彬对记者说。

以某用户为例，他们对产品油膜均匀性要求非常高，而板卷表面涂油油膜受环境、温度影响非常大。因此，首钢京唐公司采取夜间发货运输的方式，确保产品第二天凌晨到达目的地，以满足客户质量需求。

本来下夜班休息、负责产品发运计划的桑杰已经等候多时。"疫情对钢铁产品库存和发运带来的压力非常大。"桑杰的声音不大，却很清晰，"集团和京唐公司统一协调，我们千方百计动用所有运力，开展发运工作。"

厂外库是产品运输单位的库房。在物流受阻的情况下，首钢京唐公司及时将货物运到厂外库，保证运转秩序正常。同时，公司实施全程跟踪，对每个物流节点做好监控，直至抵达用户所在地。

来到中厚板事业部 4300 毫米产线，映入眼帘的是火红、炙热的板坯在轧机上来回穿梭。

2018 年 5 月 31 日 10 时，秦皇岛首秦公司轧钢系统 4300 毫米生产线轧制出最后一块钢板后停机。随后，这条被优化改进的产线搬到了首钢京唐公司。

回忆起搬迁调整，中厚板事业部设备专业工程师贺志红深有感触。"从首秦建设时期我就参与了产线设计和安装调试工作，这些设备就像我的孩子。"贺志红说。

每天，他都和同事们一起联合巡检，围着长 1170 米、宽 354 米的生产线徒步 4 公里。大到每一个零部件，小到每一条螺丝，他都清清楚楚。

2018 年 12 月 30 日 9 时 58 分，随着一块厚度 150 毫米的钢板在冷床上料辊道下线，首钢京唐公司中厚板 4300 毫米产线成功实现过钢。"首钢中厚板的搬迁不仅仅是装备的迁移，还有市场的迁移、人才队伍的迁移。对每个从秦皇岛来的人，都是一个艰难的心路历程。"中厚板事业部部长王普说，"我们的第一目标是'落地生根'，现在已经实现了；第二目标就是'开花结果'，也在慢慢实现。"

之后首钢中厚板接连发力，从 2019 年 7 月开始，3500 毫米产线和 4300 毫米产线日轧制量屡攀新高，直到 2020 年 5 月 8 日，日轧制量达到 10026 吨，实现了"里程碑"式的突破。"疫情对中厚板而言，是机遇，必须紧紧抓住！"如今，中厚板事业部围绕"产能、成本、质量" 3 个关口，全面优化产品结构，加大品种钢开发力度，提升质量管控水平，向打造国际水平的中厚板产线冲刺。

"中厚板的快速发展离不开每一名职工的奋斗。"王普感叹，"他们是最宝贵的财富。"

都有一颗干事儿的心

初次见到热轧点检区域的 5 个年轻人，记者立即被他们的热情感染。

"工作要干好，需要一种责任感和使命感，遇到难题绝不退缩，必须往前冲。"2250 毫米产线点检区域的李万京说。为了做好检修前期的筹备工作，他连续工作了 48 个小时，没说过一声苦，没喊过一次累。

一线点检，就像是给设备"看病"的医生，哪儿有问题了就到哪儿。

"时间对我们来说，是最宝贵的。哪怕一秒钟，也要能抢就抢。"机械点检员安洋非常认真，"时刻准备着，只要有问题就拿起工具往上冲。"

对安洋的话，电气自动化点检员张伟海表示双手赞同："我们不仅要及时处理故障，还要在故障发生前预防故障。所以，我们每天都要查看曲线、分析数据、判断趋势。"平时爱琢磨思考的他，通过研究改进卷取机卸卷曲线，单次卸卷过程节约了 20 秒左右。

对于设备专业来说，安安稳稳睡个觉是一件奢侈的事情，即使是下班或者周末，心也是在嗓子眼提着，现场一个电话打来，就得赶紧往现场跑。安洋摊开手一笑："我最大的愿望，就是能睡个安稳觉。"

汪涛是一名机械专业工程师。3 月 16 日零点，1580 毫米产线全线停轧，开始了 52 天的检修。从那天起，他就没有回过家——即便是家在乐亭，车程不过一个小时而已。

他把全部心思都倾注在了设备上。

汪涛的妻子是一名高三年级的老师。随着国内疫情形势的好转，妻子回到学校进行封闭式授课，同样很久没回家。家里只剩下了年迈的父母和年仅 9 岁的孩子，孩子上网课都成了难题。

"作为父亲，我……确实亏欠孩子。"提到"孩子"，汪涛哽咽了，"正值检修，产线也……"

舍小家，为大家，并不是一句空话，京唐人都在用行动证明。

王培培是一名女职工，负责热轧两条产线 8 座加热炉的管理工作。检修期间，她每天都要往返于两条产线之间查看设备。一天要走多少步，她也说不上来。"炉顶温度很高，走在上边脚底直冒汗，感觉还挺养生，省得泡脚了。"这个乐观的姑娘语气轻快地讲述着自己的经历，大有"不让须眉"的意味。

源于他们的付出，2020 年一季度，热卷综合产量完成 233.48 万吨，超计划 12.48 万吨，达到近年来同期最好水平。

圆圆的脸庞，标准的寸头，快言快语，是炼铁作业部上料班长王牧麒给人的第一印象。高炉对上料的要求极其精密。王牧麒带着班组的兄弟们准称量、精布料、保顺行，一刻都没松过劲儿。凭借多年的经验，他总结出料序混匀操作方法，开创性地提出料序调整应根据用料配比的方法，在生产过程中得到了广泛应用。

"岗位工作没小事，每一天都要全身心地投入。"王牧麒坦言。至今，他已经申报了包括《一种跳跃式中心加焦布料的方法》在内的14项专利。

总有一股子劲儿，让自己不断锤炼、不断超越、不断突破。

"年轻不应该太平庸。"喜欢踢球的炼铁集控工谷端跃脸上透露着朝气。见到他时，他正在抬头聚精会神盯着控制屏中密密麻麻的参数。

"高炉炼铁技术的进步是几代人辛勤耕耘奋斗的结果，我必须加快学习，不断追赶。"凭借着扎实的理论基础及精湛的专业技能，谷端跃在2018年、2019年首钢京唐炼铁工技能竞赛中连续两年获得冠军，并被评为"首钢京唐操作能手"。

奋斗，融入了情感的力量，就会体会到其中的温度与厚重。

走进冷轧作业部高强酸洗线，崭新的厂房、机器的轰鸣似乎焕发着某种生机。

算起来，38岁的崔海兵已经经历了一大一小两次"转移"。2013年7月，首钢冷轧镀锌薄板厂搬迁到曹妃甸，由此也就有了京唐公司彩涂板事业部，崔海兵从"老首钢"进入了"新京唐"，在彩涂板酸洗线上一干就是7年；2020年4月，因首钢京唐公司结构调整需要，彩涂板酸洗线停产，他和另外29名职工又转到了冷轧部，崔海兵担任乙班班长。

"2014年3月投产，2017年4月月产5000吨，2017年9月月产8000吨，2018年3月月产9000吨，2019年8月月产突破1万吨，2020年3月月产突破1.4万吨……"崔海兵连珠炮似的细数着彩涂板事业部近几年的不俗成绩。

"在京唐彩涂产线7年了，已经深深地融入到了这个集体。又一次离开，总感觉舍不得。"谈到这次的调整，崔海兵语速放慢了许多，不过很快，他又指着冷轧高强酸洗线的厂房坚定地说，"每一个岗位都一样，都能干点事儿！"

2019年12月18日，这条酸洗线成功下线了第一卷产品，标志着首钢京唐公司具备生产强度等级可达 1000 兆帕的精品酸洗板产品，对公司提升产品附加值、开拓新市场和增强首钢钢铁产品市场竞争力，具有十分重要的意义。

"打造首屈一指的钢嘛，咱们的目标是一致的。"采访一结束，崔海兵立刻拿起安全帽，"我得赶紧回产线了。"

幸福是奋斗出来的

"紧张，但更多的是激动。我是第一个操作过钢的呢！"提起中厚板事业部第一次过钢，粗轧机操作丙班班长王恩龙颇为"骄傲"地说。

2011 年一毕业就进入首秦中厚板厂的王恩龙，那时才 22 岁。2018 年 7 月，他随首秦人员迁移到了首钢京唐公司。

"来这儿之前，确实有些忐忑。毕竟家在秦皇岛。"王恩龙说，"但是很快，这种不安就消除了。"

原来，在首秦人员迁移过程中，首钢京唐公司领导冒雨迎接、租赁宿舍、举行晚会……让 2100 多名职工感受到了"家"的温暖。

"今年疫情期间，公司提供了免费午餐，并把饭送到我们居住的水景公寓……"对公司的贴心之举，王恩龙很是激动地双手比划着。

"我们班组的家属还建了个群呢。"王恩龙拿出手机，分享着妻子发给他的"家属群"的消息。

谁有困难、需要帮助时，只要在"家属群"里说一声，其他人立即响应，让在曹妃甸的"王恩龙们"安心、放心。

11 人的班组、11 人的家属，这个小小的微信群里，集结了一种力量，散发着一种温情。

"看，这是我们班组带着家人一起去春游时照的。"王恩龙指着一张照片说，"她们是我们的后盾，让我们在这更踏实、更有劲。"

从 2019 年 8 月投产达产以来，丙班班组先后 5 次打破班轧制量吨数纪录。

"每个班组都在比着劲儿地破纪录，我们上班来的第一件事儿是先看看上个班轧了多少吨，都不服输的。"说到工作，王恩龙的眼睛越来越亮。

与崔海兵一样，年轻的张悦也是从彩涂酸洗线分流到冷轧部的职工。

"到这儿两个多星期了，我现在负责质检。"操作室内，见到张悦时他正在盯着电脑操作。操作室外面，带钢正在匀速地转动，张悦的同事仔细地观察着带钢表面。与原来在彩涂酸洗线每天跑上跑下不同，现在的张悦，需要紧盯电脑，为产品质量把好关。"并不比以前轻松，得扛起责任。"张悦郑重地表示，"混日子是肯定不行的，要对得起这份工作。"刚刚结婚两年的他，妻子在首钢京唐公司设备部工作。谈到让人羡慕的"双职工"，张悦憨憨地一笑："能在同一个地方上班，两个人一起奋斗，挺知足。"

越幸福，越奋斗；越奋斗，也必定越幸福。

毕业于北京科技大学的炼铁集控工李铄，不仅与谷端跃是同事，他们还是同学，更是同乡。"从我家到公司也就几十公里，挺近的。"能在离家不远的地方找到不错的工作，李铄感到很满意，"最重要的是，我的婚姻大事也是公司解决的。"看着他满怀欣喜的样子才知道，他是通过"京唐小红娘"平台结识另一半的。

这个平台于2018年11月正式上线，是首钢京唐公司针对青年职工婚恋难题，为帮助单身职工建立幸福家庭而搭建的一个交友平台。

"忘了谁先联系的谁，反正……就到一块了。"李铄挠了挠头发，嘿嘿地笑着，有些羞涩。现在，两个人已经在曹妃甸新城买了房子，马上就要步入婚姻的殿堂。

奋斗，本身就是一种幸福呢！

十里钢城内，一草一木都漾着活力，一举一策都透着温暖。梦想在呼唤，奋进正当时。让我们只争朝夕，不负韶华，在首钢京唐公司全面实现"四个一流"目标的征程中，刻下最美的奋斗身姿！

在首钢的第40年

——记炼铁作业部专业工程师董志宝

毕景志

董志宝师傅是首钢京唐公司炼铁作业部工程师，主要负责高炉上料系统的技术工作。董师傅今年59岁，明年就退休了。在首钢他已经干了整整40年高炉上料工作。

时间如白驹过隙。回忆起已在首钢百年进程中奋斗的四十年，一幕幕真实的画面如放电影一般在董师傅脑海中闪过，百感交集，思绪万千。

1978年9月，带着青春的激情，带着对未来的憧憬，刚刚高中毕业的董志宝加入了首钢这个温暖的大家庭。确切地说，他应该是以职工身份加入了首钢。因为不光是他，他的父母和一个弟弟两个妹妹也都是咱首钢人。

刚一入厂，董志宝被分配到三高炉做高炉上料卷扬工（原料工），跟着他的师傅一点一滴熟悉设备，学习操作，开始了十几年的倒班生涯。

董志宝说，虽然不是管设备的，但老师傅告诉我们，要把设备当成自己的孩子，有时间了就去巡检一圈，看看别有啥异常，"自己的孩子自己喂，自己的孩子自己疼，不能有老师看着，你就撒手不管了。"

那些年，跟着师傅，每天跑现场，看设备，画图纸，还兼顾着设备点检，每天都忙忙活活，但成长真的很快。

慢慢的，董志宝入门了。他说，自己也不知道为什么，就是很喜欢上料这摊活，觉得很有意思，一琢磨起来，就像吃了蜜似的，想研究。

这期间他参与过1979年首钢二高炉移地大修改造，1982年四高炉无钟炉顶改造，积累了大量的高炉上料经验。1990年他成为了上料班长。

回想起40年来的工作，让董志宝最难以忘怀的就是1986年的那10块钱。

当时董志宝在炼铁厂三号高炉工作（1993年新三高炉建成投产后，原三高炉更名为五高炉），是一名高炉上料主控工，负责将原燃料按批次、重量运至炉顶，再按设定的程序分布到炉内。

那是9月的一个夜班，零点左右，炉顶左料罐（高炉有左右两个料罐交替使用）突然发生故障。维检人员检查后，认定该罐不能继续工作，需要停罐抢修。按照以往的情况，那上料时就需要单罐上料，高炉也要减风退负荷。单罐工作时间越长，产量损失就越大。

这种情况下，董志宝主动向领导请战，想采用他设计的单罐提速操作方法，这是他专门为料车上料的工艺模式琢磨出来的！经当班工长赵世忠同意，这个操作程序投入运行，很快达到了预想效果。在单罐工作期间，高炉仍然全风量满负荷运行，没有受到任何影响。

第二天，王鼎元炉长向大家传达了顾思乡厂长在早会上的表扬："董志宝认真钻研技术，苦练基本功，单罐上料保高炉不亏尺，全厂都要向他学习，特奖励10块钱！"

董师傅说，这10块钱可不是现在的10块钱，当时一名工人的月奖金也就20块钱左右。第一次因为立功获得厂里这么大力度的奖励，董师傅倍受鼓舞！

在此后30多年的工作中，这件事一直在鞭策着他，让他更加刻苦钻研高炉上料操作技术，为高炉上料的稳定作出了自己的贡献。

1993年，首钢新三高炉开工建设，董志宝又参加了新三高炉上料系统的建设工作。

如今，20多年已经过去，新三高炉与西十筒仓、群明湖等早已焕发新生，成为了首钢园的地标性建筑。每次看到新三高炉的璀璨灯光，董志宝都骄傲地跟人家说："看，当年我也参加过它的建设。"

1994年底，董志宝回到了一高炉，担任高炉上料班长，一直到2007年。

也就是说，首钢五座高炉，董志宝全都工作过。

新千年后，首钢开始了大搬迁。陆续在唐山、秦皇岛建设新厂。一些老同事也陆续到各地进行支援。

2007 年，董志宝被分配到首钢京唐公司参与建设 5500 立方米的大高炉。

董师傅说，当时世界上最先进的高炉上料系统是卢森堡 PW 公司的无料钟炉顶技术，那时候咱们跟 PW 公司先后进行了很多轮谈判。但对方认为，我们非他不可。不是要价太高，就是后续维护的关键技术受到制约。

为了突破这种技术封锁，首钢人决定自己研发无料钟炉顶技术。在当时领导的支持和带领下，首钢设计院和首钢京唐公司成立了自己的研发试验队伍。董志宝就是其中一员。

虽然大家与高炉上料系统打了 30 多年的交道，然而 5500 立方米高炉的布料参数、设备特性等都没有成熟的经验可供参考，大家只能摸着石头过河，团队自己设计、自己制作、自己测试，多次推倒重来，开展了无数次改进。

2008 年 3 月 12 日，团队在老首钢厂区建立了 1∶1 的模型进行布料试验。在布料试验的 40 多天里，他们天天盯在现场逐条逐项对 40 多项内容进行检测，掌握了大量翔实的布料数据，圆满完成了高炉无料钟炉顶 1∶1 模型布料试验，为开炉提供了第一手布料资料。

最后，他们终于研发成功了高炉无料钟炉顶技术，一举打破了国外的技术垄断，使高炉装料效率成倍增加，布料更精确，生产更稳定、故障率更低。

在设备安装、调试阶段，董志宝从工艺图到安装施工图，都仔细查看，为了一个数据的准确，时常熬到深夜，第二天又要跑现场与实际安装比对，发现问题及时纠正，确保工程质量及工艺要求。

2009 年 5 月 21 日 9 点 20 分，京唐公司 1 号 5500 立方米高炉成功点火送风，22 日晚 9 点第一炉红彤彤的铁水顺利出炉。

此时此刻，所有参与高炉建设的人们欢呼着！庆祝着！

在此后的工作中，董师傅依然致力于解决技术难点、创新操作方法，也多次获得革新奖项及最佳操作手称号。

2012 年，董志宝研究的高炉改进型布料溜槽投入使用，进一步提高了布料精度，使用寿命翻了一倍左右，寿命最长达到 778.7 万吨，比 350 万吨的行业标准超出 400 多万吨，受到了公司上下的一致好评！

从一名刚出校门的学生，成为一名炼铁专业工程师，从石景山到曹妃甸，董志宝经历了从料钟炉顶、料车上料，到无钟炉顶、皮带上料的转变，见证了从中小型高炉到超大型高炉的巨变。聊到这，董师傅感叹道，已经过去的这40年，在首钢很踏实、很充实。虽然没有太多轰轰烈烈的经历，但也算是做好了一颗螺丝钉的职责。

谈到自己明年就退休了，董师傅说还真有点舍不得。

除了做好本职工作，他还要利用好这段时间，把自己的经验整理整理，留给年轻人。可能这些都不太适用了，但如果能给大家提供点思路和借鉴，那也不错了。

40年改革开放，40年发展变迁。

这两年，很多老师傅老领导都陆续退休了。

他们有的引领了首钢的改革发展，有的在专业领域做出了很大的成绩。但是，他们中更多的是默默无闻的平凡职工，在同样的岗位、同样的车间奉献了数十年，他们把自己40多年的工作生涯全都奉献给了首钢。没有他们的付出，就没有首钢现在的美好。

全国劳模光荣退休了

——记炼钢作业部炼钢工张新国

毕景志

这两天，55 岁的张新国光荣退休了。

在一线摸爬滚打 36 年，曾获得全国劳动模范、北京市优秀共产党员等一系列国家、省市级荣誉称号，张新国为自己的职业生涯画上了一个耀眼的惊叹号。

最近，很多从首钢来曹妃甸的老师傅都到了退休年龄。张新国是老师傅中的典范。在张师傅收拾行囊之际，记者采访到了他。

让我们一起听他讲述自己 36 年的钢铁工人生涯。

张新国在海上钢城——首钢京唐公司

"首钢养育了我们全家，我们也把青春献给了首钢。"

不止张新国自己是首钢人，他的父母、哥哥、姐姐、姐夫、爱人也都是首钢人。用他自己的话说："首钢养育了我们全家，我们也把青春献给了首钢。"

张师傅的父亲是首钢炼钢试验厂的工人。首钢历史上的第一炉钢就诞生在他父亲所在的车间。

1958 年，首钢建起了 6 吨侧吹转炉，结束了有铁无钢的历史，俗称试验厂，又叫小炼钢。

1964 年，首钢建成了我国第一座 30 吨氧气顶吹转炉，叫大炼钢，后来又称一炼钢。

1985 年，首钢购买了比利时赛兰钢厂，将设备万里迢迢运回国内，成为了二炼钢。

张新国的父亲叫张小锁，用他自己的话说就是个大老粗，但特羡慕那些聪明能干的同事。小时候，张新国父亲就总在吃饭时跟家人唠叨，"你看人家谁谁谁，技术水平最高，废品最少，能给国家节约多少资源?!" "你看那谁谁谁，手艺就是好，能给国家多炼多少钢?!"

就这样从小耳濡目染，张新国就跟着一道崇拜，对钢铁厂也产生了深厚的感情。

张新国和父亲张小锁

张师傅说，记得有一天，父亲下班非常高兴，打了酒，炒了菜，等孩子们放学回来。吃饭的时候，父亲从怀中掏出一个红布包，打开包，是一个金光闪闪的奖章，上面写着："石景山钢铁厂劳动模范"（那时，首钢还叫石景山钢铁厂）。小张新国跳着脚抢那奖章，"爸给我吧！给我拿着！"父亲满脸自豪地对我说："行啊，那就由你保管吧！"

从此，这奖章再也没有离开过张师傅，虽然奖章后来别针都掉了，但那奖章上的钢包、钢花，依然被擦得闪闪发光。

终于成为炼钢炉前工

1982 年，19 岁的张新国接父亲的班，也进了试验厂。单位领导知道他是张小锁的小儿子，都心疼他，给他安排了全厂最轻闲的活儿——司炉工。

"说通俗点就是烧锅炉的。再说通俗点，就是给澡堂子烧热水！"聊到这事儿，张新国说着说着笑了，"人家炼钢，让我烧洗澡水，那我能干吗？我得当炉前工"。后来，在一番软磨硬泡后，张新国终于成了一名炼钢炉前工。

张新国说，小时候有一部特别好的电影叫《火红年代》。里边主人公赵四海就是一名炼钢工人，那种革命激情、英雄形象让我们都特别崇拜，也想像他一样为国家作贡献。所以，当时就想，哪里最艰苦，就想去哪。

炉前工是整个车间最辛苦的岗位，大家都不愿意干。那时候试验厂设备比较老，炉前工每天都要冒着高温到转炉下进行清炉坑，炉坑里满是蒸汽、白灰面，穿着阻燃服也只能干五六分钟就上来，换第二批再上，时间长了真是受不了。

就这样，张新国在试验厂干了 10 年炉前工，看水工、料口工、二助手、一助手等这些细分工种都干过。

张新国说，炼钢不仅用力，更要用心。伺候炉子比伺候儿子还要上心。刚上班不久，张新国就修理了换出钢口的钻头，钻一个出钢口原来用 1 小时，修理过后只用 15 分钟，节约下来的时间足够炼成一炉钢了。

张新国的工作热情和努力得到了大家的一致肯定，终于成为了父亲嘴里的 "谁谁谁"。从 1983 年开始，他连续 8 年被评为 "首钢双文明先进工作者"，连续四年获得 "首钢四化尖兵"。

聊到这，张师傅自豪地跟记者说，"你知道那时候 '四化尖兵' 多厉害吗？谁要是评上了大家都羡慕，还给分房、涨工资，现在想起来，都觉得骄傲。"

后来，张师傅还获得了 "北京市青年岗位能手" "北京市优秀共产党员" "首都劳动奖章" "全国劳动模范" 等三十余项荣誉。

全国劳动模范

1992 年，在试验厂旁边，首钢建成了三炼钢，试验厂停产拆除。炼完试验厂的最后一炉钢，已是炼钢工的张新国和工友们就直接转到三炼钢继续生产了。

那年，张新国 29 岁。

张新国说，首钢第一代炼钢工都特别厉害，很多都是 20 世纪 50 年代从唐钢、鞍钢支援首钢来的，他们的名字在行业里都是大名鼎鼎的。

2002 年（或 2003 年，记不清了），在大家的共同努力下，张新国所在车间创造出转炉炉龄 30788 炉钢的全国最高纪录！

2005 年，张新国荣获全国劳动模范荣誉称号。

21 世纪，为了首都的蓝天，为了奥运的举办，首钢进行了搬迁调整。

2008 年年初，张新国所在的第三炼钢厂率先停产搬迁。

最后一天上班，父亲提前把张师傅叫醒，嘱咐道："早点去，做好准备，别误了事，别给组织添麻烦。"听了父亲的话，张新国再也忍不住了，眼泪止不住的往外流。

住在钢城快 60 年了，这位从旧社会走来的老父亲，没有什么文化，每次见儿子上班，只会重复一句话："好好干！"张新国工作三班倒，平常一觉睡下几个闹钟都叫不醒。父亲就每天叫他起床，没有一天忘了，没有一天晚了，让儿子睡了近 30 年的踏实觉。现在，他奉献了一生的厂子要停产了，这个老首钢人仍然在用自己的方式，默默表达着他对这份工作的热爱。

曹妃甸的新首钢——首钢京唐

2008 年 6 月 19 日，在老首钢炼钢一线摸爬滚打 26 年后，张新国主动请缨来到岛上工作，并发出豪情壮语："我要亲手炼出曹妃甸的第一炉钢，为实现党中央国务院提出的'四个一流'目标作贡献。"

2008 年 7 月 31 日，距北京奥运会开幕仅有 8 天时间了。北京 2008 奥运火炬在开始了在唐山的传递。到曹妃甸时，张新国代表首钢京唐公司参加了火炬传递。

2009 年，在新钢厂开炉试车阶段，张新国和炼钢部同事们一个多月没有回家。这里所有的设备都是最先进的，很多技术都是头一次使用，稍微有个闪失就会造成事故！

俗话说："巧妇难为无米之炊。"炼钢要想热试，首先得有铁水，而此时炼铁高炉还没有投产。炼钢部副部长魏钢等同志，不等不靠，提出了"外购铁水"热试的方案。

"外购铁水"虽然解决了"无米"下锅的难题，可也大大增加了热试工作组织协调的难度。一方面，由于供应铁水厂家的生产能力，运输车辆的载重能力等限制，只能用 65 吨小铁包盛铁、运铁，需要攒够 5 包铁水，才能炼一炉钢。这就需要解决铁水的运输、储存、保温、倒运许多难题；另一方面，内部的设备处于"磨合期"，岗位职工没有操作经验，许多环节存在着不可预知的问题。

炼钢部职工迎难而上，想出了许多应对措施。作业部抽调技术骨干组成"开炉队""开机队"，大家提前进行模拟演练，对可能发生的异常情况提前制定预案。

2009 年 3 月 13 日 13 时 16 分，在 11.3 米高的炼钢炉前平台上，在几十名来自各单位的人员的注视下，时任炼钢部副部长魏钢作了简短动情的讲话后，宣布："点火！"

京唐公司副总经理、时任炼钢作业部部长杨春政点燃主火炬，时任炼钢区副主任李金柱、全国劳模张新国、炼钢工徐瑞杰等 8 名火炬手从杨总手中引燃火炬。在大家的欢呼声中跑向炉口，8 只火炬在空中划出一道道光线，落入 2 号脱碳转炉炉膛，迸出万道金星。

转炉慢慢立起来，氧枪缓缓下降，悦耳的气流声响起，"忽"，橘红色的火焰冲过炉口，映红了人们含笑含泪的眼睛。为了让更多的人看到熊熊的炉火，炉前两扇挡火门破例敞开，许多人涌到炉前拍照留念。

首钢京唐公司第一炉钢

21 时 55 分，"开炉队"队长王建斌果断地一挥手："出钢！"人们涌向炉后。巨大的炉身慢慢转动，一道金黄色的钢流飞流而下，映红了一张张欢笑的脸庞。

克服种种困难，当这第一炉钢炼成时，实验室传来振奋人心的消息：所有数据都达标，我们炼出了精品钢！

现场沸腾了，人们欢呼跳跃，向世人宣告：京唐公司第一炉钢冶炼成功了！

张新国抹去激动的泪水，立刻给父亲打电话："爸，炼成了！" 80 岁的老父亲甚至没有向他道一声辛苦。电话那头，老父亲用颤抖的声音对张新国母亲说："老伴儿，炼成了！炼成了！"

这，就是一个老首钢人的精神。

"劳模茶室"

在曹妃甸新首钢，张新国还有一个很有名的"劳模茶室"。

2008 年刚到曹妃甸，爱好喝茶的张新国，就在首钢京唐公司厂前公寓宿舍里置办了一套茶具，大家都称为"劳模茶室"。这里不仅是职工们放松心情、舒心解压的圣地，也是头脑风暴、攻关创新的"战地"。

每次晚饭刚过，同事们总会三三两两走进"劳模茶室"，围坐在茶桌旁，谈天说地。但说着说着总是离不开工作上的事儿，课题攻关、技术创新……炼钢脱磷扒渣最佳操作法等一系列技术创新就在小小的茶室里诞生。

2014 年，时任北京市委副书记、市长王安顺也来到过"劳模茶室"，与张新国一起交流技术创新。

首钢京唐公司的炼钢采用的是高效化、低成本"全三脱"冶炼工艺技术，其技术起始于日本企业的两步炼钢法。

面对国外先进企业对关键工艺技术的封锁，张新国和脱磷区的技术人员急得满嘴起火泡。那段时间，工程建设如火如荼，300 吨世界最大容积转炉已安装就位，设备试车顺利。可是，"全三脱"几处关键工艺技术的掌控还不是很成熟。白天，张新国盯着现场。晚上，回到宿舍的张新国和工友们不约而同地聚到茶桌前。"其实，大家也喜欢聚在一起，喝喝茶，聊聊天，累了一整天，也算是缓缓劲儿。可聊着聊着就又聊到工作上了。大家伙的心思也全在那（'全三脱'冶炼工艺技术攻关）上面了。"

张新国说，"全三脱"是日本人发明的也是目前被公认为先进的炼钢工艺，人家 20 世纪 90 年代就开始玩这个，咱们在这上面落后了一步，那就得使劲儿追。

在一无资料、二无经验的情况下，张新国带领团队历尽千辛万苦，才攻克了"全三脱"和全干法除尘是两项世界上最先进的炼钢工艺。既打破了日本、韩国的技术封锁，实现了两项先进技术并用的先例，填补了国内空白，又为提高钢水纯净度、加快冶炼节奏、降低工序成本作出了突出贡献。

现在，劳模茶室有了接班人，每周都有一名炼钢部领导到茶室和大家聊天，聊聊家常，谈谈工作成为了常态。

10年来，张新国、王建斌等炼钢元老带领大家不仅实现了首钢京唐钢厂"全三脱"常态化生产，而且还先后攻克了干法除尘、少渣冶炼、少渣护炉、氧枪改造、一键式自动炼钢等十几项技术难题，进行了十多项设备升级改造，使得炼钢技术取得了重大突破。

2019年1月10日，炼钢作业部授予张新国"终身贡献奖"，以表彰他为首钢、为首钢京唐公司作出的突出贡献。

劳模之所以成为劳模，离不开自己的努力，也离不开家庭的熏陶，他们是工作生活中的先锋和排头兵，更是时代的引领者。张新国师傅退休了，但更多年轻技术骨干已经成长起来，这份沉甸甸的事业将创造出更加绚丽的钢花，照亮前路，照亮未来。

36年辗转京秦唐 一代首钢人的忠诚缩影

——记钢轧作业部炼钢工张振江

毕景志

张振江是一名普通的首钢工人。36年来，他跟随企业的发展步伐，辗转京、秦、唐三地，先后为三座炼钢厂开炉，培养了几十名优秀炼钢工，获誉无数……他是这一代产业工人的平凡一员，也是"老首钢"忠诚企业的生动缩影，更是新首钢人学习效仿的楷模、榜样。

1965年11月，张振江出生在北京门头沟的一个普通农民家庭，在家排行老二，兄弟姊妹5人。此时，在与门头沟一河之隔的石景山钢铁厂第一炼钢厂里，刚刚投产的第二座30吨氧气顶吹转炉正在创造着450炉的炉龄纪录；位于大西洋东岸的比利时小城赛兰，一座年产300万吨的炼钢厂也刚刚投产。襁褓之中的张振江还不知道，未来数十年的工作生涯，他会和首钢"绑"在一起，还会和那座万里之外的钢厂产生联系。

成为首钢人

1981年，张振江考上了首钢技校（现为首钢技师学院），一起入学的还有现在炼钢部的王建斌、钢轧部的李国强、宋宏弟、范文杰等人。谈起为什么要报考首钢技校，张振江最初的想法很简单："报考前也不知道什么是炼铁炼钢，只想着未来能有个稳定的工作，养家糊口就够了。"入学后，张振江被分配到了炼钢班，开始了三年的求学之路。

1984年9月1日，19岁的张振江来到首钢第一炼钢厂。自此，开始了36年的炼钢职业生涯。张振江从炉下工干起，在师傅王静、班长许春明的教导下迅速成长，提升操作水平。从看水工、炉前工、料口工、二助手到一助手，一步一个脚印地成长。这期间，张振江又得到了孙铁、刘长青等经验丰富的老师傅们的悉心指导，逐步成长为一名合格的炼钢工。

首钢第一炼钢厂于 1964 年投产，有 3 座 30 吨转炉，设计能力年产 60 万吨。在同事们的共同努力下，1987 年产量达到 222 万吨，为设计能力的 3.7 倍，转炉利用系数达到 67.66，比国内同类容积转炉高出 1 倍，并遥遥领先国外同类转炉。

"大家干劲儿特别足，完全不知道什么是苦是累，十二三分钟就能炼出一炉钢！"张振江回忆起当时的情景骄傲地说。当国外同行见识到它的高效后，都称它为"世界上转得最快的转炉"。

"三炼钢"开炉

1992 年，首钢自主设计、制造、施工的第三炼钢厂正在建设。张振江作为技术主力被抽调到建设现场，与第二炼钢厂抽调来的同班同学王建斌一起主持开炉工作。这是张振江第一次开炉。此前，为了积累大转炉经验，张振江还到第二炼钢厂进行了实习。至此，他与首钢三座炼钢厂都有了工作交集。新建的第三炼钢厂，位于首钢主厂区南部，前身是中国第一座氧气顶吹试验小转炉的诞生地——石钢试验厂（彼时，首钢还叫石景山钢铁厂）。一炼钢的 30 吨和三炼钢的 80 吨转炉也是在试验厂不断研究试验的基础上发展而来的。

第三炼钢厂 3 号转炉顺利出钢到三炼钢时，张振江妻子已经有了六七个月的身孕。但为了做好开炉工作，张振江和王建斌等同事们每天都早出晚归，临热试前甚至连续几晚都住在厂里。他们从每一个环节入手，细化到每一个备件，逐一进行检查、确认。开炉前又召开联动试车会议，制定试车项目确认表，重点强调管道和各种介质输送以及相关联锁问题，从各方面为开炉打基础、做准备。1992 年 10 月 1 日晚 8 时 21 分，在大家的共同努力下，三炼钢 3 号转炉成功热试。

一个月后，张振江的儿子也顺利出生了。随后，2 号、1 号转炉、4 台连铸机（3 台八流方坯连铸机、1 台四流矩形坯连铸机）相继热试。1993 年 8 月 25 日，首钢第三炼钢厂投产，标志着首钢已具备年产 1000 万吨钢的冶炼能力。

1994 年，首钢钢产量跃居全国第一。

闲聊中，记者发现张师傅面色黝黑，隐隐地还有伤痕。张振江笑道："其实我原来也挺白的。" 1994 年 9 月的一天，张振江正在转炉平台查看钢水温度。此时，转炉内补炉砖突然掉落，炉渣被溅起，火舌如红龙一般向张振江扑来……张振江面部被烫伤。治疗恢复 3 个月后，张振江回到了工作岗位。但脸上留下的疤痕却伴随终生。

离京赴秦　首钢人的忠诚品质

进入新千年，首钢实施搬迁调整，成为疏解非首都功能、践行京津冀协同发展战略的先行者。2003 年 2 月 20 日 0 点，首钢第一炼钢厂熄灭了燃烧 40 年的炉火，三座转炉累计为国家生产 4839.8 万吨钢。

2003 年 3 月 6 日，秦皇岛首秦金属材料有限公司成立。需要抽调大批技术工人支援首秦建设，张振江也位列其中。想到要到外地工作，近 40 岁的张振江一开始也有畏难情绪，也不想离开工作生活了 20 年的地方。但转念一想，"我现在的工作生活都是首钢给予的，现在组织需要我奔赴外地，'开疆拓土'，我义不容辞。有困难，能克服！" 2004 年 4 月，张振江来到首秦公司炼钢事业部，开始了 14 年往返北京——秦皇岛的双城生活。

来到首秦的第一件事，还是开炉，还是和老同学王建斌搭档。在首秦炼钢部 3 座 100 吨转炉试车投产过程中，他们承担了转炉区域的全面试车和开新炉工作，积极组织对设计缺陷进行改进，与设备专业共同制定改进方案，并且一次性获得热试成功。投入生产后，张振江根据自己多年的工作经验总结，结合炉渣成分和钢渣流动性能，独创一套"转炉终渣补炉法"，大大的提高了转炉寿命。在担任班组长期间，他又提出现场操作的"实战化"，要求班组成员必须做到"快、准、强"三字原则，有效提升了团队协作和单兵作战能力。所带领班组连续两年获得部门年度质量指标冠军。

期间，张振江赶上了首钢最后一批福利分房，一家人从门头沟搬到了石景山青年公寓。2006年，由于工作的突出表现，张振江被评为"首钢能工巧匠"称号。此后，张振江继续扎根现场，开展技术创新，先后获得实用新型专利、发明专利两项：一种转炉用管线钢冶炼取样装置、一种极低磷冶炼方法。2011年，他主持开展了"首秦转炉SGRP工艺研究与应用项目"的现场试验，适应转炉冶炼铁水质量变化的影响，实现了资源的循环利用，降低转炉冶炼成本，年效益达到1亿元。2012年，张振江摸索出热固红泥块的加入和操作方法，并形成了规范，被推广执行，每月消化热固红泥块4500吨，转炉一次命中率保持在90%、转炉脱磷率84%，均未受到热固红泥块的影响，月降低钢铁料消耗2千克/吨以上，年经济效益达3104万元。由于具有了首钢两座钢厂的开炉经验，张振江还多次受邀赴湘钢、海鑫、文水等钢厂进行开炉指导，声名远播。

老伙计　新征程

一晃，14年已过。为了服务于京津冀协同发展战略，充分发挥京唐公司优势，降低首秦公司的运行成本，进一步提高竞争力，首钢决定，首秦公司搬迁转移到京唐公司。2018年9月，张振江跟随大部队来到了京唐钢轧作业部，在京唐见到了久违的老伙计——原首钢二炼钢的转炉。1985年，首钢购买了比利时赛兰钢厂，进行整体拆迁运回国内建成了第二炼钢厂。京唐公司钢轧部建设中利旧了二炼钢的部分设备。如果从1965年赛兰钢厂算起来，这些设备与张振江同龄。

1986年，刚刚拆解落地的赛兰钢厂转炉初到建设现场，张振江欣慰地抚摸着刚刚安装就位的转炉炉壳：老伙计，上次咱们一起工作是20多年前了，没想到还能在曹妃甸跟你们继续并肩作战。这一次，张振江的工作依然是开炉。配合他的除了自己的徒弟，还有从一期炼钢部调入的刁华、王东，他们都是原二炼钢的"老人儿"。1994年入厂的王东也没想到，二炼钢停产8年后，这些设备就像忠诚的战友，又矗立在眼前。"兄弟们，好久不见！"作为一个从北京支援到秦皇岛工作，又从秦皇岛步入曹妃甸的老职工，张振江充分体现了作为一个首钢人的特点，那就是脚踏实地、苦干硬干。2019年年初，工程建设处于冲刺阶段，由于时间紧、任务重，很多联锁条件、系统优化、开炉方案、应急预案等都还未完善，外部因素还不符合现场热试条件。

张振江咬紧牙关，克服体质差的因素，带领班组冲锋向前，加班加点工作，和兄弟们一起快速学习适应新技术、新方法、新设备，连续一个多月每天只能睡三四个小时。张振江说，"安装调试的关键时期，正是三九天，但大家心里都憋着一股劲儿，那种干事创业的劲头儿，让每一个人都热血沸腾。""还记得在副枪安装时，厂房内运输道路还没有完工，卡车无法运入。在支部书记高宠光的带领下，无论老同志，还是刚入职的大学生，几十人硬是手抬肩扛，喊着劳动号子，高声起、低声落，把23米长、2吨重的副枪一步步运送到了吊装地点。"这一幕幕都为3号转炉的一次性热试成功打下了坚实的基础。2019年3月16日，11.4米高的平台人头攒动。中午11时58分，9把熊熊燃烧的火把相继投入3号转炉炉膛，酝酿建设了近3年的钢轧项目终于迎来了第一条产线（3号转炉-3号LF炉-2号连铸机）的热负荷试车。

经过近7个小时的烘炉，19时16分，第一包铁水调运进厂，耀眼的铁水倾泻进3号转炉中，随着氧枪插入，防火门关闭。

20时20分，随着3号转炉开炉队队长刁华果断地一挥手"出钢！"巨大的炉身慢慢转动，钢水飞流而下，现场沸腾了，钢轧作业部3号转炉热试成功了！没过一会儿，对讲机中传来了声音："成分指标全部合格，我们成功了。"近两年的工程建设，终于在今天结出硕果。此时，很多人都难以抑制内心的情绪，早已泪流满面。

传　承

到2020年11月，张师傅就要退休了。但他却完全没有闲下来的意思。在钢轧作业部高产中，为了维护炉况稳定，他仍然和年轻人一样，经常深夜坚守现场。正是在他们的努力下，钢轧作业部实现了从日产25炉到日产74炉的产量飞跃。

张振江的手艺和职业道德，不仅在工作中得到了职工们的钦佩，同时也获得了各级政府部门的认可。工作35年来，张师傅先后获得北京市政府特殊津贴技师、首钢劳模、首钢模范党员、秦皇岛市级劳模、公司先进职工等多项荣誉。在张振江眼里，个人的荣誉并不重要。他认为一个好的集体，必须是芬芳满园的。张师傅除了坚守在生产一线外，还承担着培养青年人的任务。

"近20年的搬迁调整过程中，我们最宝贵最关键的是把老一辈的技术留下来。"由于个人的成长经历，张师傅格外重视自己的这份责任，"我进厂时，正是因为有老一辈炼钢工的引路，才少走了些弯路。现在要抓紧时间，给年轻人提供更多的帮助。"这些年来，张振江把自己丰富的工作经验和阅历分享给他的每一个徒弟，毫无保留地传、帮、带、教，使他们迅速成长起来。通过理论教学和现场实际操作指导，张振江亲自带的好几拨徒弟，现在大多都成了现场骨干。他的徒弟里有中级工18人、高级工12人、技师9人；获得市级技术能手3人，其中2人获得首钢炼钢技能大赛一等奖，1人获得首钢"能工巧匠"。现在炼钢甲班的柏子伟，跟随张振江历练了十几年，早已成为一名优秀的炼钢工了。

"这几年，年轻人慢慢地都成长起来了。我觉得这就是很好的现象!"张振江如是说。

第五章　传播品牌文化

品牌文化是透过品牌展现出来的企业文化。首钢京唐公司持续弘扬企业"三高、四个一流""低成本生产高附加值产品"的文化特质、从长材向板材转型的文化跨越和勇做钢铁旗舰的文化担当，不断挖掘品牌文化内涵，提升品牌文化品质，注入品牌文化情感，提升京唐产品品牌美誉度和知名度。

第一节 提升品牌文化品质

用户满意是永恒的追求

——首钢京唐公司融媒体采访团队走访山东市场纪实

杨立文 王 宇 毕景志

严峻的钢铁形势下，只有以更接地气的技术服务和高质量的产品参与市场竞争，方能在逆势中提高市场占有率，抢得发展先机。

每年，首钢京唐公司在闯市场过程中，都从实践中了解到更多市场需求和自己努力的方向；每年，首钢京唐公司在服务增值的同时，赢得用户更多的尊重和信赖，树立起更多的信心和勇气；每年，首钢京唐公司每次传递价值的瞬间，都让品牌力量再一次被激发，实现了价值的倍增与共享……

2019 年 8 月 21 日至 24 日，首钢京唐公司融媒体采访团队的记者深入市场最前沿，在体验"用户的标准就是我们的标准"服务理念的同时，实地了解了经销商、终端用户需求及产品质量反馈情况，进一步助力首钢京唐公司做精产品，做稳质量，做优服务，做响品牌。

紧跟用户 精准定位 细分市场

精准选择细分市场，是当下市场激烈竞争环境下营销成败的关键所在。首钢京唐公司紧紧围绕"市场"和"产品"两大主题，坚定不移走产业升级、产品高端路线。以市场为抓手，以产线为核心，以产品升级、用户结构调整为导向，认真分析研究各产线的产品、市场和用户现状，进一步明确各产线市场定位、产品定位和用户群定位，扎实做好"产线"与"市场"的深入对接、"产品"与"用户"的精准对接。

服务用户，离不开技术创新的支撑。2020年，首钢京唐公司研发团队依托其科研与技术平台，聚焦厂家生产中的各项技术难题，满足用户不同的需求。海信集团是国家首批技术创新示范企业，国家创新体系企业研发中心试点单位。拥有海信电器和海信家电两家上市公司以及海信、科龙、容声、东芝电视等多个品牌。海信电视全球出货量达到第四，冰箱在中国市场占有率排第二。长期以来，海信家电集团的家电背板一直全部采用两家知名国企供货的电镀锌板。但是，由于电镀锌成本的增加，海信急需电镀锌的替代产品。首钢了解到这种情况后，决定研发出新的家电板替代产品，拿下海信的家电板供货权。由首钢京唐公司、首钢技术研究院、山东营销分公司组成的技术服务组的专业人员经过详细的市场调研和试验，发现利用成本较低的热镀锌完全可以替代电镀锌产品。热镀锌较电镀锌有着较厚的镀层，有更好的防护性能，所以耐蚀性能强，同时热镀锌生产效率非常高，制件在热镀锌槽中停留的时间很短，对环境的影响比电镀锌小，热镀锌的生产成本低很多。几位技术人员找到海信相关领导和技术专家，把使用热镀锌替代电镀锌的想法详细进行了论述……海信决定小批量试制。在试制过程中，首钢京唐公司的技术人员始终盯在现场，遇到技术问题，立刻研究解决。经过努力，试制大获成功。海信的技术人员对首钢的产品和技术人员也给予了较高的评价："利用热镀锌替代电镀锌，成型后各项性能可靠，主要技术指标稳定，特别是减少了工序，提高了效率。首钢人的服务非常及时、到位，我们很满意！"就这样，海信与首钢签订了长期合作协议，鉴于首钢的热镀锌新产品，海信集团还专门设立了首钢专享的产品牌号，同时首钢京唐公司的优质服务，赢得了海信的信赖。2017~2018年，首钢京唐公司连续两年荣获了海信集团的优秀供应商称号。首钢京唐公司还与海信集团的技术人员建立了"新技术交流团队"，开辟了技术研发对接平台，定期开展新产品、新技术的试制研讨等工作。截至目前，首钢京唐公司的产品占海信家电用量达到了55%以上。其中，海信日立首钢京唐家电板用量达到了80%。

采访团队记者来到位于青岛市中心的首钢营销公司山东分公司，总经理助理丁彦介绍："首钢京唐的产品在山东区域内的各大相关企业都很受欢迎，产品生产也是及时根据客户特殊技术要求，进行调整。我们作为产品销售单位，根据销售区域和产品使用方向的不同，强化售前技术交流和沟通，这些切实提升了首钢品牌在用户中的服务能力和影响力。目前，兴民、贝特尔、汉德车桥等企业，都有满足其产线、工艺、质量需求的首钢专属性牌号。"山东兴民钢圈股份有限公司是一家集汽车钢制车轮研发、制造和销售的现代化上市企业。该公司一直以来都是从国外钢厂进口车轮用钢进行生产，生产成本相对较高。他们打听到首钢能生产车轮用钢，而且质量也很好后，直接找到了首钢京唐公司。首钢京唐公司高度重视，委派技术人员去厂家了解车轮用钢型号以及各项质量指标。回来后针对山东这家车轮厂用钢的特点，专项组织人力进行研发。期间，生产技术人员还充分利用先进的工装设备以及新的冷却方式，改进技术指标，为用户降低使用成本。经过努力，生产出的车轮用钢强度、疲劳寿命等均达到要求。厂家认证结果，完全达到技术质量要求，决定与首钢京唐公司签订长期合作协议。

诚信为首　用户至上　服务到位

2015年冬季，华北地区寒冷异常，空调市场需求突然猛增。青岛海尔集团空调用料短缺，生产告急。首钢京唐公司接到求助电话后，在一周时间内将600吨用料运到海尔。

按照常规，从备料、生产到运输、接卸货等环节，这批板材至少要半个月的时间才能送到厂家，再加上正值冬季，还有可能拖期。怎么办？"必须全力组织，确保用户生产。这是我们进一步诚信服务，赢得用户的机会！"首钢京唐公司领导当即要求相关部门优先排产，全力组织生产。备料、酸洗、轧制、退火、涂镀、精整……在首钢京唐公司冷轧生产现场，整个生产流程行如流水、一气呵成。不到三天时间，这批冷轧板卷就顺利发往了青岛海尔。

然而，在运输船到达烟台与威海海域交界处时，发生了意想不到的故障，货船不能行驶。此时已是夜间，天气寒冷，如果在海面上停滞时间长了，海面结冰，货船行进将更加困难。不能等！销售服务人员迅速联系各方力量，找来拖船连夜把货船拖至烟台港。天空飘起了雪花，他们赶紧联系多辆汽运大货车，争分夺秒组织装车发往海尔……等这批板卷顺利到达海尔集团时，距离海尔集团要求的交货期还有1天多的时间。负责接货的海尔集团相关人员纷纷被首钢京唐公司一心为用户、诚信服务的态度所打动，竖起了大拇指。

当融媒体采访团队记者来到青岛海尔采访时，海尔集团大宗采购钢板事业部负责人邱岩表示："首钢与海尔集团合作已久，双方是稳固的战略合作关系。作为海尔集团第一大供应商，首钢以用户需求为导向，以营销为龙头，不断调整营销策略，延伸服务链条，产品质量和服务得到海尔集团的高度认可。"首钢集团连续两年蝉联海尔集团供应商创新能力最高奖"金魔方奖"。

在海尔集团，针对服务的用户他们遵循"24小时响应，48小时出解决方案"的迅速响应机制。而在首钢京唐公司，这条快速响应机制变成了"2小时响应，24小时出解决方案"。参与市场竞争，要想打响品牌，靠什么？不可或缺的是产品质量和到位的服务。在这市场的最前沿，记者感受最多的不是严峻的市场形势带来的困难，而是首钢京唐公司品牌形象带来的震撼与温暖。"首钢京唐的产品在山东这个市场口碑相当好，这里的用户都习惯用首钢京唐的产品。"首钢营销公司山东分公司的销售人员告诉记者，近年来，首钢京唐公司产品质量稳步提升，售前、售中、售后服务不断优化，得到了用户的一致好评，在山东市场已经树立了良好的品牌形象。

为帮助用户解决材料使用过程中出现的各种问题，让他们仔细了解和精准掌握材料属性，从而避免不必要的浪费，降低制造成本，首钢京唐技术人员除经常利用微信、QQ等快速便捷方式回复用户疑问外，还深入厂家生产现场，开展技术服务，现场讲解材料、设备操作使用方法，与用户共同研究提高产品性能的新工艺，实实在在解决了一系列技术上的难题。首钢京唐公司一批宇通客车汽车用板在生产过程中出现了中浪、边浪缺陷。首钢京唐公司高度重视，经过沟通，冷轧部生产技术室齐海峰、镀锌作业区张青柱，首钢集团技术研究院冶金过程研究所李金龙组成服务小组第一时间赶到现场。经过仔细观察、试用他们发现，用新式开平机加工汽车板就没有问题，而当使用很多年前的老式开平机时，就会产生加工缺陷。首钢京唐公司冷轧部也有开平机，原理和这里的设备大同小异。于是，李海峰等人就驻扎在宇通客车厂，每天"泡"在现场，解决设备问题……经过摸索调试，李海峰等人确定了老式开平机的最佳操作参数，按照他们设定的操作参数，再也没发生过加工缺陷。为了能让现场的操作人员熟练掌握操作要领，他们专门为操作人员编写了《老式开平机操作手册》，现场指导操作人员调整使用。李海峰等人还针对新式开平机建议宇通客车厂的相关人员要定期维护设备，并制定了《开平机维护管理制度》。首钢京唐公司技术人员的贴心服务，使宇通人深受感动，拓展了双方的进一步合作。目前，首钢京唐公司专供宇通客车汽车用板达到了全覆盖。

在采访中记者了解到，"诚心合作、真心交友、贴心服务、用心操作"是首钢与用户合作秉承的"四心"法则。这看似简单的"四心"，若想做到极致，却并非易事。正是首钢京唐人践行着"用户的标准就是我们的标准"的服务理念，急用户之所急，想用户之所想，打造个性化服务，才使"四心"做到极致，成功赢得了用户。

深挖潜力　服务增值　协同共进

当今，服务作为独立的一种营销策略、方式，正以其独特、超值的功能效应，成为品牌多元化、产品同质化市场竞争的风向标。首钢京唐公司在了解用户需求的基础上，以提供优质服务为基础，利用各种管理方式和手段，开展技术输出、现场答疑、操作培训等，挖掘深层次的个性化的服务潜力，真正使服务得到增值，用户在享受服务成果的同时，提升了首钢京唐公司的品牌影响力。

记者在采访中了解到，首钢京唐公司在服务用户中，采取主动推进式的服务，实现了个性化服务水平的飞跃。一家集装箱制造企业在利用耐候钢生产过程中，曾一度出现折弯回弹的问题，影响产品精度，而且困扰了这家企业很长一段时间。这家集装箱制造企业也是首钢京唐公司的用户，技术人员听说后，主动找到了这家企业，要求替他们解决问题。技术人员来到加工现场，与厂家技术人员进行技术交流，现场实地调查分析，最终找出了出现折弯回弹的问题是因为使用的原材料屈服强度偏高。为彻底解决这个问题，首钢京唐公司的技术人员建议厂家对提供原材料的企业进行产品强度优化，另外建议厂家结合首钢京唐公司产品各项指标的控制标准进行生产……在首钢京唐公司技术人员的帮助下，折弯回弹的问题被彻底解决，厂家激动不已，称赞有首钢京唐公司这样的合作伙伴，心里踏实。

服务意识深刻植根于首钢京唐人的认识中。因为他们知道，以用户为中心，服务好用户，才能体现出自己存在的价值，才能得到用户的认可。首钢京唐公司每年都制定详尽的用户走访计划，公司领导亲自带队"走家串户"，广纳他们的意见建议，倾听他们的心声，为他们解决实际问题。2020年以来，已经走访了80多家，涉及中集集团、兴民智通、沃尔沃、大众、昇兴、广州斗原、佛山光普等用户，遍布神州大地。首钢京唐公司制造部联合首钢技研院、山东销售分公司等相关人员在山东贝特尔车轮有限公司进行走访交流中，该公司反映某牌号车轮钢轮辋焊接时出现开裂率高的问题。收到问题反馈后，相关技术人员立即进驻现场，展开调研。经过仔细排查与研究，发现该公司所用的原材料本身无问题，是操作时的焊接工艺与材料强度性能不匹配造成的。问题结症找到了，首钢技术团队成员针对用户使用的焊机型号，调试出与材料强度性能相匹配的焊接工艺参数，经过试操作一举解决了问题。光有新的焊接工艺参数，不掌握操作要领也不行。首钢技术团队成员又连续几天在现场办起了培训班，对贝特尔公司的生产技术人员和操作者进行实操培训，规范操作。操作人员掌握了要领，开裂现象解决了，生产顺畅了。现场的贝特尔公司人感动地握住首钢技术团队成员的手，连说："谢谢！太感谢了！"首钢技术团队的服务赢得了贝特尔公司的高度赞扬。此后，首钢京唐公司的产品订货量迅速增加。

这次首钢京唐公司融媒体采访团队走进用户采访活动，全方位了解用户，也是一次听取用户建议，关注用户需求的一次体验。"北方的彩涂线很多，只是连续性不强、质量优的不多，首钢京唐公司无论从产品规格、设备人员，还是地理环境、服务体系上，都有着其他企业无可比拟的优势，我们非常看好首钢产品、首钢品牌。希望首钢京唐公司开发出更多新产品，满足更多个性化需求。只要认真去做，就一定能在中国北方竖起涂镀第一品牌的旗帜，形成北方的彩涂产品品牌。"采访团队在山东万事达控股有限公司进行采访时，董事长魏龙柱信心十足地告诉记者。山东万事达控股有限公司是集建筑用金属面围护系统设计、制造、施工，涂镀钢板贸易，新型建材研发于一体的集团化企业，是目前中国最大的建筑围护材料生产基地和涂镀钢板贸易商。这家公司是首钢京唐公司彩涂板产品用户，他们与首钢合作了 10 年，每年都采购首钢的产品。他们对首钢京唐公司充满信心，对首钢京唐公司的产品充满期待，愿意携手首钢京唐，共同拓展更大的市场空间。

"没想到首钢品牌在山东市场这么深入人心。"这是融媒体采访团队记者们短短几天采访的真实感受。通过此次采访，记者们深切感受到了首钢品牌的价值和魅力。作为京唐人，感到欣慰和自豪；作为媒体人，将积极宣传好首钢品牌、首钢服务，让首钢的品牌做得更响，走得更远。

（本文刊登于《中国冶金报》2019 年 9 月 18 日四版、《首钢日报》2019年 10 月 25 日一版）

感知用户　共同发展

——首钢京唐公司融媒体采访团队走访华东市场纪实

杨景　韩远波

在 2019 年中国汽车产业发展（泰达）国际论坛上，"下降""压力""严冬""寒流""煎熬"成为汽车业内专家口中的关键词。钢铁企业作为汽车用钢产业链的上游，面对市场的"冷意"，必须强化市场主体意识，关注用户感知，把握用户需求，才能与用户和谐共赢发展。

近年来，首钢京唐公司始终坚持产品向高端、服务向终端、品牌向前端，实现向 70 余家汽车主机厂及零部件厂的供货，在销量不断飞跃的同时，赢得了用户的广泛认可和高度信赖。

2019 年 9 月 23～27 日，首钢京唐公司融媒体采访团队到华东市场汽车板用户中，感知用户、了解需求，为共同发展加油助力。

产品向高端——以市场为导向

汽车板是首钢三大战略产品之一，是板材中的"高精尖"。近年来，汽车行业轻量化发展趋势和需求日益明显，进一步推动了汽车板材料与制造工艺的进步和发展。首钢京唐公司作为精品板材生产基地，紧跟钢铁产品"轻量化、高强、环保、耐蚀"的发展趋势，着力推进高档次、高技术含量、高附加值产品增量。

为满足市场个性化需求，首钢京唐公司对产品进行准确市场定位，充分发挥科研技术力量，开展产品认证，提升了新产品增效能力。2012 年以来，首钢京唐公司的汽车板经历了从无到有、从少到多的快速发展历程。截至目前，汽车板累计供货 860 多万吨，供货能力及产品档次进入国内第一阵营。

产品的高度决定着企业的高度，产品稳定的质量决定着稳定的市场。

首钢京唐公司从生产汽车板伊始，就将质量放在了首位。总部位于上海安亭的上汽大众汽车有限公司是国内历史悠久的汽车合资企业之一。首钢与上汽大众的接触始于 2009 年。自上汽大众认证工作开展以来，首钢销售公司及上海分公司、首钢京唐公司齐心协力，在上汽大众的体系认证、材料认证、零件认证、新车型定点等方面取得了较快进展。2017 年 10 月，京唐公司开始正式向上汽大众供货。

谈及首钢京唐公司产品，首钢上海销售分公司总经理魏祚燕连连称赞："首钢京唐在与上汽大众合作一年多的时间里，无论是内板还是外板，质量始终处于稳定状态，得到了大众冲压中心的高度认可。"

为快速、高效开发高端汽车用钢，首钢京唐公司将用户的要求转化为设计标准，严格按照 ISO/TS 16949 体系开发流程，制定了详细的技术研发准备和生产组织计划，建立了完善的汽车板标准质量控制体系。着眼生产全流程，从原料入厂，到炼钢、轧制等过程，都采用最严格的控制标准，狠抓过程质量控制，提高过程管控能力和产品实物质量。表面波纹度是影响汽车板涂装的重要因素，其值越小越好。首钢京唐公司为满足用户需求，专门成立攻关组开展技术攻关，规范工艺、产线、材料的控制管理，从原料卷上线，到成品卷下线实行全过程监控，经过半年的不懈努力，表面波纹度控制在了 0.35微米以下，达到了汽车板表面质量的要求，满足了用户需求。

高强度双相钢广泛用于汽车结构用钢，具有钢质硬、抗拉强度高、重量轻等优质特性，在减轻汽车车身重量、降低油耗、提高汽车结构件强度方面起着重要作用，是汽车用高强钢中的热门品种，国内外各大知名钢厂均已着手开发并实现工业化生产。首钢京唐公司看准时机抓住市场机遇，持续提升生产制造和新品种开发能力，推进超高强钢开发。

高强钢产品附加值高，但同时生产难度大，具有焊接难、轧制难、表面质量很难保证等特点，对设备状态、工艺技术、操作水平要求条件较高。对此，首钢京唐公司探索高强钢工艺技术，优化工艺参数控制，精细过程控制，确保生产顺稳和产品质量良好。在生产过程中，技术人员现场跟踪，对重要指标重点监视，对工艺参数进行实时调整。产线作业长积极协调生产组织，确保最终产品质量良好。他们还围绕特殊规格、特殊品种高强汽车板，不断规范生产难点技术措施。在拓展千兆帕级别的超高强汽车板市场过程中，首钢技术研究院联合首钢京唐公司技术人员对带钢洁净度、炉内气氛等关键环节深入把控，不断优化改进工艺，有效保证了产品性能、板形精度、表面光洁度等，推动最高强度冷成形汽车板 HC820/1180DP 在京唐公司成功下线，实现了高强双相钢生产经营的重大突破，进一步稳固了公司的高强钢市场竞争地位。

"与首钢的合作，从最初的不了解到目前的信任，首钢的产品质量和服务越来越好。"上汽大众冲压中心技术主管陈诚说，"随着汽车市场变化，希望首钢进一步加大高强汽车板研发力度，给我们提供更多使用方案和现场支持。"

服务向终端——以用户为核心

从用户中来，到用户中去。

一直以来，首钢京唐公司都秉持着这样的服务理念。围绕汽车板，首钢京唐公司建立了"以市场为导向、以效益为中心、以服务为根本"的管理体制和经营机制，从服从市场开发、服务于客户营销出发，建立了订单兑现日跟踪机制，对订单项目生产情况逐条按日跟踪，并实时在生产、销售人员微信群中发布、共享，对即将到交货期的订单进度进行提醒，对未完成或预计不能按期兑现的项目进行预警，并落实责任单位。

选派市场经验丰富、技术水平高的技术人员作为客户代表派驻各个销售分公司，使用户在使用京唐公司汽车板时出现各种质量异议有了"贴身护卫"，产品质量问题也能及时传递到京唐公司，形成了一贯到底的快速响应机制。2016 年，首钢京唐公司下发了《首钢京唐钢铁联合有限责任公司客户代表管理规定》，扩大客户代表团队，规范用户服务工作标准，建立客户代表管理体系，针对不同地域、不同产品设立客户代表，将服务进一步延伸到用户。

首钢京唐公司还依托产销一体化优势，与首钢销售公司加强沟通和协作，着力提高市场预判和快速反应能力，强化产品推进组织，千方百计抢占市场、服务用户。首钢上海销售分公司副总经理赵金奎说："无论生产还是销售，都是站在用户角度，为用户创造价值。近年来，首钢京唐公司与上海销售分公司之间联系越来越紧密，对产品开发、组织排产、销售供货等都起到了很大作用，产生了化学反应，达到了'1+1>2'的效果。"

吉利是国内最大的自主品牌龙头车企。宁波吉宁汽车零部件有限公司总经理陈昌龙提起首钢，颇为感慨："首钢从2009年开始为吉利供应第一块汽车板，至今已经十年了。目前，首钢产品覆盖了吉利几乎所有生产基地。"让陈昌龙印象深刻的是2016年四季度。那是汽车行业产销两旺的时期，吉利汽车销售量猛增，对首钢材料的需求也迅速攀升。为保证材料供应，首钢京唐公司全力配合和支持吉利汽车制造，在冬季海上运输不便的情况下，果断采用汽运方式，将产品按期交付到浙江地区。

用户的需求就是行动的号角。2020年9月，吉利某车型前门外板生产库存告急，面临着停线的风险，需要紧急补料生产。然而，在没有库存板坯以及错过整体备料计划的情况下，留给首钢京唐公司生产、运输以及后续的剪切落料时间仅仅不到20天。恰巧的是，生产之后的发运正好赶上国庆节。要知道，国庆期间对物流运输的要求比以往更严格。吉利服务团队坚持用户至上紧急调动力量，组织计划排产、生产制造、质量确认、发货运输等，坚决要打好这场与时间赛跑的硬仗。认证总负责人安方亮紧盯订单下传、生产制造、质量评估、重卷分切、运输配送等各个环节。"十一"长假期间，他与发运负责人韩飞一起坚守岗位，紧盯运输节点，最后如期将材料运至吉利，解决了吉利的燃眉之急。

"以用户需求为关注焦点，想用户之所想，做用户之所做"在首钢京唐公司体现得淋漓尽致。首钢京唐公司推出实施了《客户走访制度》，建立健全了一套较为完整的售后服务管理网络，公司领导亲自带队走访客户，及时了解客户的个性化需求，安排专人对产品进行用户走访，质量跟踪，及时了解用户对京唐公司产品的意见和建议。2020年6月，公司领导到上海大众走访，进入生产现场观察京唐公司产品使用情况，一待就是几个小时，受到了大众方面的高度称赞。

"在新的产品一贯制管理体系下，我们要实现从用户到用户的全流程无缝对接，全面了解不同汽车厂和不同零部件的产品特性，更好地满足用户的个性化需求，为用户提供全方位的贴身贴心服务，赢得了汽车板产品的市场。"首钢京唐公司领导曾多次这样说。

据业内人士称，EVI成功架起"材料"与"材料应用"两个领域的沟通之桥。首钢汽车板EVI就是以满足用户需求为目的，促进首钢产品与技术发展，促进市场推广与合作。在与上汽大众、大通、吉利等用户合作过程中，首钢京唐公司通过EVI工作把产业链不同环节的人才、技术、经验和知识更早、更好地结合在一起，共同把产品做好。近年来，首钢京唐公司实现EVI供货70多万吨，深入开展EVI先期介入工作为公司获得市场份额、提高企业竞争力起到了重要作用，成为公司优化产品结构、推进技术升级的助推器。

品牌向前端——以文化为支撑

企业不仅要关注自身的产品，更要注重营销发展理念，做好产品服务及品牌文化的大文章，这样才能够顺应市场发展整体需求，才能最终赢得市场。

建厂以来，首钢京唐公司就大力传承"首钢为首"的文化基因，牢固树立"打造首屈一指的钢"的品牌理念，力求做到最好，提升知名度、锻造美誉度。

"天下大事，必作于细"。以"理念先行、崇尚科学、精细苛求、追求卓越"的企业价值观为引领，首钢京唐公司大力培育精细文化，把"精品为纲、精细至上"为行为准则贯穿到每一个环节、每一个细节。

曾经，锌灰锌渣缺陷一时成为冷轧产线制约镀锌汽车板质量和产量的最大难题。冷轧部镀锌创新工作室的负责人王保勇带着团队针对现场生产多侧面、多线程分析，最终筛选出影响锌渣生成的重要因素 11 项，通过调整锌锅液位，使波动范围减小至±1 毫米以内，镀锌汽车板的质量和产量得到了质的突破和飞跃。

精细不仅体现在技术攻关上，还体现在决策、服务、成本等各个方面。精细文化逐渐融入到每名职工的日常工作中，赋予了首钢京唐公司品牌形象的扩张能力。上汽大通 ME 工艺主管杨洁提到，首钢京唐公司的技术人员到我们的现场服务时，不仅解决技术问题，还主动讲解钢铁工艺流程，让我们对产品了解更详细、更深入。

宁波吉宁汽车零部件有限公司是 2020 年上半年刚刚建成投入运行的吉利汽车的热成形厂。基于对首钢品牌的信任，这个热成形厂一建成便选择了与首钢京唐公司合作。公司总经理陈昌龙说："今年 3 月份到京唐公司参观，对京唐公司工艺装备、规划制造、质量管理、供应管理等都感到很震惊，不愧被称为'梦工厂'。"首钢不断提升产品的质量和服务能力，赢得用户特别是获得自主品牌龙头企业吉利等的高度认可，在吉利汽车 2018 年供应商大会上荣获优秀供应商"最佳合作奖"。

如果硬实力就是产品，软实力就是文化，那么，品牌就是软、硬双实力的总和。企业品牌，作为巨大的无形资产和最佳经济效益的载体，是一个企业产品服务质量、创新能力，市场竞争力和发展后劲的重要标志，是企业最闪亮的名片。

对首钢品牌，首钢上海销售分公司总经理魏祚燕表示，首钢京唐公司作为精品板材基地，十多年来的发展有目共睹，获得了良好口碑。当前在华东地区已经占据了举足轻重的地位，这与首钢京唐公司以优质的产品质量和诚挚的现场服务创出的品牌是密不可分的。

近年来，首钢在汽车板等战略产品开展研发、生产和销售，构筑了一条从用户中来到用户中去，"产、销、研"反应迅速、高效协同的产品"一贯制"推进体系。产品结构持续优化、产量不断增加，"制造+服务"的核心竞争力持续提升。在 2020 年 9 月召开的第二届首钢汽车用钢技术论坛上，上汽大众采购经理张义说，首钢给我印象最深的是高品质、高效率、高服务，首钢对客户尊重、认真、负责的态度为我们开展良好的合作打下了坚实的基础。吉利制造工程中心技术高级经理谭文娟说，首钢和吉利合作已有 10 年了，无论是技术方面还是服务方面，在我们有需求的时候，首钢的团队都能及时解答，迅速到位，非常感谢首钢。

（本文刊登于《中国冶金报》2019 年 12 月 11 日四版）

"选择首钢，不是因为偶然，
而是因为信赖！"

——看天津用户眼中的首钢京唐公司

杨立文 王宇

"选择首钢，不是因为偶然，而是因为信赖！"

这是《中国冶金报》记者走访天津市东丽区、北辰区、武清区等多家使用首钢京唐公司产品的企业时，金桥焊材集团有限公司（下称金桥焊材）供应部部长杜鹃鹃说的话。

首钢京唐公司是如何为客户提供高品质服务的？从《中国冶金报》记者走访的金桥焊材、LG商事钢花机电（天津）有限公司（下称LG商事）和中粮制桶有限公司（下称中粮制桶）3家使用首钢京唐产品的代表性用户的声音中，可以得到答案。

金桥焊材：
"产品质量稳定、可靠，用起来非常放心"

金桥焊材是中国机械工业100强、国家级高新技术企业、国家火炬计划重点高新企业，其生产的"金桥焊材"电焊条被评为制造业单项冠军产品，被应用于三峡大坝、港珠澳大桥、西气东输管道工程等国家重点工程上。

《中国冶金报》记者一行来到位于天津市东丽区的金桥焊材，探寻客户眼中的首钢京唐公司。

金桥焊材80%以上的产品用材都由首钢提供。作为金桥焊材最大的产品供应商，首钢京唐公司无论是在满足产品质量要求、研发技术，还是在售后服务上，都为其提供了高品质服务。在采访中，金桥焊材供应部技术处的张健深有感触地说："首钢京唐产品质量稳定、可靠，用起来非常放心。焊条制造行业对所需带钢用材的元素控制水准要求相当高，尤其是在药芯焊丝生产中，稍有差异就会产生废品。我们跟首钢合作了很多年，首钢产品在原料质量控制上跟国外先进水平不相上下，一直都能满足我们的使用要求。"

"不仅如此，首钢的供货服务也特别值得称赞。"杜鹃鹃接过话题，侃侃而谈，"一次，我们有两批计划外的产品急需马上投用，紧急向首钢京唐求助。按照惯例，首钢京唐不会临时调整生产计划，改产焊材用料。但是时间紧张，金桥焊材根本无法在市场上买到替代用材，能在短时间内稳定生产并供应此类钢种的只有首钢。对于首钢京唐而言，这个订单是可接可不接，但对于金桥焊材来说，就意味着可能面临停产，影响巨大。当天晚上10点左右，我们收到了首钢京唐相关负责人'放心吧，首钢京唐一定保证供货'的回复。这下，我这个采购负责人心里的石头总算是落地了，能踏实睡觉了。"

急用户之所急，不仅仅是实现高品质的稳定供货，更难能可贵的是在分秒必争、迫在眉睫的状况下，极力满足用户的需求与愿望。

杜鹃鹃最后形象地说："如果说钢厂是布，焊材厂就是针线。我们愿意与首钢这样的企业长期紧密合作，共'绣'美好的未来。"

《中国冶金报》记者在采访中了解到，金桥焊材每个月都会对合作用户进行综合排名，实行末尾淘汰制，而首钢的排名一直位居前列。在这个排名中，一线职工作为产品的直接使用者，打分的权重是最高的。

LG 商事：
"首钢会不断、尽量满足客户的需求"

在采访中，《中国冶金报》记者看到了一份 LG 商事用户调查表，里面对于首钢京唐公司的评价是这样的："产品质量过硬、交货期有保证、终端客户十分满意"。化学成分、力学性能、外观（表面）、包装、尺寸各项指标的考核评价全部为满分。

LG 商事是韩国最大的企业集团之——LG 集团海外贸易和投资的窗口，目前已成为一家全球综合性企业。韩国（株）LG 商事北京办事处钢铁经理黄寿一表示："与首钢的合作一直很愉快，首钢无论是在售前先期介入了解客户需求，还是在售中随时跟踪产品信息，抑或是在售后积极解决问题方面，表现都很出色。"

一次，LG 商事在加工 0.8 毫米厚的空调机专用栅格板时，板材出现了毛刺现象。一得到消息，首钢京唐公司营销中心马上联系公司客户服务人员孙久冬。孙久冬快速赶到现场，经过认真勘察测算后判断，这种现象是由于厚度采用了负公差，导致加工量不足造成的，于是建议厂家在加工时采取正公差。果然，经过加工实验，一举解决了毛刺问题。首钢京唐公司快速响应的行动和认真负责的态度赢得了加工人员的点赞。

黄寿一拿出一本名片册给《中国冶金报》记者看，里面夹满了联系人员的名片。他说："这是首钢专用的名片册，我平时业务交流用得最多的就是这本册子，首钢的相关领导、业务人员，我们都有沟通。我们有啥问题，只要翻开这本名片册，都能得到解决！"

在采访中，《中国冶金报》记者恰遇准备回韩国的 LG 商事总经理金映来。他用韩语告诉记者："首钢不但在产品的质量上有保证，而且更重要的是，首钢会不断、尽量满足客户的需求，并及时调整。这是首钢最大的竞争力。首钢的服务意识在我们合作过的众多钢厂中处于领先地位。"他希望，首钢一如既往地发挥这种优势，和 LG 商事一起努力，把首钢的产品推广到全球。

《中国冶金报》记者一行参观了 LG 商事加工车间，整洁的原料场地上整齐地摆放着标有"首钢"字样的钢卷。车间技术人员指着正在运转的剪切设备说，目前正在加工的材料都使用了首钢京唐公司的板材。

为用户提供的不是单纯的产品，而是产品和服务的综合方案；不是"一锤子"买卖，而是相互依存的长期合作；不是仅满足现有的用户需求，而是帮助用户挖掘潜在需求。这是首钢京唐公司的发展之道，也是其提升客户满意度和产品综合竞争力的关键所在。

中粮制桶：
"为我们提供了很多专业性服务"

走在参观长廊里，远远望去，高速运转的制桶生产线，高自动化的流水作业无缝衔接，产线分区明确、工作设备整洁，生产职工全副武装……

这是《中国冶金报》记者在天津市武清区中粮制桶生产车间看到的场景。剪切操作工王瑞刚接受了记者的采访。他肯定地说："首钢板材的性价比非常高，包装非常到位，表面防锈油的流量适中，运输没有破损，板形良好，这对我们的加工来说是非常大的帮助。"

中粮包装是中粮集团的核心业务板块之一，专注于综合消费品包装产品的生产和销售，拥有铁制包装（马口铁及冷轧包装）、铝制包装（两片饮料罐、单片罐）及塑胶包装三大类产品，在多个细分市场领域位于市场前列，获得了众多国内外知名品牌客户的青睐和信任。中粮制桶就是中粮包装旗下的工业制桶企业。首钢针对中粮制桶工厂的生产特点，创新服务机制和服务手段，为用户提供了个性化的配送服务。针对中粮制桶的原料仓库库容比较小，需要实时配送的现状，首钢京唐公司销售人员想尽办法，通过效仿汽车板领域的 JIT（准时制生产方式），安排了近距离的配送服务，快速响应客户对原材料的需求。

"制桶所用的钢材与其他企业用材相比，来源较丰富。多年来，首钢的服务都很到位，为我们提供了很多专业性服务。希望未来首钢能更好地提供个性化专业服务。比如，为我们独有批次的特殊产品用材提供专供服务、开发具有良好塑性和延展性的用材等。"当《中国冶金报》记者一行问到对首钢京唐公司未来服务的建议时，中粮制桶生产部总监杨森这样说。

从中粮制桶车间出来，正好赶上中粮包装（昆山）有限公司的技术总监孙红旗来这里进行技术交流。他告诉《中国冶金报》记者，他们使用的也是首钢的板材，质量、性能都非常好。他表示，希望能与首钢进一步加深沟通交流，共同生产高质量的产品，满足市场个性化需求。

用户购买和使用产品是一个复杂的过程，除了产品设计外，还有剪切、交货配送、仓储、加工、热处理、焊接、包装等环节。任何一个环节都会让用户对产品产生印象，而每个印象都会影响到用户下一次的选择。因此，切实增强每个环节的服务意识，构筑全系统服务体系，结成环环相扣的"服务链"，建立起"以用户为中心"的服务体系至关重要。

与记者随行的首钢营销中心天津分公司综合产品部销售代表祝长青和首钢京唐公司销售代表秦立彬在两天的采访时间里，都在不停地打电话、联系厂家。他们的笔记本电脑随身携带，所到之处皆是办公地点。他们和《中国冶金报》记者打趣儿道："一机在手，说走就走，无死角服务也是降本增效。"这看似轻松的玩笑话，却也是他们工作状态的真实写照。

"每一次用户的满意，都是我们不懈的追求。"祝长青感慨道，"看着用户满意度不断提升，我们这些业务人员的内心都是骄傲和自豪的，因为我们有强大的生产基地，有优质的产品。这些都给我们销售人员提供着强大的支撑，也让我们在与客户交流时底气十足。"

结束了短短两天的采访，《中国冶金报》记者一行倾听了首钢京唐公司用户的心声，深切地感受到"金杯银杯不如客户口碑"的重要性。

（本文刊登于《中国冶金报》2020年6月16日五版）

1000万吨背后的巨大力量

——首钢京唐公司汽车板发展纪实

杨立文　孙　凯　许国安

2020年2月，首钢京唐公司汽车板突破1000万吨。

这是首钢京唐公司坚持品牌发展战略，提升"制造+服务"能力取得的喜人成果。从2010年第一块汽车板认证试制以来，首钢京唐公司深入推进与先进企业产线对标，贴近市场搞研发，不断提高产品质量和服务质量，在首钢京唐公司高质量发展的华彩乐章上增添了一道道奋进的音符。

创新引领　品牌立企

汽车板是冶金行业典型的高科技含量、高附加值产品，首钢集团将其列为三大战略产品之一。对于钢铁企业来说，尽管汽车板市场如此诱人，但是想拿到"蛋糕"绝非易事。

首钢京唐公司在发展汽车板过程中，始终坚持精品板材的定位，立足实际，着眼长远，注重建立适应高端汽车板生产科学、系统的管理体系，把开发高端汽车板作为主攻方向。多年来，首钢京唐公司汽车板生产一年跃上一个新台阶，2012年以来，汽车板产量连续增长。不仅产量提升，首钢京唐公司汽车板产品更是实现了以超高强钢、烘烤硬化钢、IF钢、热成形钢为代表的各钢种系列全覆盖。

首钢京唐公司生产汽车板初期，仅有以铝镇静钢为代表的单一用途的汽车内板产品。为了应对日趋激烈的汽车板市场竞争，首钢京唐公司加快了汽车外板产品的研发、生产、销售和售后服务步伐，将开发宽幅冷轧产品作为提升汽车面板产品开发能力、提升管理和制造水平的首要任务来抓，不断总结和优化关键过程工艺，强化过程管理，使汽车板产品质量稳定受控。从首钢研究院、技术中心、制造部汽车板室到作业部门，产品研发人员紧盯客户需求和市场前沿，以客户需求为品种开发目标，大胆尝试。

减轻汽车车身重量、降低油耗、提高汽车结构件强度……各大品牌汽车车身高强钢的需求在逐年增加。但 1000 兆帕及以上级别的热镀锌超高强钢因制备难度大、实现商业供货的认证要求苛刻等诸多限制，使得此类品种在国内钢厂的量产份额相对较少，特别是以超宽规格为代表的镀锌超高强钢。首钢京唐公司汽车板团队凝心聚力，攻坚克难，努力提升难轧超高强钢的制造能力，尤其在超薄和超宽规格超高强钢稳定供货方面取得了突破。某知名车企门槛支撑梁零件要求为镀层类 1000 兆帕级别超高强钢，厚度要求 1.6 毫米以下，但宽度要求在 1500 毫米以上，属于超宽规格难轧品种，前期只能进口。

首钢产研销团队抓住机会，成立以技术中心韩赟、制造部汽车板室张环宇为代表的攻关小组，分工明确，分阶段制定攻关目标，针对此零件的生产制备特点，确定出各环节的风险点，在产品开发过程中从成分、力学性能、微观组织等方面入手，对炼钢环节的关键成分提出明确的生产要求，对轧制环节的难度进行充分评估，制定详细的轧制生产方案，形成了一套难轧品种的控制方案。最终新产品顺利产出，各项指标也达到了与进口材料相当的水平，具备了替代进口材料的供货能力。

目前，首钢京唐公司已实现了向国内外著名汽车制造企业批量供货，产品被国内多家汽车制造企业选用，在业内赢得了口碑。

品质提升　永无止境

要想产品卖得好，产品品质就要叫得响。首钢京唐公司坚持把品质和精益运营作为推动高质量发展的重要载体和有力支撑。从 2011 年生产汽车板伊始，就将质量放在了生产的首位。从原料卷上线到成品卷下线实行全过程监控，对影响汽车板质量的缺陷问题"零容忍"。

稳定的产品质量决定着稳定的市场。首钢京唐公司汽车板产品在拓展升级的同时，牢牢抓住质量这条"命脉"。国内某合资车企对汽车板产品的夹杂缺陷极其敏感，首钢营销中心杨瑞枫，首钢京唐公司制造部鲍成人、袁天祥，炼钢部赵长亮，技术中心季晨曦等人组成的技术攻关团队，深入客户现场了解到需求后，全力组织攻关。他们结合炼钢部"全三脱"洁净钢的工艺特点制定特殊过程控制要求，从生产准备、转炉控制、精炼控制和连铸的过程参数要求，确定转炉终点氧、连铸中间包增氮和全氧等多项指标要求，从冶炼源头把好质量关。攻关中，为了掌握第一手资料，团队成员分批次驻扎在客户现场进行贴身式服务，跟踪产品的使用，分析产品的质量，依据生产的实际情况有针对性地提出改善方案。经过全体成员的共同努力，首钢京唐公司产品在这个车企应用的夹杂发生率是最低的，最终品质赢得了用户的认可。"我们看到了首钢的团队用最最优质的服务提供着最优质的产品！"这就是用户对首钢团队和产品的评价。

为了控制产品表面质量，首钢京唐公司围绕生产线清洁生产、产品表面麻点等缺陷控制进行了多次技术攻关，将产线进行封闭无尘处理，减少外来灰尘等异物黏附到产品表面。镀锌汽车 O5 板是汽车面板的原材料，其中锌渣、锌灰是制约高端汽车面板质量与产量的一项技术难题。冷轧部周欢、马幸江，制造部齐达等人组成攻关团队，一方面与兄弟企业对标交流，一方面查阅文献资料查找解决方案，在大家的共同努力下，最终形成了优化方案并开始实施。攻关团队白天深入现场，观察对比方案实施后的效果，晚上总结参数，固化形成技术标准。为了尽快完成攻关，团队牺牲了休息时间，拿出了"5+2""白+黑"的干劲，一心扑在产线上，一道又一道难题迎刃而解。经过不断测试调整，最终完成了镀锌排渣系统自主设计，拥有了排渣关键系统的自主专利技术，满足了高端外板的使用要求。

用户为先　服务为本

首钢京唐公司坚持"从用户中来，到用户中去"的服务理念，致力于成为"用户至上"、以用户为中心、一切为了用户的优秀服务商。建立"一站式"便捷服务，7×24 小时全天候专属服务等模式，为用户提供高效、快捷、可靠的服务，持续提升交货保障能力和用户满意度。"诚信实干，真诚服务"成了首钢京唐公司赢得市场的"宝典秘籍"。

服务讲求效率，服务同样也是细微的。供应商先期介入服务（EVI）强调的是全流程服务。首钢汽车板 EVI 就是以满足用户需求为目的，促进首钢产品与技术发展，促进市场推广与合作。在与国内几家知名车企用户的合作过程中，首钢京唐结合汽车生产，深入用户，全面介入各个阶段。通过 EVI 工作，把产业链不同环节的人才、技术、经验和知识更早、更好地结合在了一起，共同把产品做好。深入开展 EVI 先期介入工作，为首钢京唐公司获得市场份额、提高企业竞争力起到了重要作用，也日益成为公司优化产品结构、推进技术升级的助推器。2019 年，首钢京唐公司实现战略用户 EVI 产品供货 90 万吨。

2020 年初，新冠肺炎疫情突如其来。首钢京唐公司一手抓疫情防控、一手抓经营生产，围绕汽车板认证难的问题统筹协调，细致安排。为推进汽车板认证工作正常运行，首钢京唐公司制造部汽车板室周纪名等人"用空间换时间"，做到认证订单生产不停滞，认证库存存储合理有规划。待认证的数百吨汽车板涉及华北、华东、西南等汽车厂家。由于客户分散、地域跨度大，部分认证途经重点疫情地区，认证发运困难很大。汽车板室认证归口管理安方亮为确保新车型项目的顺利认证，与销售部韩飞协作，协调运力，积极配合用户所在地办理进出手续，确保人员、车况、证件等信息符合疫情防控要求，最终全部按时按质将认证料送到了用户手中，保障了认证工作的顺利开展。

为确保合同高质量按期交货，首钢京唐公司汽车板研发团队全力以赴，他们根据合同要求，制定详细的技术研发准备和生产组织方案，交货状态涵盖热镀锌卷、热镀锌铝镁卷等各大类镀层产品以及连退、罩退等退火类产品。同时，建立了从用户到用户的全流程一贯制客户服务体系。目前，首钢京唐公司已成为国内主流高端汽车板厂家供货商，并且为欧洲、美洲、东南亚等各国客户提供了产品和服务。

　　1000 万吨，创造了首钢京唐公司汽车板生产发展史上新的里程碑，这里凝聚着京唐人团结奋斗的力量，凝结着京唐人顽强拼搏的汗水，也是京唐人优质服务的结晶。1000 万吨，同样也是一个新的起点。首钢京唐公司将继续打造提升"制造+服务"能力，以"产销协同"为保障，只争朝夕，脚踏实地，朝着全面实现"四个一流"、建设最具世界影响力钢铁厂的目标迈进。

透视"首屈一指的钢"背后那股科技力量

杨立文

申请专利 757 项,其中含发明专利 355 项、实用新型专利 402 项,有 604 项获得专利授权;

19 项产品实现国内首发,50 余项产品达到国际先进水平,120 余项产品达到国内领先水平;

共获得科学技术奖项 104 项,其中,国家级科技奖 1 项、冶金行业级奖 32 项、北京市级奖 14 项、河北省级奖 10 项。

这是首钢京唐钢铁联合有限责任公司(下称首钢京唐公司)自成立以来在科技创新方面的成绩单。

2020 年初以来,首钢京唐公司累计开展科研攻关 33 项,解决了一批现场亟待解决的"卡脖子"问题,如热轧 DP 高强钢板坯窄面横裂发生率由 10% 降至 3% 以下,中厚板产品完成控轧态 6~50 毫米厚 D36 级别以下船板的 8 国船级社认证,3500 毫米产线开发了北京回龙观自行车道用桥梁复合板、国家电网 SQ420NH 高强耐候钢等新产品等。

"科技创新必须着眼于解决制约企业安全生产的关键技术难题和行业高精尖前沿技术研发,使其成为推进企业改革发展、转型升级的发动机和助推器。"首钢京唐公司领导点明了科技创新在企业中的角色定位。

技术创新铸就品牌内核

"打造首屈一指的钢"是首钢京唐公司的品牌理念。为满足市场个性化需求,首钢京唐公司先后开发了高强汽车板、家电外板、抗酸管线钢、镀锡板、镀铝锌板、高强耐候钢、高建钢、桥梁钢等新品种，同时对产品进行准确定位，开展产品认证，提升了新产品增效能力。

2019年，首钢京唐公司以市场需求为目标，围绕4300毫米产线产品转移、认证及新产品开发等开展工作，实现了供货首钢园区冬奥会滑雪跳台、雄安新区高铁站等重大工程。在首钢园区冬奥会跳台工程用80毫米规格高建钢生产过程中，首钢京唐公司在炼钢无真空及轧钢无水冷的条件下，通过炼钢合金烘烤、钢坯下线缓冷等技术措施提高探伤合格率，通过成分优化、轧机大压下及控轧工艺优化等手段保证钢板综合力学性能，经过6次试轧，历时29天顺利完成全部钢板的供货。

在北京大兴国际机场东航货运区用彩涂板的生产过程中，首钢京唐公司针对产品屈服强度高、轧制厚度薄、整体压下量大的特点，及时组织技术人员开展专题研究，通过改进生产工艺流程、降低轧辊粗糙度、提高带钢张力、增加轧制过程弯辊力等措施，安排专人负责产品的性能上传、终判、报产等流程，保证了该批次钢卷及时交货。

2020年开始，首钢京唐公司继续深入推进"蓝精灵"项目攻关。首钢京唐公司每年实施的"蓝精灵"项目，已经成为公司科技创新的品牌。"蓝精灵"项目团队的职责就是解决现场重大和共性技术难点问题，实现相关领域技术的重大突破，提升公司整体技术水平等。

"注意，控制提球比节奏！关注煤气转变过程！"在技术人员的指挥下，操作者正稳步进行碱性球团的添加。高比例球团矿冶炼是未来高炉炼铁行业的发展趋势。2019年5月16日，首钢京唐公司将高炉炉料球比提升至35%；5月18日，球比提升至40%；5月22日，球比达到45%；6月10日，球比达52%；6月23日再次刷新纪录，达到55%。在提高球比的过程中，两座高炉压量关系平稳，炉况持续稳定。

首钢京唐公司持续探索大比例球团的技术应用，在总结前期大球比冶炼工业试验及炉况变化特点的基础上，逐步探索出了一套与现在生产相适应的大球比冶炼规律。在开展大球比冶炼技术攻关过程中，由制造部、首钢技术研究院、炼铁部技术人员组成的攻关组，对碱性球算条糊堵、还原膨胀率高等制约性难题进行攻关。攻关组通过前期 7 次工业试验的摸索，结合实验室试验、相关文献记载等，最终确定矿粉碱金属含量跟球团还原膨胀存在对应关系；通过改善造球工艺、优化焙烧温度、严格控制矿粉碱金属含量等措施，平均还原膨胀率达 17.6%，实现了连续稳定生产。大球比冶炼技术的应用，降低了炼铁工序能耗，减少了排放。

创新成果加速转化为生产力

翻开首钢京唐公司 2019 年创新成果的画卷，一项项技术创新格外夺目，并且多数已转化为现实生产力。

焦化部成功研发出粗苯智能控制系统。通过基于 APC（高级过程控制）技术的智能化过程控制系统，焦化部实现了装置的精细化控制和"卡边"优化，达到节能降耗、提高产品质量平稳性的目的。

炼钢系统以降低生产成本为主线，持续开展"缩短 RH（真空循环脱气精炼）真空处理时间"项目攻关。第二季度以来，精炼 RH 烘烤硬化钢真空处理时间缩短了 14 分钟，生产成本每月可降低 9 万余元。

热轧部围绕快速提升 1580 毫米产线薄规格轧制稳定性的问题，组织成立多个攻关组，成功实现了 1.2 毫米薄规格产品稳定轧制。他们持续推进低温出钢攻关，通过细化不同装钢温度下板坯在炉时间要求等，使 2250 毫米产线、1580 毫米产线出钢温度分别较今年初降低 36 摄氏度、35 摄氏度。2019 年 8 月，这两条产线出钢温度分别达到 1185 摄氏度、1163 摄氏度，创历史最好纪录。

镀锡板事业部通过产品成分调整和多项轧制工艺技术攻关，成功完成了高强二次冷轧材 DR9M 的全流程开发及生产，并实现国内首发；罩退材加快减薄产品开发，成功实现高强 T4BA、T5BA 替代连退材及罩退 0.15 毫米二次材大批量稳定生产，提升了罩退镀锡产品的市场竞争力。2019 年以来，该事业部完成新产品开发 10 项，通过认证 14 项。

能源系统对空压机实施了远程控制改造，实现了厂区管网系统的智能化集中管控。该系统通过读取各空压站和用户侧压力数据，并按照就近生产原则调节各空压机站压缩空气产量，使用户压力稳定保持在最佳水平，避免远距离输送。项目全年降低电耗 1300 多万千瓦时，节约运行费用 600 多万元。

运输部让科技成为绿色物流的"智慧大脑"。在智能化物流建设过程中，运输部对 6 台天车进行无人化改造，研发并应用了 11 项专利技术。整个项目由地面站、车辆管理、车辆防撞、车辆形状识别、无人天车控制 5 大系统组成，并采用大小车激光测距、称重传感、自动定位、防摇摆控制、钢卷内径识别、夹钳夹紧识别等关键技术，实现全天候全自动无人化作业。在运输部成品码头 5 号智能物流库，智能化、高效化、低成本、自动化程度高等特点和优势已经在运营中得到充分发挥。2019 年 7 月 8 日，5 号智能物流库单日作业量达到 830 卷，创出智能作业新纪录。

这一系列的成绩证明，首钢京唐在加大科技研发力度的同时，也在加速推动更多创新成果转化落地。

倾力打造"三型"高技能人才队伍

"创新之道，唯在得人。得人之要，必广其途以储之。"自建厂以来，首钢京唐公司坚定不移推进落实"人才强企"发展战略，大力传承和弘扬工匠精神，培养技术领军人才，为技能人才成长搭建平台、创造条件，激发干事创业活力。

首钢京唐公司充分发挥团队协同力量，以职工创新工作室为依托，大力开展职工创新创效攻关活动。

其中，炼钢部王建斌创新工作室带领攻关小组扎根一线，试验摸索，通过优化转炉留渣量、铁水分级管理、"全三脱"（高炉铁水经过脱硫、脱硅、脱磷的预处理工艺）低磷工艺技术开发等一系列技术改进，使平均转炉终点氧含量较 2018 年降低 29ppm（$1ppm = 1 \times 10^{-6}$），年创经济效益 859 万元，并达到国际先进控制水平。

热轧部张维中创新工作室针对降低精轧换辊时间反复攻关，创新性地提出"换辊准备一步走、工作辊异向窜动、卡板开关异位加轮"等改善方案，极大地节省了精轧换辊时间，每年为公司创造经济效益 400 多万元。

运输部陈万忠创新工作室以码头作业技术难点、装船工艺优化、工属具小改小革为主要攻关方向，开展创新项目 30 余项，降低成本费用 600 多万元。

开展技能竞赛是推动员工素质提升的重要途径。2019 年 10 月 20 日，首钢集团 2019 年职业技能竞赛京唐赛区决赛在首钢京唐公司举行。该技能竞赛历时 6 个月，共 220 名选手进入决赛，其中，来自首钢股份公司、通钢、长钢、水钢等单位的 39 名决赛选手在京唐赛区展开了激烈角逐。经过比赛，首钢京唐公司 21 名职工获得技术能手称号。

同时，首钢京唐公司还通过课题研修、专项培训、技能比武、实操轮训、仿真模拟等多途径培养方式，努力建设"知识型、技能型、创新型"的高技能人才队伍，为高质量发展提供人才支撑。

（本文刊登于《中国冶金报》2019 年 12 月 24 日一版）

敲开高端市场的大门

——首钢京唐公司开发高端产品闯市场纪实

杨立文　孙　凯　刘美松　侯振元　许国安

2020 年上半年，首钢京唐公司高端领先产品产量同比增长 63%。其中，汽车镀锌 O5 订单同比增长 37%；锌铝镁订单同比翻了一番。成功开发连退 1000 兆帕级 DH 钢，980 级别 DP 钢实现超高强订单零的突破；新产品认证累计完成 63 项。

开发更多的高端产品，是企业在激烈市场竞争中求生存的根本。首钢京唐瞄准市场，持之以恒实施精品战略，着力提升高附加值产品、高端用户比例，扩大高端市场份额，主动面向客户，持续改善质量，用丰富的品种、过硬的质量、优质的服务不断敲开高端市场的大门。

一流的设备就要生产一流的产品

要想开发出更多具有竞争力的产品，技术突破是关键。

首钢京唐公司高度重视技术创新及新产品研发对公司高质量发展的推动作用，找准创新驱动的突破口，为高质量发展提供新动能。

每年投入大量资金进行技术研发工作，2019 年 4 月，伴随着首钢集团技术研究院迁顺技术中心一并成立了首钢京唐技术中心。在首钢京唐公司，技术人员如鱼得水，不断强化产品驱动、效率驱动、效益驱动，以科技资源、创新要素的高效流动、协同共享，实现科研创新硕果累累。一年来，他们参与开展科研项目 48 项，提报验收 6 项。其中，冷轧炉鼻子改造等多个项目达到国际先进水平。

酸洗板作为介于热轧和冷轧之间的产品大类，需兼具热轧和冷轧产品优质性能，高表面、高尺寸精度的特点，尤其汽车用酸洗板，整体要求更为严苛。600兆帕级大宽厚比高强酸洗板以其强度级别高、宽厚比大的产品特点，被业内公认为难轧钢种。首钢京唐公司开展了此次产品汽车底盘的试制认证。试制前，技术中心肖宝亮和制造部崔秋艳针对此次产品做了详细的成分、工艺以及性能匹配分析，制定了更易轧制的成分体系及热轧温度制度。热轧部多次组织相关人员专题研究，对生产组织、现场工况确认、二级模型参数设定等各项生产要素进行认真讨论，反复对比前期数据，优化调整工艺参数，最终制定出详细的生产方案。轧制如此高强度级别且宽厚比大的产品，最难的就是在满足工艺要求的情况下保证轧制过程稳定。试制中，各专业人员各司其职，密切配合。在第一卷产品轧制中，由于经过精轧除鳞工序后使带钢表面温差增大，现场突然出现精轧机活套抖动、轧制不稳定的迹象，热轧部工艺和设备人员迅速行动，依据现场实际情况优化调整活套张力参数，并对轧机负荷、尾部补偿、窜辊、弯辊等参数设定进行修正，最终保证了整个试制过程的稳定。产品得到了用户的认可，正式生产期间正赶上新冠肺炎疫情，负责冷轧工序的攻关小组技术人员，克服外方调试人员撤离回国不利因素，不等不靠，主动出击，集中力量解决了入口开卷、切边不良、飞剪堆钢、穿钳口等技术难题，产线运行稳定性得到快速提升。经过多方努力，顺利完成交货任务。

2020年开始，首钢京唐公司热系产品完成700~800兆帕回火高强钢开发，通过徐工焊接认证，完成800兆帕级车轮钢和500兆帕一体化车轮钢的开发；冷系产品镀锌超高强产线具备DP钢批量接单能力。镀锡板开展高氮钢技术攻关，强度最高可达到DR-9以上。中厚板开发了低氢、低磷、低硫钢坯高渗透性粗轧道次压下技术，实现140~165毫米保探伤特厚板批量稳定生产。中标中石化新疆库车项目原油储罐用钢，产品业绩实现了飞跃。

没有质量一切都是负数

质量是品牌的"命根子"。好的产品质量不是靠某一个人、某一环节、某一部门取得的，没有全员全程全面参与，质量管理就只能是一句空谈。

"求木之长者，必固其根本。"首钢京唐公司紧紧围绕集团品牌发展战略和管理工作目标，在质量管理上积极创新和突破，构建了以"一贯制"为重点的质量管理模式，进一步激发全员的积极性、主动性和创造性，有效提升了产品质量管理工作水平。为提升指标管理精度及管理水平，依托产销系统，在系统内开发固定报表进行宏观数据的统计。不断细化成材率、合格率等5项质量控制指标，并新增封闭率等7项过程控制管控指标。不断完善的质量管控，准确、快速地指导着各个工序的生产。同时，在完善评价体系，促指标落地基础上，建立了363项生产主流程控制点，覆盖40余条产线。制造流程能力良好率从45.4%提高至54.1%，促进了制造稳定性和产品质量一致性的提升。通过推进质量分级、带出品属地管理。2020年上半年，生产带出品率比上年降幅6.8%，其中热轧、中厚板工序带出品率创历史最好水平。

2020年4月，首钢京唐公司成功中标中国石化库车原油商储项目。在生产中，薄规格合金容器钢淬火板形是一道难题，同时也是用户高度关注的问题。为保证用户质量标准，首钢京唐公司技术人员王坤与设备专业人员一起利用检修时间提前进行淬火机设备精度重新测量及调整。同时，淬火板生产按照先厚后薄的原则进行设备精度调整及工艺优化，板形质量稳步提升，最终钢板板形在不经过矫直条件下达到了用户严格的技术条件要求。5月28日，第一批调质钢板顺利发货，到6月11日所有钢板全部合格入库，创造中厚板产线投产以来调质钢板批量交货最短交货期。

2020年6月，在中国钢铁工业协会公布的2019年度冶金产品实物质量认定结果中，京唐汽车车轮用热连轧钢板和钢带（S590LF/S590LW）被成功认定为"金杯特优产品"，这是全国板带类产品实物质量品牌的最高荣誉。冶金产品实物质量认定活动是中国钢铁工业协会每年在钢铁行业组织开展的认定评价活动，也是唯一一项针对钢铁行业实物产品质量进行认定的评价活动。

"我们京唐人从来就有股不服输的劲儿。"研制初期，针对产品出现的开裂高的问题，负责热轧部品种质量工程师程洋对大家说。为尽快找出原因，程洋和制造部、技术研究院的技术人员多次走访用户，跟踪材料使用情况。

由于用户生产排期不定，工作到凌晨两三点都是常有的事。用户被首钢京唐人身上这种坚持和负责的态度所感动，并对他们承诺："只要能将产品开裂率降至1.5%以下，汽车车轮用钢（S590LW）产品订单全部交给首钢京唐公司。"听了这话，大家干劲儿十足。经过不懈努力，问题原因终于被找到了。他们立刻成立专项攻关组，通过细化加热炉工艺、优化轧制模型和二级温度模型参数等措施，产品开裂率降低至1.2%左右。这样的成绩得到了用户的高度评价。目前，首钢京唐公司已实现对该家用户车轮钢板材的独家供货。

在业内，提升板材强度普遍采用在原材料中添加合金的手段来实现，但这无疑会大大提高生产成本，增加客户的负担。为尽快研究出低成本的方法，二级模型专业工程师徐芳带领热轧技术人员日夜研究生产工艺，挖掘产线潜能，使汽车车轮用钢（S590LF）抗拉强度提升了30兆帕，有效提高了带钢的组织性能，在某车轮厂进行的疲劳试验中，首钢京唐公司产品实际疲劳寿命超过150万次，远超用户50万次的使用标准。目前，首钢京唐公司已成为国内主机车轮企业最主要的供应商，市场占有率连续6年保持全国第一。

服务也是产品

"我们不光要做好'硬'产品，也要做好'软'产品。"负责产品的制造部副部长鲍成人说。

首钢京唐公司把依托产销研运保障体系，提高用户服务能力作为不断发展壮大的法宝。"从用户中来，到用户中去"的服务理念贯穿着经营生产的始终。

首钢京唐公司根据用户行业内影响力、订单量、获得效益等维度，识别战略客户，建立重点客户服务机制，快速响应客户需求。汽车板产品、家电专用产品、热轧产品、中厚板产品等分别根据客户服务、产品产量、质量需求等建立战略客户"即时"响应机制。以宝马客户为例，形成了首钢营销中心——首钢京唐公司专业人员的服务团队，做到24小时全方位服务。

在此基础上，首钢京唐公司延长服务半径。构建质量工程师"产品开发+用户技术服务"一岗双责制度，通过"重点用户+重点区域"的双重锁定，拓展用户服务辐射圈，以过硬的产品和服务质量为用户提供"贴心服务"。汽车产品实行"一人一户"的点对点式服务，将单一的"划块"式工作分配转变为以"重点用户+重点产品"的横向延伸，提高了问题的分析能力、解决能力，反应速度、整改效率也获得大幅提升。为重点用户解决了涂油不均等诸多瓶颈问题。首钢京唐公司获得了宝马汽车"2019年最佳供应商"和上汽大众"2019年度最佳供应商入围奖"两个奖项。

"你们的'奶粉铁'在彩印过程中出现烫伤问题，不能满足我们的使用要求，已经暂停生产。必须尽快解决，否则会影响我们的交货期！"为"君乐宝"加工奶粉罐的厂家技术人员反馈首钢京唐公司产品出现问题。情况紧急，镀锡板事业部用户技术服务主管杜波接完用户电话，马上报告相关领导，并立刻带着一名助手奔赴用户生产现场。经现场跟踪观察，杜波发现，用户使用的涂布线花架因为长期处在高温烘烤条件下，表面温度较高，且存在变形不均的情况，变形较大的部分会与钢板接触，造成钢板烫伤。于是，杜波与厂家技术人员商定采用耐高温橡胶套的方法，测试后效果良好。经过24小时的安装，耐高温橡胶套全部安装到位，奶粉罐得以继续生产，用户的交货期保证了。随后，杜波一行又帮助厂家设计出了奶粉铁空心涂布花架，此举彻底解决了烫伤问题。首钢京唐公司的优质服务赢得了用户的高度认可，用户很快将奶粉铁资源的首钢采购比例提高到了80%。

在首钢京唐公司销售管理部，业务人员在不停地接打着产品订单发运情况电话……"今年的疫情对各行业影响非常大，订单不充足。所以，就得想方设法满足用户需求，达到用户满意。"负责客户业务的谷文彬说道。某知名车企要求到货产品的油膜均匀性非常高，而板卷表面涂油油膜受环境、温度影响非常大。所以，天气炎热，涂油油膜就会受到影响。为此，他们想方设法有意躲避白天运输，采取夜间发货第二天凌晨到达的办法，有效避免了产品质量问题的发生。"我们生产出高端产品不容易，必须保质保量送达用户手里，让客户满意！"谷文彬深有感触地说。

（本文刊登于《中国冶金报》2020年7月29日五版）

如何牢牢牵住车企的"手"？

——首钢京唐公司服务长城汽车侧记

杨立文　王　宇　侯振元

长城汽车股份有限公司（下称长城汽车）是全球知名的 SUV、皮卡制造商，旗下拥有哈弗、WEY、欧拉和长城皮卡四个品牌。作为长城汽车哈弗品牌旗下的"超值家用 SUV"，哈弗 M6 以超值的产品力和众多贴心的舒适配置俘获了消费者的心，上市至今备受消费者青睐。在其高性价比的背后，该车型大胆应用了锌铝镁镀层钢板替代普通镀锌钢板。哈弗 M6 使用的这种锌铝镁镀层钢板便是由首钢京唐供应的。长城汽车是国内汽车行业第一家应用锌铝镁镀层钢板制造汽车的厂家，首钢京唐也因此成为国内第一家为汽车行业提供锌铝镁板材的生产企业。

日前，《中国冶金报》记者在首钢股份营销中心专业人员的带领下，来到位于天津市的长城汽车生产基地，深入现场了解首钢京唐公司产品使用情况，倾听长城汽车厂家的建议。

随叫随到　服务一站式

手机 24 小时开机、人员 24 小时待命，出现问题随叫随到。这是首钢销售和技术人员对用户做出的郑重承诺。

"汽车生产第一重要的就是质量。因此，产品质量的稳定是我们考虑使用的第一个标准。之前我们针对国内外几家锌铝镁汽车板材生产企业进行了认证，无论从产品质量，还是售后服务上，首钢无疑是最好的。"长城汽车锌铝镁项目负责人对采访记者说，"在汽车生产旺季，我们都是昼夜不间断生产，在生产的间隙我们还要进行新产品零部件的认证工作，每次认证首钢产品，首钢的技术人员都会随叫随到。"

切换认证是推行新材料批量上线的关键环节，长城汽车要求供货方全程在场跟踪，生产繁忙时也不例外。因此，他们不得不将大部分验证工作安排到晚上进行。一次，长城汽车在生产完一个批次的产品后准备进行哈弗 M6 的后门板冲压测试，此时已是凌晨 2 点多钟，技术人员打电话给首钢营销中心，请相关技术人员赶到现场，以便解决试验中遇到的各种问题。

接到电话，首钢京唐公司制造部汽车板室品种负责人李润昌、技术服务员尚涛、技术中心冲压成型工程师韩龙帅从被窝里爬出来，顶着繁星驱车 130 多公里赶到长城汽车生产现场。凌晨 4 点多钟，他们来到了汽车生产现场，随即展开了技术服务。看到首钢服务人员如此敬业，长城汽车厂的技术人员由衷地感到钦佩。像这样的事例，在长城汽车生产中数不胜数。除了产品质量的稳定，贴心的一站式服务也成为了长城汽车坚定与首钢合作的理由。目前，首钢京唐公司已实现向长城汽车两个生产基地批量供货锌铝镁镀层钢板，产品涉及 8 个规格。

业务素质高　服务更高效

长城汽车年用钢量超 80 万吨，记者在与长城汽车天津厂业务人员的接触中了解到，他们对首钢印象最深的是产品的高端化、为用户提供的订制化服务，以及相关人员的高业务素质。"针对长城汽车，我们有专门的技术团队，全力以赴保'长城'质量，是我们义不容辞的职责！"与记者同行的销售人员王喜帅说道。

近年来，受经济增速变缓、消费需求减弱、汽车产能饱和态势的影响，汽车市场竞争变得更加残酷，汽车板产品供应商之间的竞争日益白热化，汽车生产厂家对产品质量、价格、技术等一系列服务体系提出了更高标准要求。在这种背景下，只有坚持产品的高端化和"以用户为中心"的服务理念，深化"技术+服务"的营销模式，做到"产品、服务必须行"，才是发展之道。

　　首钢京唐公司与首钢营销中心共同建立了长城汽车服务基准书工作模式，通过开展 EVI（供应商先期介入）服务，提前一步明确用户的个性化需求，根据需求研发、生产个性化产品，避免产品和市场需求之间可能存在的脱节。此外，他们每季度还进行工作总结，并与用户沟通，结合用户反馈改善产品性能，增强了双方的合作黏性。为适应长城汽车管理模式、提高生产效率，首钢京唐公司将原有带包装的材料配送模式进行升级，减少了长城汽车生产基地拆包工序，降低了汽车板的包装成本，使服务变得更高效。

　　记者在长城汽车技术人员的带领下，来到冲压车间参观。冲压车间占地面积约 3.4 万平方米，承担年产 25 万辆 MPV、SUV、轿车车身的大型覆盖件及主要冲压件的生产任务。根据工艺特性划分为车身调整线，主焊线，前、后地板线，五门一盖线，侧围线。长城汽车技术人员指着表面光滑已经冲压成型的汽车门板说："这就是用首钢京唐锌铝镁镀层钢板冲压而成的。我们经过了严格的测试，这种锌铝镁镀层钢板在强度上与普通镀锌板不相上下，但在防腐和韧性试验中明显优于镀锌板。"

　　穿过冲压车间，记者来到了长城汽车组装车间，一排排整齐的 SUV 汽车排列在大厅。在几辆最新的车型展台前，技术人员指着一辆电动汽车对记者说："这是我们新研发的电动汽车，我们也会跟首钢深度合作共同开发新的车型，进一步满足市场个性化需求。"

　　关于今后与首钢京唐公司的合作，长城汽车技术人员表示，希望通过信息化、互联网技术，更直观地了解汽车板生产环节，从钢水的成分到板材的运输，实现汽车用材全程质量跟踪，进一步促进双方产品品质的提升。

（本文刊登于《中国冶金报》2020 年 1 月 7 日八版）

以"真锡"之心 讲首钢品牌故事

刘美松 刘美丽

随着客户对产品和服务的需求日益高端化、个性化，企业要想在激烈的市场竞争中赢得一席之地，加强品牌建设必不可少。作为国内产品规格最全、可轧制厚度最薄（可达0.12毫米）、二次材强度最高的镀锡板生产企业之一，首钢京唐公司始终把提升"制造+服务"能力作为打造品牌形象的着力点，积极践行"从用户中来，到用户中去"的服务理念，以"真锡"之心，走共赢之路。短短几年时间，其生产的镀锡板便成功跻身国内包装用钢行业第一梯队，以优质的产品和服务讲述了精彩的首钢品牌故事。

为更好地打造镀锡板品牌，首钢京唐公司2015年成立了镀锡板事业部，对产品研发、工艺设计、生产组织、质量检查、市场营销、物流运输、用户服务全流程实行一贯制管理；建立了"标准+α"客户档案，为客户的个性化需要制订专属工艺方案；2018年举办了"真锡之心，共赢之路"首钢京唐公司包装用钢产品推介会，让客户走进镀锡板研究中心，并现场参观镀锡板生产过程，大大增强了客户对企业制造能力和产品品质的信心，提升了首钢京唐品牌的影响力。

2018年初，某蛋白饮料公司从包装轻量化和市场战略角度考量，要将其生产的蛋白饮料罐罐身减薄至0.19毫米，同时为了确保罐身强度，将罐型由传统的"单缩颈"改为"三缩颈"。"三缩颈"罐型的形变量达到12%，制罐难度明显加大，各制罐企业面临着开发新罐型和抢占新市场的双重压力。

一家制罐企业同时选用了包括首钢在内的3家企业的镀锡板产品，进行"三缩颈"饮料罐试生产，结果在成型后的抗硫和蒸煮试验中，3家企业的罐体均出现了爆漆和硫化斑缺陷，达不到饮料公司对罐体的质量要求。该制罐企业明确表示："谁能解决这些问题，我们就用谁的产品！"

客户的需求就是努力的方向。首钢京唐公司镀锡板事业部立即成立了由十几名专业技术骨干组成的联合攻关小组，针对罐体"三缩颈"后出现的爆漆和抗硫性能不理想等问题展开专项技术攻关。每一位攻关小组成员都明白，他们不仅要解决问题，而且要赶在其他企业前面解决问题。时间就是效益。他们全身心地投入到了紧张的技术攻关中，围绕镀锡基板的粗糙度和湿润性、钝化工艺、涂料匹配、烘烤工艺、蒸煮和抗硫实验的测试液浓度等可能造成爆漆、硫化斑缺陷的因素进行了逐项试验排查，但一直都没有取得突破性进展。

正当大家一筹莫展的时候，紧盯着"问题罐"进行"头脑风暴"的攻关项目负责人李海旭突然灵光一闪。他发现质量缺陷出现的位置都是在罐身和罐盖接触的部位。"罐盖是铝制品，会不会是在进行蒸煮实验时，铝、铁接触的部分在测试液的作用下发生了化学反应呢？"攻关小组成员马上进行了实验，结果一出，大伙儿都欢呼起来，李海旭的猜测完全正确。找到了问题根源，便有了解决思路。经过工艺调整，不到 3 个月的时间，攻关小组就彻底解决了两大技术难题。经客户验证，首钢此类镀锡产品的综合质量为国内厂商最佳。

此次"战役"告捷，首钢京唐公司成为国内首批可批量稳定生产厚度在0.18～0.20 毫米的"三缩颈"蛋白饮料罐用镀锡板的供应商之一。截至 2019年 4 月底，首钢京唐"三缩颈"罐型用钢累计供货量达 1.5 万余吨，市场占有率达 50%，累计为客户节省成本 250 余万元，首钢镀锡板品牌的市场影响力、美誉度持续攀升。

（本文刊登于《中国冶金报》2019 年 5 月 10 日二版）

疫情下的物流大考

——首钢京唐公司畅通物流保产品发运侧记

杨立文　李晓辉　宋厚岭

突如其来的新冠肺炎疫情打乱了正常的经营生产秩序，制造行业的物流运输销售也迎来大考。面对战"疫"大考，首钢京唐的整个物流运输销售系统，围绕着运输生命线进行着一场"疫情防控保安全生产、保职工健康、保稳定发运"的战"疫"。

每人每天平均接打 300 多个电话

物流运输系统的顺畅、高效，对于一个企业的健康、快速发展至关重要。"集团领导要求疫情防控、经营生产，两手抓，两不误。我们要做到思想认识到位、工作落实更加到位。"公司领导的话掷地有声。《疫情期间物流运输生产组织方案》在物流运输系统应运而生。

每天 4 个班，每班 3 个人，每人平均接打 300 多个电话，查看 1000 多次视频监控，确认近十五六艘货船、300 多辆集港车辆进出，每个数字背后都凝聚着汗水与付出。24 小时灯火通明，显示大屏上，每天几百条调度指令有序发布。这里就是首钢京唐公司产品物流运输的司令部——运输部物流管控中心。"这里是首钢京唐整个运输生产最核心的地方，疫情防控不能落空，生产更不能出半点差错，必须确保。"调度长苏德玉说。王友伟是炼铁站一名调度员，每天坚持对调度室进行消毒，为当班作业人员测量体温，上岗前检查当班作业人员口罩是否佩戴整齐。一天，正在组织生产的王友伟突然接到爱人打来的电话，被告知其岳母因扫雪滑倒，正在医院进行紧急抢救。岳母家只有他爱人这一个女儿，非常需要人手。此时，他进退两难。"疫情防控这么严峻，生产又这么紧张……"想到这儿，他克服困难妥善安排好家里的事后，决定坚守岗位。每天下班，他都会向远在北京的妻子打电话询问家里的情况，叮嘱妻子好好照顾老人。妻子理解他，让他安心工作。在曹妃甸遭遇强降雪天气里，王友伟冲锋在前，圆满完成了运输保产任务。

"疫情管控，必须确保发运配货工作的连续性！"销售管理部专业人员刘丰、汤熔霞、夏雨萌、邱振生连续作业、密切沟通，及时组织配车、请车业务，组织协调铁路发运事宜，整个团队协作保证了公司成品铁路运输实现连续作业，未受到疫情影响。

二月，春寒料峭。首钢京唐公司码头吊装作业现场。风雪寒潮的频频来袭，给疫情防控下的码头作业带来空前的困难。这些户外作业人员不畏严寒，依然顶风冒雪坚守作业。王建江，一名单船指导员，全天奔波于船上与库房，根据船舶配载合理制定装船计划，串联起装船工艺链条。"装船作业涉及环节比较多，需要与各个岗位协同作业，打通各环节之间有效联系才能提高装船效率。"其间，他通过积极组织生产，单线完成"京海昌"轮装载冷卷3000吨，创出单机作业每班360卷装船效率最高纪录，赢得了货主和船方的赞誉。

随着长江、珠江沿线各地区逐渐复工复产，首钢京唐公司物流系统通过精心准备、统筹规划，在迅速恢复原有航线的基础上，积极发展江海联运业务，主动对接市场、开展用户需求调查，制定落实具体举措帮助客户解决复工复产最紧迫难题。港口业务人员建立了业务办理线上平台，与客户保持紧密联络，由业务人员全权负责协调和解决业务流程中出现的问题。

针对集港的社会车辆采取车辆人员信息前置审核管理，司机不下车零接触方式进厂卸货，做到疫情期间社会钢材安全、正常集港优先制定发运计划，做细货运船舶配载，发挥铁海联运优势，提升保障精品航线直靠率，第一时间将生产原料发送至客户手中。截至2020年4月26日20时，港口吞吐量达到478.6万吨，较去年同期增加19万吨，增长4%，实现稳中有进。

受疫情管控和道路限行影响，迁钢公司成品外运也遇到困难。首钢京唐公司运输部主动与相关部门对接，克服自身困难，以自有码头作为迁钢货物出海口，充分发挥铁海联运优势，最大限度提升迁钢产品集港比例，一条迁钢产品外运的"绿色通道"打开了。一班12个小时的户外作业简直是对一个人身体极限的考验。困难面前，门机司机赵振伟挺身而出，主动申请成为"机动人员"，哪里人手不够就往哪里补，这已经不是他第一次充当"救火员"了。在他的带领下，一支保产小分队迅速集结，一套套接卸方案不断涌现，在保证货物质量的同时，卸车效率得到大幅提升。2月，迁钢产品集港量2206车，创出历史最高集港量纪录，有力保障了迁钢产品的发运。

把产品安全送到客户手中

交通管制、厂家停产歇业。疫情发生后，东南沿海及长江沿线地区实行全面疫情管控和道路交通管制，造成首钢京唐公司产品下游合作厂商运营困难。了解情况后，首钢京唐公司销售管理部、运输部加强与客户信息沟通，同时生产组织部门优化合同排产，为客户需求量身定制优化方案。在销售管理部，他们发布告客户书，向客户通报有关信息，包括政策调整等，确保各项服务不断不乱。及时与客户做好沟通，排摸情况。针对合作方、大客户的出货情况，做好工作预案，适时增加并船、停航。同时，业务人员组织各船代公司、过驳公司协调发运，以船代库，疏解物流压力。在运输部，专业人员迅速调整疫情期间成品外发配载计划。对于合同期内难以接货的客户，充分发挥码头智能物流库的优势，以成品码头现有库存为依托，最大程度释放成品库容，降低客户接货压力，减少疫情因素给客户带来的负担。

在疫情防控的严峻时刻，首钢京唐公司接到首钢股份营销中心山东分公司紧急求援：因下游一制桶厂家复产备料，急需一批发往山东青州齐王路仓库的217吨冷轧专用板。"从用户中来，到用户中去"的服务理念就是要"想用户之所想，做用户之所做"。首钢京唐公司销售部与山东分公司的业务人员主动与用户联系，在掌握当地疫情管控的情况后，共同与地方政府加强沟通，利用两天一宿的时间，终于打通了运输路线。在确保疫情防控的前提下，运输车辆组队载着217吨钢卷出发直奔山东。首钢京唐公司的快速反应，解了厂家的燃眉之急，受到山东分公司和用户的一致好评。

随着疫情防控的形势好转，企业复工复产的节奏正日益加快。3月11日，首钢股份营销中心武汉分公司发来信息，客户"武汉达辉"计划复产急需冷轧板卷，而且要求3月18日前必须送到武汉。接到信息，销售管理部谷文彬闻风而动，立即与制造部进行沟通排产情况。钢卷于3月13日全部生产完毕。销售管理部魏会元提前沟通好武汉送货事宜。"武汉达辉"也与地方政府联系妥当，在做好疫情防护相关措施，保证人员不下车的情况下，允许运送车辆进驻武汉。

但在联系发运单位车辆时问题来了。几家承运车队和司机不愿前往武汉，畏难情绪严重。怎么办？经过韩飞、魏会元等人多方协调，"兴瀚车队"愿意承担此次运输任务。为了保证运输途中的疫情防控安全，首钢京唐公司专门为此次运输委派了一名疫情防控保障人员，全程无滞留，无对外接触。3月16日下午2点，3卷冷轧板卷顺利送到客户手中。"首钢京唐送货真是太及时了！"厂家接货人员连说谢谢。

4月的首钢京唐公司，春暖花开。伴随疫情防控形势日渐向好，在公司成品码头，"正和58"货轮正在有条不紊地进行靠泊作业。与此同时，码头岸线共停靠着7艘货船进行装船作业，源源不断地将高端板材发送全国各地，助力下游企业复工复产。

（本文刊登于《首钢日报》2020年5月6日一版）

用海水自制消毒剂，首钢京唐就这么硬核！

尹松松

"师傅，次氯酸钠是在这儿领取吗？""是，您先登记一下，我去给您取，使用时请戴好胶皮手套，避免与皮肤直接接触。"

一早不到9点，首钢京唐公司能源与环境部海水淡化岗位职工孟芊舟和王伟超全副武装，在次氯酸钠领取处忙前忙后，按照头一天的预约登记，他们为9个部门的职工发放24桶消毒剂。这些消毒剂全部为首钢京唐公司自造，原材料是取之不尽的海水。

"咱们就有制氯系统，消毒剂完全可以自给自足！"疫情发生后，能源与环境部的职工们第一时间有了这个主意，便紧急投入到生产准备工作中。

海水取水泵房内有13个流道，每个流道都设置了次氯酸钠投加点。在管道改造时，工作人员把13号流道加药管道的末端切断，重新连接了一个三通管和两个阀门，把次氯酸钠引出。

"为了满足不同容器的灌装，我们给管道装了两种规格不同的接头，细的为25升以下的小桶灌装，粗的用于1立方米左右的大罐灌装。"王伟超一边灌装一边说。

"疫情防控人人有责，咱们得顶上去！"为了克服制氯机组冬季运行的困难，海水淡化实习区域作业长唐智新和技术员季淑蕊扛起了设备调试的任务，每天都和运行人员泡在了车间，经常调试起来就是一天一夜。

几天后，他们终于找到了制氯系统冬季的最佳运行工况点，在保证制氯效果的情况下，达到了能耗最低、结垢速度最慢的效果。

与此同时，灌装桶的准备工作也在紧锣密鼓地进行着。"为了尽可能地降低成本，尽早实现灌装，我们动员所有职工从各单位紧急搜寻了使用后的旧桶。"岗位职工陈晓峰一边整理桶一边说。

一场大雪从天而降，考虑到运输困难可能会造成公司消毒剂紧缺的情况，能源与环境部干部职工更是加快了工作步伐。当天中午，200个耐酸性塑料桶快速地送达海水淡化取排水泵房，工人们加班加点挨个仔细清洗。同时，为方便职工们安全使用，季淑蕊和技术员们一起查资料，紧锣密鼓地制定《能源与环境部次氯酸钠消毒剂领用说明》。

几个小时后，200张清晰明了、美观大方的使用说明标签打印完毕，岗位职工立即着手将其粘贴在清洗一新的桶上，并连夜开启了制氯系统进行次氯酸钠的灌装。

晚上车间温度很低，大家伙儿依然干劲十足，热火朝天地忙着灌装。"能为抗击疫情做点实实在在的事情，我们很自豪！"孟芋舟信心满满，"一定会保质保量做好消毒液的生产、发放工作。"

工作人员额外要做的工作还有很多。电解海水时，除产生次氯酸钠外，还不可避免地产生钙镁沉淀物，电解槽必须随时进行酸洗，除去沉淀物。原本清洗周期为30天，但在海水温度极低的冬季周期大大缩短，一周就要清洗一次，酸洗时需要使用高浓度的酸性溶液，过程危险且复杂。工人们穿戴好抗酸碱的防腐服、手套、鞋和面罩，安全作业不敢有一丝马虎。

"终于不用为缺消毒剂发愁了！"前来领取次氯酸钠的冷轧部职工武守春惊喜地发现，领回的消毒剂已经调好了比例，领回车间就能直接用。

原来，工作人员经过计算，在生产过程中把电流精准地控制在了1000安培左右。在这个电流下，生产的次氯酸钠每升有效氯浓度大约240毫克左右，正好是"84"消毒液经过稀释后的浓度，无需加水直接使用。截至今天，首钢京唐公司能源与环境部已经累计发放消毒剂109桶，节省次氯酸钠采购费用近万元。

（本文刊登于《北京日报》2020年2月27日）

首钢京唐 为美丽中国建设增光添彩

尹松松 李顺心

作为首钢搬迁调整和转型发展的重要载体，首钢京唐公司完全按照循环经济理念设计建设，提出并大力践行"打造绿色钢铁就是保生存、促发展"的环保理念，走绿色低碳、循环发展之路，持续打造环境优美、资源节约的绿色钢铁梦工厂。

协同联动，构建低污染物排放体系

在建厂之初，首钢京唐公司便提出了粉尘排放量小于 20 毫克/立方米的企业控制标准，远低于当时的国家标准要求。建厂以来，首钢京唐公司着力构建基于新一代钢铁流程的低污染物排放体系，加强污染物排放指标控制，优化总图布置，实现物流快捷顺畅、工序衔接紧密高效。

管理下沉，制度先行。首钢京唐公司环保管理实行总经理全面负责制，构建了公司级、作业部级、作业区级、班组级 4 级环保管理网络；以规范化、制度化建设为手段，构建了组织管理和协同合作的全员环保管理体系，建立了环保管理的长效工作机制，并先后制订了公司《环境保护管理制度》《大气和噪声污染防治管理办法》《水污染防治管理办法》《固体废物污染防治管理办法》等一系列管理制度。

突出系统联动协同作用。首钢京唐公司将环保管理的中心从污染治理向环境质量提升转移，坚持系统思维，将废气、废水、废渣污染治理从"设计图"落实到"施工图"，突出环境质量改善与总量减排、风险防控等工作的系统联动，实施多污染物协同防治，筑牢环境安全底线。

改造升级，擦亮绿色发展名片

首钢京唐公司不断深化废气、废水、废渣污染防治，集成应用了海水淡化、水电联产、"三干"（焦炉干熄焦、高炉干法除尘、转炉干法除尘）、烟气脱硫脱硝等一系列先进节能减排技术，构建了基于新一代可循环钢铁流程的低污染物排放体系。近年来，首钢京唐公司按照统一规划、分步实施的原则，相继实施了烧结脱硫脱硝改造、热电超净排放、焦炉烟气脱硫脱硝等一批重点环保治理工程，累计投资近100亿元，使得污染减排实现了特别排放限值和超低排放连续两个台阶的跨越，污染物排放总量持续减少。截至2019年底，首钢京唐公司吨钢烟粉尘、二氧化硫排放量较建厂之初分别降低43%和38%。

首钢京唐公司充分利用新技术、新手段，打造智能化环境监测平台，通过手机实时监测公司内部所有环境检测点的数据，当有数据超标时，软件会自动给用户发送信息，提醒用户处理，有效保障了环保监测的准确性和及时性。同时，首钢京唐公司在完成烧结脱硫提标改造的基础上，不断强化环保设施的运维管理，顺利通过唐山市全流程超低排放验收，被评为国家级"绿色工厂"。

绿化美化，颠覆传统钢厂印象

在大力改善污染物排放指标的同时，首钢京唐公司还十分注重厂区的绿化。公司设有专门的绿化机构，配备了专职的绿化管理人员和专业的绿化队伍，扎实开展土壤改良、环境治理和绿化美化工作，打造"四季常绿、错落有致、绿荫成道"的美丽环境，目前绿化覆盖率达到38%。从"用料不见料"的封闭料场到无尘上料的管式皮带通廊，从使进出车辆一尘不染的自动感应洗车台到配备抗风微雾除尘系统的码头卸船机，首钢京唐公司的绿色，完全颠覆了人们对传统钢铁厂"傻大黑粗"的认识。

绿色，是高质量发展最靓丽的底色。进入新时代，首钢京唐公司承载着建设最具世界影响力钢铁厂的使命，正以"绿色钢铁脊梁"的形象为美丽中国建设增光添彩。

（本文刊登于《中国冶金报》2020年6月5日三版）

第二节 注入品牌文化情感

那片料场，那片情

孙子轶

各位领导、同事：

大家好！我是供料作业部的孙子轶。今天为大家讲述一位经常与煤灰、矿料打交道的供料人的故事，故事的题目是《那片料场，那片情》。

故事要从一次部门早调会说起。会前，原本计划买断的鞠洪刚却出现在了会议室，会议室炸开了锅，"大鞠，你不是买断了吗，咋又回来了？"作业区的小李惊讶地问道。鞠洪刚笑笑说，"这回媳妇儿批准了，不用走了！"大伙儿听了哈哈大笑，可心里却都明白，大鞠舍不得料场，但是他家里有难处，他肯定是做了艰难的选择。

散了会，大鞠顾不上解答大伙儿的疑问，匆匆忙忙地离开了。那几天大雪不断，鞠洪刚担心有极寒降温，他最放心不下的就是料场的一堆堆料，听完领导的相关要求后，他就拿起了早已备好的"镐"直奔现场去了。

鞠洪刚手中的"镐"可不是用来刨地的，这是用来检查冬季料堆冻层厚度的工具。"骑着车，拿着镐"是他冬季去料场的"固定装备"，在料堆间爬上爬下是他的"既定动作"，冻得青红，浮着煤粉的脸上露出憨厚朴实的微笑是他的"招牌表情"。就这样，无论风雪严寒还是雨后泥泞，他都是一如往常拿着镐在料堆间忙碌，总有同事劝他，"大鞠啊，不用检查得这么细，这东西又不过期，够炼钢炼铁吃，不断口粮就行啦！"本来话不多的鞠洪刚笑笑说：

"咱们供料的位置也很重要，不仅要保证军队吃得上饭，还要保证它得吃好，只有这样，战斗力才会强，才会出好钢、出好材。"靠着这股子精细认真又要强的劲儿，他一干就是10年，风霜雨雪阻挡不了他执着的身躯，严寒盛暑奈何不了他坚毅的脚步。在他的精心看护下，每年冬天都没出现过冻料，为生产做足了保障。

除了完成好"冬防冻，夏防汛"这些时节性任务，鞠洪刚还要确保物料一年四季的苫盖完好，保证环保达标，这也是供料部建设"绿色料场"的重点题。

"来！咱们各自用力抓住一个角把苫布抻平，我和小王爬堆顶，你们做好覆盖和压实。"在一次料场苫盖工作的现场，鞠洪刚正和其他供料人一起铆足劲儿在料堆上攀爬着，就在接近堆顶的时候，鞠洪刚一个趔趄没站稳顺着料堆滑到了半腰，大伙儿连忙用力把他扶拽上来，"大鞠，没事儿吧？"浑身沾满煤灰、鼻孔黝黑的鞠洪刚连忙说："没事儿，没事儿。"可是心里却思考起来。"料堆的堆顶呈现凹凸不平的三角形，苫盖人员上垛后，着脚点太窄易发生危险，而且凹凸不平的堆顶苫布无法压实，大风容易将网掀开，还得重新修复，费时又费力。"他下定决心一定要优化堆积流程。

那以后，他常常利用休息时间去实业码头交流经验，回来摸索研究，并把改进的想法与经验丰富的大机司机进行讨论和模拟操作。为了使堆顶形成较为平整的平台，堆料时需要将同一堆料通过调整大机悬臂的角度分成几列进行堆积，鞠洪刚带领大机司机按不同列数进行反复堆积对比，考虑到大机的使用率及便于职工操作，最后决定一堆料分三列进行堆积。但难题是堆料时的回转角度始终不好精确控制，只有一次次试验看效果才能找出最佳角度。他在料堆间、大机上、中控室来回对比确认，一个月里进行了百余次试验，终于固定了俯仰角度、回转角度，得到了令他满意的堆积效果。那以后，料场看起来美观了，也降低了苫盖工作量，减少了苫布的使用率，每月可节省苫布费用约2万元，此项操作法也获得了公司操作法评比一等奖。

也正是那段时间，他一门心思要尽快解决苫盖的实际问题，忽略了眼睛面前总有黑线的病症，总觉得休息休息就好了，后来诊断却是"视网膜轻度破裂，需要动手术。"屋漏偏逢连夜雨。他刚刚动完手术，他的父母又接连生起病来。远在北京的妻子一边要工作一边又要照看老人和家庭，实在顾不过来。妻子几次劝说："买断吧，在家里找个工作，我实在是忙不过来了。"鞠洪刚心里愧疚，只能答应妻子说："我考虑考虑。"可是面对他精心呵护的料场，他心中充满不舍，他想起了建厂时大伙儿风餐露宿、寒风肆虐的场景，大家一起奋战的每个昼夜，所有这些都历历在目、恍若昨日。眼看着料场越来越智能化了，料场封闭工程也越来越壮观，他怎么能在这时候一走了之。想到这里，鞠洪刚决定要想办法说服妻子渡过暂时的难关。

他利用周末带着妻子和孩子来到岛上，介绍着美丽的京唐，眼神中流露出自豪的神情，妻子透过他的眼神看到了丈夫心中的不舍，笑着说："留下来吧，做自己喜欢的事儿。我支持你，困难总会过去的。"夫妻两人相视而笑，孩子牵着父母的手高兴地喊着："爸爸，你看，这就是你电话里常和我说的海吧！"

没有了后顾之忧，鞠洪刚又像从前一样热情高涨地投入到了工作中。他有一颗扎根料场、扎根京唐的心，这颗坚定的心无法撼动。

咫尺匠心诠释极致追求

孟 艳

各位领导、同事：

大家好，我是来自质监部的王东东。2018 年 5 月 29 日，"真锡之心　共赢之路"首钢京唐公司包装用钢产品推介会在渤海国际会议中心隆重举行。伴随镀锡薄板实验室正式揭牌，首钢京唐公司成功迈入国内镀锡板生产企业"第一方阵"。作为一名普通的质检人，我们的主人公见证了京唐公司镀锡板检验从无到有、从有到优的每一个环节，他就是质监部生产技术室理化组组长王伟。

说到镀锡板，大家最先想到的可能就是我们常吃的水果、蔬菜、鱼类、肉类食品罐头，这些罐头不仅安全无毒，还能保留食物原有的风味，深受食品包装企业喜爱。2012 年，作为首钢集团三大战略产品之一的镀锡板提上了开发日程。品种开发、检验先行，为了更好地服务公司镀锡板品种开发和生产检验，质监部需尽快具备镀锡板检验能力。

耐腐蚀性能检验是食品级镀锡板的重要指标之一，经过调研，王伟了解到行业内只有日本新日铁有成熟耐腐蚀性检测设备，可光设备报价就高达 168 万元，不掌握核心技术，后续的设备维护、升级花费更是没边没沿。几天后，带着一丝疑虑，王伟又带领团队到海南海宇、中山中粤、上海宝钢这些国内老牌镀锡板厂拜师学艺。

可是一提到关键设备和检验方法，个个都像护宝贝一样藏着掖着。"实验室都不让进，咱们还学个啥！"一次又一次地吃了闭门羹后，大家纷纷抱怨起来。"取经之路"还没开始就已经陷入僵局，"企业都要保护核心竞争力，这个可以理解，咱们拉厚脸皮，放低姿态，能学一点是一点。"王伟一边鼓励着大家，一边自掏腰包与先进企业"拉关系"，一来二去，王伟与这些专家熟络起来，甚至开始以师徒相称，但所学仍然局限于简单的技术交流。接触不到核心技术，产品开发又迫在眉睫，大家看在眼里急在心里，"我们的检验能力不能受制于人，只要他们能干，我们也能干！"不服输的王伟决定自行研发耐腐蚀性检测设备。

他带领团队搜集大量国内外资料，根据试验原理摸索检验设备，自己动手设计图纸、实物组装、摸索试验，王伟像着了魔一样奔波在办公室、实验室之间。可是，试验过程远比想象中困难，这边酸雾腐蚀橡胶导管的问题刚解决，那边胶圈又因为吸收铁离子，影响了试验结果，面对层出不穷的问题，大家需要几十次的摸索、分析、整改、验证，检验工作步履维艰，一边检验设备、一边调整检验工艺。直到 8 个月后的一天，ATC 实验时样品表面冒出了一个又一个气泡，"冒泡了、冒泡了，我们成功了！"王伟激动地喊着，随着耐腐蚀性能被成功攻克，镀锡板检验能力攻关 22 项新增检验项目全部完成。千淘万漉虽辛苦，吹尽狂沙始到金。2015 年 3 月，首钢京唐公司实现了镀锡板检验从无到有，从点到面的整体检测能力，为首钢镀锡板的品种开发、工艺改进、生产检验提供了有力支撑，整个项目最终被评为首钢科技成果，荣获河北省冶金科技技术奖三等奖。

然而，王伟的技术攻关未止步于此。2015 年 4 月，宝马公司对首钢京唐公司进行体系审核和产线考察，公司合理的产线布局、实验室先进的检测设备、先进的表检系统给宝马审核团队留下了深刻的印象。但是，他们对首钢京唐公司汽车板锌层附着力传统检测方法提出质疑，要求必须按照宝马标准进行检测。

宝马实验室是利用汽车制造产线胶枪涂膜粘胶，然后用德国定制的弯曲设备进行试验。没有汽车制造产线的工具，首钢京唐公司实验室该用什么工具涂胶啊？王伟试着用废钢板、气动黄油枪，甚至用做蛋糕用的裱花嘴涂胶，可都以失败告终。因为宝马汽车产线专用的粘胶黏度太大，常规手段根本挤不出来，更别说涂抹了。没有合适的工具这事儿，成了王伟心里的一块疙瘩，在一次陪孩子看电视时，制作工艺品的旋转挤泥器令他眼前一亮，"对呀，用机械手段去克服粘胶自身的黏度！"王伟说着就上淘宝搜索，一拿到货就迫不及待地跑去验证，"嘿，出来了！"看着粘胶流畅地被挤了出来，大家欢呼起来。挤胶的问题虽然解决了，可是还远远达不到宝马要求的效果，他又摸索着用铁皮剪、钳子、锉子改造细节，配合进行涂抹试验，可是看看大家的"作品"，不是太细就是"堆胶"，下班后王伟又返回实验室验证，经过几轮试验后，他发现涂胶时左手的移动速度与右手挤胶的速度必须协调配合，才能保证涂胶效果，细心地王伟把这些细节都一一记录下来，变成培训课件。就是在一次次摸索实验中，王伟带领团队形成了一套针对宝马汽车板锌层附着力的检验方法，首钢京唐公司也顺利通过了宝马认证，这一研发也荣获了河北省冶金行业优秀管理成果一等奖。

2018年，对于王伟来说是意义非凡的一年，3月宝马实验室工程师再次到首钢京唐公司参观交流，对公司锌层附着力的检验方法研发很是满意，并表示"京唐的检验操作可作为宝马产线改造后实验室离线检验的参考"。同年5月，镀锡薄板实验室正式建成，首钢京唐公司具备了镀锡板生产工艺模拟、镀锡板腐蚀性能、罐盖分析8个方向的科研分析能力，镀锡板科研分析能力达到国内领先水平。

看着取得的一项项成绩，王伟说："客户的标准就是我们的标准，打造一流实验室，满足用户需求，是我们一直追求的目标"。咫尺匠心，诠释极致追求；创新担当，传承首钢精神。这就是王伟的故事！

炽热的世界可爱的人

武志军

各位领导、同事：

　　大家好，我叫武志军，来自炼铁作业部。今天，我给大家带来的是高炉炉前工的故事。

　　出于工作的需要，我曾多次到高炉炉前感受那里的一切。硬挺厚实的蓝色阻燃服，黝黑透红的脸庞，布满老茧的双手，再加上刚毅的身影，这就是炉前工给我的第一印象。炉前是整个高炉高温、噪声、粉尘最为集中，工作环境最为艰苦的地方。可炉前工的工作态度，却始终就像高炉里进出的铁水那般火热、滚烫。

　　记得第一次去炉前，正好遇到大班长高铁芹。高师傅在炉前干了20多年，技术好、窍门儿多，还特热情。听说我要了解炉前工的故事，他说啥也要带我看看出铁的场景，给我讲讲炉前工的那些事儿。我俩来到出铁场时，恰巧赶上出铁，丁班班长邱志强带着两名炉前工，站在火热的铁水前，手里握着长长的氧气管，弯着腰不停地在铁水里撬，用他们的话说那叫"撬渣铁"。想想血肉之躯与1500度的铁水零距离接触，那会是怎样的一种滋味。高师傅跟我说："出一次铁，汗水顺着双腿流进靴子里，袜子、鞋垫都能给湿透了！日常出铁这样，遇到高炉停风检修，那更是一场硬仗。"

　　1月8日，一高炉检修。我抢个大早，想见识一下检修的场面。来到炉台仔细一瞧，人还不少，一问才知道，原来下夜班的人们压根儿没走！安全停风后，炉台开始热闹起来。三人一队，五人一群，一个个风口迅速被他们"包围"起来。几拨人熟练地松螺栓、拆销子、挂倒链儿……这边大班长高铁芹指挥着十来名炉前工抬着撞钩，准备更换风口；那边的一高炉班长郝玉泽一边挥手，一边吹着哨子，指挥更换吹管儿的小车……有序的指挥，熟练的动作，仅仅4个小时，他们就完成了风口、吹管儿的更换任务。而这，只不过是无数次检修的一个缩影。

长时间检修时，他们甚至要"连轴转"；而遇上高炉紧急停风，炉前工就没有了休班的概念。任何时候，只要高炉需要，或是唐海、三加，又或是北京、唐山，高炉就是大部队的集结点。一个个炉前工就像投入高炉的一粒粒平凡的焦炭，用微小的力量燃烧自己，散发出光和热。1月二高炉炉况不稳，13日白班，眼看到了下班的时间，高炉却要紧急停风，炉前工接到通知，所有人员留下加班！说实在的，都累了一天了，眼看下班了却又要加班！大班长高铁芹看出了职工们的情绪，召集大家说："我就一句话！没有特殊情况今天都给我留下！"其实谁都想回家，可最后上了一天白班的炉前工却全都留了下来！给家里打个电话，便立刻投入到紧张的工作中，而这一干就是一宿。连夜的抢修及时保证了炉前设备的更换，正是在关键时刻炉前工无怨无悔的坚守，为炉内恢复争取了宝贵的时间。大班长高铁芹曾感慨："我这帮兄弟个个儿都是铁骨铮铮的汉子，都是好样的！"那天夜里抢修加班，家住唐海的杨欢回忆说："可真是累坏了，一上车我就睡着了，下车时还是让司机师傅硬给拽醒的，到家都凌晨三点多了。"

如果说十足的干劲儿是炉前工心向高炉的真实写照，那么严格的纪律则是他们保持强大战斗力的最好证明。高铁芹常跟炉前职工说："咱们炉前的弟兄甭管是日常出铁还是停风检修，干活儿就得冲得上去，要一切服从高炉！不能因为炉前影响整个炉子！"一次高炉抢修，送风时间紧，必须以最快的速度完成风口的回装。虽然已经到了中午，风口平台上的炉前工却没有一个人去休息、去吃饭。每一个螺栓的紧固，每一次大锤的敲击，他们都团结协作，密切配合，喊着整齐的号子，忘我地忙碌着。其实为了方便大家就餐，不到12点，预定的饭菜就已经送到了炉前休息室，然而全力奋战的炉前工根本顾不上吃口饭，几十盒饭菜就这样"孤零零"地躺在桌子上。时间定格在下午两点钟，最后一个风口顺利回装，看着大伙儿满脸疲惫却又如释重负的走下炉台，望着那一个个已经被汗水浸透了的背影，我的心里只留下暖暖的感动！

　　这就是高炉炉前工,为了高炉的顺稳,无怨无悔地冲锋在前,他们终日与炉火、铁水为伴,背后有春夏秋冬的风,身前却只有铁水的热!他们用吃苦耐劳、脚踏实地,释放着无尽的力量,他们用坦荡豪迈、率真洒脱,锤炼着炽热的世界,如果有人问我,谁是这十里钢城最可爱的人?那我将毫不犹豫的回答他,炉前工就是这十里钢城最可爱的人!

铭记使命、守护安全

尹松松

各位领导，同事：

　　大家好，我叫张奋勇，来自能环部，今天我要和大家分享的是我们防护站的故事，故事的名字叫《铭记使命、守护安全》。相信第一次接触我们的同事，对我们的工作都充满了好奇，一身身鲜红的工作服、一辆防护车和一套套整齐的救护设备，将如何诠释这特殊的岗位。

　　背靠高耸的煤气柜，一排镶有红色十字标志的站房就是我们的家。走进值班室，除了 24 小时在电话机前值守的同事外，基本上看不到一个人，大家不是在巡检、防护，就是在训练、培训。从早到晚的忙碌，只为守护大家的安全。

　　刚进站的时候，一个个子不高、年纪不大却略显苍老的师傅给我留下了深刻的印象，他就是我的班长李金鑫。那时候，刚参加工作的我显然还没有做好从学生到职工的转变，被一天到头的忙碌搞得筋疲力尽，抱怨连连，"师傅，我可受不了了，也太折腾了，我这小身板可禁不起这么造啊！""小子，可这是咱们的使命啊！"那一刻，我记住了这个新名词"使命"。

　　8872120，首钢京唐公司一个很重要的电话号码，在偌大的钢城内几乎无人不知，无人不晓。没错，这就是我们防护站的报警电话，每一个打进来的电话都是对安全和生命的呼唤，都让我们精神紧绷。有一天下午，值班室报警电话突然响了，当班的李师傅迅速接起了电话，原来是热轧部打来的电话，说岗位煤气报警器频频报警，怀疑是煤气设备泄漏所致，请求防护站协助排查。

　　"小张留守，其他人员整理装备迅速出发。"警报就是命令，时间就是生命，5 分钟后我们到达现场迅速展开排查。然而，我们把所有设备查了五六遍仍没有发现泄漏点。"问题到底出在哪?"李师傅眉头紧皱，虽然怀疑是别处飘来的微量煤气所致，但也不敢有丝毫放松，"走，咱们再查一遍……"现场随行人员看看手表说"李师傅，咱们不查了吧，我看也没啥影响，可能是误报。"李师傅这才意识到早已过了下班的时间。"关乎生命安全，必须查出原因!"李师傅说着便又开始了检查，随行人员被他的执着所感动，他们将排查范围扩大继续检查。最后发现是炼钢煤气放散所致，由于阴天气压较低，少量的煤气不宜扩散，导致处在下风侧的岗位煤气报警，直到晚上 8 点多天气渐晴，报警的数值渐渐降低到 0ppm（1ppm = $1×10^{-6}$），警报终于解除了，他这才长吁了一口气。皎洁的月光照在他的脸上，使他想起了周末等他回家的两个双胞胎女儿。

他对女儿的疼爱超过所有，但一旦遇上检修，他就什么也顾不上了。2019 年 11 月，公司大规模的年修如期而至，检修点多，作业面大，繁琐复杂的检修任务考验着我们防护站的应对能力。然而，单凭正常倒班人员的力量远远不能满足检修的要求。这时候，身为党员的李师傅第一个站出来要求加班。

"考验我们的时候到了"。这一天，2 号高炉炉顶 DN800 放散处需要带煤气作业，"那块我最熟悉，我上!"此时，他已经拖着疲惫的身躯连续工作了10 天，那天他感冒了，却硬是顶着凛冽的海风爬到了 120 米的高空。120 米，相当于 40 层楼房的高度，没风的时候都感觉在摇晃。可是李师傅全然不顾身体的不适，在摇晃的平台上细心检查长管呼吸器是否完好，压缩空气是否合格。全程防护作业，生怕作业时发生安全事故，现场工作人员对他说："李师傅，只要看到你们防护站的人在现场，我们心里就踏实多了。"

当天下午，能环部公众平台发布了大检修的事迹和照片。他的女儿从妈妈的手机里看到了这条消息，兴奋极了，"奶奶，奶奶，你看，手机里有爸爸，有爸爸!"70 多岁的老母亲看到照片泪眼蒙眬，马上让孩子拨通了他的电话。

"妈，不是上次跟您说了吗，单位忙，这次休班我不回去了，您不用催。"

"臭小子，你那是上哪去了，那么高，多危险啊！嘴唇都冻紫了，脸色还那么难看，是不是生病了？"他这才意识到自己让老妈妈担心了，"妈，我没事，我和同事们在一起呢，高处的风景可好啦，真的……""老四啊，不用骗妈，妈还不糊涂，工作要是辛苦啊，咱就歇几天，我和你爸，还有宇彬宇杉都牵挂着你呢，可千万不能出事啊。"母亲哽咽的话语让他有了片刻的迟疑，但是没过一会儿他就意识到，自己的工作就是让更多的人不出事啊！他为自己的工作感到骄傲和自豪，也更加坚定了自己的信念。

目前，国内冶金行业煤气中毒事故时有发生，沉痛教训的背后是我们职工对气体安全知识的匮乏。丰富的安全理论知识和及时有效的救援手段便成了关键时刻救命的法宝。气体安全培训，也就成了我们防护站的一项重要任务。

我们站每个月开展 4 期气体专项知识培训，参训人员涉及公司所有煤气岗位。徐杰，气体安全培训内训师。他常说："安全容不得半点马虎。"他精心准备每一期培训，在心肺复苏实操课上他认真辅导每名职工：如何吹气，如何快速打开气道，如何保持按压深度和位置的精准度，一次次不厌其烦地纠正着职工的错误，几乎全程保持跪姿教学，一天下来，浑身疼痛，回到家就再也不想动了。媳妇儿总是抱怨："没听说还有上个班把自己给累死的。你看看你，一到家就这样，不干活也就算了，回来也不陪孩子玩会儿。"每当听到媳妇儿的抱怨，他总是低头不语，对工作无愧于心，但对家庭却时常感到内疚。但我们都知道，他是一名真正的京唐好职工啊！他还经常受邀到别的部门去讲课，时间一长，也就成了公司的"红人"。经他培训的职工分布在钢城的每个角落，守护着各自岗位的安全。他认真负责的工作态度获得学员们的一致认可，见了面都要亲切的喊上一声"徐老师"。

在我们防护站还有许多像李师傅和徐老师这样的人，因为我们的坚持和守护，在配合公司各项气体防护作业中我们做到了"零事故、零伤亡"。2012年，我们还获得全国工人先锋号的光荣称号。

守护京唐的安全是我们的使命，我们必将恪尽职守、竭尽所能，奉行"安全第一、生命至上"的安全理念，为全面实现公司"四个一流"企业目标保驾护航。

一平方米铸就奋斗青春

薛超杰

各位领导、同事：

大家好，我叫苗露静，是炼钢作业部一名天车司机，主要负责脱磷跨钢水吊运工作。能在这里与大家分享我的故事，感到非常荣幸和自豪。

说起我的故事，要从 21 岁开始。高中毕业正在四处找工作的我，通过招聘来到了首钢京唐公司，瞬间被这里高大的厂房、先进的设备吸引了，心想能到这样的企业工作是我的梦想啊，我一定要留下来。2009 年，我终于以一名协力工的身份，成为了首钢京唐公司第一批天车司机，这一干就是 9 年。随时光的流逝，我也从一名"邻家女孩"，逐渐成长为了同事们口中的"老司机"。

来到首钢京唐公司后，我被分配到冷轧作业部磨辊间担任天车协力操作工，凭借对工作的热情和平日里的勤学苦练，很快我便得心应手了。当时正值夏季，密不透风的磨辊间温度非常高，不到一平方米的天车操作室热得像桑拿房一样。虽然环境恶劣，但为了保证天车吊运不出差错，我便抓住一切可以练车的机会，去了解天车的性能。行车稳、停车准是一项比较困难的操作，直接影响吊运安装的精准度和进度。为了克服这一难题，我仔细琢磨每一个吊运细节，观察天车各个档位的运行速度，并根据设备的晃动状态，不停地更换档位来确保吊运平稳。每一次起吊都小心谨慎，每一钩操作技巧都记录到我的笔记本上，力求精准控制钩头在分毫之间。为了不影响安装进度，一个班下来，也不敢多喝水，只是等嗓子干得快"冒烟"了才去抿一口。不到两个月的时间，我对磨辊的安装便有了经验，这一过程也练就了我"眼观六路，耳听八方"的本领，起钩、吊运、稳停、下降等工作一气呵成，从当初吊运安装一根磨辊 30 分钟，到后来的十几分钟，比其他班组快了整整一倍的时间。每个班下来，还经常比其他班组多安装几根磨辊，同事们都夸我"最美女空姐"。但面对工友的夸奖，我感受更多的却是沉甸甸的责任。

2015 年，随着公司生产的不断发展，偶然的一次机会，我得到了公司举办"京唐杯天车职业技能大赛"的消息，这次比赛会把选拔出的优秀天车司机转成正式职工。这是给协力工提供的一次大好机会啊！我下定决心一定要取得好成绩。

然而，当看到那厚厚实实的天车专业理论知识时，却被打了当头一棒，这哪里是理论知识呀，简直就是天书啊。但为了心中坚定的信念，我必须要坚持下去。于是，我就先从简单的知识点入手，结合实际操作不断的深入，班车上、厂房内、书房里，只要一有时间，我就翻上几页"天书"，过上了两点一线的生活。通过一点一滴的积累，我终于把天车的所有知识点都烂熟于心。

功夫不负有心人。我凭借精准的实际操作和出色的理论成绩顺利通过了选拔，以总决赛第二名的成绩转为了正式职工。转正后，我被分配到了炼钢作业部公辅作业区，担任脱磷跨液体天车吊运工作。刚上班第一天同事就告诉我，这里条件非常苦，都是老爷们儿干的活儿，你女孩子家家的，胜任不了这个岗位的。听了这些话，我心里挺不是滋味的。平日里就很要强的我就不信这个邪，别人能做的我也能做。于是，我主动请缨，一定要到这个岗位上去。

登上炼钢天车的第一个感觉就是"高"，这里比原来岗位的天车要高很多，而且走在天车平台上都烫脚，即便是戴上手套扶着栏杆也都是烫手的。而且，这里的操作任务和吊运频率比以前要求更高了。在炼钢学习的这段时间，我虚心向师傅请教，除了上厕所几乎没下过天车。回到家后我还自己查阅相关资料，做好记录写好总结。但还是觉得时间不够用，于是又把不到 3 岁的孩子送到了老家，专心学习操作知识，不断练习动作要领。一个多月过去后，我终于能独立操作、胜任这个岗位了，同事们也都高兴地向我竖起了大拇指。

2017 年的大年三十，早晨刚起床就觉得浑身无力，肠胃也不舒服，只觉得是在天车上留下的老毛病就没在意。到了公司，背着背包从楼梯上爬到 28.3 米高的司机室时，已经筋疲力尽了。到了下午，肠胃疼得直冒冷汗，但为了保证操作不出差错，就从背包里拿出了常备的止疼药和消炎药，吃了后，暂时得到了缓解，就又继续着我的工作。我看看时间还有两个小时就要下班了，心想挺一下就过去了，但担心的事还是发生了，一天也没有吃东西的我，连说话的力气都没有了，班长从对讲机里听到我虚弱的声音，就马上给我打电话询问情况。听完后，心急如焚的班长立刻安排好手里的工作，把我送到了医院。医生说这是病毒性急性肠胃炎，必须马上治疗，否则会诱发肠胃糜烂。这时，我才知道病情的严重性，大年三十的晚上正是阖家团圆的时刻，我竟和家人伴着除夕的钟声在医院度过了新年，看到家人担心的样子，我打趣地说道，"我打个点滴竟然跨了个年，这种经历还挺不错的。"

我是一个妻子、一个母亲，但我更是京唐公司一名职工。这几年，那一平方米的天车司机操作室，伴随我实现了操作零失误，同时也给我带来了"首钢技术能手""首钢先进个人"等十余项荣誉称号。是首钢京唐公司给了我展示自己的舞台，又给了我幸福美满的家庭，我感受更多的就是"温暖"。

这就是我的青春故事。我知道，在公司像我一样的人还有很多，内心最想表达的就是"感恩"。我也坚信，无论我的身份、岗位如何变化，都会继续发挥我的光和热，为首钢京唐公司全面实现"四个一流"目标而奉献青春，感恩京唐！

越坚持越幸运

李玉颖

各位领导、同事：

大家好，我是彩涂板事业部的林志博，很高兴能站在这里和大家分享我身边的故事，今天我故事的主角是我的兄弟王文涛，他是彩涂板事业部一名年轻的电气自动化专业工程师。

2013 年我们大学毕业，一起来到了这个有时比东北还冷的曹妃甸。8 月 19 日我们 89 名同事一起被分配到当时的板材加工部，而经过一周多的安全培训，我们兄弟 6 个被分到了设备工程室。我还清楚地记得，当我们刚迈进设备室的大门时，领导就立马走过来说，"快看，咱们的新鲜血液来了，现在的我们已经严重贫血啦，咱们部的 6 条主产线，还没搬完，也没开始正式调试。而咱们办公室目前只有 8 个人，还包括 3 个过不了多久就走的、支援工程搬迁的高工，所以这里的以后，就全靠你们了！"

就这样，王文涛被分到了轧机产线，他面对的第一个艰巨任务，就是 1750 毫米轧机的安装调试。那时的 1750 毫米轧机，线缆才刚刚开始铺设，部分设备也没有完成安装，而领导直接发布任务，"一周内要弄清楚轧机各大系统功能，两周内带人把现场所有传感器的线缆接完，下月底要出第一卷产品。"听完后大家都愣住了。要知道，这条产线由于控制系统不开放，需要完全自主调试，而自动化调试人员算上王文涛一共也只有 3 个人啊，任务之艰巨可想而知。领导刚走，我便问文涛，"咋干啊？"而文涛只是沉稳地说了一句，"坚持坚持呗，也就一个多月，咬咬牙就过去了。"但接下来的这一个月，可真不是咬牙就能过去的。

在施工现场，我们经常能看到王文涛拿着图纸，带着两个施工人员，像只小猴子似的，窜上窜下，不知疲惫。在他的坚持下，仅用了不到两个星期就把现场传感器线缆一个又一个接好，然后配合打点调试、单体试车、工艺联动。为了保住时间节点，他和兄弟们连续多日早上7点就开始动工，直到第二天晚上11点才回宿舍休息。

"窜辊不到位，赶紧去查。""王文涛，去看看，是不是哪个传感器又有问题了。"看见领导一脸的焦急和严肃，王文涛话不多说，拿起工具，便利落地登上机顶，付诸行动。有的时候，实在累得不行了，他就半躺在主操室眯一会儿，我能看出来他很困，因为常常是需要同事朝着他的鞋子重重地踹一脚他才能站起来，其实这也算是我们对他的特色唤醒服务了。有一天我突然饶有兴趣地问他："大半夜的，你被踹一脚不疼啊？"而文涛只是笑嘻嘻地说道："疼不疼的也得干啊，不过我真想看看这台轧机调完是什么样，所以我得赶紧查问题啊。再说了，问题处理完，没准啊今晚就可以回宿舍睡觉了。"就这样，靠着这股纯真朴实的阿Q的精神，一个月后，1750毫米轧机顺利完成调试，我们欢呼雀跃。真的，如果成功有捷径可行，那一定是坚持和努力。

在王文涛的眼中，现场设备就像是一个孩子，得好好照顾，如果照顾不好，那肯定是要哭要闹。但他深信，世上无难事，只怕有心人，只要对症下药，顽皮的1750毫米轧机也一定可以茁壮成长。

当然，有时孩子生病了也得做手术啊。2016年12月，1750毫米轧机出口测厚仪又闹起了脾气。测厚仪由于系统过于老化，只能更换。为了降低设备成本，打破国外独有一家的设备垄断，我们改变了原品牌，而整个改造项目也仅仅只有5天时间。拆除旧设备、铺设电缆、安装新设备、调整轧制线、水冷系统测试，上电升高压、样板检测等。一切的一切貌似都很顺利，就当大家都以为可以顺利结束的时候，新的状况出现了。在接口调试时，1750毫米轧机HiPac系统无法与新测厚仪实现通信……而此时距离轧机整体测试只有48小时了。王文涛表情凝重，他知道这又是一块硬骨头。但他二话不说，立即组织核对信号，检查通信报文，上网搜索相关知识，反复遴选，反复查阅。白天，他带着施工人员在现场查找问题，晚上他独自查阅资料到后半夜，饿了就去四号服务区买个面包，外加一瓶冰镇可乐，面包的香气配上可乐的凉意，用他的话就是"立马体力满格，决战到天亮！"就这样，在连续奋战了30多个小时后，他成功了，他终于找到了症结所在，原来1750毫米轧机HiPac系统与测厚仪信号交互顺序有误，导致其CFC执行不满足条件！突破口有了，后面的调试紧跟着就豁然开朗了。靠着他的坚持，我们又一次完成了一个艰巨的任务。

作为设备医生，王文涛虽然没有妙手回春之术，但他的努力，大家都有目共睹，甚至有一个月，他单单在中夜班期间就去看望了1750毫米轧机10余次，看到设备稳定运行着，他才能踏实回宿舍睡觉。春去秋来，寒来暑往，京唐的夜空，无论寒风刺骨，无论热气萦绕，无论阴雨绵绵，无论白雪皑皑，坚持已然成为一种习惯。

五年时光白驹过隙，现在的1750毫米轧机，平均每个月不到一次设备停机，而王文涛也凭借自己的坚持和努力，有成长有收获，多次被评为首钢和京唐公司的劳动竞赛先进个人，并在2017年被选聘为彩涂板事业部青年技术人才。荣誉是对自己工作的一种认可，更是对自己的一种鞭策。王文涛和许许多多京唐设备人一样，用责任和担当谱写着自己的华彩篇章。宝剑锋从磨砺出，梅花香自苦寒来。我们相信每一个懂得坚持的人，都会是一个幸运的人！

在大京唐做大工匠

许国安

各位领导、同事：

　　大家好，我是王海龙的同事陈蕴盛，非常荣幸今天能够在这里给大家讲海龙的故事，讲他如何在首钢京唐公司这个舞台上，在焊工的岗位上成为一名京唐大工匠。

　　故事得从 2006 年海龙毕业说起，那年他进入首建，成为一名焊工，参加迁钢的建设。弧光四射，烟雾缭绕，那是他的工作环境；早出晚归，披星戴月，那是家常便饭；几个小时，岿然不动，那是基本功。一天下来，腰酸背疼。这还不算，火星溅到身上，打一哆嗦，可能就得重新再焊。刚开始的时候，不知烧废了多少块铁板，烧烂了多少根焊条。他也想过放弃，但是看到师傅们几十年如一日，执着追求职业技能，听到刘宏老师为技术工人争光，海龙深受鼓舞，他暗下决心，要苦练本领，将来成为一名焊工工匠。

　　将近 10 年的时间，他从迁钢一路焊到京唐，经历四条热轧产线的建设，高压水除鳞系统和液压系统在他的手里延伸，变得眼花缭乱。他觉得很满足，就像是看着自己的孩子在不断成长。有一天工作结束，海龙走在厂房外，一阵海风吹来，他看着京唐宽阔的道路两旁绿树成荫，高大的厂房在蓝天白云下巍然屹立，厂房里传来轧机的轰鸣，不远处的港口塔吊林立，海水泛着粼粼波光，海鸥在货轮周围穿梭翱翔。回想起这几年东奔西走，海龙觉得是时候给自己安个家了！这里，就是最好的归宿！如果能成为一名京唐职工，为自己建设的工厂工作，那该是多么幸福的一件事情啊！

　　长期的艰苦努力逐渐开花结果。2015 年，海龙代表京唐公司参加首钢总公司焊工技能比赛，获得第二名的好成绩，被公司破格录取，正式成为一名京唐职工！2017年6月，他通过选拔，代表首钢参加中德"北京·南图林根"焊接对抗赛，来到北京参加集训。

七八月正是三伏天，闷热潮湿，海龙每天挥汗如雨，一天的训练下来，工作服都能挤出水！身体上的疲惫他习以为常，精神上的考验更加艰巨。奔赴德国的兴奋、技能训练的紧张、代表首钢的激动、为国争光的期待结合在一起，每天都是神经紧绷。一段时间的集训之后，海龙的技术反而下降了！出发的日子一天天临近，他越来越烦躁，觉得自己连焊枪都不认识了！刘宏老师及时发来短信指导：不要想别的，焊接才是最重要的！对，把注意力集中在焊接上，挖掘自己的优势！就这样，海龙每天都在脑子里想象自己训练的样子，熟悉的感觉渐渐回来了！他再次上阵，技术水平重回正轨，不断提高！

8月27日，海龙来到德国法兰克福。看到德国选手穿着专业的焊接服装，手里拿着时尚的电子变光面罩，他觉得一切都很新鲜，虽然有点儿紧张，但是并没有害怕。德国选手也不是三头六臂，牛头马面。都是两只胳膊两条腿，谁怕谁？干！

一声哨响，实操的比拼开始了！整个考场里只剩下来来回回的脚步声和"滋啦滋啦"的焊接声。时间紧，难度大，每个人都在争分夺秒！参数调整最考验耐心，国内外的焊机不一样，焊接参数得在工件上一个一个试；打磨试件最需要认真，里里外外都得仔细检查，锈点、油污、毛刺……哪个细节都不能放过；位置调整最需要经验，海龙不断尝试焊接的姿势和站位，精心调整焊件的位置，让操作时身体移动更少，手持焊把更稳定，焊接精度更高。磨刀不误砍柴工。前两个组件顺利完成。但是第三个项目遇到了很大的麻烦。这个管件直径大，焊口深，接缝长，对体能、焊接技术的要求特别高。更糟糕的是，不知什么原因，焊机的电弧突然不稳定了！豆大的汗珠从海龙头上滴下来。他屏住呼吸，小心翼翼，不断调整焊枪的角度和电弧的长度，凭借经验和对电弧的掌控能力，持续摆动焊条。弧光在焊缝上不断前进，就好像走在"长征路"上。时间一分一秒的过去，电弧渐渐稳定下来。突然，一颗大火星落在海龙的胳膊上，衣服烫穿了，肉皮的焦煳味儿马上就散发出来。

可这时海龙满脑子都是完成第三个焊件的念头，早就忘了疼痛。一直到回酒店换衣服时，才发现肉皮已经和衣服粘在一起，手上也烫出大泡，这才感到一阵阵的疼。

　　最终，海龙获得了熔化极气体保护焊决赛第二名。对于这个成绩，他很高兴，但是真正的工匠不仅要自己手艺好，还要带出好徒弟。从德国回来后，海龙利用焊工创新工作室的平台组织技术攻关和培训，还联系刘宏老师进行指导。许多职工慕名而来，海龙对他们的要求很严格。春节前大家焊栏杆，海龙一脚就踹开了。原来他一看就知道没焊透，过不了几个月都会开裂，到时候重新焊接不说，还容易引发安全事故！海龙教导大家：小事情不认真，重要时候想认真都认真不起来。平时不好好练，关键时刻手都会抖，根本就发挥不出来！在海龙的严格要求下，这些职工迅速成长，现在都已经成为现场的中坚力量，他们用手中的焊枪编织出坚实的防护网，保证着设备的稳定运行。

　　凭借着自己的努力，海龙获得首钢京唐公司培训先进个人和全国优秀青年荣誉称号。让我们祝福他，在大京唐的舞台上，继续走好工匠之路，为全面实现"四个一流"目标，建设最具世界影响力的钢铁企业谱写更加精彩的京唐故事！

镀锡销售进无止境

刘金东

各位领导，同事：

我叫刘金东，是来自镀锡板事业部产品营销室的一名销售员，很荣幸在这里跟大家分享镀锡销售的故事。镀锡板不同于其他产品由首钢各地销售公司完成，我们要直接面对客户，从开发市场找订单、下传、到货物送达都由我们自己完成，镀锡终端产品具有多样零散的特点，每月 3 万~4 万吨的订单更多的是由 30 吨、50 吨的规格凑齐。由于每天都与各类不同的客户打交道，所以每天都会有意想不到的故事发生。

镀锡板投产于 2013 年 10 月 15 日，建设之初便秉承高起点、高标准的发展理念。我们首钢镀锡仅用五年的时间就走出了别人十年、十几年、甚至几十年的路，我们与镀锡龙头企业的价格差由原来的八九百元缩小到现在的八九十元。

但是这条路，说实在的，真不好走，是在摸着石头过河。

记得那是 2014 年 9 月，开发奥瑞金红牛铁之初，一来，新建的产线等着批量订单试车；二来，当时我们对高端饮料产品技术需求认识并不深刻。在第一批小量试验后，我们便争取到 1 万吨红牛订单，集中进行了生产。当时产线投产不到一年，能为龙头产品供货，我们满怀欣喜，似乎一瞬间觉得镀锡产品的生产不像想象中的困难，当时觉得我们行了。可就在 2015 年初，大家还沉浸在为高端产品批量供货的喜悦心情和过年的祥和气氛的时候。奥瑞金的一纸投诉打破了沉浸在一片欢声笑语中的我们，接踵而来的是各种异议：版形不好、性能不均、表面不良、抗酸不合，几乎涉及镀锡板性能的全部质量问题一时间全都爆发出来。为了最大限度降低损失，我们派出 8 位同事，到客户现场，配合挑选不合格产品。

当身处异地，在某个城市的客户仓库看到标有首钢 logo 的产品，你会有一种强烈的亲切感和自豪感。但当时的情况是被我们一张张包装好，经过数十天的运输辗转送至客户手里的镀锡板，因为质量问题，又一张张被挑选出来。挑选的时候，心里真不是滋味，总觉得现场工人看我们首钢人的眼神都很奇怪，就像是自己家小孩在学校里犯了错误，去学校跟孩子一起做检讨一样。说实话，抬不起头来。

为解决此次质量问题，我们损失了大量的人力物力。焦头烂额的我们大梦初醒，原来这才是征战市场的真实状况。虽然嘴上说着就当交学费吧，但我们暗下决心，一定要解决质量问题，不能让我们苦心生产的产品被客户挑来拣去。产销研一体化组成的攻关团队全流程跟踪，深入现场，经过 3 个月的摸爬滚打，困扰我们的红牛铁质量问题得到有效解决，最终得到客户的满意答复。吃一堑、长一智，我们举一反三，建立了一套完整的技术生产流程，积累起宝贵的经验，为以后开发市场提供了有力保障。

如今，我们成了奥瑞金的最佳合作伙伴。在 2015 年初，长江以北，喝 10 瓶红牛，只有一瓶红牛罐是首钢铁做的。而到了 2018 年，长江以北，喝 10 瓶红牛，就有 8 瓶是首钢铁做的。五年，我们拼尽全力，目前已成功进入国内镀锡板供货商第一方阵。

福建市场，乃兵家必争之地。每个月镀锡板潜在需求 2 万吨，国内外几乎所有供货商都瞄准了这块肥肉。

2015 年，首钢京唐公司进入这一市场，历经艰辛。我们负责福建区域的销售盯住了彬昌金属这家公司，几乎每周都与总经理蔡总联系，电话沟通、短信留言、微信互动、朋友圈点赞。近一年的跟踪，终于在 2015 年 11 月 13 日的夜里等来了机会。蔡总 22：30 下飞机，打来电话，说有个 500 吨的订单，问我们首钢有没有兴趣。我们当然有兴趣，连夜赶到客户指定地点，谈判到凌晨 1：00，达成共识。可是当销售返回宾馆，客户却电话告知，首钢价格高订单取消。竹篮打水一场空。但是，我们并没有因为这次挫折而放弃，不管用不用我们的产品，我们销售经理仍然每周坚持与蔡总沟通，保持联系。

又是一年的时间，首钢产品质量迅速提升，特别是为福建昇兴高端蛋白饮料批量稳定供货后，首钢镀锡板在福建地区声名鹊起。

斗转星移，时间到了2017年，或许源自我们持之以恒的坚守，也或许是被首钢人的真诚所打动。彬昌金属的蔡总主动与我们联系，最后签订1000吨/月的供货协议。历时两年多，彬昌金属最终被我们拿下。其实彬昌只是我们开发客户的缩影，每个客户，我们都在用心坚守和经营，也同样换来了客户的尊重与理解。

产品营销室主任，也是我的师父——郭大庆，用他几十年的工作经验对我们传道授业解惑。他生动地比喻过，过去拿订单是这样——弯腰作揖，后来是这样——站直作揖，现在是这样——展开双臂。我们深知，销售得到的尊重，以及拿订单的底气，是来自生产一线操作人员的兢兢业业，是来自技术研发团队的攻坚克难，是来自各个部门的协同配合，是来自首钢京唐公司品牌的强大支撑。

五年来，在公司党委和部党委的坚强领导下，销售团队形成了自己的文化：坚持不懈，百折不挠，甘于奉献。五年来，我们被拒绝过，我们也跌倒过，但我们从未放弃过，镀锡板销售故事每天都在上演。2013年至今，镀锡板销售量累计突破100万吨！镀锡板迈出的一小步，就是京唐发展的一大步。在奋进的道路上，京唐人的目光更加笃定，脚步更加坚实。我们会继续以产品为纽带，为首钢品牌增光添彩，为全面实现"四个一流"目标贡献力量！

无私奉献　情注工程

刘思薇

各位领导，同事：

大家好！我是来自工程部的刘思薇，很荣幸今天我能站在这里和大家分享我们工程人的故事。故事的题目是《无私奉献　情注工程》。

二期工程从 2016 年 8 月 18 日高炉动土为标志正式开工，到目前全面投产。期间经历了两次政策性停工，挨过了环保政策性限产限行，战胜了台风"山竹"，克服了建设资金不足和原材料价格疯涨的不利影响。在种种不利的条件下，2018 年 12 月 E 焦炉正式投产、4300 毫米产线热试过钢，2019 年 3 月炼钢连铸工程第一条产线投产，原料通廊、大型吊装、综合管网全部完成。这些重大工程节点如期高水平完工，离不开无数建设者的努力。下面我就给大家讲讲二期工程建设中几位年轻人的故事。

"喂，您好！5 号电气室雨篷混凝土裂缝问题，我们马上安排修补。""不行！钢筋都露出来了，必须拆除，重新施工！"这是质量室郭冬日常工作的场景。对待质量管理，他一丝不苟。他经常说，二期工程是要打造冶金行业先进水平的工程，是要争创建筑行业最高荣誉"鲁班奖"的，绝不允许降低质量标准！按照工程设计方案，炼钢连铸工程，需要利用北京二炼钢老厂房的旧构件。构件运到现场后，郭冬组织监理和施工单位进行检查时却发现，不少构件有局部变形、腐蚀和焊缝不饱满的问题，而且由于二炼钢厂房几经改造，构件情况复杂，很多都与设计图纸不符。施工单位的兄弟们看过后说："咱就按图纸组对，做个防腐直接一安，齐活。"监理听了直摇头："这不行，不符合规范要求，判废吧。"连续几天郭冬有空就往现场跑，面对上万吨的构件一筹莫展，几经权衡，他召集了设计、监理和施工单位相关人员，盯在现场，研究修配改方案，制定验收标准，一个问题一个问题进行解决。监理单位的人劝他："您就同意我们的意见，直接判废，又简单质量又有保证，折腾这些，何必呢。"郭冬却笑着拒绝了，"二炼钢厂房利旧的重点就在于'利旧'二字，我的责任就是在保质的前提下做到公司利益最大化，不能轻易判废。"经过两周时间，质量合格的修配改样板构件终于打造成功，不但没耽误整体施工进度，还使旧资产得到了充分利用。

行源于心，力源于行。合同室的李鹏就用他的实际行动诠释着这句话。2017 年他在设计室任职期间，唯一一次休假，是因为远在呼和浩特的父亲突发心梗，抢救当天就下了两次病危通知书。浑身插满管子的父亲看到李鹏后，勉强挤出了一句，"我儿回来了。"听到这话的李鹏泪水夺眶而出。多年前母亲因病去世，正赶上李鹏高考，家里人从上到下都瞒着他，所以他对父亲的感情里面又夹杂着对母亲深深的愧疚！在父亲从 ICU 转到 CCU 病房时，李鹏寸步不离，一个人在病房陪伴了父亲 10 个日夜。管子通过动脉直达心脏，父亲躺在床上不能动，时间长了，开始变得焦躁，忍受不住乱动时，李鹏便跪在床上，一直搂着、抱着。过了几天，父亲终于可以活动了，却只能靠他扶着才能站起来。看着父亲因吃力而颤抖的四肢，他的眼圈儿又红了。他握着父亲的手说："儿子不孝，都说父母在不远行，现在您就一个人了，我还离您这么远……"父亲憔悴的脸上露出了欣慰的笑容："爹没事，好男儿志在四方，看你工作有成绩，爹就高兴！"由于二期项目紧，在父亲度过危险期后，李鹏马上回到工作岗位，后来的 5 次住院康复治疗，他再没能回家照料。2018 年，李鹏调到了合同室任职。他边学边干边创新，解决了很多棘手问题。在二期工程建设最关键的时候，李鹏的两个孩子反复发烧 40 度，孩子的妈妈和姥姥、姥爷三个人昼夜轮流看守在孩子身边，为了不让李鹏担心，家人始终告诉他："有我们在，你就安心工作吧！"家人的理解和支持化作他努力工作的动力，他总是面带微笑、走路带风、说话干脆利落、办事雷厉风行，只要他在我们就有一种说不出的踏实感。

立志容易，成志难。为了确保二期工程顺利投建，我们部的王俊成了省、市、区政府部门的常客。2018 年 9 月到年底王俊往返北京、石家庄、唐山、区政府数不清多少次。到了 2020 年，她干脆驻守在了政府。

2020 年 7 月 25~26 日，省工信和省发改组成了联合验收小组，对 7 家用于我们二期一步工程产能置换企业的置换设施拆除工作进行验收。王俊守在市政府，紧盯验收结果。唐山市 6 家企业顺利完成验收的消息一一传来，想着三座高炉马上就能同时生产了，王俊内心激动万分。然而，还没等王俊将好消息分享给大伙，省厅张处长的一个电话让她的心又揪了起来，"廊坊的企业验收不顺利，你们要赶紧想办法让廊坊市政府尽快组织验收！"王俊心想，要快点协调，一定要快，晚投产一天，公司就要损失收入 4000 多万元。7 月 28 日，王俊顾不上休息，驱车赶到石家庄，隔天一大早就来到省工信厅办公室，省厅张处长说："廊坊市的企业拆除工作没有验收，差一吨不验收你们就不能投产。"听到这话，王俊心急如焚，与张处反复说明，目前首钢上下、全体职工急盼高炉早日点火的焦急心情，请省厅打破常规，急事急办。张处长被王俊的诚意所感动，他说："你们首钢人的执着精神真让人佩服，我马上请示领导。"经请示，省厅最终同意省掉市级验收环节，由省工信厅直接组织验收。7 月 30 日，廊坊市新利钢铁拆除工作验收成功。至此，用于二期一步工程的所有置换设施拆除工作全部验收通过，我们的高炉可以点火送风了！从工信厅出来的时候，下了几天雨的石家庄终于露出了久违的太阳。事后王俊和我说，她当时的心情比那天的天气还要灿烂。

像这样的故事还有很多很多，在工程建设中，每一位工程人都在自己的岗位上用心坚守，无私奉献，他们每个人都是我们今天故事的主角。面对雄伟壮丽的 3 号高炉，面对鳞次栉比的钢轧厂房，工程人将继续团结协作，开拓进取，一步一个脚印地朝着二期工程全面胜利的终点前进，向着全面实现"四个一流"目标奋力前行！

奋斗青春描绘美好年华

韩会涛

各位领导、同事：

大家好！奋斗青春描绘美好年华。我是来自焦化作业部的房爱萌。

这是一个英雄辈出的年代，更是一个集合智慧的时代。在首钢京唐公司工程建设期间，有这样一群年轻人，他们舍小家、顾大家，战酷暑、斗严寒，个个铆足干劲、开足马力，昼夜奋战，创造性完成了许许多多的艰难任务。这群朝气蓬勃的小伙子就是今天故事的主人公——焦化青年突击队。下面我给大家介绍一下他们在工程建设中的故事。

在 2019 年，焦化工程建设有一个大任务，从能源部到焦化二期现场架设一条长达 4 千多米电缆桥架，这个工程必须在 9 月 15 日完成。如果完不成任务，二期 10kV 高压室就不能正式供电，E 号焦炉也就不能按时投产。偏偏在这个紧要关头，承建单位施工人员不足，导致工期严重滞后。当时大家犹如热锅上的蚂蚁，急得团团转。

在这个时候焦化青年职工响应党委号召，发扬勇于担当、敢于作为精神，自告奋勇加入桥架安装队伍，青年突击队应时而生。

我清楚记得 2018 年 9 月 10 日晚上八点多，设备工程室打来电话说，因为电缆桥架铺设正在最关键的抢工期时刻，所有突击队员们谁也没有顾上去食堂吃饭，请后勤保障组联系食堂做点饭送到现场。我心里想，这该是多么着急的事啊！晚上 8 点了还都没有吃饭。看着外边还下起了小雨，我赶忙催促食堂做饭。当我们把饭送到青年突击队长王海龙那里的时候，他和我说，"辛苦啦，这么晚还得麻烦你们送饭。队员能在这个时间吃上口热乎饭，太感激了，后勤保障组给力。我们也是没有办法，时间紧任务重。今天的这饭啊还得想办法给大家送桥架上去。"他拿起对讲机联系了一个吊车，很快这些盒饭吊了上去。

我和王海龙爬上这七八米高的电缆桥架后，才明白他们为什么不下去吃饭的原因了。上电缆桥架只有一个直上直下的简易爬梯，当我爬到上面往下看了一眼，说实话心里挺害怕的。施工场地照明不好，再加上雨天，脚下也滑，从梯子到安装地点还挺远，只能一边挂安全带一边硬着头皮往前挪。王海龙说，"咱们从地面爬上来再到干活的地方最少十来分钟。下去吃饭的话，一个来回就得半小时，1 人半小时，50 多人加起来就是一个整天的时间。我们得干多少活儿啊，工期紧，耽搁不起。"

我看到桥架上哪儿都是水，也没有地方坐，队员们有的蹲着、有的站着简单吃几口就赶紧投入到战斗中。因为这小雨下得很突然，大部分队员也没有雨具，最多也只是披块塑料布，他们也顾不上管被淋湿的衣服，所有精力都集中在电缆桥架的安装质量上。刚上来半个小时，小雨把我淋得瑟瑟发抖。我问他们："你们冷吗?"一个队员笑着对我说，"不冷，这么晚还能吃上热乎饭，心里很暖。"他擦了擦额头水珠接着说，"这是我们青年突击队成立后的第一场硬仗，是为焦化的荣誉而战，不管有多大的困难，坚决保证 9 月 15 日前桥架贯通。"简单的几句话道出了焦化青年突击队的壮志雄心，我心里敬佩之意油然而生。经过大家五天五夜的连续奋战，电缆桥架按时完成。青年突击队员们斗志昂扬，敢于苦干硬干，凭借这种劲头啃掉了电缆桥架这块"硬骨头"，打响了成立以后的第一场硬仗。

青年突击队除了有苦干硬干精神外，还有精诚协作、通力解决难题的智慧。

12 月 22 日，全公司都在紧锣密鼓抢工期的时候，焦化部在安装最长的备煤通廊时遇到了难题。这条备煤线全长 260 多米，肩负着把配合煤运到 58 米高转运站的功能，需要安装 500 多个 80 余斤、1000 多个 40 余斤的托辊和 500 多米长 6 吨多重的皮带。看着这十好几卡车的托辊，无疑这又是一场硬仗。

青年突击队在队长王海龙的带领下，会同维检协作单位人员组成了 80 人的"联合突击队"，首先是把托辊扛到预定位置。40 斤的还好说，但这 80 斤的托辊要扛着走 260 米到十几层楼高转运站，一般人可真干不了，再加上这备煤通廊也不是一马平川，中间有两个三米高的台阶，尤其是 80 多斤的托辊一个人根本整不上去。好几个人团结协作一起往上举，上边两人接，大家喊着口号劲往一处使，才能把大托辊一个个举上去。就这样，大家硬是靠肩膀把这 1500 个托辊扛到了预定位置。当时虽说是寒冬腊月，大家却是汗流浃背，但小伙子们脸上都堆满了胜利的笑容。

接下来就是穿皮带，先是把一根很粗的钢丝绳接上皮带一端，大家拉着另一头一点一点往转运站上拽。80 多人的队伍犹如一条巨龙浩浩荡荡冲向转运站，然后把钢丝绳绕过滑轮再拉到地面连上卷扬机。大家依据以往经验把皮带头卷起来，防止磕绊形成阻力，当卷扬机开动，皮带开始缓缓往上走的时候大家松了口气。

事情没有那么一帆风顺。在离终点 20 米的时候，皮带突然停止了向上移动，虽说是 7 吨的卷扬机拉着 6 吨的皮带理论上没有问题，但是备煤线太长摩擦阻力过大，皮带说什么都不往上走了，场面陷入了僵局。

王海龙鼓励大家说："大家别着急，更别灰心。越是有困难，越能考验我们解决问题的能力。今天必须把任务完成，只要动脑筋，办法总比问题多。"经过动员，大伙儿心中又重燃激情，他们集思广益，在转运站上加一个电葫芦，配合卷扬机形成合力。所有突击队员在副队长刘晓彬的带领下再次爬上通廊，扶正皮带减少摩擦，皮带缓缓的又移动了起来，终于在晚上 8 点圆满完成任务。

比使命更重要的是行动。焦化突击队员们能苦干硬干，在不断学习和实践中也积累了丰富的工作经验。他们用"攻山头"的精神和"我能行"的自信，在工程建设的大舞台上书写了浓墨重彩的一笔，这就是焦化青年突击队在工程建设中的故事，也是京唐工程建设者们的缩影。无数工程建设者的辛苦付出换来了工程建设的拔地而起，无数问题和难题的排除与攻克铸造了京唐的梦想和希望，首钢京唐公司有这样一支年轻有为的队伍，我们京唐的明天定会乘风破浪，扬帆远航。

追梦者，无畏前行

尹松松

各位领导、同事：

大家下午好，我是能环部供电作业区的任莎莎，很高兴今天能够站在这里跟大家分享我们站里的故事——《追梦者，无畏前行》

2019年9月，他们迎来了工程期最紧张的时刻，5个人两天之内就要完成MCCR和2号制氧两座110kV变电站的首次送电任务。现场如果有干过变配电的同事都明白，这简直就是不可能完成的任务。

但是，这次，他们有底！

所有的沉着与自信都源于他们最初的奋斗，源于他们一手建造的智能变电站。

如今，智能化、信息化已经成为我们生活中不可或缺的一部分，但在钢铁厂建立智能化的变电站，咱们京唐公司还是头一家。

俗话说万事开头难。在得到项目批准的那一刻，他们开心得不得了，但很快就冷静了下来。智能站到底是个什么样子？他们谁也没见过，怎么建？如何建？从哪建？他们都在心里犯了嘀咕。

就在这时，33岁的电气专员刘连凯，主动请缨担下了这个重任，同时加入这个团队的还有4名从班组中抽调出来的倒班工。当他们知道要接这么个大活儿的时候，心想：领导啊，你胆儿可真大。就五个毛头小子，你就敢让他们去整，还是全国钢铁行业独一份的智能站。当然，他们也很感激领导对他们的信任。从那时起，他们就有了一个番号，供电二期小分队。

虽然说已经做好了充足的心理准备，知道建站并不会那么容易，可是没想到实际干起来却这么难。

接触项目之前，他们都是普普通通的供电巡操工，对于工程建设真的是一窍不通，加入智能站的建设后，土建、装修、消防、电信知识让他们脑袋都大了。刘连凯常常鼓励大家："不会就学，咱们一起学，只要认真学、刻苦学，努力学，没有什么是学不会的。"

由于人少活多，根本顾不过来。为了能快速掌握相关知识，他们分工合作，有去跟厂家学技术的，有去现场盯设备的，每天回家的车上就成了他们的临时会场，总结、分析、经验和心得，取长补短，共同进步。

建设初期，二期场地连路都没有。你走哪，路就在哪。那时候的他们每个人每天要走3万多步，3个月就要报销掉一双劳保鞋。那时候的环境也不好，整天飞沙走石的，那可真是"壮志饥餐飞沙石，笑谈渴饮硌牙水"。

那时候很忙，总是忘了饭点，就是吃饭也是瞎对付。由于长期吃不到一顿正经饭，团队里的赵迎龙得了胃炎，整个人都瘦了一圈，但是不管工作多累，他每次吃饭也就只能吃进去一点，同伴们劝他先回家养一养，他却总是说："二期工程这么紧，大家都在玩命干，咱们几个人本来就费劲，如果我走了，咱们站再拖了公司投产的后腿，说不过去啊……"其实他们都知道，他是真的舍不得离开。

与传统变电站相比，智能站大量使用了光纤作为通信介质，虽然简化了二次接线，但光纤本身质地脆，很容易发生断线，而光纤通信又没有规范的图纸，倘若发生断线，故障很难在短时间内得到解决，这是智能站运行的一个重大隐患，也是智能站没有得到普及的重要原因。

玩智能，就要玩得认真一点。既然存在隐患，就要想办法解决它。通过讨论，他们决定为光纤绘制一份智能图纸。然而，当他们把想法和厂家进行沟通后，厂家给了他们五个字"很难，做不了。"也是，毕竟成千上万的光纤逐一去打光、测试、绘图，这可不是一两个人三五天就能完成的。刘连凯说："他们不做，咱自己做，不仅要绘制成图，还要绘制成一份具有智慧的图，会说话的图。"

那段时间，他们每个人心里都憋着一股劲。白天忙施工，晚上回家画图。一画就画到凌晨，好多次都是趴在桌子上睡着了，第二天闹铃一响，拎上爱人给准备的早餐就又奔赴了二期战场。就这样，他们5个人用了整整一个月的时间，成功的绘制出了光纤链路图。在他们向厂家展示成果后，厂家彻底服气了，对着他们伸出了大拇指说："你们是一群疯子，但是真的很了不起。"

为了保证一键瞬控技术，能在 MCCR 送电中得到应用，那段时间他们总是加班到很晚，而刘连凯就算是回到了家，也是将自己关在屋子里思索送电流程的各种细节，忽略了妻子和孩子。在完成 MCCR 送电的那天，刘连凯整点下了班。他给孩子买了块小蛋糕，开门后悄悄的进了屋，听到厨房里这样的对话。"妈妈，今天爸爸能回来和我一起吃饭吗？我都好久没看到爸爸了。""宝宝乖，爸爸在努力的工作，等爸爸忙完了就会陪宝宝玩了。"听着孩子稚嫩的话语，听着妻子温柔的劝慰，刘连凯眼圈红了。确实，在那一段时间里，他们都亏欠家人太多太多。

"感谢供电的同志们，你们的辛勤付出保证了我们 MCCR 提前进入调试阶段，为我们争取了时间。"送电成功后，MCCR 主电室负责人给二期小分队发来了这样一条感谢微信。

如今，智能变电站已经正式投入了运行，实现了"一键顺控"，并且成功的经受住了2号制氧站、MCCR 站的送电考验，比起传统操作方法在人数和时间上都有了显著地提高，安全性也得到了彻底的保证。迎着新时代的曙光，咱们京唐的供电系统正式进入了智能运维时代，达到了行业领先水平。

他们，成功了！

首钢百年，京唐投产十年，我们都是追梦人，追梦者，无畏前行。我的宣讲到此结束，谢谢大家的聆听。

"新兵" 挑大梁

孙子轶 吴 振

各位领导、同事：

大家好！我是供料部的孙子轶，今天为大家分享的是在工程建设中挥洒热血的青年吴振的故事，故事的题目是《"新兵"挑大梁》。

故事从 2019 年 1 月 31 日腊月二十六说起。吴振在纬三路将最后一批施工返乡队伍送上公司班车，目送着这些与他日夜奋战的兄弟们回家过年，心中百感交集。他用力地握了握施工人员马洪利的手说："好好回家陪家人，年后我们再战！"看着他走回施工现场的背影，弟兄们心中翻涌起他这段难忘的建设经历……

2018 年 3 月，一个偶然事件让他加入了工程建设。一天已临近下班，突然接到中控室紧急电话，告知配煤仓 1 号液压插板阀无动作，作为学液压专业的他撂下电话立即赶赴现场查原因、处理故障。作业长见他还未走便与他语重心长地说起工程建设的事儿，"现在工程面临太多困难、人手紧缺，你责任心强，去锻炼一下，我觉得你肯定能行。"当时他心中确实闪过一丝犹豫，但看到领导信任的眼神他使劲儿点了点头"行，没问题！"就这样他从一名液压技术人员变成了一名工程建设者。

为了快速进入状态，他急切地跑现场、对图纸，抓紧时间熟悉各种工程任务。原料工程负责区域面很大，与焦化部、炼铁部、能环部等纵横交错施工，很多施工点位上部紧挨高压线、天然气管道，下部紧邻地下水系统管网、高压电缆、信息光缆等，需要与各个部门沟通协调施工。可施工单位进厂哪哪都不熟悉，办理各种手续费时费力，眼看施工人员逐步增加，但由于手续问题，工作面却迟迟不能打开，他看在眼里急在心里，面对与专业毫不沾边的工程任务，他必须要主动干，才能打开工作局面。他主动接下了负责施工单位手续办理的工作，从保卫部、工程部到信息部、设备部等，他不停地跑着办理手续，那时候最常说的一句话就是"你好，我是原料管工程的吴振……"

随着工程进度的逐步加快，大量工作繁杂、紧张，面临的施工工艺也变得复杂，许多预见不到的事接踵而至。"经二路占路仅四天，各方务必在封路时限内完成通廊安装。"1月14日，工程晚调会上领导再次强调。吴振心里盘算着，该段通廊吊装区域内紧邻煤气管道，环境复杂，吊装难度大，一旦出现闪失将影响生产。而且时间这么紧，他心里着急，必须要亲自测量才放心。1月15日下午5点，他带领施工人员、测量人员利用卷尺、全站仪反复测量通廊支柱顶端到紧邻煤气管道顶端的距离，发现通廊支柱顶端仅高出紧邻煤气管道顶端7厘米，"通廊与煤气管道存在相撞的危险！"小马紧盯着吴振紧张的说。吴振皱着眉厉声说"技术要求大于10厘米，这样会存在安全隐患，这可不行，这是大事儿……"他仔细核对图纸后发现，这条煤气管道是后改造的支线管道，在图纸中未标出，通廊与其确实存在相撞危险。他拍了拍图纸，"时间不等人，咱们抓紧制定方案，必须按技术和时间要求完成安装！"此时，他远在老家的母亲突然打来电话，说他的父亲患上了上颚高分化鳞状细胞癌。听到这个消息，他的头嗡嗡作响，又想到岳母脑出血住院，妻子要自己每天照顾两岁半生病的女儿，他心如刀绞、不知所措，真想撂下工作陪陪家人……

他撂下电话盯着图纸半晌没有说出话来，心里想着"我是孩子的父亲，家庭的顶梁柱，家里需要我、工程建设也需要我，我得挺过去！"他深吸了一口气，指着点位继续与施工人员讨论拟订方案，最后决定将紧邻支线管道一侧的通廊支柱底座垫高7厘米以满足技术条件。然而，此时已是深夜23点35分。吃下了定心丸，他看着忙碌了一天的兄弟们心疼张罗着"咱们先休息，养足精神，明天就开始干！"

此时，他心里惦记孩子拨通了妻子的电话，"孩子睡了吗？等忙完工程咱回家看爸妈！""行，知道你忙，没打扰你，你别忘记吃饭。"撂下电话，这个七尺男儿终于还是流下了愧疚的泪水。

1月16日早7点，他迅速组织施工人员按既定方案进行切、割、焊操作着。由于入厂的通廊不是整件，需要将角钢、槽钢等散件一一焊接进行组装，他安排施工队伍分队施工，一队负责将紧邻煤气管道一侧的柱子底座垫高，一队负责角钢、槽钢等散件的焊接。为了紧追工期，部门后勤人员送饭到现场，大家吃在现场、干在现场，累了就随便靠在哪儿休息一下。1月19日下午4点，历时4天封路、吊装高度达30米、跨经二路段，总长60米、高7米、重达150吨的S402-502皮带机通廊吊装任务按时圆满完成。作为原料人，作为建设者，他们争分夺秒硬是提前搭起了为高炉输送原料的生命线。

时间一天天过去，他的孩子、岳母也都慢慢得好了起来，老父亲的手术也很成功、癌细胞没有扩散。春节后，小马等弟兄们也都陆续回来复工，施工现场又恢复了热火朝天的景象。吴振心中感慨万千！感谢自己，感恩京唐！祝福家人健康、企业兴旺！

做钢轧建设中的一颗螺丝钉

蔡香君

各位领导、同事：

我叫刘新雨，来自钢轧作业部，我要给大家讲述我的同事王勇的故事。第一次见王勇时，他正站在一台挖掘机旁监督施工，皮肤晒得黝黑，方正的脸颊让他整体的线条看上去清晰而有力。

王勇是钢轧作业部公辅作业区天车班班长，负责炼钢区域所有天车的操作与安全管理，同时也负责其他设备、能源介质的安全检查与管理。2018 年 9 月，王勇响应首秦搬迁转移号召，离开了相依相偎的妻儿，离开了眷恋的家乡，远赴曹妃甸，成为首钢京唐公司钢轧产线中的一名光荣的建设者。

王勇有一个非常令人羡慕的四口之家，大女儿已经上高中，小儿子刚刚 6 岁。为了能让王勇安心在京唐公司工作，贤惠的妻子一人挑起了照顾老人和两个孩子的重担。2018 年 11 月，随着工程建设进入最紧张的攻坚阶段，王勇的工作也变得越来越忙，一个人对接部门安全专业，协助落实整个公辅作业区的隐患整改和各项安全事务。从天车到除尘，从高压到水系，每处微小的区域都是他的战场。为了营造一个安全有序的施工环境，他每天把自己钉在现场，开展专业检查、查找隐患、反馈问题、监督整改等。一大堆的工作从早到晚排得满满当当，回家的时间越来越少，家里的事情更是没有时间过问。然而，越是繁忙，就越是有事儿来凑热闹。

一天，王勇正在对天车设备的安全隐患进行检查，揣在兜里的手机急促地响了起来。接通电话后，一阵阵孩子撕心裂肺的痛哭，裹挟着妻子泣不成声、断断续续的话语直击王勇的心脏，"他爸，儿子，儿子受伤了……""别哭，冷静点，到底咋回事儿？"王勇强装镇静地问着。原来，妻子早晨骑电动车带着 6 岁的儿子上幼儿园，孩子坐在电动车后座上，小脚丫一不小心碰到了飞速旋转的车轮，整个脚被卷入了车轮里，瞬间白胖胖的小脚丫被巨大的旋转力挤压得血肉模糊，孩子疼得哇哇大哭，妻子一个人又着急又慌乱，没了主意，只能一边哭着一边给远在外地的王勇打电话。

听完妻子的哭诉，王勇心急如焚，恨不能马上出现在母子俩身旁。可是，现场施工进度如此紧张，安全环境异常复杂，每一分钟都有可能出现安全隐患。看着眼前正待检查的天车，这个"大家伙"一旦出了问题可就是人命关天的大事啊！而现在还有几十台这样的天车等待检查，这个时候请假离开，万一出现安全问题怎么办？这关系到现场施工人员的生命安危，更直接影响到工程的顺利施工。而且，曹妃甸与秦皇岛相距 200 千米，就算现在立刻走，回到家也得 3 个小时以后了。经过瞬间的思想斗争，王勇最终说服了自己那颗焦躁慌乱的心，咬着牙坚持留在了工作岗位。他赶紧拨通了秦皇岛当地朋友的电话，寻求帮助，通过电话遥控，将母子俩送到了医院进行救治。

后来，妻子将孩子血淋淋的脚丫照片发了过来，看到孩子的照片，王勇的心像被刀剜着一样疼。与妻子的再次通话中，妻子小心翼翼地问他："王勇，孩子想要爸爸陪他，你能回来吗？"如此柔软又无比扎心的一句问话，让王勇不知如何回答，泪水在眼眶中打转转，他轻轻摇了摇头，从嘴角里挤出几个字回答了妻子："让小男子汉忍忍，我过两天就回去！"

一声叹息从王勇口中深深地叹出，想想曾经握在自己手中那一双滑嫩嫩的小脚被伤到如此程度，想想孩子受伤时大哭着要爸爸的喊声，王勇的心像被揉碎了一样。他愧疚不能守护在母子三人身边给予他们依靠和帮助。可是他知道，作为一名铁骨铮铮的钢铁汉子，他不能只顾着"小家"，忘了"大家"。

抬起头，眼前是繁忙的工程建设现场，焊机的焊接声，金属的碰撞声，电机的旋转声，工友的呼喊声，一幕幕一声声似乎都在召唤他，现场需要自己。虽然面对这些恢宏高大的建筑，一个人的力量显得很渺小，但是，再小的力量也有它的作用，就像现场的一颗螺丝钉，毫不起眼，却在它的岗位上起着关键的稳定作用。

儿子在医院住了很长时间，王勇愣是没抽出时间回去看望，家里的事也被他悄悄地藏在了心里。他每天依旧穿梭于施工现场，天车的防护栏杆是否安装到位，高压送电前的准备是否齐备，高空作业人员的安全防护是否规范，犄角旮旯里有没有安全隐患……从早到晚，他把自己"钉"在现场，守护着一方区域的安全。

可是一波未平一波又起，王勇悬着的心还未彻底平复，女儿又出了意外。

原来，乖巧懂事的女儿在骑车上学的路上，被迎面冲来的一辆逆行电动车撞倒，重重地栽进路边的花卉隔离带，造成脸部严重划伤，还差点伤到眼睛，一条长而深的伤疤让女儿从外貌到内心都受到了伤害。

妻子知道王勇忙，儿子的事已经让他分心不少，这回女儿受伤缝针，妻子压根就没告诉他。等一切事情处理完毕，王勇才知道了这件事，看着女儿脸上的疤痕，他无比心疼。可女儿却安慰王勇说："爸，别难过，您安心工作，我们都会好起来的！"

为了钢轧工程的顺利推进，王勇的孩子们吃了很多苦。皮肉上的伤疤会慢慢修复，可让他愧疚的是自己不能时常陪伴在家人身边。在最焦虑的时刻，王勇的妻子给了他莫大的支持，她鼓励王勇说："孩子们和我都知道你是个有责任心的人，为了工程建设和更多人的安全做了很大的牺牲和付出，你是我们全家的骄傲！孩子们说也要像爸爸那样，做一个认真负责的人！"妻子的话让王勇深受鼓舞，他下决心要在京唐公司更努力的工作，用出色的成绩回报家人和孩子们，用双手为最亲爱的他们创造更美好的生活。

深夜，亮起灯光的钢轧现场多了一分安静和美好，在很多人渐入甜美梦乡的时候，王勇和其他巡夜安全员们穿戴好工装，拿着手电又一次走进现场，他们仔细检查着每一处施工角落，同时也守护着每一个睡在甜美梦乡的家庭。每当这个时候，他总是跟他的同伴说："咱就是一颗小小的'螺丝钉'，用咱们自己的方式爱着咱的家、咱的亲人。咱们多一天坚守在现场，多一分认真的检查，咱的兄弟姐妹就多一分安全，就算暂时牺牲'小家'，也要守住咱们这个'大家庭'。"

在工程建设中忘我前行

刘思薇

各位领导、同事：

大家好，我是来自工程部的李郁翠。今天我想给大家讲讲我们部董艳华的故事。别看他岁数不大，但是已经是工程建设的"老手"了。

首钢京唐公司作为全新的钢铁企业，从建厂至今工程建设从没停止过。2007年，董艳华大学毕业进入京唐公司工程部后，立即投身到工程建设中。他不怕苦、不怕累，在日常工作中积累了丰富的施工管理经验。

董艳华平日里是个热心人，他专门给部里的年轻人建立了微信群，取名"工程小青年儿"，及时帮助大家解决工作和生活中存在的问题，我们都亲切地叫他"大董"。自从二期工程开工以来，大董更是冲锋在前、勇担重任，从临建规划到场地准备，从地基处理到土建施工，从设备安装到单体调试，他始终坚持服务为先、兢兢业业，积极主动为施工单位和作业部想办法、创条件。

大董工作起来十分忘我，甚至有点"不靠谱"。别人忙起来都是顾不上回家顾不上看孩子，大董可是不走寻常路。记得去年中秋小长假，我和两个同事正在办公室值班。下午2点多，大董抱着一个孩子，灰头土脸走了进来。我是第一次见到这个孩子，但是一眼就能认出肯定是大董的儿子，一样的大眼睛，一样的尖下颏儿，甚至一样的灰头土脸。为了与小侄子迅速建立起"革命友谊"，我赶紧拿出了柜子里储存的零食递给他，没想到这个小家伙儿一点都不见外，一把接过零食大吃起来。同事们笑着对我说："你是不知道，这小家伙可是咱们办公室的常客了，经常跟着他爸过来加班。"我正满心好奇，这时大董媳妇也走了进来，虽然没有像大董和孩子那样灰头土脸，但也满头是灰，脸上的水珠尚未擦干，显然刚在洗手间为脸部做了简易"水疗SPA"。

仔细询问我们才知道，原来大董和媳妇上午正在湿地公园"溜娃"，10点多突然接到工会电话：为鼓舞工程建设者的士气，公司结合二期工程"六比一创"劳动竞赛活动，专门采购了2车新鲜猪肉发给所有施工单位，在节日期间慰问广大建设者。大董一听这可是好事儿，为及时准确转达公司心意，确保第二天上万名施工人员都能吃上新鲜猪肉，大董二话没说，拉上老婆孩子就直奔工程建设现场，用了3个半小时终于完成了40多个单位的慰问工作。那天的风有点大，加上工程现场环境恶劣，所以大董一家都被搞得灰头土脸的。我当时充满疑问，"那么多单位，大董你知道每个单位发多少吗？"大董自信地说："嗨，整天和这些单位打交道，每个单位多少人都在脑子里呢。放心吧，差不了！"

这时小家伙儿还在旁边大口大口地吃着沙琪玛，嘴边沾满了灰尘和口水，就像长了一圈小黑胡子。我们连连称赞小家伙儿胃口真好！后来一问才知道，原来为了把慰问品早点发到施工人员手上，他们根本没来得及吃午饭，又没给孩子带奶粉和吃的，孩子早就饿得不行了。听到这儿，我们忍不住埋怨大董"不靠谱"。他却满不在乎，从孩子手里掰下一块沙琪玛塞进媳妇嘴里，然后问我："还有别的吃的吗？"

可是大董媳妇的"伶牙俐齿"岂是一小块沙琪玛能够堵住的，顺着我们几个话茬说道："他呀，这次还算靠谱的，知道湿地公园打车不方便，把我们娘俩拉上了。有一次我们正在逛街，接到公司电话，说工程建设现场有点问题需要解决，他撂下电话扔下我们娘俩开车就跑了，害得我们俩走了半天才打到车！"听完这句话，再看看大董和孩子一起狼吞虎咽吃零食的样子，我真想问问大董，你能不能再"不靠谱"点！

慢慢地，大董这份忘我和无私奉献的工作精神在全部门出了名，他的那些故事大家耳熟能详。2020年1月，二期工程建设进入关键期，各主要工序穿插施工，现场协调工作量大大提高，公司发起了"冲刺一个月"的号召。为了响应公司号召，大董白天长期驻扎现场，全面掌握情况，及时化解矛盾，统筹协调管理。每天晚上，他都要参加各主要工程的碰头会，等到散会就要10点多了。由于正是岁末年初，他还要忙着梳理部门年度总结计划、二期工程汇报及节点计划等材料。那段时间，他经常吃在食堂，住在办公室，部里同事见他忙成这样，偶尔和他开开玩笑，"大董最近是不是又和媳妇吵架了，连家都不让你回了吧。"他总是爽朗地哈哈一笑，"不能不能，我媳妇可是非常支持我工作的。"大董轻松地说着，黑眼圈中两只大眼睛透着机灵，疲惫中又充满活力。

事后我还听说，那段时间大董总是在单位加班，即使回家也已经是深夜了，第二天五六点又得起床去上班，导致不到两岁的孩子一个多月没有见到爸爸，终于有一天两人见面了，却很尴尬，因为孩子怯生生地朝他叫了声"叔叔"。

大董的工作劲头儿大家看在眼里，平日里同事们总是调侃着劝他，让他好好爱惜身体，多多照顾家里，告诉他工作永无止境，避免透支卖命。他总是满不在乎："没事儿，年轻就是要奋斗，我这身体好着呐！"他不但自己吃苦耐劳，还经常叮嘱我们："年轻的时候要打牢基础，一定要踏下心来多经历多学习，把自己的工作干好。"他时刻用自己的实际行动感染着我们，用忘我的工作精神、乐观的工作态度激励着我们一路前行！

建设三高炉的“铁人”

滕　菲

各位领导、同事：

大家好！我叫唐建光，来自炼铁作业部。今天我的宣讲题目是“建设三高炉的‘铁人’——张劲锴”。张劲锴，38 岁，负责炼铁二期施工管理，他给我的第一印象是，黝黑的皮肤透着东北小伙子特有的爽快。

2007 年 3 月，他跟随首钢搬迁来到了曹妃甸，全程参与了炼铁一期工程的建设。2016 年 8 月，京唐二期项目正式开工，张劲锴又被委以重任，负责炼铁二期所有工程的施工管理。对他来说，这又是一次艰巨而充满挑战的任务。

忙碌是二期施工现场的主旋律。而到底有多忙？恐怕只有二期现场的负责人和他们的家属最有发言权。所以，我专门去采访了张劲锴的妻子，她就是上一位宣讲人李郁翠。交谈中我得知，他们过着从唐海到公司再到唐山，三点一线的生活。当我提及“张哥多久回唐山看儿子”的话题时，翠姐长叹一口气，半晌说不出话来，原来：

张劲锴的父母和他 8 岁的儿子住在唐山市里，从 2018 年 10 月到三高炉完工期间，张劲锴除了过年回了趟唐山，平时回去看孩子的次数是 0。我问问在座的各位，短短 80 千米的距离，仅仅 8 岁的儿子，有没有一个人，可以忍心 6 个月不回家看一看？他为什么回不去？“忙！没时间！”这是我听他说过最多的话。

他也曾想过回家看看。11 月初，喷煤主厂房钢结构吊装进入抢工期阶段，施工单位需要 24 小时不间断作业才能赶上施工计划。11 月 10 日恰逢周六，张劲锴在安排好班上的事儿之后，好不容易下班回一次唐山，看看多日未见的父母和儿子。那天到家已经是半夜 11 点了，儿子已经睡了。张劲错屁股还没坐热，就被微信工作群里的一条消息扰乱了心思。"喷煤主厂房施工的一冶吊车出了问题，夜里停工。"

"怎么能有点困难就停工呢？这东一停西一停的，进度还不都给耽误了！"一边想着，他立即拨通了现场负责人的电话。"喂，老杨，什么情况就停工了？"对方回答说："吊车坏了，实在进行不下去了！张工，休息一夜明早再修吧，不差这几个小时。"

要知道，"不差这几个小时"在张劲错这儿是最行不通的。"不行，今天吊车坏了耽误几个小时，明天万一还出现别的问题呢？这工程进度可等不起，吊车必须连夜抢修！"挂了电话，张劲错坐在沙发上发愣。

"不行，还是得去看看。"他连忙站起身来，穿上工作服，拿起车钥匙，准备往外走。

翠儿姐一把拉住张哥的手，轻声说："你可都快两个月没回来看儿子了，要不给他叫起来，跟你说两句话你再走吧。儿子特别想你。"

"别了，他起来又该不让我走了，我怕我舍不得。"说完，他推开儿子的房门，悄悄地看了孩子一眼，伸出手想摸摸孩子，又忍住了。

"我走了啊！"张劲错跟翠儿姐打完招呼，头也不回的踏上了回单位的路。满打满算这次回家的时间还不到一个小时。从唐山赶到单位时，已经是夜里 12 点多了。张劲错连夜组织人员抢修，经过 3 个多小时的努力，吊车问题解决了，施工又恢复了正常。放弃了与儿子的相聚再加上一夜的舟车劳顿，只抢回了 4 个小时的施工时间，似乎怎么算都是一笔"赔本买卖"。可正是因为张劲错和同事们牺牲了在家陪老婆孩子的时间，不舍昼夜的加班加点，才保证了三高炉的施工进度啊！

2019 年过完十一，对于张劲错来说，工作似乎就没有了周末和假期，他连续 3 个月没有休息过一天，还经常在单位熬夜。就算回唐海，也都是将近夜里 12 点才能到家。也难怪翠儿姐偶尔抱怨，丈夫这么抛家舍业的，换谁还没点情绪呀？不过同样身在京唐公司的她，对张哥给予更多的还是理解和支持。翠儿姐跟我说过，以前的她从来不用做饭，都是张哥做，后来为了老公能回家吃口热乎饭，她也开始学做饭了。以前的她从来不用开车，因为都是张哥开，现在从唐海到公司再到市里她都开得贼溜，她就是想着能在上班的路上开会儿车，好让张哥能多休息一会儿。在这里，我想对翠儿姐说，京唐公司正是有你和无数像你一样的贤内助，才让张哥，让我们更多为二期奉献着的铁人没有了后顾之忧。所以，嫂子，谢谢你！

春节如期而至，施工人员大都回家过年了，难得有片刻闲暇的张劲锴，终于可以放假回唐山陪陪儿子了。可没想到的是，与家人团聚的地点却变成了医院。原来在春节前一个月，因为长时间高强度的工作，张劲锴连续感冒发烧。他不顾领导同事们的劝说，一直咬着牙坚持工作，直到病情发展为严重的鼻炎和支气管炎。因为病情的加重，张劲锴不得不去医院输液调养。假期一过，身体刚刚康复的张劲锴，又在第一时间回到了岗位上，组织所有施工单位人员返厂开工，重新投入到三高炉的建设当中。铁人不是铁打的，但是他好像真的就是铁打的。

在所有参与二期建设的职工当中，还有很多像张劲锴一样，日夜奋战在工程一线的炼铁人，他们为了三高炉能够早日投产，付出了比常人多十倍、甚至百倍的汗水。他们立足岗位，勇于担当，攻坚克难，全力以赴，为把京唐公司建设成为最具世界影响力的钢铁厂贡献着自己不竭的力量。

二期工程建设中的后勤尖兵

刘坤明

各位领导、同事：

　　我是办公室郑婕。今天，我故事的主人公们虽然不是奋战在一线的建设者，但是他们却为二期工程建设披星戴月、栉风沐雨默默贡献着自己的力量。起初我们准备采访办公室的负责人，但他委婉拒绝了我们。他说："你们还是去采访后勤团队的工作人员吧，他们才是最辛苦的。"于是，我们走进了后勤保障团队，聆听了他们的故事。

　　那是一个隆冬时节，晨光熹微。

　　在大多数人都尚在梦乡的时候，中厚板餐厅的 60 名员工已然全部到位，洗菜、和面、烙饼、煮粥……动作干脆利落，工作紧张有序。一个小时后，早餐菜品依次排开，餐厅迎来了第一波客人。

　　客人中绝大多数都是参加京唐公司二期建设的建设者们，他们每天早上在这里补给能量，元气满满地奔赴建设现场。而为了做好能量补给站的保障工作，中厚板餐厅的员工们已经连续奋战了 150 余天。

　　高世红是中厚板餐厅的领班，从 2018 年 9 月京唐公司二期工程进入攻坚阶段开始，每天四五点钟起床就成了常态。歪着头夹着手机，不停地在笔记本上记录着各送餐点的配餐数量和要求，这是她工作中最常见的姿势。通常这边的电话还没打完，另一部手机已经不甘寂寞地响了起来。一天要接打多少个电话，高世红没有统计过，只知道脖子、肩膀和嗓子疼得厉害。餐厅的小伙伴们说，最近大红身上的膏药味儿越来越重了。

　　56 岁的余佩全是中厚板餐厅睡觉最少的人。他是一名退伍军人，也是餐厅的消防安全员，大家都说他是一个闲不下来的热心人，在哪都能看到他忙碌的身影。晚上，送走最后一波吃宵夜的客人后，他又开始检查设备状态和餐厅消防安全情况，每天他都是餐厅最后一个下班的职工，而这个时候已经凌晨两点多了，他就在二楼找个地方和衣而睡。有人问他苦不苦，他紧了紧衣服的领口说："怎么会不苦呢，我们也会冷、会累，不过我们的荣耀也就在这里，只要能为二期工程建设贡献些许的力量，再苦再累我都觉得值。"

张军和王连春是餐厅厨师，"舌尖上的美食"全靠他们的一双巧手，要问一天给5000多人做饭是什么滋味，他们的回答简单干脆"一人看五个灶，合理分配时间"。毫不夸张地说，他们几乎一天都在炒菜。不过这都不算啥，他们的工作常态就是这样。当然，非常态也常有，而最让他们记忆犹新的还是做烧鸡那次。那时已经临近春节，为了让工程建设者们感受新年的喜悦，公司要送2200只烧鸡和猪牛羊肉等给工人们改善伙食。肉还好说，切切就行，烧鸡却是要现做的。张军和王连春带着两三个服务人员连续干了两天一夜，大家都熬出了"熊猫眼"，塑封机用坏了两台。

这样的事例，不胜枚举。这几个人也只是中厚板餐饮团队的一个缩影。在2018年9月到过年前夕这段时间里，这个平均年龄42岁的团队，每天要送餐1000多份，姜糖水20多桶，接待就餐人员5000多人次，超过了额定用餐人数的10倍之多。他们放弃了提前回家过年的机会，用敢于苦干硬干的精神，为二期工程建设者们送去了温暖和满满的正能量。

这是我给大家带来的第一个故事。第二个故事相信很多人都知道，"过年了，京唐公司送工程建设者们回家"的官宣，火爆了朋友圈，点击量达到2.8万，留言226条。

1月22日，办公室通勤车队接到一项紧急任务，"参与公司二期工程建设的千余名建设者，为了帮助公司赶工期，没有买到回家的车票，公司决定由我们安排车辆送他们回家。"大家都知道回家过年是每一个外出务工人员最强烈的愿望。接到任务后他们片刻不敢耽搁，立即组织研究返乡路线。而千余名建设者，来自祖国各地，需要逐一登记，制定路线。

乘车人员信息统计上来了，密密麻麻的十多张纸，详细记录着每个人的姓名、电话和家庭住址，并按照省市进行了分类。车队管理员武亚威对照着中国地图研究了整整一天，终于制定了 22 条返乡路线，远涉湖北、四川、江苏、黑龙江等 16 个省份，88 个市区，往返总里程达到 5.1 万公里。

如此多线路、长距离的运输对京唐公司来说是一个巨大的挑战，准备工作尤为重要，车上不但配备了灭火器、三脚架、防滑链等应急设施。最远的四川遂宁单程就需要连续开车 40 小时，什么时间能到什么地方，到哪个服务区休息都做了详细的安排。中俄边界的黑河，当时温度达到零下 30 多度，车上所有的油都换成了防冻油，还加了电拌热，为应对极端天气做好了充分的准备。

万事俱备。1 月 26 日，第一批返乡班车出发了，车上的每个人脸上除了回家的喜悦，还有满满的感动，欢声笑语，暖意融融。

山东的小李激动地说："知道京唐公司要送我们回家，我们都不着急了，一定把工期抢出来，过完年我们回来接着干。"

大巴车一辆接着一辆驶出了京唐公司，办公室职工们的心也跟着提到了嗓子眼儿。他们时刻关注着群里的信息，天气如何、路况怎样，心思都系在那 24 辆班车上和千余名建设者的安全上。办公室职工在群里说："暖心工程不仅暖了务工人员和他们亲人的心，把我们的心也一并带走了，一会儿不跟踪看一下群里信息都受不了，总想着车到哪里了，到哪里了。"整整七天的时间，大家就这样食不知味、卧不安枕。直到 2 月 1 日晚上，所有车辆安全返回北京，他们这一直悬着的心才放下。

而这件事并没有就此落下帷幕，反而这暖心之举在职工及家属的朋友圈，引起了强烈反响，大家纷纷转发、留言，为京唐公司以人为本的企业风范点赞，为 48 名班车司机的过硬作风点赞，为后勤保障队伍的坚守与敬业点赞。一位名叫剑指苍穹的网友说："国企担当，大企风范，为我是京唐人骄傲和自豪。"

是啊，我们为京唐公司骄傲，为可爱的二期工程后勤保障团队自豪，他们真诚、质朴、暖心，让二期工程建设者们感受到了温暖、汲取到了力量。他们说只要为了二期工程建设经历再多的辛苦都是值得的，一切的付出都是值得的！

奇迹，我们来创造

孙　伟

各位领导、同事：

大家好，我是中厚板事业部的张琪，今天在这里跟大家分享的是中厚板设备工程室这个团队在四米三产线迁建过程中的故事。

2018 年 5 月 30 日首秦公司停产，次日设备开始迁往京唐公司，装机量4.7 万吨的整条产线在短时间内要一次性迁建完成，难度之大可想而知！

首先摆在设备室眼前的问题是四米三的迁建要不要请西马克和西门子来做技术指导。设备室的这伙人可以说与这条产线"朝夕相处"多年，早就摸透了设备的"脾气秉性"，让老外来"指手画脚"，还真有点不甘心。最后，我们的王普部长果断决定：除了轧机二级自动化借助一点普瑞特的力量之外，剩下的全由我们自己人干！

轧机主电机是四米三产线的"心脏"，所有零部件都是从德国直接海运过来的。主电机迁建，电机的锚固板和地脚螺栓套筒需要提前半年随土建预埋在基础里，安装不能有半点闪失，设备工程室孙伟翻阅了大量的外方资料，可主电机的预埋件是老外供的货，没有详细的制作图，深埋地下的预埋件也没有办法测绘。为了找到预埋件的资料，孙伟联系了德国柏林电机厂，结果等来的消息是"不对外"。他反复多次去首秦的资料档案室翻阅当年的竣工资料，如获至宝地找到了预埋件的型号，可却只有简单的德国丁标标准号。那一阵子，他的压力好大。为了找到详细准确的信息，跑到了北京标准化研究所去查询。功夫不负有心人。终于让他找到了这些预埋件的详细的尺寸信息，为制作提供了可靠的依据。

有了依据，就有了方向。轧机主电机顺利安装完成，试车一次性成功，主电机的安装精度甚至超过当时西门子电机专家的要求。

2018 年 10 月，四米三产线建设进入攻坚阶段，可轧区施工单位技术力量不足，组织不力，活儿干不到点上，再加上施工单位多，相互交叉影响，施工进度非常缓慢。为了理顺施工，确保工期，陈全武协助刘彦川主任夜以继日地编制详细的施工周计划、日计划，施工节点甚至精确到了小时，他们每天严格把控各个专业进度，每天下发施工任务书，终于使繁杂的工程施工变得有条不紊。

10 月底，已经连续几周没有回家的陈全武患上了重感冒，嗓子哑得都快说不出话了，他就在医务室开了点药硬顶着。偏偏这个时候，妻子打来电话说孩子高烧不退，已经住院了……陈全武明白，妻子想让他这个"主心骨"回家。其实他也担心孩子，可是工程太紧了，他只能安慰妻子："现在太忙了，我实在走不开，你再坚持坚持。"没想到的是，妻子因为劳累也病倒了。领导知道陈全武家里的情况后，立即对他下了命令："赶紧回家，家里的事安顿不好不许回来!"陈全武这才放下了手头的活儿，回了秦皇岛后直奔医院。在病房门口，他看到了正在楼道打点滴的妻子。

望着满脸倦容的妻子，全武轻轻拉起她的手，不知道该说些什么，妻子见到丈夫归来，委屈的止不住地号啕大哭。全武安抚着妻子，看着病床上熟睡的孩子，心里充满了愧疚。

因为生病，一家三口难得地团聚在了一起，这让满是消毒水味儿的医院充满了家的温馨。

然而相聚的时光总是很短暂。等妻子和孩子的病稍有好转，陈全武又急匆匆地回到了工作岗位继续奋战。

在工程建设期间，其实有太多人都像陈全武一样，他们与家人聚少离多，他们舍小家为大家，他们迎着困难默默地奉献着……也正是因为有了他们，工程建设才得以快速推进。

2018 年 12 月 30 日上午 9 点 58 分，随着邱书记宣布"开始过钢"，火红的钢坯通过粗轧机，四米三产线一次过钢成功，首钢四米三中厚板在首钢京唐公司这片热土上涅槃重生。

成功的喜悦浮现在大家的脸上，但你可能根本想不到，就在过钢的前一个小时，中厚板设备工程室团队刚刚进行了一场与时间的赛跑。

过钢前，除鳞机还从来没有试过水。如果没有除鳞，过钢就是不完美的。贺志红临危受命，在最后关键时刻，组织各专业全力抢除鳞系统，施工单位和设备厂家全力以赴。8点多，对除鳞系统进行最后的升压测试。突然，除鳞出口法兰漏水了。贺志红二话没说，立即带着施工人员上前抢修。寒冬腊月，冰冷的水浇在他们的身上，他们就那样淋着水赤着手调整管道，紧固法兰螺栓。时间一点一滴地过去，距离预定的过钢时间越来越近……他们手脚麻利地忙碌着，心中只想着一件事："坚决不能耽误过钢！"当法兰紧固妥当后，大家的心又悬了起来，既要保证过钢的除鳞效果，又担心再次发生漏水故障导致前功尽弃。没有半点犹豫，贺志红果断决定，采用新方案，关闭除鳞第二组集水管。电机由50赫兹调整到30赫兹，调试人员在笔记本上敲下了指令。此时，主席台上的参会人员都已经站好了方队，"出钢"的命令回响在参战施工人员的耳畔。

在钢坯通过的那一刻，除鳞机喷出了第一股高压水，钢坯的氧化铁皮被冲得一干二净，露出了通红的表面，除鳞效果相当的好。除鳞机成功投入使用，过钢成功。抢修的职工都高兴地在除鳞机旁合影留念，可贺志红，一直守在除鳞机旁，在大家欢呼雀跃的时候，发着高烧的他已经靠在栏杆旁站不起来了。当时，这位七尺男儿，眼里噙满了泪花。

2018年6月1日~12月30日，仅仅7个月的时间，我们完成了四米三产线的利旧拆迁、运输、修配改，安装、调试、试生产。从没有一个产线能够在这么短的时间内实现拆、建、投——我们的设备工程室简直就是创造了一个奇迹！

进入2019年，四米三产线一个个工程节点陆续完成，同时我们还光荣的为冬奥会滑雪大跳台建设提供钢材。设备工程室在奋进的道路上，目光更加笃定，脚步更加坚实。他们会再接再厉，确保整条产线的贯穿和稳定达产，为打造国际一流的中厚板产线，为京唐公司全面实现"四个一流"目标贡献新的更大力量！

疫情中的坚守与奉献

薛超杰　尹松松　丁宏健

各位领导、同事：

大家好，我是能源与环境部任莎莎。今天我要为大家讲述的是疫情中的坚守与奉献。

苑松，是我们能环部海水淡化岗位的一名来自北京的老师傅，从年后上岛以来就和大伙一起驻岛留守，每次看到他都好像是有心事。

"苑师傅，这么长时间没有回家，家里有什么放心不下的吗？"

"女儿今年参加高考，她想考北师大，当老师。疫情期间学校不能按时开学，只能在家视频上课，上课的效果也不知道好不好。"父母之爱子，则为之计深远。毕竟这是孩子人生最重要的时段，苑松想多陪陪孩子，多跟孩子交流交流学习情况。可是这时，他只能是打打电话关心一下。懂事的女儿知道远在异地工作的父亲不容易，为了让父亲放心，她一直没有松懈自己的学习，每周都会向父亲汇报学习情况，朝着目标努力着。

疫情发生之后，妻子一个人在北京承担起了守护老人和孩子的责任。苑松的母亲在春节前半个月，被姐姐接到了海口的家过节，本想过完节就回北京，却生生被这场疫情阻挡了回家的路，老人家天天盼着能回家，成天担心家里的老伴和孩子。为了让母亲放心，苑松就坚持每天打电话，汇报自己和家里的防疫情况，让母亲放心，等疫情一过马上接她回家。

驻岛留守，苑松最上心的还是工作上的事。"大家出门时，一定要把自己的位置往群里发一下。"这是苑松每天早晨醒来在丙班的防疫群里说的第一句话，也是他对班组成员每天的第一项要求。每收到一条班组成员的定位，他都要打电话询问具体情况，叮嘱大家出门一定要做好防护。

不光是疫情防控，工作中的他也是细心备至。疫情期间，海水淡化蒸发器换热管除垢所用的药剂运输出现紧张局面。"有什么办法既能节省药剂使用量，又可以防止管路结垢呢?"为了找到答案，苑松一遍遍地从淡化装置底部爬到顶部，又从顶部爬到底部，反复查看加药管道……终于，他发现了一个好办法，就是把出口加药管道的第一道法兰接口拆开然后接上一段胶皮管，第一效的海水通过加药管道流到指定位置，保持加药管道内的海水长期流动，这样不仅能减少阻垢剂投加又不会造成加药管道冻裂或堵塞。经过这一小的改造，完美地解决了问题，节约了药剂使用量。

我要讲述的第二位师傅是炼钢部的赵岩，一名有着 36 年工作经验的老职工，更是一名经过党多年考验的老党员。在疫情防控的关键时期，他一把切割枪、一个对讲机硬是在生产现场奋战了 50 多天。

"大难面前，我是党员，关键时刻我必须要顶上去!"这就是疫情面前的党员担当。由于疫情的影响，和赵岩同岗位的另一名职工被困在了北京不能及时返岛，每天 200 多吨的板坯切割工作就这样全部压在了赵岩师傅的身上。他挺身而出，没有向领导提出加人的要求，一个人承担起了两个人的工作任务，毅然坚守在岗位上。

每天早上 7 点，赵岩都会准时到达工作岗位，开始一天的忙碌工作。在疫情防控最关键的 50 多天里，他切割倒运了 9000 多吨废钢坯，从没喊过一声累。

在工作现场，经常看到赵师傅一会儿拿起气割枪切割着十多厘米厚的板坯，一会儿拿起对讲机指挥天车倒运坯头，忙得不可开交。等他想起吃饭的时候，经常已经是下午一点多钟了。同事们都问他:"赵师傅，疫情这么严重，您又马上要退休了，怎么还干得这么起劲儿。"他总是说，"各行各业都在全力抗疫，我是党员更不能给组织拖后腿。"赵师傅的回答让大伙肃然起敬，也真切感受到了一名老共产党员的自觉与担当。

疫情期间，正是有了这许许多多"关键时刻站得出来、豁得出去"的平凡职工，才为我们筑起了一道道牢不可破的坚强"防线"。

1 月 27 日大年初三，钢轧部职工、有着 24 年党龄的老党员韩立新，在安顿好年迈的父母之后急匆匆返回到自己的岗位。因为他知道：疫情期间，人手短缺。

班组岗位缺员，韩立新主动请缨替班；单位报名召集抗击疫情志愿者，他主动参加……进入2月，钢轧生产量增加，他又忙碌在生产现场。

2月22日，韩立新刚刚下夜班就接到了大女儿打来的电话："爸，爷爷发烧38.6度住进了ICU，我也发烧37.5度，在医院隔离。"

听了这事儿，韩立新心急如焚。父亲80多岁，体弱多病，母亲也已年近80，小女儿年纪还小也需要人照顾。但他知道，现在疫情形势严峻，如果回去，就不知道什么时候才能返回岗位。而现在正是岗位缺员严重的时刻。

作业区领导得知此事后立即汇报部领导，一致要派专人专车直接送韩立新回秦皇岛照顾一家老小。"现在回去也帮不上什么忙，家人都在隔离呢。而且在这场战'疫'中，全国人民都作出了巨大牺牲。我是个党员，更要起到表率作用，决不能给组织添麻烦。"韩立新坚定地说。就这样，他果断留了下来。

工作中，韩立新每天精心组织板坯下线、精整码垛……在他的带动下，板坯库井然有序，生产顺稳。空余时间，他还承担起了岗位消毒和职工们体温检测。

一周之后，韩立新大女儿打来电话："爸，爷爷和我两次核酸检测都是阴性，全家解除隔离了。爷爷病情也好多了，转到了普通病房。"此时，韩立新悬着的心终于放了下来。

防控疫情，用坚守与奉献来回应最美"逆行者"们，展现出一种超越"小家"、成就"大家"的高尚境界。在这场没有硝烟的战争中，他们谱写着一曲曲感人的篇章，一首首赞美的诗歌。他们都是时代最可爱的人、最可敬的人，值得被所有人点赞。在这个极不寻常的日子里，让我们守望相助，向他们致敬！

当被需要时青年志愿者从不缺席

姜晓璐 王思佳

各位领导、同事：

　　大家好，我是运输部的杨昊锟。在抗击疫情阻击战中，也是一名光荣的青年志愿者。今天，就跟大家聊聊，我们青年志愿者的那些事儿。

　　当新型冠状病毒席卷全国，首钢京唐公司也进入了紧张的备战状态。在这样特殊的时期里，一个年轻的群体汇聚起强大的力量，为阻断病毒入侵、守护职工生命安全默默奉献，他们就是青年志愿者。连日来，这些志愿者在公司的协调组织下，主动投身新冠肺炎疫情防控阻击战。43支青年突击队，360余名青年志愿者已成为联防联控、群防群治的重要力量。

　　2月15日的早晨，6点多的唐海还笼罩在一片夜色中，由于头天晚上刚下完大雪，整个渤海家园小区安静得像个童话小镇。当大家还在睡梦中的时候，一个个"小红帽"咯吱咯吱地踩着没过脚踝的积雪出发了，在洁白无瑕的雪面上留下第一串脚印。他们从四面八方赶来，聚集在渤海家园西门口，做好准备为乘车上班的京唐公司职工检测体温。

　　二月初的那段时间是今年最冷的几天，"小红帽"们每日早晚在室外志愿服务近一个小时，冻得手脚都不听使唤了。连续半个月下来，从没听一个人说过苦、喊过累，志愿服务进行得非常顺利。可一件意想不到的事情却发生了，由于室外温度过低，造成检测数据不准确，甚至无法读取体温。志愿者们看在眼里，急在心里，大冷的天额头上却冒出汗珠。发现问题以后，大家第一时间在微信群里展开了头脑风暴，你一言我一语，集思广益献计献策，办法方案层出不穷，大家立即分头行动。在当天晚上的服务中，他们就地取材各显神通，带着各类"武器"上了战场。最简单的是把手搓热捂着、放在胳肢窝里夹着，段位高的用上了热水袋和暖宝宝，最夸张的还开来了私家车，在空调口吹着，一次能热五六把测温枪，保证体温检测顺利进行。

不只是在唐海，在公司的各个单位、各个场所、各个角落，处处可见身穿蓝色工装，头戴小红帽和红色袖标的青年志愿者们冲在疫情防控第一线，发挥着战斗员的先锋表率作用。哪里需要他们，他们就出现在哪里；哪里任务繁重，他们就坚守在哪里；哪里存在风险，他们就冲锋到哪里……防疫知识宣贯、人员信息排查、职工体温检测、公共区域消杀等工作，他们干起来毫不含糊，尽展青春风采，尽显抗疫决心。

为了把好京唐的第一道关口，焦化部和运输部的青年志愿者扛起了支援公司门禁检查的重任。一号、二号、四号大门，3个门岗，24小时，30余名青年轮班值守，为外来人员登记信息、检测体温、维持秩序。由于天气寒冷，志愿者呼出的水蒸气凝结成水珠，不到半个小时口罩就湿透了，护目镜也被水汽模糊了视线。可赶上入厂高峰期，这点小事谁也顾不上，为确保人员、车辆流入的安全性和畅通性，最高效的办法就是跺脚，把护目镜上的水珠震下来，能看得清就行。

焦化部的崔利芳就是其中一员。他每天晚上睡前的最后一件事就是看天气预报，如果第二天是雪天或者雾天，那入厂的车流人流肯定会出现拥堵，他就定好闹钟提前半小时到岗，以免影响车辆和人员进出。由于每天早出晚归，再加上如果遇到极端天气，执勤时间更无法保障，他干脆就吃住在厂前宿舍，全身心地做好服务。

2号门入厂货车司机检查的志愿工作由我们运输部的青年志愿者承担。我在夜班执勤时，发现由于车辆较多，司机师傅的等待时间较长，有时一等就是2~3个小时。寒冷的冬夜里，这些为京唐公司送货的师傅们在驾驶室里被冻得哆哆嗦嗦，看着真有些不忍心。我从家里拿来暖水壶，为司机师傅备好热水，用一件小事把温暖送到他们心里。承德建龙钢厂的刘师傅不禁感慨，他对我说："虽然车多，但是来京唐公司送货，我这心里也踏实啊！"听了刘师傅的话，我真是又高兴又感动，觉得再苦再累也是值得的。

除了班车和大门外，职工宿舍楼人员密集，也是志愿服务的重中之重。

水景公寓的楼梯口、电梯间等区域流动人员较多，交叉感染风险比较大，中厚板事业部的青年志愿者冲锋在前，为疫情防控扫清障碍。他们每日定期对这些区域进行消毒。两栋公寓楼，每栋都有 20 多层，他们背着 10 公斤重的消毒液，每日要来个五六次全程跑。一天下来，志愿者的肩膀后背都磨破了皮，甚至有人累得直不起来腰，什么火罐、风湿膏、云南白药都派上了用场，志愿者的宿舍里总是传来吱哇乱叫的喊声，顺着药味都能找到他们的踪迹。可第二天，他们又重整旗鼓，整装待发，消杀工作从不懈怠。因为他们知道，自己守护的是同事，是兄弟姐妹，更是家人。

面对疫情，全公司的青年志愿者们都动了起来，他们竭尽所能贡献力量。炼铁部李飞、能环部赵鹏涛主动请缨为乘坐班车职工测量体温；热轧部白日川、供料部李庆宁在食堂装餐打包，力保午餐供应不断线；镀锡板事业部李大政、史兵第一时间站出来，为隔离职工送水送餐……

在抗疫的各个角落里，处处有他们的笑眼，时时有他们的叮咛，事事有他们的贡献。在这些志愿者中，年龄最小的只有 21 岁，或许在母亲的眼里，他还只是一个孩子，可在抗疫的岗位上，他却是个顶天立地的男子汉！大疫面前，青年志愿者们无私奉献、冲锋在前，凭借不服输的韧劲和不认怂的闯劲，为守护职工生命安全许下庄严的承诺，为保障公司生产运营发出铮铮的誓言，手挽起手共同筑起防疫的青春长城！

抗疫战场上的 "最强女团"

苗亚光　韩会涛　丁宏健

各位领导、同事：

　　大家好，我是来自钢轧作业部的蔡香君，今天我要和大家讲述的故事题目是《抗疫战场上的"最强女团"》。在抗击新冠肺炎疫情的过程中，我们每名职工都亲身经历了信息排查，而负责信息摸排的工作人员中，绝大部分都是女职工。今天我就要和大家分享一下她们在抗疫战场上英勇战斗的故事。

　　随着疫情形势日益严峻，京唐公司对全体正式职工及协力单位职工开展信息摸排，公司办公室负责医疗保健及计划生育管理的崔文娟也立即投身到了这场疫情防控阻击战中。

　　平日里，同事们经常这样形容崔文娟，"说起话来干脆利落，工作起来雷厉风行""像个女汉子"。面对庞大的数据统计和信息摸排任务，一向雷厉风行的崔文娟大年初一就回到了工作岗位。每天电话响个不停、微信上的待查消息几百条、邮箱里的未读邮件一片红色，还有一行一行看不到头的表格，这让崔文娟觉得头皮发麻。由于当时正值春节假期，大部分职工都在休假，有很多人无法及时取得联系，许多信息需要分批报送。再加上协力人员结构复杂，涉及多个部门交叉管理，许多重复的数据需要一一筛选出来。崔文娟经常要汇总到晚上9点多，每一条信息，每一页台账都要反复核实好几遍，不敢有丝毫马虎。海量的信息时刻在考验着她的专注力。统计期间，她一坐就是一整天，忙得连水都顾不上喝，一天下来常常是口干舌燥，头晕眼花的。有人问她累不，她笑着说："累是肯定的，但是我知道有特别多的同事们都在家里陪我一起忙碌，只要能有效抗击疫情，保护职工健康，一切都是值得的。"

首钢京唐公司共有正式职工一万名，协力职工一万六千余名，要统计这么庞大的数据，光靠公司办公室的力量是难以完成的，各单位的协同配合至关重要。

焦化部炼焦作业区的办事员高秀珍家住北京，节日期间她一直居家办公，每天都要对265名炼焦职工进行详细摸排，时刻关注职工体温是否正常，排查人员动向，跨空间协调解决着作业区职工的各种问题。繁冗复杂的统计工作，让她忽略了陪伴8岁的女儿。高秀珍的爱人是乙班的职工，初六正常返岗，想到回单位可以更加方便地做好疫情防控工作，正常班的高秀珍决定提前和爱人一起返回曹妃甸。

在曹妃甸工作的北京职工，平时陪伴孩子的时间本来就少，疫情一闹，好好的春节假期一家三口满打满算就团聚了两天，而且受疫情影响，一旦回了曹妃甸，就不知道什么时候可以再回家了。想到这，高秀珍的心里充满了愧疚。女儿得知妈妈要和爸爸一起返回曹妃甸时，心里委屈极了，她紧紧地挽着高秀珍的胳膊说："妈妈，我再也不玩手机了，再也不看电视了，什么也不做，就陪着你。"回程前的晚上，高秀珍正准备睡觉时，女儿趴过来在她耳边细声说："妈妈，你明天一醒来，就叫醒我，我想和你还有爸爸多待会。"女儿的声音里带着哭腔，高秀珍听着心里别提多难受了，她侧过身搂着女儿安慰道："你在家要乖乖的，多关注电视上去武汉支援的叔叔阿姨们，等到他们都回家以后，爸爸妈妈差不多就能回家陪你了。"女儿乖巧地点了点头。家人的支持和孩子的理解让高秀珍特别欣慰，也使得她可以全身心地投入到抗击疫情的工作中。返回工作岗位后，她的工作更忙碌了，除了做好本职工作外，她还定期去督促各区域消毒、职工测量体温以及大数据上报，积极帮助职工们解决问题。

面对疫情，有许许多多像崔文娟、高秀珍这样的职工勇敢地冲向了抗疫一线，我们部的刘金芝也参与其中。在对职工进行信息摸排时，刘金芝发现有一些职工无法及时通过电话取得联系，这样就会导致信息滞后，给信息统计带来了很多不便，而且见不到职工的面，她心里总觉得不踏实，生怕出现了遗漏。信息摸排可是关系着疫情防控的大事，为了确保信息的准确性，她决定每天都到职工宿舍、岗位走访，详细询问职工身体状况及出行情况。有同事劝她说："别去了，打电话问问就行了，现在疫情形势这么严峻，宿舍人员密度大，你就不害怕？"其实她心里也有疑虑，可是转念一想，越是人员密度大越要重点关注，这可是关系到职工健康的大事，关键时刻可不能掉链子。

钢轧作业部职工大多来自秦皇岛，住在水景公寓。最开始对水景公寓走访时是早上9点，她做好防护措施，敲响了一间宿舍的门，"咚、咚、咚"几声后，屋里传来了很不耐烦的回应，"谁啊，大早起的不让人睡觉。"原来这名职工下夜班，刚睡着没一会儿，就被吵醒了。虽然人家没再说什么，却也是满脸的不高兴，刘金芝当时觉得脸有些发烫，恨不得找个地缝钻进去。信息摸排是确保防控安全的大事，可是要是因此影响了职工休息，那可不行。有了这次经验后，刘金芝根据倒班表作了调整，针对不同班次分别在上午9点和晚上7点进行走访，这样既不影响职工休息，又能保证摸排信息准确。一周的时间过去后，她和在水景公寓居住的近500名钢轧职工全部见了一次面，每个人的信息都做到了了如指掌，职工对她的工作越来越认可，亲切地称她是"最美抗疫钢花"。

在这场疫情防控阻击战中，这样的故事每天都在上演。她们是妻子、是女儿、也是母亲，她们柔和又坚韧，她们智慧、善良又充满耐心。当战斗的号角吹响，她们冲锋陷阵，相互配合，让不一样的女性力量绽放出了夺目的光彩。她们，是当之无愧的"最强女团"！

奋斗是青春最亮丽的底色

杨 柳

各位领导、同事：

大家好，我是质检监督部的张阳，很高兴今天能够在这里和大家分享我们原料取制样系统升级改造项目调试团队的故事。

2019年10月，质检监督部原料取制样系统进入了紧张的调试阶段，我非常荣幸加入了调试团队，并成为了队长。原料取制样系统是国内首个多物料取制样智能控制系统，项目工艺复杂、难度大，而我们的团队成员平均年龄只有29岁，年轻就是我们最大的资本，我们相信只要肯奋斗就没有干不成的事儿。

为了圆满完成调试任务，我们放弃周末休息，每天加班到晚上九点，全都铆足了劲儿往前冲。可是突如其来的新冠肺炎疫情却给了我们当头一棒。由于疫情影响，厂家工程师无法到厂指导。时间不等人，我们赶忙商量对策。最终我们决定，自己干！设备问题我们自己动手解决，程序问题我们与厂家工程师远程沟通完善，但是机器人偶尔出现抓不准的问题着实让我们困扰。原料取制样系统共有6台机器人，是以机器人为中心进行物料倒运，从而实现全自动无人化运行，解决抓不准的问题一直是由厂家工程师来完成的，如果机器人任何1个点出现抓不准的情况，整个项目将无法运行。

为了啃下这块硬骨头，我组织队员们分工合作。找厂家工程师要培训资料、找大学老师要材料、上网查资料，我们团队的黄利军同志自费2000元购买了整套机器人操作教学视频。我们白天调试设备，晚上集中学习研讨，每个人家里的电脑上都装了机器人模拟器。繁重的调试任务和学习研讨有时候真的让大家吃不消，团队成员张宇刚刚交了女朋友，由于工作量太大，晚上回到宿舍和女朋友视频聊天的时候竟然睡着了。这可把他吓坏了，万一女朋友跟他闹分手可咋办？就算不分手，也得别扭好几天啊！第二天一早，他就战战兢兢地拨通了女朋友的电话："昨天晚上加班太累了……"还没等他说完，女朋友就说："没事！你呀，就是太上进了，我高兴还来不及呢！不过工作再忙也得注意身体呀！"

就这样，我们从每一个按键功能学起，到机器人走直线、画方框、绘圆圈，解决问题的时间从1小时到40分钟再到10分钟，我们终于能自主解决机器人抓不准的问题，全自动制样单元按计划正式投入运行。

如今，我们让机器人抓哪儿它就能抓哪儿，从敬而远之到人机合一，让我们更加坚信，只要齐心协力，就没有过不去的坎儿！汽运高钙石灰石一直是重点监控的物料，其检验结果直接影响到公司的利益，本次升级要将其改造为取样、制样、样品运输全过程无人值守。为保证所取样品公平公正，我们应用了汽车图像定位系统，取样时在汽车车厢内实现水平和竖直方向自动随机取样。

在设备调试过程中，定位不准成了我们面临的最大难题。虽然此前通过厂家工程师不断改进，整体定位准确率已经达到了80%，可是远远达不到生产投用的要求，这可把大家都急坏了。一天下午，我们正在进行设备测试，那天阳光特别好，我偶然间看了一眼取样区域，发现地面反射的阳光特别刺眼，恰巧在这时定位不准又出现了。我脑子里突然蹦出一个想法，会不会是阳光影响了图像定位？为此我们做了大量的数据分析，发现光照的确会有影响。找到了原因我们既兴奋又激动，我们在半封闭的取样区域增加照明灯，增加光线补偿，定位准确率提高到90%。可是这依然无法满足使用要求，我们每天盯在现场想解决办法，急得像热锅上蚂蚁，甚至在怀疑这技术能不能行？这时平时最爱思考的周国乐灵机一动，既然光线补偿还是不够，那就想办法减少地面光线变化，将地面变成黑色就可以吸光了。说干就干，我们把图像定位区域的地面都刷上了黑色油漆，没想到问题竟然迎刃而解，大家悬着的心终于放下了，我们实现了汽车图像定位系统在国内的首次应用。

系统调试最重要的是充分发挥系统性能，确保设备在最佳的工作状态下精准运行。在全自动制样间的煤、矿、熔剂三套自动制样系统中，煤单元调试最为复杂。焦煤的工分样粒度要小于 0.2 毫米，还要保证 0.1~0.2 毫米之间的比例满足国标要求，以往都是由人工进行配比，国内从来没有机械制备的先例。随着投运节点的临近，为了加快调试进度，黄利军和张思明、张凯、信玉忠、韩印祥等人互相配合用双手代替机械手进行样品倒运。工作时带着厚厚的口罩本就呼吸困难，每人每天还要将几百公斤的物料投入 2 米高的设备，再从设备下方搬出，别提多辛苦了。黄利军曾患重病，可是高强度的体力劳动并没有吓倒他，他常开玩笑说："我把健身房搬到了工作岗位中，边工作边锻炼，再苦再累回到家看到 3 岁女儿飞奔过来，再多的疲惫也一扫而光。"功夫不负有心人。他不断摸索调整各级破碎机辊缝和研磨时间，经过百余次的调整测试，焦煤 0.2 毫米以下的样品比例终于达到了国家标准要求，实现了机械制备焦煤分析样零的突破！

　　奋斗描绘青春底色。突击队员们脸上被防尘口罩压出的印记成了青春最美的符号，他们朝气蓬勃奋发有为的精神面貌打造出了京唐青年最美的名片。在新冠肺炎疫情影响下，我们调试团队克服困难，勇挑重担，在不断学习和实践中积累了丰富的工作经验，圆满完成了调试任务。无数个奋斗的日日夜夜为我们描绘着亮丽的青春底色，无数问题和难题的排除与攻克成全了我们的梦想与追求。在接下来的日子里，我们一定会继续奋斗，为首钢京唐公司实现高质量发展贡献自己的青春力量。

打赢后勤战"疫"保卫战

刘坤明

各位领导、同事：

大家好，我是来自公司办公室的程淼鑫，今天我给大家讲的故事题目是《打赢后勤战"疫"保卫战》。

庚子鼠年，一场突如其来的新冠肺炎疫情肆虐华夏大地。一时间，武汉告急、湖北告急、中国告急。城市好像被按下了暂停键，安静得令人窒息，平时便捷的衣食住行，在这个特殊时期却显得异常艰难。

2月3日，首钢京唐公司广大干部职工结束春节假期，纷纷返回工作岗位，由于疫情日益严重，公司倡导所有职工在岛休假，万余人同时在岛，这就意味着职工的用药、就餐等工作将面临巨大的挑战。

职工的生命安全和身体健康是头等大事，公司办公室立即统计职工用药需求，并与北大首钢医院取得联系，职工的救命药一车一车地被运送回来。我要讲的第一个故事，发生在2月14日，那是一个大雪纷飞的日子。当天上午11点，司机梁春勇和北大首钢医院的医护人员一起把5个装有药品的箱子搬上车。临出发前，医生对梁春勇说："这些药品里面的胰岛素，需要冷藏保存，到公司后要立即送到职工手中，否则对药效有很大影响。"梁春勇郑重地点了一下头："放心吧，保证完成任务。"随即，他便驱车向曹妃甸奔去。

刚刚从北京出来，雨夹雪已经变成了大雪。绵密的雪花铺天盖地，不大会儿便在地面上积起厚厚一层。

大雪必然会影响行车速度。"糟糕！"梁春勇心想，"有的人药断顿了，还等着今天车上的药呢！"

而此时，远在曹妃甸的一名职工胰岛素已经用完，如果不按时注射，导致血糖升高，将对身体造成重大的影响。今天车上的药品，对他而言是名副其实的救命药。

虽然梁师傅向我叙述的时候语气很平淡，可我依然能感受到他当时那种急迫的心情和势必要完成任务的坚定。

凭借着坚定的信念和高超的驾驶技术，梁师傅很快进入了沿海高速，"转入沿海就快到曹妃甸了。"然而，没想到的是，在沿海高速却遇上了"麻烦"。原来，因为风雪太大，为确保交通安全，交通部门要清理前方道路，对高速实施了管制，所有的车辆暂时禁止通行。

前面排成的"长龙"，让梁春勇的心一下子吊了起来：胰岛素需要尽快冷藏，不能耽搁太长时间。"2：35、2：36、2：37……"梁春勇一分一分地数着，车内温度太高了，为了不影响胰岛素的药效，梁春勇咬着牙关闭了车内的空调，他紧了紧衣领，蜷缩着身体为自己保温……

一个小时，两个小时过去了，梁春勇冻得手脚冰凉。这时，天津交警巡查到这里，看到他的车上装的全是药品，仔细询问之下，得知这是职工的救命药，当即决定用警车开路带他走出管控区域。梁春勇一听立即来了精神，他活动着自己僵硬的身体，紧紧握住已经冰冷的方向盘，跟随着警车慢慢向曹妃甸行驶。

6点，经过7个小时的风雪兼程，梁春勇带着80人的期盼安全平稳地回到了京唐公司。炼铁部职工郑志刚拿到了这次带回来的胰岛素，感激地说："我带的药马上就要用完了，多亏公司和北大首钢医院能代开药。而且先领药、后给钱，真是方便了职工，解决了我们的大难题！"

事后，我采访了梁春勇师傅。我问他，"那天风雪那么大，您就不担心高速封路吗？"梁师傅坦诚地说："当然也会有一些顾虑，可是一想到公司还有80多人在等着用药，就顾不上那么多了。只要能够保障职工的生命安全，我做什么都是值得的！"梁师傅的话让我心底升起一股由衷的敬意。在此，请允许我向您致敬！

下面，我要讲的第二个故事，发生在咱们的职工餐厅。

冬日的凌晨三点半还是一片黑暗，天气冷得让人不想在室外多待一分钟。而此时，热轧餐厅的后厨却早已灯火通明，大家正在紧张有序地为职工们的早餐忙碌着。

这些事情在平常的日子里，也不算什么。可是，受疫情影响，当时热轧餐厅里只有 13 个人，只占全勤时的三分之一，人手不足，工作量激增。90 后的餐厅经理吴海科要时刻掌握餐厅的所有动态，做好一切组织和协调。那段时间，吴海科每天要接打 100 来通电话，有订餐的、有协调货物的、有反馈问题的，他的嗓子沙哑到几乎说不出话来，原本就清瘦的他，体重更是锐减了 10 斤。当我采访到他时，他露出了腼腆的笑容，说，"我真的没啥可说的，最辛苦的还是我们餐厅的职工。"

他带着我来到了后厨，正月时分，三位厨师正在厨房里不停地翻炒着，他们每人照看着两个灶，红红的炉火把他们的脸庞炙烤得红通通的，汗水把背后的衣服都打湿了。吴海科说："完成做饭、炒菜的主业，他们仍然不能休息，还要将饭菜分装到 1 万多个饭盒里，发给前来领餐的职工。"虽然知道他们的工作量肯定不小，但是看到像小山一样的饭盒，我还是被震惊了。我粗略算了一下，一天下来，他们只有 5 个小时的休息时间。

吴海科告诉我，这样的工作强度已经持续了 40 多天。每天晚上大家躺到床上的时候手伸不直、浑身酸痛，辗转反侧许久才能入睡，睡不了多一会，又要起来，开始新一轮的忙碌。这些身体上的痛楚大家都觉得没什么，可是对家人的牵挂与思念却像是一把柔软的刀子刺进心头。

听到这里，厨师刘晓丰终于忍不住说："海科这个小伙子太不容易了。去年他工作忙，和爱人的婚期推了三次，好不容易 11 月结婚了，这又赶上了疫情，连度蜜月都没有时间，就自己跑回来了，到今天也没回去过。"听到同事将他的家事和盘托出，这个刚强的小伙子终于卸下了坚强的伪装，泪水在眼睛里转了几圈，顺着他清瘦的脸颊流淌了下来，他哽咽着说："我欠她太多了！"就再也说不出话来。

这就是我们可爱的后勤保障团队。"疾风知劲草，烈火见真金"。疫情之下，他们虽然没有惊天动地的壮举，没有轰轰烈烈的贡献，但他们凭借着一腔热血筑起了一道壁垒坚固的后勤保障线。有这样的保障团队，我们坚信春暖花开之日，就是疫情消灭之时。届时，定然山河无恙，人间皆安。让我们万众一心，众志成城，为这场疫情防控阻击战贡献我们的京唐力量！

穿过疫情阻隔——我的返岗之路

耿方媛

各位领导、同事：

大家好！我叫王砚清，是首建京唐冶炼维检专业公司的副经理。今天我想和大家分享一下在新冠病毒疫情防控期间，我不平凡的返岗之路。

早在 2020 年年初，我们就收到了首钢京唐公司将要在 2 月进行系列检修的通知，本着"七分准备三分干"的原则，在安排好各项准备工作后，我就回老家沧州过年了。可突如其来的疫情却打乱了我们所有的计划。出于疫情防控的需要，公司下达了"假期延长，返岗等待通知"的指令，但停产检修时间却没有推迟的迹象。随着疫情不断的发展蔓延，我打心里面着急，首建是京唐维检的中坚力量，光我们自己就还有近一半儿的职工没有返岗，加上维检单位的职工来自全国各地，这么大规模的检修，那么多人聚在一起，万一哪里出现纰漏，甭说检修了，正常的生产运行都有可能受到影响。

随着京唐公司系列检修的日渐临近，来自现场的电话一个接一个，备件需要校核，检修用的工装需要预制，材料、工机具需要准备，施工方案需要优化，一个一个的问题等着解决。可鞭长莫及，干着急却没有办法。

直到 2 月 13 日，公司领导打来电话来说：京唐公司正在摸排需要返曹人员的信息，然后报备审批，审批通过后就可以返岗了。当时我还将信将疑，京唐维检职工有 6000 多人，光我们首建就有一千多人等待返岗。再说了，现在返曹还要隔离 14 天，在哪隔离？费用怎么算？由谁来管理？这些都是问题。

就在我焦急的等待通知的时候，2 月 21 日，我接到一个电话，使我对返岗拥有了信心，这是京唐公司报备审核返曹小组打来的，他们细致地询问了我的个人信息，身体健康状况、近14天的生活轨迹等问题，我一一如实做了回答。他们告诉我，"京唐公司已经开通了绿色返岗通道，由京唐公司统一安排返岗隔离和各项报备审批工作，为广大职工顺利返岗提供保障。"这简直难以想象，京唐公司要解决几千人的返岗和隔离问题，难度可想而知。

不久曹妃甸管委会也打电话向我核实了相关信息，很快我就接到了返岗通知。我没有耽搁，第二天就坐上了返程列车。昔日热闹的车站，如今冷冷清清，整个候车大厅也就十来个人，火车上更是没几个人。防控的力度远超我的想象，京唐公司是否真的有能力解决这么多人的返岗和隔离，我当时还是抱着很大怀疑态度的。

终于到了隔离点金豪酒店。一进酒店大门，京唐公司负责疫情防控管理的工作人员就迎了上来，协助我测量体温，登记个人信息，办理入住手续，领取防疫物品，并邀请我加入了"微信群"，以便隔离期间的沟通与交流。

很快，我就住进了隔离房间，房间内是标间配置、24小时热水、免费wifi，整个隔离酒店有几十间客房，都是给维检单位需要返岗隔离的职工准备的。在这么严峻的形势下，竟然为我们维检职工提供了这么好的隔离住宿条件，这得是多大一笔开销啊！京唐公司从大局出发，不计成本，这担当与气魄，令人钦佩。

隔离的日子里，时间过得很慢，度日如年。可京唐公司的防控管理人员把我们当成了一家人，为我们解决各类需求。由于是隔离，入住隔离房间后就不允许再出门了，一日三餐准时送达。但有人想吃水果，有人想买零食，本来就很忙碌的工作人员，又多了一项采购配送的工作，这使大家十分感动。

检修马上就要开始了，现场还有很多事需要协调和处理，可我却出不去。就在这关键时刻，我得到了可以做核酸检测的消息。核酸检测，以前根本就没有听说过，我也是通过这次疫情才知道的。但在现在这个特殊时期，也不是谁想做就能做的，京唐公司竟然把医护人员请到隔离宾馆，专门为岗位急需人员做核酸检测，只要连续两次检测为阴性，就可以提前解除隔离了，京唐公司的工作可真有力度。

当接到通知来到大厅，看着那几个身穿白色隔离服的医护人员，未免有些紧张。当采样的长棉签，从鼻腔插入喉腔的时候，别提多难受了，可这却代表着我离解除隔离返岗的日子越来越近了，我的心里充满了欢喜。

2月29日，我终于提前解除了隔离，返回了工作岗位。此时检修就要开始了，我也投入到了紧张的工作中，做着检修前的各项准备工作。

据我了解，从2月17日到3月20日，一共33天，在这33天里，京唐公司共安排隔离点9个，组织核酸检测548人次，安置集中隔离并顺利解除隔离1600余人，完成了56家维检单位4955人的报备审批手续，使广大职工顺利返岗。

返岗的路虽说不易，但京唐公司统筹管理，层层把关，严密管控，使我们安心；京唐公司急人所急、解人所需让我们暖心。感恩京唐，为维检单位架起了疫情防控期间返岗复工的桥梁，用无言大爱和细心关怀，诠释着国企的使命与担当。

首建集团与京唐公司协同合作、共克时艰，在1号高炉、炼钢和钢轧全停、1580毫米和2250毫米产线的检修中，打出了漂亮仗，取得了疫情防控和系列大检修的双胜利。5月9日，首钢京唐公司党委为首建集团全体干部职工送来贺信和奖金，我们备受鼓舞。

发展任重道远，协作创造未来。首建集团将继续传承和发扬首钢精神，展现首钢子弟兵风采，与京唐公司高效协同、精诚合作，以更高标准、更高质量、更高水平，助力首钢京唐公司全面实现"四个一流"目标，为首钢的发展作出更大的贡献！

调出彩涂好色彩

李玉颖

各位领导、同事：

大家好，我叫林志博，来自彩涂板事业部彩涂作业区。今天我要向您讲述的就是我们彩涂人自己的故事。

2019 年，畜牧产业市场的价格一路飙升，对此彩涂板事业部紧跟市场形势，一边积极与下游畜牧产业用户沟通需求，另一边加紧与漆厂方面沟通，共同研发能够应对畜牧业恶劣环境专用的耐腐蚀彩涂板。凭借着前期不懈的努力，首钢彩涂在畜牧专用板领域已经实现批量稳定供货，达到了行业一流水平。

更值得庆贺的是，2020 年 2 月，彩涂畜牧专用板又迎来行业内龙头用户的新订单。然而，受新冠肺炎疫情的影响，身处疫区的漆料供应商复工时间被限制，漆料迟迟不能发货，其技术人员也不能到场进行指导，生产计划和客户要求的交付时限已经迫在眉睫。对此，彩涂部一手抓疫情防控、一手抓经营生产，围绕客户需求，提升动态应变能力，积极与漆料供应商取得联系，沟通解决途径，力保合同按时交付。

在抗疫和保产的双重压力下，彩涂作业区负责人梁广秀主动请缨，迎难而上，组织生产、技术、销售、设备等多专业，一起商量对策。大家根据新漆料中的主要成分以及销售订单中对产品性能的要求等等进行了细致的讨论，最终判断可以利用现场已有的畜牧专用漆，通过添加色浆的方式调整出所需的畜牧灰颜色的目标漆料，同时还要把色差控制在标准要求范围内。就这样，在没有漆厂专业人员、没有调漆经验、没有专业工具的条件下，同志们一起着手开始调漆工作。

我们首先用已有标准板和目标漆料的标准板，进行了色差测试分析，通过测试仪器的分析比对，可以看出两种畜牧灰之间亮暗和黄蓝的色相值差距较大，需要对两个色相进行相应的调整，这就需要添加色浆！但是在研究色浆添加重量这个问题上，无法精准确定色浆重量对最终色差值的影响，这让"调漆小分队"遇到了瓶颈，大家你一言我一语，争论不休，但是始终没有得到一个相对可靠的答案。

是啊！面对这个问题，漆料厂家可以根据配方通过先进的定量泵自动控制，但我们既没有配方也没有定量泵，而且对一个 200 千克标准桶的漆料，调整 0.1 个单位的色差值，需要将色浆重量的误差，控制在"几克"的范围内。这，谈何容易？

此时，在一旁一直沉默寡言的梁广秀，站出来说："为什么我们不试试六西格玛里的 DOE 试验设计呢？""对呀！对呀！"大家恍然大悟。"DOE 试验设计，不就是能在有限次的试验中快速、高效地找到因子对结果的影响趋势嘛，那样的话试验过程就能精简多了！哎呀，我们咋就没想到呢？"于是，本来已经电量告急的"调漆小分队"又跟充满了电似的，热情澎湃起来，大家一致认可"分段爬坡"的试验思路。

为了控制数据误差，面对没有专业工具的窘迫场面，我们决定"自己动手，丰衣足食"。没有天平，我们就找来家用的"烘焙电子秤"；没有定量泵，我们就利用现场的瓶瓶罐罐，自制标准容量瓶。

一切准备就绪，开始冲锋！"队员们"在事先的分工下，有的负责称重、有的负责记录数据、有的负责操作设备，大家有条不紊地忙碌着……最终经过两个多小时几轮的色浆添加、刮板试验，终于摸清了调漆规律，也将色差基本控制在 0.5（订单要求不大于 1.2，内控要求不大于 0.8）左右。由于线下无法百分之百模拟线上的实际工况。利用生产准备时间，"小分队"又进行了线上的精调、试涂工作。经过两轮试涂修偏，最终将漆料色差稳定控制在 0.2，超标准完成规定任务，圆满完成订单生产并发货，战胜了疫情给我们带来的困难。是啊，自主调漆的成功，不仅保障了生产，也为大家今后的工作带来了信心。

当一车车畜牧板运抵客户手中时，对方客户经理第一句话就是"你们首钢人真的不简单！当全流程产业都受到了疫情的严重影响时，你们首钢人还能保证产品按时按质按量的交付，解决了我们工程扩建封顶的大问题。你们真的不一样！"

对啊，在本次抗击疫情的战役中，在公司及部党委的坚强领导下，许许多多的彩涂人用自己的实际行动诠释了什么是责任和什么是担当，请相信我们定将不负众望、勇于挑战、不断拼搏，共同书写出彩涂明天更美好的篇章！

与爱同行　无往不胜

王　宇

　　听了这么多无私奉献、担当坚守的故事，相信每个人心中时刻充满着感动、震撼、温暖和力量。而我的心里又像吃到了"京唐牌"水果一样甜蜜温润。作为一名宣传工作者，我看到了大家在接到水果那一刻的喜悦和幸福，同时我也有幸通过记者的视角看到了这些甜蜜背后的小酸涩。

　　2月20~22日，每一位京唐职工都收到了一箱苹果和一箱耙耙柑。对于每个个体而言，这只是两箱水果；而对于整个公司来说，它是近一万件，20多万斤的体量。18日公司党委要求工会尽快联系购置发放水果事宜，在公司工会和秦机公司的共同协调下，19日上午，这些水果就已经在通往曹妃甸的路上了。特殊时期，我们都在庆幸还能有这么丰富的果源和如此高效的作业，顿时心生欢喜。可是当看到司机打开货箱的那一刻，我们全部傻眼了……本以为全是包装好的成品直接发到职工手里就行了，没想到司机的回答是：这个时候人手不够，只能拉着散装的水果和包装盒，你们自己打包吧！而且由于交通管制，大车也并没有一次性全部到位。

　　怎么办？此刻，任何的指责抱怨都没有意义，只听见工会副主席王雪青一声令下，"赶紧联系唐海的场地，请办公室支援班车，召集工会志愿者。"一种前所未有的紧张感扑面而来。第一批到位的30名工作人员聚集到了一个唐海的临时料场里。大家瞬间自觉组成了搬运、接卸、打包、分装、装车的人工流水线。但是，我们真的高估了自己的能力，现场没有一个人做过这样的工作，对这些作业的生疏大大影响着我们的效率。直到晚上8点，我们仅仅完成了当晚两三个部门的发放量。

　　第二天，我们就近组织了36名打包村民，每天突击工作15个小时。公司派出志愿者约 120 人次,在唐海完成包装盒约 8000 份。就在我们的工作即将见到胜利曙光的时刻,我们又迎来了新的挑战——被举报了。警车开到了我们的工作现场,勒令我们立即疏散人员,停止作业。这当头一棒,让我们如何是好。面对大量的没有运送到厂区的成品和半成品,我们心急如焚,但也只能选择停工。有句话叫屋漏偏逢连夜雨,是的,我们也被按下了暂停键。然而更让人心焦的是,天气预报说当晚有雨。这雨不管是下还是不下,都务必要做好预防。在没有被完全清场之前,现场仅有的几个工作人员提心吊胆火速行动,在最短的时间内做好了苫盖工作。幸运的是,当晚的雨水并没有对水果和包装造成影响。

唐海的工作场地保不住了。雨停之后,我们连夜转移到了厂内,决定将剩下的水果拉到厂区分装。天亮以后,我们紧急组织了约 50 名志愿者,车辆集结统一调配,一边分装一边发放,这边是埋头苦干的热火朝天,那边是刚下夜班拎着水果回宿舍的幸福笑脸⋯⋯

三天两夜的奋战,14 个车次、22 万斤的水果全部发放完毕。职工的脸上满是喜悦和幸福,嘴角挂着甜蜜和微笑,我们听到的每一句质朴的言语都饱含着他们对公司的感恩和身为京唐人的骄傲和自豪!

说到自豪,这是我最近一段时间看到最多的字眼了。大家还记得那个"一把抱起 40 多天没见的老父亲"的职工刘俊鹏吗?他是公司第一批离岛回家的职工之一,作为在岛时间最长的丁班作业人员,当他得知终于要回家的时候,激动地大叫起来。当他进了门、洗过手后,走到父亲面前,突然一把将老人抱了起来。这一抱将连日来的思念、担心和愧疚通通宣泄出来。看见父亲眼角闪烁的泪花,刘俊鹏的眼睛也湿润了。

时间回到 2 月底。国家要求准确分析把握疫情和经济社会发展形势,要求各地落实分区分级差异化防控策略。那时,虽然全国疫情形势积极向好变化,但仍要咬紧牙关、毫不放松。而此时,持续两地"候鸟"生活的职工们已经在岛上一个多月了。每一个人的思家之切,京唐公司党委书记邱银富都看在眼里,急在心上。为了想出解决办法,每天早上,邱书记都会去厂前体育场,一边跑步,一边思考,不觉间,步数就达到上万步。

一头是疫情防控的使命重担，一头是对职工的拳拳之爱，两头都很重，两头都无法割舍。

小家稳，则大家稳。公司既要鏖战疫情，也要体恤职工。要让京唐的坚守者有希望，奉献者有荣光。于是，经公司党委慎重研究决定，在全面部署疫情防控措施的基础上，重新开通曾经暂停的通勤班车，让省内低风险地区的人员回家。这个看似简单的决定背后，却是首钢京唐公司党委在非同寻常的抗疫大战中坚定的初心和无言的担当。

3月6日上午，2946张"健康通行卡"发到了唐山、秦皇岛的职工手中，18辆通勤车将与家阔别月余的"候鸟"送上了回家的路。

河北省内的职工回家了，而北京职工的回家之路却异常坎坷。其实早在2月17日，公司领导就围绕此事与北京市国资委开始沟通，北京市疫情防控小组要求，凡是回京人员务必隔离14天，如果是这样，京唐人必然会耐住寂寞，选择继续坚守。但集团和京唐公司领导仍然坚持不懈地为各地职工回家努力着……首钢职工的困难得到了北京市委市政府的高度重视。

3月26日上午，北京市国资委通知首钢集团，同意首钢京唐公司职工回京，但是为确保职工安全，要将职工信息统计报送至北京相关市区、街道、社区。这个消息让大家又兴奋又紧张，兴奋的是终于等到了这一天，紧张的是能否在最短的时间内将返京的人员信息直达到职工所在的社区。时间刻不容缓，办公室立即组织北京职工注册健康码、汇总信息，统计好后天早已黑透了。

而此时，首钢集团接到职工信息立即上报，信息直达北京市防控办，随后又迅速地传达到每名职工居住的街道和社区。

信息统计关通过了，交通保障关又迫在眉睫。在3月26日集团公司召开的专题研究会上，张功焰书记做出指示，曹妃甸地区所有首字头单位京籍职工的交通保障工作都由京唐公司来负责。为了保障首建、首自信、曹建投等十余家兄弟单位的返京职工顺利回家，公司办公室共协调出了100辆班车，除了京唐职工自己使用的36辆班车外，我们还支援给了股份公司40辆。要坐着京唐公司的大班车回家，兄弟单位的职工们纷纷表示感恩京唐，感谢这份"互帮互助"的袍泽情谊。

3月27日下午，36辆通勤车在厂前候车大厅严阵以待，只等一声号令……下午3点，办公室主任于杰接到了集团疫情防控办的消息，"人员数据已落实到职工居住地，同意回京！"

归心似箭的京籍职工早已坐在班车上兴奋地等待着，随着出发号令响起，2个多月的驻岛坚守任务完成了。36辆京唐大班车载着893名职工向着家的方向奔驰而去。

浩浩荡荡的京唐公司车队行驶在进京的高速公路上，俨然拉开了一道道壮丽的风景线。一路上返京职工享受到专项接待的礼遇，在香河、西集等检查站，交通和高速管理部门专门开辟了京唐公司班车的专用通道，北京市防控办安排工作人员身着防护服上车为职工测量体温，这让本就兴奋不已的返京职工再次感受到了首钢人的优越感和自豪感。原本上车就睡觉的冷轧部职工付海军一路上一眼未合，他难掩内心的喜悦在自己的朋友圈写道，"奔腾千里荡尘埃，跨海登山紫雾开。首钢班车重抖擞，京唐职工回家来。感恩京唐，我为自己是京唐人而自豪！"

供料部段文静和爱人同在岛上坚守了两个月，她说当得知可以返京的消息后，除了高兴，就是激动。他们商量着要给家人一个惊喜。5个小时的车程，顺利到家。社区主任已提前给他们办好了出入证，当时已经是晚上8点了。他们走到门口悄悄地打开门的一瞬间，父母和孩子都愣住了，伴着孩子紧紧的拥抱和振奋人心的呐喊，一家人紧紧相拥在一起！这个周末又恢复了往日的欢愉。段文静动情地说道："感谢京唐，感谢公司领导，我们感到骄傲和自豪！因为我们是京唐人！"

彩涂板事业部职工李燕同样顺利地以"首钢职工"的特殊身份通过村里戒备森严的关卡，回到家里听着女儿滔滔不绝地诉说着自己的成长和进步。女儿突然握起她的手放在鼻子前使劲闻了两下，说："嗯，还是这个味儿"。李燕诧异到，"什么味呀？"女儿满意地说："还是这个香味儿。"李燕被女儿逗得哭笑不得。她陪着女儿一起唱歌，一起晒太阳，看着院子里的李子树结满了花儿，她心中感慨：一切都没有错过，一切都还来得及，感恩京唐，自豪京唐人。

所以此刻的我们在公司大爱的庇佑下，更加有信心、有能力、有底气地说，京唐人，就是牛！

京唐人，就是牛，这份底气来自于公司党委的无悔担当和博大厚爱，

这份信心源自于京唐人对企业的无限忠诚和深情感恩。

与爱同行，必将无往不胜。我骄傲，因为我们是首钢京唐人！

第六章　衔接建设管理

从形成价值理念、文化积淀到以管理思维、管理手段推进企业文化落地，是企业文化建设和企业文化管理的两个阶段，两个阶段紧密结合、相得益彰，企业文化才会起飞并落地。首钢京唐公司借助构建"顶层统领、各具特色、协同推进"的企业文化运行体系为平台，推进企业文化建设与管理，形成推动企业实现高质量发展的强大合力。

创新基层党委书记会模式　引领企业发展的实践

首钢京唐公司党委

　　党的建设是国有企业的政治优势，是企业健康稳定发展的根本保障和精神动力。京唐公司党委以习近平新时代中国特色社会主义思想为指导，坚持以改革创新精神丰富和发展党建工作新思路、新方法，通过基层党委书记会的创新实践，推进党建工作深度融入、精准内嵌企业中心工作，提升党建价值创造，激发企业发展活力，推动京唐公司向全面实现"四个一流"目标迈进。

一、创新基层党委书记会工作模式引领企业发展的背景

　　习近平总书记在全国国有企业党的建设工作会议上的讲话为新形势下国企党建工作指明了方向。随着我国经济发展方式的转变和改革的不断深入，国有企业发展面临着日趋激烈的市场竞争。这就迫切需要企业党组织进一步发挥领导核心和政治核心作用，把方向、管大局、保落实，把党组织的政治优势、组织优势转化为企业竞争优势，实现企业发展稳定、健康、可持续。

　　作为首钢搬迁调整和转型发展的重要载体，首钢京唐公司始终坚持"产品一流、管理一流、环境一流、效益一流"的建厂目标，为建设最具世界影响力的钢铁厂不断努力。新的时代条件下，首钢京唐公司开启了全面实现"四个一流"目标的新征程。在这一目标引领下，如何创新党委引领推动工作的模式、推进党建工作与经营生产深度融合、把党建工作成效转化为企业发展优势是京唐公司党委面对的重要问题。

二、创新基层党委书记会工作模式引领企业发展的主要做法

首钢京唐公司党委解放思想，创新思路，抓住主要矛盾，把创新基层党委书记会工作模式作为引领正确方向的精准导航仪，作为贯通顶层基层的和谐连心桥，作为合力攻坚克难的冲锋集结号，作为学习交流共享的信息资源站，聚焦解决重大问题，统一思想，凝聚力量，推动重大任务、重点工作落实。

（一）构建工作模式

首钢京唐公司党委以"纵向管理、横向协同"为两条工作线，构建顶层与基层、基层与基层纵横交叉、紧密联结的工作模式。

纵向管理工作线是指公司党委与基层党委现有的直线式垂直型的管理体制。党委工作部门按照管理职责开展工作，着力强化党组织在经营生产建设中的引领、融入和服务作用，确保公司党委决策部署贯穿到底、落地生根。横向协同工作线是指各个基层党组织之间，围绕经营生产和改革发展中的重大事项、重点工作和重要活动开展相互学习，注重信息交流、工作研讨，着力强化基层党组织战斗堡垒作用的发挥。纵横两条工作线的交叉点即为"节点"，就是党建工作中的难点、重点以及职工关注的热点、焦点。"节点"是纵向管理沟通和横向信息流动的交汇点，也是创新举行基层党委书记会引领发展的着力点和落脚点。

（二）建立管理制度

基于"纵向管理、横向协同"的工作模式，公司党委坚持以目标和问题为导向，着眼于重点任务提前谋划、重视过程、解决问题、监督整改，形成PDCA循环管理制度。公司出台了《基层党委书记会议和政工例会及书记汇报工作规则》，明确了基层党委书记会决策事项和通报情况的督办落实流程。即由党委办公室在会后一周内制发催办通知单，督促责任单位落实有关决策事项并书面反馈进展情况，形成《重点工作落实情况》并报送公司负责人。及时地跟进督办，提高了工作任务的政治性、严肃性和执行的刚性，促进了各项工作任务快速、高效落实。

（三）明确工作内容

公司党委坚持抓住关键环节、带动整体提升，每次会议都"聚焦一个工作主题，指定一个生产现场，开展一次学习交流"，在重点工作推动实践中摸索经验、寻找路径、形成固定流程，打造党建工作发挥作用的示范平台。

聚焦工作主题。紧密结合公司基层党组织建设、降本增效、工程建设、安全消防等重点工作任务，明确"学习党的十九大精神""特色党支部建设""接收首秦转移职工""创新工作室改善""工程建设进展及推进""本质化安全""降成本工作"等会议主题，突出鲜明的主题直接传递了会议目的，提高了基层党委书记会质量和效率，增强了党建工作针对性和实效性。

进入生产一线。坚持将基层党委书记会从"室内"搬进"生产现场"，先后到炼钢部、运输部、能环部、中厚板事业部、热轧部、炼铁部、钢轧部等单位，观摩特色党支部党员活动室、创新工作室、职工之家、本质化安全管理成果、火灾事故应急处置预案演练等，使基层党委对党建工作与实际工作结合的认识更直观、更深入，使党的工作与中心工作贴得更紧密、更务实、更管用、更有效。

开展学习交流。公司党委把基层党委书记会作为交流分享的资源站，推动经验分享、比学赶超。各基层党委书记围绕会议主题、工作亮点及不足，采取即席发言方式，谈经验、谈认识、谈思路，形成相互启发、相互影响、相互促进的良好氛围。在围绕公司降成本工作的会议中，由任务落地见效快的单位分享经验，任务推进较慢、效果不明显的单位表态发言，促进领导干部深入思考，增强了责任感和紧迫感。

三、创新基层党委书记会模式引领企业发展的实践效果

一年多来，基层党委书记会工作模式的创新实践，切实把党组织的政治优势和组织优势延伸到了企业管理的各个环节，形成了党组织推动决策部署落实的新机制，开创了党建引领企业发展的成功实践。

（一）发挥导航仪作用，提升定向指南的精准引领力

党建工作是国有企业发展的"导航仪""指南针"。基层党委书记工作

模式的创新实践，实质上是党组织政治功能在实践面的体现，为公司发展和基层党委工作提供精准引领。首先在思想上，引导领导干部树牢"四个意识"，克服"就党建抓党建"的封闭性思维，既认识到企业的经济属性、市场属性，更认识到"党的领导"这一政治属性。第二在定位上，引导基层党委明确党建工作的出发点，把握党建工作的立足点，找准党建工作与中心工作的结合点，使党组织的领导核心和政治核心作用在融入中心工作中得到加强和拓展。第三在思路上，引导基层党委坚持"抓好党建促发展，抓好发展强党建"的思路，把增强企业核心竞争力作为检验党建工作成效和党组织战斗力的主要标准，使党建工作目标由"柔性"管理到"刚性"操作，把"软任务"变为"硬指标"。2018年，公司两级党委通过基层党委书记会先后围绕提升系统产能、提高精益制造能力、推进工程建设等深入研究探讨，激发了领导干部的担当意识和工作热情。各基层党委自觉把经营生产好坏作为评价党建工作成效的试金石，牢牢把握"夯基础，学先进，提能力，促发展"工作主线，强化内部经营管理，最大限度发挥现有装备及资源的能力，经营业绩创出历史最好水平，向全面实现"四个一流"目标迈出了坚实步伐。

（二）发挥连心桥作用，提高管理协同的强大聚合力

以"纵向管理、横向协同"为工作模式的基层党委书记会，贯通了顶层基层，推动了公司党委决策部署更直接、更快速、更深入地到达基层，使两级党组织的沟通更紧密、管理更高效，架起了一座两级党组织管理融合、精神黏合的"连心桥"。在首秦产线迁移转型过程中，公司连续两次举行的基层党委书记会都强调要严格按照总体部署，周密组织、细致做好各环节工作，以实际行动践行"首钢一家亲"。公司党委站在政治高度精心制定分流安置方案，到首秦公司开展对接工作，安抚职工焦虑心理，纾解职工转入压力，化解职工波动情绪；领导人员冒雨迎接转入职工，为在首秦搬迁调整中转入京唐的职工租赁首实大厦、水景公寓等1000余套房间，让来到京唐的首秦职工安居。各基层党委紧跟公司党委"指挥棒"，为转入职工的关系调入、岗位安置、工资福利、生活后勤等方面提供有力保障，并为分配到本部门的首秦职工举行热烈的欢迎仪式，让1765名首秦转入职工感受到"家的温馨"。几个

月来，首秦职工快速融入了新环境，让京唐公司迸发出了新的力量。基层与公司党委同频共振，释放出"1+1>2"的强大工作合力。

（三）发挥集结号作用，增强攻坚克难的非凡战斗力

将基层党委书记会搬到生产一线的创新形式，使党组织更加聚焦于公司生产运行、降本增效、工程建设等热点难点工作，着力解放人的思想、提振人的士气、挖掘人的潜力、激发人的干劲，为公司发展激发更加强劲的力量。为加快推进工程建设，公司党委先后到中厚板事业部、钢轧作业部举行基层党委书记会，现场参观产线施工建设情况，实地了解工程建设中存在的问题，号召领导干部牢固树立"一盘棋"思想，勇于担当，靠前指挥，敢于啃"硬骨头"。会议吹响了攻坚克难的"集结号"，广大干部职工以满腔的热情和优良的作风，拧紧螺丝，上紧发条，攻坚克难，奋力拼搏，克服了工期紧、任务重、难度大等一系列困难，经受了酷热和严寒交替的考验，以高昂的精神面貌和满腔的热情投入到工程项目建设当中，取得了中厚板4300毫米产线成功过钢等重要成果，确保了工程建设按质、按量、按节点顺利推进。让不可能变成了可能，党组织的强大号召力转化成了非凡战斗力。

（四）发挥资源站作用，激发互促互进的深层内动力

基层党委书记会在会议地点选择上，突出业绩优、可学习的原则，通过经验分享、实地观摩等形式，为各基层党委提供了一个讲经验、找差距、互相学的机会和平台。领导干部在梳理心得与启示的过程中，对工作思路、方法和途径达成共识，互促互进。以党建品牌建设为主题的学习交流后，各基层党委纷纷开展各具特色的党建品牌建设，抓基层、打基础、创品牌、树典型，以品牌展示党建成果，打造出"举旗领航·百炼成钢""旗帜耀港湾""星火耀旗铸精品板材"等一批具有特定价值属性和文化属性，具有较大的示范作用、导向作用、辐射带动作用的党建品牌，打造了"质量卫士——啄木鸟精神""优焦强铁"等一批特色党支部，形成了"党员三个一""秒文化"等好经验好做法。质监部原料分析中心党支部把组织的号召力、凝聚力、影响力作用于廉政建设上，将啄木鸟独有的品性和特征转化凝练为质检人遵循践行的"啄木鸟精神"，打造了"担当、严细、廉洁"党支部品牌。工作中，

党支部紧盯质量检验工作，采用人防、技防等措施，做到制度"专"，监督"严"，检验"细"，年均查出不合格物料 1533 批次，多次为公司避免或挽回了重大经济损失，增强了党建效能。

（本文刊登于《首钢日报》2019 年 5 月 15 日三版）

硬核战"疫"　交出"钢铁答卷"

——首钢京唐公司党委一手抓疫情防控、一手抓经营生产工作纪实

杨 景

疫情是一次危机，也是一场大考。

战"疫"进行中，首钢京唐公司党委深入贯彻落实习近平总书记关于疫情防控工作重要指示精神，严格落实京冀两地政府和首钢集团党委的部署要求，按照"控疫情、强保障、保安全、稳经营"的工作方针，主动担当、积极作为，统筹兼顾、逆风而行，交出了一份职工安全健康、经营稳定有序的"钢铁答卷"。

硬核担当，硬实行动，下好"先手棋"

疫情就是命令，防控就是责任。

1月23日，公司党委在春节放假前夕发布了紧急通知，成立以党委书记、总经理为组长的疫情防控工作领导小组，统一指挥公司的防控工作；各基层党委迅速响应，成立疫情防控工作小组，构筑起上下协同的疫情防控机制。

1月26日，公司党委制定下发《首钢京唐公司关于充分发挥基层党组织战斗堡垒作用和党员先锋模范作用，全力抓好新型冠状病毒感染的肺炎疫情防控工作的通知》，并迅速传达到各级基层党组织和每一名党员。

2月4日，制定了《首钢京唐公司新冠肺炎疫情防控督导组工作方案》，成立7个督导小组，推进各单位疫情防控责任落实。同时研究制定公司《新冠肺炎疫情联防联控工作方案》，明确职责分工，针对应急响应措施、工作流

程等统筹安排、系统部署，健全了疫情防控工作责任体系。

"我们要越是困难越向前！""要强化风险意识，团结一心，战胜疫情。"每天的视频会上，公司党委书记、董事长邱银富，总经理曾立等领导都反复要求，传递信心决心。

关键时刻，主心骨越坚强有力，就越能凝聚起强大力量。

守土有责、守土担责、守土尽责。公司党委迅速建立疫情防控工作领导小组日例会、日报告工作机制，严格落实24小时值班值守制度，各部门、各系统、公司内外部实现无缝衔接、信息畅通。

春节期间，公司领导带队先后到北京首钢厂东门、职工居住地、一线岗位、餐厅、宿舍等区域现场检查疫情防控工作；各单位领导人员坚守岗位、靠前指挥，及时发声指导、及时掌握疫情、及时采取行动、及时回应职工关切，引导职工增强信心、坚定信心。

源头管控、区域管理、联防联控、依法防治。公司党委坚决抓好外防输入、内防扩散这两个环节，科学、务实地推进疫情防控。

——迅速摸清底数。公司、部门、处室作业区、班组四级联动，对所有职工包括协作单位、合资企业、临时进厂流动性人员，开展地毯式摸底排查、建档立卡，确保不落一人、不漏一处。

——实行分类管理。针对疫区人员、与疫区密切接触人员、外出离开原居住地人员、返曹返岗职工、检修和项目施工人员等，区分情况，制定有针对性的处理方式和流程。

——严格卫生检测。每天对通勤班车、职工餐厅、厂前宿舍、工作现场等实施消毒，并在厂区、办公楼、宿舍等重点部位设立临时卫生检疫点。

——加强物资保障。1月22日，公司紧急采购10万只口罩，第二天全部发放给全体职工。随后，公司多渠道采购体温测量设备、消毒用具、防护用品等防疫物资，累计为职工发放口罩48万只，配备额温枪181支、消毒液18.91万千克、防疫手套1.85万副。

——强化督导检查。督导组坚持"严"字当头，围绕人员摸排筛查、防疫措施执行落实情况等开展监督检查139次。特别是针对公司系列检修，对

12 个作业部及相关协作单位、45 条产线开展监督检查，确保防疫措施落实、落细、落地。

——把好入厂关口。对外来车辆严格管控司机体温、籍贯、居住地、随车人员、进场目的、运行轨迹等。并在厂内主干道设置 3 个检查点，于早班时段对入厂车辆和人员持证、持卡情况盘查核实，2 月 3 日以来，每天检查各种车辆 1600 多台（套），人员 5600 多人。

——科技助力防控。充分运用信息化手段，采用视频会议方式听取汇报、传达信息、布置工作。紧急购置、安装 4 台热成像仪，提高体温检测效率。

——加强宣传引导。1 月 28 日，发布《致首钢京唐公司及协作单位全体职工的公开信》；2 月 13 日，首发战"疫"MV《坚信爱会赢》……公司党群部门联合各单位一天不落地精心策划、深入挖掘、创新制作，一批有引导力、感染力的精品和一系列接地气、有温度的活动，向广大职工传递了温暖和力量，向社会展示了首钢京唐形象。

疫情汹涌中，首钢京唐公司稳而不乱、忙而有序。

精准识变，主动应变，拉紧"保障链"

环境越复杂，市场越严峻，企业越需要增强抗击风险的"免疫力"。

2 月 29 日，随着 1 号高炉安全顺利停风，2020 年度首钢京唐公司的重点任务——系列大检修正式开始。

系列检修，是公司设备系统优化升级的重要手段。早在 2019 年下半年，首钢京唐公司便对系列大检修工作提前谋划、统筹部署，确定检修时长 72 天、计划项目 8400 余项。但受疫情影响，原定于 2020 年 2 月 16 日启动的系列检修被迫延期，暂定 3 月 4 日进行。

2 月下旬，全国企业复工复产开始加速。复工检修，涉及上万人的组织集结，面临极大疫情风险；不复工检修，下游市场需求启动艰难，公司经营压力陡增。

破解难题，知重负重，在重大决策中方显担当与勇气。公司党委经过认真研究讨论，决定：2月29日正式开始检修。

对于首钢京唐公司这样一个千万吨级的钢铁大厂，大规模的检修日期变动，意味着所有准备工作都要相应调整，涉及原料、备件、生产排产、人员等，可谓牵一发而动全身。

更难的是，因为疫情带来的物流运输不畅，部分检修所需的备品备件、工具材料还没有到位。

每抢回一天时间，就会降低一分疫情带来的影响。备件材料稳产供应，是保检修、稳生产的关键点。受疫情影响，各地出现假期延长、工厂未复工及物流不畅等问题。2月，首钢京唐公司联合采购中心，对检修用备件未到货的40余家供应商逐一进行电话沟通，随时跟进备件生产情况及到货日期，或寻找其他货源，以满足生产检修需求。

危和机总是同生并存的，克服了危即是机。在疫情严峻形势和经营艰巨困难叠加下，公司党委准确识变、科学应变、主动求变，从眼前的危机、眼前的困难中捕捉和创造机遇。

疫情发生以后，很多下游企业延期复工无法收货，一下子打乱了公司既定的节期仓储物流计划。对此，首钢京唐公司立即启动应急预案，全面了解送货流向的疫情和交通管控情况，精准掌握客户的复工情况和接货能力，加速完成向有接货能力客户的订单货权转移，保证及时发货。

同时，公司优化生产排程，结合各产线特点和当前库存情况，分析各工序产出时间，并按运输方式、运输流向、包装方式等重要参考项进行分类，为仓储物流调配做好充足准备。

为方便疫情期间客户选购产品，首钢京唐公司决定将镀锡镀铬现货产品全部改为了网络销售。销售人员给国内外的潜在用户一个一个地打电话，了解对方的复工、库存、现货需求情况。并对现货精细分类，精心准备了不同的套餐产品，大大提升了客户选择的精准性。

无论何时，都始终坚持：从用户中来，到用户中去。

疫情，给首钢京唐公司产品认证带来了不小挑战。原来，涉及华北、华东、西南等汽车厂家的数百吨汽车板，由于客户分散、地域跨度大，部分认证卷途经重点疫情地区，认证发运困难很大。对此，首钢京唐公司制造部、销售部等专业人员协调运力，积极配合用户所在地办理进出手续，确保人员、车况、证件等信息符合疫情防控要求，最终全部按时按质将认证料送到了用户手中，保障了认证工作的顺利开展。

敢打胜仗，敢于胜利，筑稳"压舱石"

敢打胜仗，敢于胜利，是无所畏惧的信念，也是勇往直前的行动。疫情不断变化，战"疫"从未停歇。首钢京唐公司党委始终坚持既要坚决打赢疫情防控阻击战，又要努力实现今年的目标任务。

兵马未动，粮草先行——

春节前，公司就对原燃料采购供应作了细致安排，但随着疫情形势越来越严峻，部分原料供应越来越紧张。秘鲁铁矿于当地时间 3 月 16 日停产。公司紧急召开专题会，迅速制定保供方案和生产应对预案并积极寻找替代资源，实施俄罗斯粉、海南精粉等采购计划，并通过抢装港口库存、串调股份资源，增加秘细粉储备；采取料场堆角相连、攒堆造垛等措施，提升存储能力。

抓住关键，精准发力——

高炉顺稳运行是全流程稳定高效生产的基础。2020 年，炼铁部大力开展技术攻关，开启三场出铁的生产新模式。这一模式对炉前岗位工作要求很高。但因为疫情，春节期间岗位人手紧缺。在家休假的炉前甲班职工孔建得知这一情况后，主动联系作业长："后面几天的假不休了，回去上夜班。"当天，他就返回了公司，投入到了紧张的工作中。众人拾柴火焰高。2020 年开始，高炉顺行状况取得明显进步，继 1 月创三炉生产月产量历史纪录，3 月再创双炉月产量历史纪录。

为避免突发疫情给生产造成影响，炼钢部以释放连铸机产能为抓手，超前周密地做好了应急预案。生产组织员胡敏与团队成员争相请缨，主动承担最繁重的工作。他们积极完善疫情区域物料跟踪机制，优化了物料使用流程，协调解决了因交通、节假日职工休假造成物料供应不畅等问题，确保了原辅料的持续供应。连铸机连续性稳定生产，各工序协同发力。1 月，炼钢部创造了平均日产炉数 100 炉的历史纪录。

高效组织，运行加速——

热轧部坚持在"精准、精细"上下功夫，不断完善不同品种不同规格轧制间隙标准，加强高效管理协同性，提升产线运行保障力。一季度，热卷综合产量超计划 12.48 万吨，达到近年来同期最好水平。冷轧部充分运用"执行+改善"信息化系统，提高生产组织有效性，1700 毫米酸轧产线 1~2 月连续超历史同期最好水平，2230 毫米酸轧产线连续 6 个月生产创出高水平，3 月打破月产历史纪录。彩涂板事业部按生产顺序制定漆料时间进度表，动态统计产量进展情况，在换漆、换辊时间上精雕细琢，稳步提高生产节奏。3 月彩涂板产量突破 1.4 万吨，创历史最好水平。

聚焦前沿，降低风险——

港口是疫情防控的重要防线。首钢京唐公司对运输部码头的外来集港车辆实施严格的管控。2 月初，公司发放《唐山首钢京唐曹妃甸港务公司疫情期间告知函》《船员疫情防控告知书》，对外创收业务取消现场办理，以互联网为平台开展业务往来，并要求船上工作人员不准下船。除测量体温、认真排查外，运输部还为港口理货室配备防疫手套 200 副，将疫情防控风险降到最低。同时，运输部针对春节期间公路疏运大幅下降、疫情防控措施使公路疏运更加受限的双重压力，以铁路为突破口，发挥铁海联运优势，加强与铁路部门对接，大力推动铁路集疏运，港口吞吐量创历年春节期间历史最好水平。

一季度，首钢京唐公司钢产量超计划 9.3 万吨，高端领先产品产量超计划 35.7 万吨，实现了首季"开门红"。

温情服务，温暖人心，画好"同心圆"

想职工所想，忧职工所忧。首钢京唐公司党委始终带着责任、带着感情，在战"疫"攻坚中凝聚起硬核力量。

疫情发生后，不少职工暂时无法回家，日常用餐成了一个大问题。为最大限度减少人员聚集，降低感染风险，首钢京唐公司党委决定实行分时就餐、就近取餐、分散用餐新模式，为京唐院内的每一名职工，包括协作单位的职工发放餐券，统一供应午餐。2 月，平均每天提供午餐 1.8 万份，最高峰时达到每天 2.5 万份。

此外，公司还组织发放水果 2.46 万盒、水饺 6 万袋、维 C 咀嚼片 1.95 万盒，满足职工日常生活所需，让职工工作放心、生活安心。

疫情大考下，首位的就是职工群众生命安全和身体健康。

2 月 14 日，大雪纷飞。18 时，一辆装有 5 箱药品的商务车缓缓开进首钢京唐公司，稳稳地停在指挥中心门前。给 80 位职工集中代开的日常用药和 20 位家属寄送的药品全部及时到位，解了大家的燃眉之急。运输部职工姜有水接过药品时显得有些激动："疫情虽然暂时阻隔我们与家人团聚，但在公司却同样能感受到京唐大家庭的温暖。"

面对部分职工无法回家又有慢性病用药需求的情况，公司党委组织提前与首钢医院协商，由医院开设单独的"绿色通道"满足异地职工疫情时期用药需求。目前，公司先后 7 次往返首钢医院集中运送药品，为 186 人次代开药品，种类涉及 452 种，及时满足了职工用药需求。

以人为本，描绘出的是温暖的底色。

检修前夕，不少维检协作单位职工因公交停运、道路不通而无法返回岗位。对此，公司党委毅然决定：安排专车接人到岗。2 月 23 日 11 时 30 分，首钢京唐公司派出的专车分三路直奔滦南县各村镇接站点。15 时 40 分，务工人员到达厂区 1 号大门，车内职工依次下车，通过体温检测通道。"首钢京唐公司接我们上班，真是想得太周到了，解决了我们没有交通工具的难题。"首建公司职工毕紫新高兴地说。

为保障维检单位职工返岗后住得舒心，公司设备部还组织对 15 个临时生活区进行修缮，协调床位，满足了 400 余人的住宿需求。"这屋里真暖和，床铺有新床垫和被褥，有 24 小时的热水和浴室，感觉很舒心。"新入住的郭建边整理行李边说。

既鏖战疫情，也体恤职工。

进入 3 月，全国疫情形势积极向好变化，但仍然不能麻痹、不能松劲。而此时，习惯了两地"候鸟"生活的职工们已经留曹居岛一个多月。公司党委决定，重新开通曾经暂停的通勤班车，让省内低风险地区的人员回家。3 月 6 日中午，18 辆首钢京唐公司通勤车分别从厂前和水景公寓出发，前往唐山、秦皇岛。职工们都很兴奋："公司理解大家的心情，为我们提供了一个大大的方便！"

河北省内的职工回家了，而北京职工的回家之路却异常坎坷。其实早在 2 月 17 日，公司办公室就为此事与北京市国资委开始沟通了……3 月 26 日上午，北京市国资委通知首钢集团，同意京唐公司职工回京。时间紧迫，办公室立即组织北京职工注册健康码、汇总信息。而此时，首钢集团接到职工信息立即上报，信息直达北京市防控办，随后又迅速地传达到每名职工居住的街道、社区。

3 月 27 日，首钢京唐公司通勤车通过交通和高速管理部门专门开辟的班车专用通道，在北京市防控办工作人员为每名职工测量体温后，再次启动，驶进北京。

原本上车就睡觉的冷轧部职工付海军一路上一眼未合，他难掩内心的喜悦在自己的朋友圈写道："奔腾千里荡尘埃，跨海登山紫雾开。首钢班车重抖擞，京唐职工回家来。"

每一分担当，都在聚力；每一次奋起，都在加速。新时代与大变局的激荡中，首钢京唐公司党委正在带领全体干部职工向高质量发展进发，向全面实现"四个一流"目标进发，为经济社会发展贡献着钢铁力量。

疫情之下检修忙

耿方媛 侯振元 尹松松 许国安 薛超杰 薛贵杰

随着焊枪口吐出的一团耀眼的火花，首钢京唐公司 1 号高炉炉底大门的三块冷却壁安装到位。这是 2020 年系列检修的第 32 天，项目整体开工率为 55%，各项工作正在有条不紊地进行着。

首钢京唐公司系列检修工作是设备系统优化升级的重要环节，也是公司 2020 年重点工作。此次以 1 号高炉为代表的系列检修，覆盖一、二期产线，共安排检修项目 8400 余项，计划投入检修人员 7000 余人。时间长、范围广、项目多、施工难度大、投入力量多，难度可想而知。而正当检修蓄势待发时，一场突如其来的新冠肺炎疫情让交通、物流都按下了"暂停键"，系列检修的困难陡然倍增。

生产运营不能停，设备检修不能等。面对前所未有的困难，首钢京唐公司按照"控疫情、强保障、保安全、稳经营"的工作方针，"一手抓疫情防控，一手抓系列检修，两手抓，两不误"。一场突破疫情层层阻隔，凝聚所有京唐力量共克时艰的战役打响了。

是阻击战，也是突击战。

3 月 20 日，一张温馨的合影定格在设备部的职工小家。照片上的人虽然带着遮面的口罩，但一双双眼睛里流露出胜利的喜悦。他们是"1 号高炉系列检修疫情防控组"的"返曹报备隔离小组"成员。

疫情就是命令，防控就是责任。为全力保障系列检修用人的需求，该小组聚焦维检职工复工上岗难题，冲在疫情防控一线，精细科学地组织安排职工返曹工作，严把风险关，返曹计划、资料报备、审核审批、隔离管理，一气呵成。从 2 月 17 日到 3 月 20 日，33 天共安排隔离点 9 个，安置集中隔离

1600 余人并顺利解除隔离，为检修现场提供了 4900 余人的力量支持。他们圆满完成了任务。这一次，京唐人化作维检职工返岗复工征途的摆渡人。

为做好检修现场的疫情防护工作，炼钢、热轧等作业部在检修现场出入管理上下功夫，利用"二维码"、出入证分色等方式，确保施工作业人员不交叉、不流动，实现了对现场人员的严格管控。在 1580 毫米热轧产线 6 号门门前，参与此次检修的首建职工张衡向检查管理站值守人员出示了自己的出入证和工作证，并在配合测量体温后顺利进入了检修现场。他说："在当前这个特殊时期，严格遵守京唐公司关于检修期间疫情防控的各项规定，就是在保护我们自己。"

在全面铺开的检修现场，引人注意的是干净整洁的环境，摆放整齐的备品备件，各司其职的检修人员。没有繁乱的工作现场，没有成群的闲散人员。自推行检修标准化以来，设备部持续推进检修标准化落地，由"实时控制"的被动管理模式转化为"计划控制"和"过程控制"的主动管理模式。设备部负责检修的项宝胜一早就来到了 1 号高炉的检修现场。为了让施工单位少跑冤枉路，现场签工单最高效，作为钢前检修主管的他，紧盯"工单制"的落实，监督落实检修项目安全措施及交底，确保检修过程安全可控。

制氧空分机组检修是能环部的重点项目，扒砂是重要环节，原定是由经验丰富的外部公司来干，但是由于疫情管控，人员不能到位。于是，机械专业主管李文伟就主动与首建等检修单位领导沟通，协调人员补充到扒砂队伍中。聚乙烯双壁波纹管是扒砂必不可少的备件，往年这些材料都是检修单位自备，备件到不了，扒砂工作就不能开展。困难之下，最显担当。当赵会君得知备件到货困难时，第一时间站出来领下了这个任务，并主动放弃休息时间，昼夜协调备件，保证检修工作的顺利开展。

冷轧 1700 毫米产线天车轨道更换项目，原计划采用铝热焊进行轨道之间的焊接，但受疫情影响，铝热焊人员无法及时到达现场。点检专业人员王海龙临危授命，承担了这次焊接任务。王海龙心里铆足了劲，一心要啃下硬骨头。他精心准备，在天车轨道更换项目开始前，提前两周探索轨道手工电弧焊替代铝热焊实验。试验过程中，为保证焊接后焊缝应力最小，他充分考虑控制反变形的关键环节，经过反复试验，逐步摸索出焊接铁轨时预留间隙的最合适范围，有效保证了焊接质量和焊接效率。3 月 22 日，在焊接现场，王海龙按照试验摸索出的经验，沉着应对，精细操作，一步一步熟练焊接，汗水浸湿了他的脸庞都没空去擦，终于圆满完成了检修任务。

炼铁作业部更换高炉冷却壁项目工期短、工程量大、安装精度极高，施工难度很大，需要在短短 72 小时内完成 120 块冷却壁的安装，一旦安装不到位，会对整个高炉检修造成影响。为了保证冷却壁一次性精准安装到位，邢迎春精心组织，细化工作方案，反复推敲每个方案，一心一意为检修保驾护航，仅用 68 小时就完成了冷却壁的安装，较计划提前 4 小时。

按照"分工不分责、分片不分区"的原则，炼钢作业部聚焦现场，全程跟踪每项检修工作的开展进度，检修工作组全员上阵，分两组轮流跟班进行检修指导，对重难点检修项目，实施 24 小时不间断监督和指导。在二冷风机烟道更换的检修现场，张会良发现，8.2 米平台进行现场施工有高空坠落风险。为克服困难，集中人员全力预制新二冷烟道，采取分三段施工的模式进行检修，预制完毕后只需在现场"合口"即可。措施实施后，不仅降低了施工风险，还将原来的计划工期缩短了 3 天。在结晶器滚动单元更换的过程中，为确保滚动单元被保护性拆除，张佩立专门设计了"拆除卡板"。在顺利拆解下来备件后，经设备人员检测，其仍具备上机使用的功能，不仅节省备件费用 14 万元，还大大缓解了疫情期间备件周转困难的局面。

在疫情影响下，维检队伍以大局意识、主人翁精神，全力推进系列检修。上海宝冶公司临危授命，承接 1 号高炉残铁口处冷却壁切割任务。宝冶克服疫情期间物流不畅，人员不足的困难，自行解决专用工器具的调用，压缩时间培训现有员工规范操作。在检修现场严格执行检修标准化，高质量完成冷却壁切割任务。首建公司用全新的态度、全新的标准向全优目标奋进。作为 2250 毫米产线的维护单位，首建公司将检修标准化常态化，提升了首建队伍的硬实力，提高了设备检修品质。首宝核力作为年轻的维检队伍，在本次系列检修的减速机整体更换项目上，实现了技术的突破，10 天完成 5 架减速机的检修更换。

走过高高低低的检修现场，蓝色的工作服点缀着绿色的地面，黄、白、红、蓝的安全帽像跳动的音符，用激情与梦想，用智慧与汗水，奏响不畏险阻的京唐人奋力进取的赞歌。这看似平静的工作场景背后，是首钢京唐公司不畏艰难开拓进取的足迹，是京唐人"舍小家保大家"凝聚的力量，是维检协作队伍"一盘棋、一条心"、众志成城、共克时艰的盛况。

传承"敢闯、敢坚持、敢于苦干硬干"、发扬"敢担当、敢创新、敢为天下先"的首钢精神，在这个春天，留下了浓墨重彩的篇章。

五心聚五力　打造坚强战斗堡垒

——镀锡板事业部镀锡物流党支部探索
"党建+班组"建设新模式纪实

刘美松　刘美丽

　　近年来，首钢京唐公司镀锡板事业部镀锡物流党支部坚持"围绕中心抓党建、抓好党建促发展"，树牢"一切工作到支部"的鲜明导向，积极探索基层党支部建设和班组建设融合发展的实现途径，创新"党建+班组"建设模式，实施"五心聚五力"工程，打通了基层党建和生产经营深度融合发展的"最后一米"，实现了基层党的建设和班组建设水平双提升。

重心明确，提升融合发展"组织力"

　　党的力量来自组织，组织强则企业强。镀锡物流党支部坚持以提升组织力为重点，实行组织"一带一"，将工作重心放在加强党小组和班组建设上，着力抓好党小组长和班组长管理，推动党小组和班组互相促进、融合发展。

　　优化组织设置。针对生产一线党员职工倒班作业、休息时间错开带来的党内活动组织难、教育管理难等问题，党支部对党小组设置进行了调整，将原来的3个党小组划分成甲班、乙班、丙班、丁班和物流5个党小组，不仅为解决上述问题提供了组织保障，而且形成了"一个班组有一个党小组""一个党小组带一个班组"的组织架构和工作模式，为提升党支部组织力创造了良好条件。此外，他们还将五名支委各编入一个党小组，全程指导党小组工作开展，促进了支部委员作用的更好发挥。

　　强化"组长"管理。党小组长和班组长是党小组和班组的核心和标杆，其工作表现和能力对整个团队的影响很大。镀锡物流党支部一方面综合运用业绩考评、民主推荐、组织考察、部门聘任等方式，精心选拔政治素质过硬、工作能力突出、责任心强的党员职工担任党小组长和班组长。另一方面，设立党小组长和班组长岗位津贴，研究制定了党小组长、班组长履职考核评价体系，实行优胜劣汰，进一步增强其认真履职尽责的内生动力，促进了党小组和班组管理水平的提升。

用心学习，增强改进提升"驱动力"

思想是行动的先导。该党支部始终把统一职工思想作为党建工作的基础性工作来抓，注重提升党员的思想理论水平，积极引导全体党员守初心、担使命、找差距、促改进，增强团结带动职工群众创优工作的思想自觉和行动自觉。

抓实"三会一课"。党支部结合自身特点，扎实推进"两学一做"学习教育常态化制度化，认真落实"三会一课"制度。每年初在调查研究、分析现状的基础上，针对存在的突出问题，制定切实可行的党员学习计划，并实行"清单化明责"，对全年的学习时间、主要内容、基本要求作出明确规定。把深入学习贯彻习近平新时代中国特色社会主义思想作为当前的根本政治任务，建立完善了党支部集体学、党小组集中学和党员自学的三级学习组织架构。2020年前7个月共组织党员集体学习7次，党小组学习10次，党课4次，并积极通过"微党课""微组织生活"、自主拍摄党员警示教育故事片和微信推文等多种形式灵活开展党员教育，大大提升了党员的学习兴趣，参与学习的党员达300余人次。

用好"专题教育"。党支部充分利用各种会议、OA办公系统、各类宣传媒介和现场走访等形式，宣传贯彻公司各级会议精神和工作要求，以此统一职工群众的思想认识，增强其落实各项工作要求的责任感、使命感和紧迫感。深入开展"尽责、担当、务实、精细"全员大讨论，党支部书记、支委委员带头讲党课，有效发挥了党员领导干部的示范引领作用。组织线上、线下多渠道、多形式的主题宣讲和征文活动，坚决落实两级公司决策部署，围绕中心任务，认清形势，找准问题，精益求精，创新突破，全力推进镀锡高质量发展。特别是在新冠肺炎疫情特殊时期，党支部还解锁新技能，开展"云端"主题党日活动，组织党员通过手机或是电脑连接"共产党员网"，观看"党性教育红色基层网上展馆"，让广大党员在了解历史中守住初心，在接受教育中敬畏纪律，在自己岗位中实干拼搏。

坚持"互比互学"。党支部制定了"比学赶超、争当标兵"党员学习活动方案，积极开展学习型党组织创建和党员学习之星评选活动，根据"学习强国"积分情况和学习效果测试结果评选"学习型党小组"和"学习标兵"，并进行表彰奖励，有效营造了讲学习、爱学习的良好氛围。党员学习强国积分达标率长期保持100%，党性修养不断提升，理想信念更加坚定。在"向身边的榜样学习"主题活动中，党支部坚持以工作实绩检验教育成果，党支部书记带头对标找差、落实整改，带头针对影响镀锡产品质量的点锈问题开展技术攻关，取得了理想效果，进一步增强了客户对首钢产品的信赖。

精心立制，打造团队高效"执行力"

"无规矩不成方圆"。镀锡物流党支部紧密结合自身实际和发展需要，持续优化细化制度设计，确保"党建+班组"各项工作高度融合、科学开展，聚焦提升全体党员干部职工的责任意识和执行能力。

健全完善制度设计。他们将开展党员"领跑计划"活动与完成生产经营目标任务紧密结合，积极引导党员结合生产经营需要，从"思想、技能、业绩、素养"4个方面科学制定党员个人"领跑计划"，进一步增强了完成生产经营任务的目标和行动的导向性。同时，把创建党员示范岗、党员责任区，开展党员承诺践诺活动与提升班组管理水平紧密结合。设置"党员示范岗"7个，划定党员责任区14处，编制"党员承包区责任清单"，明确承包责任人、承包内容及要求、承包考核标准等情况，确保党员人人都有务实举措、人人践行承诺。此外他们还注重主题党日活动与班组实践活动的紧密结合。把支部"党员建言献策"活动同班组的 6S/QTI 改善等活动一起开展，把党内政治理论学习同班组工作业务学习一起布置，把党内"创先争优"活动同班组的岗位技能练兵一起组织，确保支部建设与班组建设同步同向。

狠抓党员作用发挥。党支部不仅探索建立了要求严格的党员量化评价体系，而且坚持每月对党员个人"领跑计划"实施和承诺践行等情况进行检查评价，并将评价结果上墙展示，有效增强了党员主动发挥模范带头作用的责任感和紧迫感。同时，他们明确提出"党内评优评先要在参考党员量化评价结果的基础上，结合党员所在班组的业绩情况开展"，如此进一步提高了党员职工示范带头、创先争优的积极性和主动性，确保了党员作用的充分发挥。

推动党小组建设与班组建设互学互鉴。镀锡物流党支部注重管理经验的总结提炼，鼓励开展交流互鉴。有的班组参照党员量化考核体系，建立了更加科学合理的班组成员量化考核标准，更好调动了班组成员的工作积极性；有的党小组借鉴班组劳动竞赛的组织经验，优化了党内创先争优活动的开展方案，受到党员的一致好评。此外，该党支部还大力推行党员"传帮带"活动，要求每名党员至少与两名职工群众结成帮扶对子，助推全员在思想和工作上共同提高、共同进步，为持续提高团队执行力和管理水平创造了良好条件。

匠心育人，释放攻坚克难"战斗力"

匠心出精品。镀锡物流党支部积极以推进全员提素为依托，聚焦培养职工精湛技艺和工匠精神，注重培养职工的主人翁意识，努力打造一支恪尽职守、积极主动、敢想会干的高素质人才队伍。

想方设法为职工赋能。他们一方面通过开展岗位技能竞赛，优化岗位职工技能评估办法，增加技术能力和作业质量在职工整体评价中所占的比重，引导职工主动提素；另一方面，根据生产实际，调整班组工作量统计方式，增设锡耗控制等考评指标，倒逼职工提升技能水平、提高作业质量。

党支部高度重视职工的学习交流，积极鼓励各班组利用班前和班组安全活动等时间，组织职工学习讨论过往的事故案例、学习质量缺陷图谱和实物样板，并让每一个岗位职工阐述自身岗位容易出现的关于生产设备运行及产品质量控制等方面问题，详细介绍预防措施，有效提升了班组职工的事故预防和应急处置能力，丰富了大家的产品质量管控经验。他们还积极利用新媒体平台，将评选出的职工"最佳操作法"和经典操作技巧拍摄成小视频供班组职工学习，并将一些有借鉴意义的改善内容编辑成微信文章在部内的"指尖课堂"发布，有效调动了职工的学习热情。此外，他们还积极推动多能工培养，实行岗位定期轮换，为实现产线长期稳定运行提供了重要的人力资源保证，激发了班组职工学习新技术、磨炼新技能的积极性和主动性。

鼓励职工发挥聪明才智。镀锡物流党支部鼓励职工为解决产线存在的技术难点、质量难题和资源浪费等问题献计献策，同时以此检验、提升自身职业技能。一线党员王磊牵头成立了"QTI精益小组"，带领同事们刻苦钻研、大胆创新，改造翻钢机、增加运输通道口、调整阳极浇铸生产方式、改造装盒方式，使阳极产能由以前的每天70根左右飙升到日产180根，从根本上解决了阳极供应滞后制约镀锡产线产能释放的关键难题。他还摸索出了一套锡渣分选单质锡的有效方法，仅3个月就回收单质锡近3吨，为公司创效50余万元。党员王爱红多次牵头技术攻关，先后完成了红牛铁气泡改善、切边剪防堆钢改造等多项课题，其中仅拉矫机轴头改造一项就为公司节约备件成本200余万元，并彻底解决了困扰产线多年的拉矫机烧轴头问题。

积极选树先进典型。党支部积极宣传对生产经营活动有关键促进作用的成果和个人，王磊被评为"首钢模范共产党员"，班组工艺主操"党员示范岗"刘粘峰，青年职工郝海峰、杨亚虎等一批技术能力强、业务素质高、群众评价好的一线职工也被选树为典型，成为全体职工学习的榜样。他们的实干精神和创新意志很好地感染了周围职工，显著提升了大家专研技术、创先争优的积极性，有力促进了作业区生产水平的提升，增强了作业区攻坚克难的信心和底气。

暖心服务，汇聚和谐发展"向心力"

"紧紧依靠职工，一切为了职工。"镀锡物流党支部坚持以做好职工服务为宗旨，认真了解职工需求，努力为职工解难题、办实事，做职工的"知心人"。

时刻关心职工冷暖。党支部坚持密切联系职工，扎实走好党的群众路线，支委委员、党小组长和班组长密切配合，积极主动了解职工需求，努力做到"遇到思想波动，第一时间疏导；遇到奖罚惩戒，第一时间沟通；遇到困难麻烦，第一时间帮助"。同时通过开展慰问困难职工、检修现场送清凉、为广大职工义务缝补等一系列活动，真正将贴心服务送到了一线职工的心坎。

积极回应职工关切。党支部书记在走访现场班组时，有职工反映横切堆垛岗位的噪声问题，很快党支部给职工更换了带护耳安全帽，并为耳朵不适的该岗位职工调换了岗位。针对倒班职工长时间作业，休息不便问题，党支部在充分调研一线职工诉求、广泛征求大家意见的基础上，发动全员，自主创建了"镀锡职工小家"，使职工在繁忙的工作之余，有了一个休憩谈心的好去处，让每位职工感受到了家一般的温暖。同时，党支部长期开展党员带头"每日一小时"的现场清扫活动，减轻了一线职工清洁生产的压力，为职工营造了良好的作业环境。党支部的一系列暖心举措，显著增强了岗位职工的幸福感和归属感，极大提升了职工队伍的凝聚力和向心力，为作业区实现更高质量发展营造了温馨和谐的良好氛围。

（本文刊登于《冶金企业文化》2020 年第 5 期）

向深处学　往实里做

——首钢京唐公司结合实际学习巴钢经验见实效

杨立文　孙　凯

企业高质量发展的基础是运行的高效率。首钢京唐公司把素以"高效率钢厂"著称的德国巴登钢铁公司的先进管理经验和生产技术诀窍学到手、引过来，并生根、开花、结果。2020年开始，首钢京唐公司各项工作都有了较大进步，多项技经指标有了显著提高，"制造+服务"能力进一步提升，达到了"学先进、提质量"的目的。

持续改进——
制造+服务过程中永远的需要

工艺稳定是企业成熟的标志，是实现生产经营不断提升跨越的基本保障。在巴登，工艺布局的流畅、工艺的不断改进、生产计划的优化和科学性……体现在每一个工序、每一个细节上，并将此真正地落到实处，正是这种持续完善改进的精神和行动为巴登高效化生产带来了新动力。

用行动说话。京唐人清醒地认识到，经过十余年的摸索实践，各工序生产组织和工艺执行已经形成了规范的运行保障体系，但这与全面实现"四个一流"的建厂目标是远远不够的。只有工艺稳定、持续提升，才能保证产品质量、降低生产成本、完成产量计划，只有工艺稳定、持续提升，才能把先进装备优势转化为产品优势，只有工艺稳定、持续提升，才能不断破解发展中遇到的难题、提升市场综合竞争能力。

"我们要全力以赴落实稳定工艺关键措施和技改项目推进，使其发挥更大的作用。"在每天的早调会上，首钢京唐公司领导都会这样强调。首钢京唐公司坚持目标导向，聚焦全流程过程管控，梳理对标指标 79 项。生产组织各部门开展技术质量攻关，建立过程指标和结果指标对标体系。以国内外先进钢企为标杆，开展"质量、效率、效益、成本"全方位对标。每月以"摘挂牌""曝光台"等形式，发布对标情况，对照计划指标进行分析讲评。引导各单位优先抓重点，提升公司级指标评价权重，保障产品质量的一致性和关键过程控制的精准性，同步指引作业区开展过程指标的攻关和改进。各部门用"曲线"和"尺子"所描绘的数据来深入分析，总结经验，查找不足。2020年各项对标指标逐月提升，4 月对标指标综合达标率比 3 月提高 7.6%。吨钢能耗、转炉碳氧积等 45 项指标达到标杆企业水平，14 项指标创历史最好水平。

焦化工序紧盯配煤、炼焦、熄焦、运焦等各个生产环节，不断优化工艺参数，持续提升设备稳定性。在炼焦过程中，发挥"火落"技术优势，稳定直行温度均匀系数和直行温度安定系数，做到焦炉炉温精准化控制。在熄焦作业时，最大限度提高干熄焦料位，减小干熄过程中的落差，保证焦炭质量。4 月，干熄焦吨焦产蒸汽、炼焦单位工序能耗、焦炭的抗碎强度等五项指标处于行业领先水平。炼钢工序以"高效化稳定生产"为核心，通过强化化冷钢、涮槽、底吹氩气等工作，促进钢渣界面流动顺畅，避免了真空室异常耗氧，同时通过优化吹氧方式、增加定氧操作等措施，保证了脱碳效果，提高吹氧的准确率，使得 IF 钢脱碳前氧合格率稳定控制在 98.7% 以上，优于对标标杆。转炉出钢温度是衡量炼钢厂生产工艺、设备管理、技术水平的重要指标。炼钢部创新采用了"大口径出钢"技术，使得转炉冶炼周期提升了 2%，出钢温降减少了 3.6 摄氏度。在此基础上，他们还加快智能化改造进程，新投入使用的"新型废气分析仪"系统，使得每炉普通钢水的真空冶炼时间平均缩短了 2 分钟，生产效率整体提升了 5%。2020 年 4 月，转炉出钢温度达到1647.4 摄氏度，创历史最好水平。冷轧工序以 SPC 过程管理为抓手，从用户反馈的质量异议、抱怨及内部质量问题，梳理各产线过程特性、产品特性及需监控的特性项目，建立 162 项风险关键控制点，动态掌握质量变异，及时识别、分析、解决问题点，减少异常波动，确保产品质量一致性。通过优化镀锌超高强钢产线分工，完成超高强钢产品由一期产线向高强镀锌线的转移，实现产线专业化生产。4月，超高强钢原品种成材率超过标杆企业，创历史最好水平。围绕影响镀锌 O5 板前三位质量缺陷和客户抱怨，重难点问题实施滚动式"摘挂牌"解决问题机制，强化正向激励，O5 板镀锌工序降级品率比标杆企业低 4.06%，刷新了纪录。

协同高效——
制造+服务过程中的整体作用

在巴登，每一个人都把自己的工作做得最好，自己工序的完美成功是下道工序成功的保证。正是他们形成这样一个整体的观念，使钢厂效率得到充分发挥，对高效、高节奏生产有了更可靠的人、机、物的保障。

用数据说话。首钢京唐公司以"制造+服务"的经营理念，充分发挥装备优势，以产销一体化为依托，强化产线制造能力，加快产品推进、优化产品结构、创新服务模式，借鉴巴登经验，找到了一条自身加快转型发展、奋力开拓前行之路。进入 2020 年，持之以恒实施精品战略，坚持以效益为中心，以不断提高用户满意度为目标，积极构建一贯制产品制造管理体系，全流程持续改进全面质量管理，坚持过程管理直至产品到用户。

2020 年 3 月底，首钢京唐公司钢后七大工序 SPC（统计过程控制）控制体系建成运行，标志着首钢京唐从产品合格率管理向精准精细的过程管理迈进了一大步。

"产销系统上线，就是要用让数据说话，用数据实现全流程的改善。"时任制造部副部长袁天祥感慨地说。制造部牵头各部门技术质量人员借助工序一贯离线分析系统，开展 SPC 分析，进行过程指标攻关和改善，提升公司产品的过程控制能力，将产品质量从事后管理向精准过程管理推进了一大步。信息计量部田震作为大数据平台的负责人，带领技术人员加班加点开展平台优化攻关，实现了对 50 个机组的数采链路和 30 条产线的表检链路的实时数据监控和预警，建立了大数据平台数据归档策略，顺利完成平台扩容和升级，确保了大数据平台稳定、准确、及时地提供数据。

围绕"集中一贯制"，首钢京唐公司将管理系统与控制系统高效集成，构建精准、实时、高效的数据采集互联体系，数据准确生成、及时下传、源数据收集，确保"数据不落地"，达到了精准、连续，满足了新型制造模式下的业务交互需求。一贯制质量管理实现了按订单进行质量设计，将订单需求到生产工艺进行精准转换。12103 组数据、4122 个冶金规范码，合同处理周期由上线前的 2 天，缩短到 0.4 天。创新的数据管理模式，实现数据信息挖掘；向数据要价值，实现质量问题的精准定位和专业决策，提高了首钢京唐公司产品质量过程管控水平。镀锡板事业部在产销一体化格局推动下，"全流程一贯制"更好地体现在产品提升、用户服务等方面。2020 年，他们定位为"协同创效年"，上下树立"一盘棋"思想，彻底打破"自家一亩三分地"的思维方式，落实专业协同、工序协同，促进各专业、各产线之间的协同。他们狠抓 SPC 关键控制点，实施全过程质量预判、预防，加强部内各工序 DR 材生产联动，有效避免了批量质量问题的出现。针对 DR 材生产过程中常出现的乳化液残留问题，通过攻关成功对平整机乳化液吹扫系统进行了改造，消除了制约产品质量提升的一大障碍。连退工序针对亮斑、白斑等易出缺陷加强预判，根据生产需要，及时组织人员清理机架，有效降低了缺陷发生率。1～5月，镀锡板通过产品认证 6 项，正式订单供货 5 家；开发宽幅逆晶红牛铁等新产品 9 项，累计供货达 1.4 万吨；成功生产高端汽车刹车静音片钢和 0.11毫米超薄规格电池连接片等高端领先产品。

4 月 24 日，首钢京唐公司成功中标中国石化库车原油商储项目油罐中厚板用钢 5300 吨。这是首钢京唐公司首次入围中石化储罐钢供应商名录。京唐公司高度重视，从钢板轧制、剪切、热处理、取样、检验、入库、发货等各个环节全流程梳理跟踪……5 月 28 日，第一批油罐用钢板顺利发货，6 月 11日所有钢板全部合格入库，创造中厚板产线投产以来调质钢板批量交货最短交货期。销售部专业员王岩说，本次发运任务交货地点为新疆库车，路途遥远、路况复杂多变，销售管理部经过协调组织，成功组织了先铁运后汽运的发货方式。此举第一次实现了中厚板铁路运输和服务；第一次实现中厚板超远距离汽车运输，不仅解了客户的燃眉之急，还打通了我国西北方向铁运、汽运物流的双向通道，为后续的市场开拓奠定了坚实的物流基础。

人尽其才——
制造+服务过程中遵循的理念

在巴登钢厂，从总裁到每个员工都明确人是企业生产发展中最重要的因素。这种以人为本的理念又真实而真正地落实到企业的每一项工作、每一个细节、每一名管理者的行动中，使巴登从上到下形成了极强的团队精神，而这正是巴登人高节奏、高效率的基础。一人多能在巴登是最普遍的现象，装料行车工可以开炉前操作台、开连铸机；钳工可以开车床或上炉台炼钢……这种"人尽其才、才尽其用"的理念，充分展现了职工的自身价值，获得了精神和物质的需求，职工的获得感又促使他们在工作中尽职尽责。这充分说明，人企共进、人企合一会产生不可估量的倍增效应。

用事实说话。首钢京唐公司认识到，只有充分发挥人的主观能动性，依靠职工，重视人才，实现企业与职工的共同发展才是根本。首钢京唐坚持"以人为本"的理念，把人才战略放在首位。特别是2020年，该公司以发展战略为导向，系统谋划建立适应人才梯队建设的管理体系。围绕培养"忠诚、感恩、激情"的价值追求，以提升专业技术人员能力向更深、更精发展为目标，面向生产实践，聚焦技能操作人员短板，充分发挥实训基地、仿真系统、职业技能竞赛、创新工作室等平台优势，开展多岗位、多层级技能比武，实操轮训，持续提升职工素质能力。通过师带徒、精英带团队、骨干带全员、互动学习，促使职工技能全面提升。

围绕打造科技人才，首钢京唐公司成立了技术中心，依托技术中心打造高水平研发人才队伍。2019年来，累计开展科研攻关33项，解决了一批现场亟待解决的"卡脖子"问题。热轧DP高强钢板坯窄面横裂发生率由10%降至3%以下；中厚板产品完成控轧态6~50毫米厚D36级别以下的8国船级社认证；冷轧炉箅子改造等多个项目获评达到国际先进水平……技术中心的季晨曦、潘宏伟博士等人组成的炼钢技术团队，与制造部、炼钢作业部、技术研究院一道，积极推进高效连铸技术，IF 钢平均拉速达到 1.7 米/分，低碳钢常态化生产最高拉速提高至 2.05 米/分，达到国际先进水平。他们还先后对中间包流场的量化评价、连铸新型浸入式水口设计、结晶器流速测量等技术问题，开展了一系列的探索。在代表首钢集团参加的国际交流中，美国俄亥俄州立大学著名冶金学教授 Sahai 先生说，首钢开展的板坯连铸研发技术走在了行业前列。

走进首钢京唐公司自有码头陈万忠创新工作室，整个房间里各式各样的发明改造成果，足足有 40 余项。陈万忠改进冷轧卷吊索具、废钢料斗，机械点检员何晓新发明电动除雪装置、自主修复天车操作手柄，四班作业长石长武编制集港信息电子采集系统，门机司机姚亮亮自行制作港机教学模具，门机司机辛伟发明门机 C 型钩快速摘除装置……在这里，人人都是发明家。陈万忠指着这些小发明说："这些都是我们职工在操作当中自己动脑筋想出来的，特别实用。"

创新工作室积极带动广大职工参与到现场改善的小改小革中，开发设备清扫工具 49 件，开展创新项目 30 余项。目前，陈万忠创新工作室已获得了《一种磁吸式废钢清扫装置》《一种用于门坐式起重机行走机构的手动铁鞋的预警》等 5 项国家专利授权。

潮起海天阔，扬帆正当时。首钢京唐公司这艘海上旗舰在高质量发展的航道上，正奔着全面实现"四个一流"，建设最具世界影响力钢铁厂的宏伟目标奋力前行，必将迎来更加壮阔的前景！

（本文刊登于《首钢日报》2020 年 7 月 8 日一版）

向先进学习 向一流迈进

——首钢京唐公司开展学习巴登钢厂经验工作综述

杨 景 孙 凯

2020 年 3 月 13 日，集团党委书记、董事长张功焰在"德国巴登钢厂资料"上批示："请钢铁板块认真学习和研究，这也许就是今后我们要走的路。"在集团上半年经济活动分析会上，党委副书记、总经理赵民革指出，"钢铁板块要坚定比肩先进的信心和决心，学习巴登钢厂经验"。这为首钢京唐公司进一步学习先进、赶超先进拓展了视野，打开了思路，明确了方向。

首钢京唐公司通过班子会、部长例会、基层党委书记会等形式开展了学习，要求各单位主要领导认真领会，深入思考，结合集团和京唐公司"两会"确定的重点指标任务安排，立足部门实际，充分借鉴德国巴登钢厂的管理经验，不断深入挖潜，持续改进提升，走创新发展之路，提升全要素生产率。

各基层单位以专题会、班子会等开展集中学习讨论并撰写了学习体会，同时充分与巴登钢厂对比，寻找短板，弥补不足，将措施落脚到岗位、工序、效率效益上，推进学习见行动、见实效。焦化部围绕员工培训、激励机制、设备运维、持续改善 4 个主题，在 21 项内容上与巴登钢厂进行了对标，分析本单位现状和差距，制定改进措施 50 条，深化了学习效果。炼铁部多次研讨，立足"培训、公平合理、标准化建设、高水平机修队伍、全员参与、自主管理" 6 个方面，认真研究思考，为实现高炉长期顺稳运行明确了方向，清晰了路径。热轧部在学习讨论中从"转变思想、转变方法、转变作风"着手，归纳了"提升人的素质、先服务后管理、标准化作业"等 6 个启示，为热轧进一步提升发展提供了借鉴指导。钢轧部举行了专题研讨，探究其管理运行思路，针对"团队文化、科学方法、维修队伍、时间管理"等 8 个方面分别分析了差距，找到了改进点，为提升产线运行能力提供了支撑。中厚板事业部对巴登钢厂的管理方法进行了深入细致的解读，对比了工艺装备、流程技术、精益管理 3 个方面的优势和劣势，确定了在设备改造、工艺改进、管理提升等项目方案，确保学习效果在事业部落地生根。公司上下紧跟集团领导指示要求，深学经验启示，学到了信心最重要、执行是关键，学到了整体要协同、管理要精细，学到了改善在现场、能力在执行，学到了创新是动力、人才是核心，学到了理念必先行、行动必紧跟。

虚心学习并下苦功夫改进提升既是赶超先进的最佳捷径，同时也是认真检视自身已有做法，坚定自信，发挥自身优势奋勇前行的助推动力。

一、在信心上，永不后退、不断超越

巴登钢厂从建厂时产能 40 万吨到 185 万吨的历程，从面临破产到走出困境的奇迹，让我们深刻理解了在任何时候只有不后退、敢超越、坚定信心才是推进发展的根本动力。一是越是困难越向前。2020 年，面对突如其来的新冠肺炎疫情，京唐公司瞄准年初制定的目标不动摇，想方设法克服疫情对"两头"市场、检修组织等方面带来的不利影响，一心一意团结凝聚职工、千方百计保稳定运行，实现了疫情防控和经营生产"两手抓、两不误"。特别是2 月下旬，在疫情防控任务最重的时期，为保公司后续产销衔接，在集团领导的坚强领导下，京唐公司党委反复权衡、勇于决策，组织开展了以 1 号高炉为代表的系列大检修。检修中，各职能部门和作业部加强协同、担当作为，克服了前期检修人员、备品备件不到位的影响，解决了大量外来人员疫情防控、系列检修、生活后勤等多重因素叠加的组织难题，付出了远超正常年修的巨大精力，提前 3 天圆满完成系列检修工作，为后续规模优势的发挥奠定了基础。二是咬定目标不放松。我们将二期新产线达产达效作为重中之重，坚持挂图作战，抓住关键环节强化攻关，达产工作稳步推进，达效取得阶段性成果。MCCR 产线立足攻克"设备关、工艺关、质量关、效益关"，调配一期钢轧骨干力量支援产线调试，特别是针对外方专家因疫情撤离回国而无法调试的难题，不等不靠、主动出击，对进口设备开展技术攻关，8 月实现产量、效益双突破。中厚板事业部抓住市场机遇，通过优化产品结构和销售渠道，持续巩固结构调整优势和产品盈利态势，销售价格逆市上扬，2020年上半年基本实现盈亏持平。高强镀锌、高强酸洗产线聚焦稳定运行和产能提升，生产、调试同步进行，前者上半年产量超计划完成，后者日产达到设计水平。三是秉持"专业、担当、奉献"三种精神。倡导讲专业、讲技术的风气，真正用专业精神推进各项工作；倡导主动作为、敢抓敢管，增强完成交账的使命感、责任感，共同保障各项工作落地开花结果；倡导以公司大局为重，以甘于付出、敬业奉献的自觉意识，超额完成全年目标任务。

二、在能力上，永不满足、不断提升

巴登人"永远向现状提问题"的理念表明，只有不断改进、提升能力才能实现突破、引发质变。一是聚焦产线，提升制造能力。在全力抓好疫情防控的同时，各工序狠抓生产操作，加强设备管控，提升产线运行能力，生产潜力进一步得到释放，水平不断突破，1~8月各产线累计创出月产纪录多达65次。8月1700毫米和2230毫米两条酸轧线突破40万吨，达到国内同类轧机领先水平。这些实物产量指标的提升，为优化调整资源配置创造了有利条件。二是聚焦先进，提升追赶能力。着力培育践行曲线文化和尺子文化，坚持"跳出京唐看京唐"，全面审视自己在国际、国内钢铁行业中的坐标位置，瞄准国际国内先进企业，确定了涵盖主要工序的79项对标指标，建立进度、预警、通报与检查反馈机制，实现了对标管理体系常态化运行，逐步形成"质量、效率、效益、成本"全方位的对标体系。2020年8月对标指标综合达标率达到65.8%，52项指标达到或超过标杆企业，技术竞争实力明显提升。三是聚焦设备，提升保障能力。构建完善两级职能、一级实体的"2+1"设备管理体系，统一点检人员管理方式，整合机构设置，减少管理界面，精干管理人员；结合EQMS与经营决策系统，强化职责落实，建立量化评价指标20项，按月进行指标评价，完善点检标准70余万条、点检项次170余万项，点检计划排程达到80%以上，点检漏检率低于1%，点检异常发现率及异常闭环处理均保持较好水平。

三、在产品上，注重质量、用户满意

巴登钢厂以追求为用户提供满意商品和企业利润最大化为目标。用户满意是永恒的追求，只有与用户和谐共赢，才能推动企业持续发展。一是用精细赢得质量。产品质量是企业赖以生存和发展的基础。我们以减少"外部质量异议，内部质量降级"为抓手，推行"摘挂牌"机制，集中力量攻克质量缺陷和短板，提升精度控制能力，保证产品质量一致性。汽车外板、锌铝镁合格率进一步提升。二是用技术赢得市场。持之以恒实施精品战略，以首发新产品介入高端用户为引领，加大产品研发认证力度，不断丰富高强钢、新镀层产品系列，更好地适应市场需求。1~8月，完成新产品开发50项、产品认证63项。三是用服务赢得用户。结合板块营销管理模式变化，加强与营销中心、技术研究院协同合作，实现用户服务无缝衔接、快速响应。疫情期间，我们努力克服客户复工延期、市场需求下滑等不利因素影响，通过视频、"每周一函"等方式与用户密切沟通，及时掌握用户需求，提供精准服务，有效保证了产销衔接。

四、在工序上，服从配合、高效协同

巴登人认为，上道工序的成功就是下道工序的成功。各工序要树立整体观念，上道工序服从并满足下道工序要求，做到相互协作、相互配合、相互支持。2019年3号高炉投产后，京唐公司坚持生产组织一级排程和扁平化管理，快速构建三座高炉满负荷、大生产秩序下的管理新模式，实现铁水、板坯等资源科学调配、互供互补。2020年，我们在一、二期系统衔接平衡有序、协同效应初步显现的基础上，坚持做大蛋糕，强化效益预测分析，聚焦盈利强的产品，动态调配铁水、坯材资源，实现公司效益最大化。炼铁工序总结大高炉稳定运行经验，在提升产量和提高铁水质量上双管齐下，三座高炉到站铁水温度分别比2019年提升了5摄氏度、4摄氏度、13摄氏度，为炼钢降铁耗奠定了物理热基础。炼钢工序采取合金加热、投加废钢等举措，一、二期炼钢铁耗比2019年分别降低了6.2千克/吨、22千克/吨，成效显著。热

轧、中厚板板坯互供，保障了铁钢界面资源总平衡，三条热轧产线及平整线资源协同，提升了产品保供能力。2020年8月和9月，公司热系集装箱板接单能力达到16万吨，单月接单实现了历史性突破。在0.11毫米极薄宽幅5G设备用钢生产过程中，炼钢工序按照工序服从原则，精准把控钢水合金成分；热轧工序以临近极限的1.6毫米组织轧制，全力降低后道轧制难度；镀锡工序严格控制轧制过程，确保产品性能合格，实现了资源流向路径配置最优化、一体化。全工序协同配合水平与公司做大蛋糕的形势要求相适应、协调，取得了明显效果。

五、在成本上，没有最低、只有更低

巴登钢厂通过推进技术进步、严密工序组织、精益管理等实现了人工、生产、采购等方面成本的有效控制。降本增效是企业永恒的主题，必须以极致的效率，实现极低成本运行。首钢京唐公司牢固树立经营主体意识，坚持经营生产理念，将"效益优先"理念贯穿工作始终，2020年聚焦重点任务和关键环节成立17个攻关组，细化分解措施906项，持续向系统协同、现场和市场结合、技术进步、精细管理要效益，同时抓实抓细成本派驻模式，加强前端基础数据管理，完善成本内控体系，做到精准分析、精准施策，1~6月增效14.16亿元。为更深入、全方位挖掘降本潜力，有力应对市场不利因素，公司上下主动加压，在年初确定的降本增效目标措施基础上，制定了6~12月降本增效新任务，并细化了各工序降本安排。各单位勇于承担任务，加大降本力度，7~8月，实现降本7.8亿元。

六、在创新上，瞄准目标、持续改进

巴登钢厂用先进实用工艺技术不间断与传统设备相嫁接，严谨的科学管理和技术工艺始终保持世界领先水平。创新是推动发展的源泉，必须不断改进、勇于创新，让技术领先成为核心竞争力。一是把科技创新摆在突出位置。公司稳步推进智能化料场、智能仓储、智能球团、拆捆带机器人、产销一体化等智能工厂建设，码头5号库被评为唐山市互联网与制造业融合发展试点项目，向信息技术与制造技术深度融合迈进。同时，瞄准科技前沿技术开展攻关，推进碱性球团矿生产与应用研究、高效生产洁净钢的技术研究等，不断积聚后发优势，培育发展新动能。二是把基层创新作为重要抓手。以打造具有冶金行业代表性的现场自主管理、持续改善管理品牌为目标，围绕"做精现场标准化管理，做优全员快速改善，提高过程组织能力，提升自主改善能力"工作主线，自 2018 年起实施 6S/QTI 改善，建立了以改善积分为主线的综合性激励机制，针对安全、操作、设备管理，输出可视化管理标准 483 项，实施改善亮点 36557 项、改善提案 19824 项，开展改善课题 1019 项，职工整体参与度达到 51.7%，全员快速改善成果数量、质量均有明显提升，改善氛围日益浓厚，初步形成了员工自主学习、自我改善的创新机制。此外，依托 55 个创新工作室，发挥团队协同力量，把现场难题作为具体的攻关课题，开展创新活动。截至 2020 年 8 月，累计完成攻关课题 2350 项，取得科研成果 328 项，获得专利授权 386 项，创最佳操作法 273 个。

七、在人才上，提供平台、搭建舞台

巴登钢厂把人作为最重要的投资对象，为员工成长提供各类平台。人是公司最有潜力的资源，企业发展的根本在人才，关键是充分发挥人的能动性和积极性。作为具有国际先进水平的精品板材生产基地，首钢京唐公司瞄准"高、精、尖"方向，不断加大知识型、技能型、创新型人才培养力度，着力打造敢创新、能奋斗、有追求的优秀人才队伍。实施三支人才队伍薪酬激励机制改革，通过细化职务职级体系、落实核心人才专项待遇、建立奖励系数活化调整机制等方式，创新薪酬激励机制。健全京唐级技术专家、京唐工匠、首钢工匠评聘机制，优化三支人才队伍系列职务职级通道，完善"纵向晋升、横向互通"的人才发展体系。持续开展参与广泛、内容丰富的岗位练兵、技能竞赛、技术比武、技术培训和业务交流等，让职工不断与"高手过招"、增长技能。截至目前，京唐公司共有首钢级技术专家 4 人，"首钢工匠" 2 人；71 人获评"首钢技术带头人"，173 人次获评"首钢技术能手"，73 人次获评"北京市技术能手"，1 人获评"全国技术能手"；1 人获得北京市政府技师特殊津贴，1人获得国务院技师特殊津贴。此外，首钢京唐公司通过企企技术交流、校企战略合作，与北京科技大学、钢铁研究总院、东北大学、华北理工大学等11家科研院校开展科研合作，为公司人才发展搭建平台。并按照集团"一院多中心"技术管理改革安排，组建成立了京唐公司省级企业技术中心，成为技术人才的"孵化器"。截至目前，技术中心获聘首席工程师8人，累计开展科研任务33项，申请专利50项。公司深刻认识人才引领发展战略的地位，把人才工作规划列为党委年度重点工作。2020年，围绕人才工作公司领导班子分组开展调研16次，收集意见建议294条，为下一步开好京唐公司人才工作大会打好基础，对未来3~5年人才工作确定好目标、政策及措施路径。

八、在理念上，上下一心、付诸行动

巴登钢厂实现理念、方法、行动三者的高度统一。思想是行动的先导，行动是思想的体现，两者缺一不可。2020年，首钢京唐公司党委倡导"忠诚、感恩、激情"价值追求，要求每名京唐人都要忠于事业、感恩企业、激情创业，与企业同呼吸、共命运，不折不扣践行企业理念，并形成每个职工的自觉意识和行为习惯。在抗击疫情中，公司党委科学指导，精准施策，组织17个基层党委、1万余名京唐职工、1.7万名协作单位人员上下齐心，协同作战，职工的出勤率达到了93.6%以上（生产操作岗位始终保持在95%以上），有力保障了疫情防控和保产打产。广大职工理解支持公司决定部署，统一行动、听从指挥，严格落实疫情防控各项要求。唐山和秦皇岛籍职工连续34天未回家与家人团聚，北京籍职工连续55天坚守岗位，有的干部职工甚至从春节开始就一直坚持在岗工作，用自己的实际行动展示了京唐人的大局意识、政治担当和勇于牺牲奉献的可贵品质，得到了集团领导的高度肯定。

通过学习实践，我们感到：

第一，以人为本，依靠职工不懈怠是推动发展的最实保障。职工越有活力，企业越有动力。无论从巴登钢厂还是首钢京唐公司，抑或是行业发展来看，为职工成长搭平台，为职工工作生活谋利益，激发职工的主人翁意识和主人翁精神，都产生了人企和谐、同向同行的强大效应。当前，随着社会发展进步，企业职工知识构成更加高层次化，价值观更加多元化，生活方式更加个性化。因此，我们必须要更加牢牢把握职工成长规律和特点，更加坚定"发展依靠职工、发展为了职工"理念，通过信息化、契约化、专业化管理，在人才成长体制机制、平台环境等方面实现新突破，促进人的主观能动作用得到最大限度发挥，增强企业与职工之间的良性互动，推进企业发展成果共享最大化和企业价值最大化。

第二，高效协同，精细管理不松劲是推动发展的最优路径。高质量发展是质量更好、效率更高、动力更强的发展。首钢京唐公司作为年产能 1370 万吨钢的钢铁大厂，目前规模效应初显，一二期协同优势正在发挥，新产线能力还需提升，这就需要以更高的标准、更高的水平挖掘潜力，以精细化管理提高工作效率和工作能力，提高质量效益，不断增强发展的活力、创新力和竞争力。因此，我们要持续提升产线制造能力和经营管理能力，将"精细"贯穿到产品质量、设备管理、成本效益等各个环节，抓好现场和市场紧密协同、一期与二期紧密协同、京唐与板块紧密协同，打造"低成本生产高附加值产品"优势，塑造更优品牌。

第三，追求卓越，创新改进不止步是推动发展的最大动力。不断追求、不断超越才能在激烈的竞争中得以生存和发展。首钢京唐公司在对标找差、现场改善、管理创新等方面持续深化，取得了良好效果。追求卓越无止境，争创一流不止步。我们要贯彻落实国务院国资委《关于开展对标世界一流管理提升行动的通知》精神，按照《首钢集团对标提升行动工作方案》，以世界一流钢铁企业指标为牵引，奋力追赶，实现产品和技术由部分"领跑"到全面"领跑"。持续健全完善现场自主管理标准体系及自主改善创新机制，构建基于钢铁行业特点的高效现场标准化管理体系及员工自主创新体系。结合5G、AI、物联网、大数据等新技术应用，强化信息化与智能制造融合，抢占制造业信息化发展的制高点，推动发展向更高端迈进。

第四，保持定力，坚定目标不动摇是推动发展的最强内核。综合看巴登钢厂和首钢京唐公司，都有过困境，但都能从低谷中冲出，其最根本的是保持了强大的定力和坚定的信心。因此，面对未来发展，特别是在新冠肺炎疫情对全球经济格局及钢铁行业带来的影响下，我们应立足当前，着眼长远，紧跟国家政策，紧跟行业发展趋势，紧跟集团部署要求，坚定不移地做优做强钢铁主业，在循环经济、绿色协同、高端制造等方面作表率、成示范。做好"十四五"规划编制，用全面、辩证的眼光看待新发展阶段的新挑战新任务，与时俱进瞄准京唐深化改革、体系完善、基础管理等方面存在的新情况、新问题，精准分析、精准谋划，为实现更高质量、更有效率、更可持续的发展提供方向指南、战略牵引和路径保证。

精准用好每一秒

——热轧作业部践行"秒文化"综述

侯振元

热轧作业部党委在公司党委的正确领导下，团结和依靠全体党员干部职工，围绕生产稳定、效率提升、品种拓展、成本降低等经营生产中心任务，积极探索、大胆实践，强化党建与经营生产的深度融合，积极探索极具自身特色的党建文化，引领热轧作业部实现持续、快速、稳定的发展。

思想认识有多高，工作深入有几分。近年来，热轧作业部党委始终坚持思想先导、文化先行，在回顾发展历程、传承优良传统、弘扬过硬作风的同时，集聚群体智慧、碰撞思想火花，寻求最大公约数，总结提炼出具有传承性、特色性、为干部职工广泛认同的"没有任何借口，做好每项工作"的理念，孕育而生了"精准用好每一秒，杜绝浪费每一秒"的"秒文化"，引领干部职工在经营生产的"有限时间"中创造出"无限价值"，全面推动热轧作业部的高质量发展。

一、以"秒文化"引导行动自觉

"精准用好每一秒，杜绝浪费每一秒"的"秒文化"就是"没有任何借口，做好每项工作"理念的具体体现，倡导的是对经营生产工作时时刻刻抱着"一种负责、敬业的精神，一种服从、诚实的态度，一种完美的执行能力"。"秒文化"是热轧作业部全体干部职工在经营生产工作中自觉践行的行为共识，是职工在理想信念和价值理念上紧密团结的核心纽带，促使形成了强大的团队向心力，为确保各项经营生产任务目标的完成提供了坚强的保障。

思想是行动的先导，行动是思想的自觉。针对如何更好践行"秒文化"，热轧作业部党委持续组织开展"行动学习"活动。坚持从思想上入手，通过"学习、反思、分享、改善"的行动学习机制，应用思维导图的方法，针对热轧作业部年度重点目标任务推进情况，热轧系统前沿技术追踪情况以及前沿技术在热轧系统的运用实践等方面内容进行集中学习研讨，建立了"PDCA+认真"的闭环管理模式，着力提升了党员干部在经营生产工作推进过程中的综合管控能力，有力促进经营生产工作的顺利推进。

同时，围绕如何践行"秒文化"，热轧作业部党委组织开展了"精细、责任、担当""立规矩、讲规矩、守规矩""守土有责、守土尽责、守土担责"等全员主题大讨论活动，梳理出"秒文化"践行过程中的重难点问题 45 大项，制定了专项整改措施 68 项，强化全体干部职工"精细、责任、担当"的工作意识，在热轧作业部形成了"接受任务不讲条件、执行任务不讲借口、执行制度不打折扣"的良好工作氛围。

二、以"秒文化"促进高效执行

热轧作业部党委围绕经营生产中心工作，坚持做好"加减法"，牢固树立"一盘棋"思想，从基础管理、降本增效、质量提升、技术创新、智能升级等各方面入手，引导全体党员干部职工用科学的态度打破固有思维、打破固有方法，在经营生产工作中深入践行"精准用好每一秒，杜绝浪费每秒"的"秒文化"，有效促进了执行力的提升，使热轧系统的工艺流程、设备维护、生产操作等各个生产环节更科学、更有序、更高效。

高效率才能高效益。针对早期轧制节奏影响热轧产能提升的问题，由部领导牵头组织成立轧制节奏专项攻关团队，综合评估产线能力，深入剖析每个生产环节影响轧制节奏提升的因素，结合 PDA 曲线与现场实际优化连锁程序 100 余项，实现了两产线轧制节奏飞跃式进步。生产组织人员将"秒文化"融入日常生产组织管理，加强生产轧制计划制订和执行的沟通，超前谋划、预判，制定周密生产组织方案，强化方案执行和过程管控，最大限度减少由于计划不合理造成对产线生产轧制节奏的影响，杜绝浪费每一秒，争取一切可用的生产时间。

从最初按日组织生产，到"以小时组织生产模式"，再到分钢种、分规格建立健全"轧制间隙 30 秒标准"机制。对于生产效率的管理，热轧作业部坚持从抓好时间控制做起，建立"小时生产信息发布制度""生产盯岗呼叫制度"，出现连续两小时亏产，第一时间通知作业区、相关室领导到现场组织生产，直至累计产量完成计划；对超出轧制节奏标准的情况按日进行统计分析，最大限度提高有效作业率，精准用好每一秒，实现时间价值利用最大化。近年来，热轧两条产线轧制节奏不断提升，月均机时卷数最高达到 34 卷/小时，为热轧产能的充分释放提供了有力保障。

在全体干部职工践行"秒文化"的过程中，热轧作业部"产线吹哨、职能到位"的服务响应机制应运而生，制度的硬约束力强化了文化的深入践行。在生产轧制过程中，工艺技术人员深入生产一线服务指导操作，总结分析轧制计划中每一个品种的轧制要点，系统梳理优化各钢种的轧制工艺参数，强化板形控制系统自学习功能，最大限度减少操作工手动干预，提高生产轧制稳定性；设备管理人员充分发挥多层级设备管理优势，强化生产过程中的动态点检和状态诊断，做实深度隐患排查工作，以"体检式"设备管理模式，全力提升产线服务保障力。同时，与维检单位建立联合办公机制，固定地点，集中办公，出现问题统一调配，快速处置，大大缩短故障处理响应时间；生产操作人员精准控制、精细操作，并根据不同钢种不同规格，对重要的工艺控制点进行了密切跟踪，及时调整板坯烧钢模式，精确控制出炉温度，优化调整粗精轧机轧辊配置、轧机负荷分配以及工艺水投入等，强化与上下道工序的沟通，确保带钢穿带间隙时间最小化，使一个又一个生产纪录被创造，一个又一个极限规格被突破。

职工还在经营生产过程中集思广益，改变以往工作思路，将"串联"工作进行有效"并联"，统筹协调待料、保温、设备强化和精轧换辊时间，打好时间组合拳。期间，生产操作、工艺和设备人员密切配合，协同作战，通过开展过钢通道和设备功能精度指标检查，及时发现工艺和设备隐患，并在第一时间处理解决。高效的协同配合，使各岗位间"边缘"逐渐消失，专业间融和不断深入，"抱团取暖、协同作战"的氛围愈发浓厚，产线运行效率持续提升。

三、以"秒文化"铸就共同愿景

通过倡导践行"秒文化",热轧职工队伍的作风更加硬朗,奋斗精神更加强劲。热轧作业部党委因势利导提出了"一件事、一群人、一起拼、一定赢"的"四个一"奋斗愿景,进一步促进"秒文化"的延伸,聚力、聚智、聚势,形成热轧作业部上下同欲、共同奋进的力量。

一件事。引领全体党员干部职工全力建成沿海高端精品板材基地和最具世界竞争力的热轧厂,助力首钢京唐公司全面实现"四个一流"目标。

一群人。充分发挥党建统领作用,聚焦经营生产中心工作,引领职工岗位建功,全面推动热轧持续快速发展。聚焦职工实际诉求,深入职工当中开展"四时""四必"工作,即职工疑惑时有人解、职工异常时有人访、职工困难时有人帮、职工生病时有人探,真正做到"有求必应、有访必接、有难必帮、有问必答",争当"职工知心人";开展暖心活动,增加职工归属感、幸福感,争当"职工暖心人"。聚焦青年职工成长,引导青年职工服务经营生产,主动融入到企业发展事业中来,争当"青年引路人"。

一起拼。深入推进以 EQMS 管理为核心的运维管控体系,持续完善多层级设备维护管理模式和全员设备隐患排查机制,全力推进全员设备管理;坚持以质量体系过程管控为核心、以质量缺陷攻关为抓手、以品种规格拓展为保障,持续细化完善全员、全流程、全岗位质量管理体系,狠抓体系运行过程管控及闭环管理,不断提升热轧产品美誉度。牢固树立"杜绝浪费一分钱、努力节约一分钱、全力挣来一分钱"的"一分钱"成本理念,做牢做实"以成本为中心"的全流程、全要素成本管理,持续向"管理、技术、质量、故停、市场"5 个方面要效益,积极营造"处处有人管、事事有人抓,人人精打细算、个个当家理财"的全员成本管理氛围。

一定赢。2017 年以来,热轧作业部两条产线先后打破日产卷数、日产重量等纪录 120 余次,综合月产最高达到 91.4 万吨。其中,2250 毫米产线机时卷数最高达到 34.78 卷每小时,日产卷数最高达到 826 卷;1580 毫米产线机时卷数最高达到 34.09 卷每小时,日产卷数最高达到 803 卷,达到国内同类型机组领先水平。2019年，两产线设备非计划停机时间较2016年同比降低45%。1.48毫米耐候钢集装箱板批量稳定生产3万吨以上，并顺利完成1.18毫米极限规格轧制，实现历史性突破。热轧产品L485M（X70M）被中国冶金工业联盟认定为品质卓越产品，容器板Q345R、"汽车车轮用热连轧钢板和钢带"产品荣获中国钢铁工业协会冶金产品实物质量"优质产品"和"金杯特优产品"荣誉称号。

使命呼唤担当，使命引领未来。面对新的形势和挑战，热轧作业部党委将全面加强党的建设，不断做深做实"星火耀旗铸精品板材"党委党建品牌，持续完善、丰富、践行热轧"秒文化"，拿出一张蓝图绘到底的精神，凝聚人、影响人、团结人，带领全体干部职工一步一个脚印朝着既定目标前进，干在实处、走在前列、勇立潮头，以星星之火可以燎原之势，推动热轧长足发展。

家文化——炼钢人的文化

薛超杰

　　家，是每个人的精神信仰，是每个人内心最深处的根，它承载了每个人对生活的最终幻想和归属。人人把企业当家业、用心经营，企业就能创造无尽的可能，这就是首钢京唐公司炼钢作业部持续打造"家文化"的初衷。随着居家理财、基层走访、感动炼钢、导师引领等特色文化活动的开展，"家文化"理念已深植于炼钢人的心坎，成为了企业高质量稳定发展的"基因"。

　　读懂了"家文化"，自然也就读懂了炼钢部。

耕学之家，助力生产上台阶

　　首钢京唐公司炼钢部始终倡导"家文化"建设。在这里，每个成员都承担着发展和传承"家文化"的责任与义务，他们将"建设具有世界影响力的炼钢厂"作为目标追求，立足本职岗位、用心履职尽责、积极主动作为，守好"主阵地"，深耕"责任田"。

　　职工自身价值要通过对企业的贡献来体现。炼钢部将"家文化"打造与经营生产中心任务紧密结合，增强职工做好工作的责任感、使命感，以"分田到岗、责任到人"的宗旨，培育不同类型的"试验田"，使"点上之花"结出"面上之果"，提高"家文化"建设的科学化、体系化水平，形成了高效运转的工作格局。2019年，在"家文化"的助力下，全体职工与所有协作单位职工紧密配合、高效协同，形成了同心同向、团结拼搏的强大合力，全年打破生产纪录7次，创出全天冶炼113炉的历史最好水平，板坯产量达到934万吨，充分发挥了千万吨级单体炼钢厂的生产能力。

打铁还需自身硬。炼钢部以"人才培养计划""导师引领计划""以考促学""技能比武"四大载体为支撑，继承和发扬"传帮带"的优良传统，建立健全了人才培养激励机制，鼓励广大职工在学习和实践中找思路、想办法，在研究分析和解决实际问题中提升素质能力，力争把自己的工作做到极致，营造了"比、学、赶、超"的氛围。在职业技能竞赛中，范立新、王伟峰亮出了扎实基本功，通过理论知识的考研，和实操技能的比拼之后，双双进入总决赛，并一举夺得 2019 年"首钢集团转炉炼钢工大赛"的冠亚军。

此外，炼钢部通过搭建创新平台、凝聚创新力量，鼓励职工积极向先进企业进行对标，源源不断地把对标新理论、新知识、新技术和新经验转化成自己独有的科技成果，促进科技进步、技术指标稳步提升。在生产技术改进、工艺优化等现场难题攻关方面，"全国百姓学习之星"王建斌带领攻关团队开展碳氧积攻关，夜以继日地对重要参数进行分析研究，通过底吹大流量试验以及对终点氧、终渣 TFe 等重点指标的监控管理，1 号碳全炉役碳氧积"不辱使命"，最终实现了 0.00156 的历史重大突破，刷新了首钢炼钢历史的新纪录。自 2012 年以来，共有 27 项科学技术成果获得首钢科学技术奖，14 项科学技术成果获得市级、省级、行业级科学技术奖，实现了与先进企业从"追赶"到"并跑""领跑"的转变。

简朴之家，助力企业降本增效

居家过日子，得有好法子。走进炼钢部的主控楼，随处可见的"居家理财"看板挂满了炼钢人斐然"战绩"。

"居家理财"活动以"树理念、搭平台、抓指标、见实效"为抓手，通过"货币化"的管理模式，深挖能耗浪费、细化生产配比、优化操作流程，促进成本指标的分解，强化了职工"想家事、聚家财、兴家业"的"居家"理念，是炼钢部的品牌活动之一。在"多挣一分钱，少花一分钱，用好每一分钱"发展理念的引领下，点检工程师庞景民将 30 多年的工作经验，毫无保留地应用到了设备改善上，经他提出的各类提案、建议已经被推广的就有 130

多项，累计节省设备费用 200 多万元，被公司评选为第二届"改善名人"。在"居家理财之星"评选工作中，共挖掘评选出"看得见、立得住、信得过"的典型人物 12 名，他们用实际行动为公司降本增效工作作出了积极的贡献，激发了职工们骨子里的内在动力。

　　不积小流无以成江海。炼钢部以精心打造"家文化"为核心，持续提升职工的创新能力，通过开展"捡芝麻""金点子"等降本增效活动，为企业降低生产成本而努力。在"捡芝麻"活动中，全体干部职工牢固树立"我与企业同呼吸共命运"的主人翁意识，开动脑筋想妙招、集思广益巧降本。在连铸生产工序，浇钢工史文龙观察到测量钢水液面的烧氧管冷却后可以双面使用，还能当中包停浇时的搅拌头使用。于是，他主动将当班用过的烧氧管收集起来，仅一个班的时间，就比别的班组节省了几十根烧氧管，这样算下来，每年单这一项操作就能为企业省下辅料费用 20 多万元。不仅如此，他还把浇钢用的废旧推渣板也进行了回收，还自己动手将它改成了挑渣棒，又省下了一笔生产费用。史文龙说："在岗位上，我自己省一点公司就省一点，一点点累加起来，就能省下不少钱。"在降本增效"金点子"活动中，浇钢操作工齐达从加渣机里提炼出了规范操作的想法，不仅改变了职工们的"野蛮"操作模式，还解决了职工们在停浇后二次捞渣的问题。乏气回收工孟宁通过对现场设备的分析，与技术人员研究总结出了一套 EC 蒸汽模式切换的"金点子"，不仅优化了兑铁操作程序，还避免了蒸汽的消耗。

　　"居家理财"理念已在炼钢部产生了广泛而又深远的影响，推动了降本增效工作的有效开展，成为引领炼钢部"家文化"发展的动力源泉，为企业的发展注入了新的动能。

原则之家，助力廉洁好家风

　　"欲齐其家者，先修其身。"炼钢部时刻把维护职工的根本利益放在首位，严格落实"一岗双责"责任，坚持领导带头和责任落实"一肩挑"，党风建设和业务工作"一起抓"，认真履行自身职责，切实为职工办实事、解难题，引导员工在道德行为、遵章守纪等方面不断进步。

在公司党建"严、专、实、真"四字工作法的指导下，形成了炼钢部党委、党支部、党小组、党员四级党建规范清单，提升了规范化建设水平和效率。通过加强政治理论学习，提高党员队伍的思想觉悟和理论水平，使全体干部职工在思想上行动上与上级党委保持一致。通过加强作风建设提升了团队战斗力，班子成员带头守纪律、讲规矩，各级党员干部深入基层，深入一线去调查研究，求真务实，真心实意地为职工解决困难和问题，促进党风廉政建设，树立了廉洁、勤政、务实、高效的形象。

经过不断实践，炼钢部形成了"举起领航，百炼成钢"的党建品牌，并通过开展特色活动，推进了党建工作与"家文化"的深度融合。为充分发挥党支部、党小组、党员个人的先锋模范作用，他们紧密结合企业的发展形势和要求，先后开展了党员"三个一"、党员就是安全员、党员先锋领跑、党员人人献一计等特色党内主题活动，让党员用镜子照一照、用尺子量一量、用秤称一称，哪名党员在领跑、哪名党员进步快、哪名党员有差距都一目了然，提高了党建工作的科学化、系统化水平。

为与职工建立共同愿景，建立起良性沟通渠道，提高职工队伍的凝聚力、战斗力，倾听职工心声，处理好"小家与大家"的关系，搭建了3个100%的基层走访平台，打通了"自上而下，自下而上"两条绿色通道，形成了部级领导、办公室专业、作业区领导的常态化走访机制。近年来，通过基层走访的工作，共计解决职工吃饭、乘车、住宿等热点问题80余项，解决岗位职工合金吊运，废钢斗改造等生产难题700余项，得到了职工们的一致好评。

和谐之家，助力企业固本培元

家与企业共同承载了职工们的情感、荣誉和梦想。俗话说，家和万事兴。企业亦是如此。家庭生活离不开"柴米油盐酱醋茶"的琐事，企业发展也需要营造和睦、互助、共进的氛围。

"家文化"建设是一项没有终点、常抓常新的系统工程。为深化"家文化"理念，营造温馨向上的文化氛围，凝聚发展正能量，炼钢部以学习典型人物、典型事迹、典型案例为抓手，开设了"感动炼钢"主题专栏，以"让广大职工做'伯乐'、确保感动人物引领性、到现场颁发纪念品"为原则，寻找基层一线的感动人物，并让其身边的同事讲述他们的感动故事，进而告诉广大职工应该崇尚什么、学习什么和发扬什么，竞相迸发正能量。活动开展以来，职工们积极参与、踊跃推荐，感动人物、感动事迹陆续丰富，逐渐成为了炼钢部"家文化"创建的一面旗帜。"炼钢人爱厂如家的缩影"刘春霆，为了解决产销系统在板坯库"水土不服"的问题，直接在现场安了家，带领职工加班加点，从盘库、清点、核算、上料等环节入手，全部自己动手摸索操作，经过 72 小时的紧急调试后，彻底解决了产销库存紧张的难题。

在"家文化"理念的驱动下，炼钢部多方式、多点面、多渠道地开展特色活动，持续增强了职工们的获得感、幸福感和归属感。新增设了职工普惠活动，完善了职工生日祝贺及慰问制度，打通了老职工常见病症咨询问药的渠道，成功举办了八届企业文化节，亲子活动、亲情寄语、联欢会等特色节目已深入职工内心，让职工及家属共享劳动成果，凝聚了团结、凝聚、协调的强大合力。

"家文化"的理念已经在炼钢部扎下了根、生出了芽、开出了花、结出了丰硕果实。

践行"打靶文化" 助力经营生产

——彩涂板事业部践行"打靶文化"综述

李玉颖

彩涂板事业部聚焦打造具有竞争力的国内一流冷轧涂镀品牌，以体现彩涂工作特点的"打靶文化"为引领，统一思想、凝聚力量，推进经营生产不断迈上新台阶。

一、"打靶"品牌促引领

"打靶文化"核心要素之一——党委统领，体现一个"凝"字。要想走得远，方向要正确，统一思想，凝聚集体的智慧和力量，才能更好地调动主观能动性，释放出更强大的工作干劲和韧劲。彩涂板事业部党委积极推进党建与安全、质量、成本、现场管理等经营生产中心工作的深度融合，发挥党建引领作用，树立"打靶图强，为党增光"的党建品牌，着力打造了"四力"工程。

党委统筹谋划，提升引领力。彩涂板事业部党委班子统一思想、统一目标、统一步调，发挥领导核心作用，通过认真落实全面从严治党主体责任，积极把握意识形态工作领导权，深化党风廉政建设，将党的领导和经营生产运行管理更有效地融合起来，先后开展了"效益提升我先行""瞄准主要矛盾，争做打靶标兵""创建'全员、自主、科学'管理型组织"等活动，促进经营生产高质量发展。

支部攻坚克难，提升组织力。各党支部充分发挥战斗堡垒作用，创立党员责任区38个、示范岗8个，通过开展创先争优主题活动，党员带头，献计献策，为经营生产提供组织保障。针对达产、年修、疫情防控等工作成立党员突击队，带领职工群众深入挖潜，齐心协力，攻克难关。通过特色党支部打造和党员积分管理，强化支部基础工作，为组织力的提升筑牢根基。

党员团员领跑，提升行动力。广大党员、团员带头，制定"领跑计划"，参加"青年大学习"，不断实现自我完善和自身发展，形成自下而上的一种行动自觉。逐步将自我提升的主观意识内化于心，外化于行，完成"要我"到"我要"、"被动"到"主动"、"推动"到"驱动"、"表面化"到"本质化"、"粗放"到"精细"的一系列转变，全面提高执行力。通过QTI改善、降本增效、金点子等平台，党团员带头领跑，聚焦一线，展现新时代彩涂党团员的新风采。

培育青年人才，提升竞争力。强化技术意识，营造讲技术、比技术、尊重技术、技术为荣的氛围，提升彩涂板事业部发展竞争力。发动职工自主学习、自主管理，提高分析解决问题能力，最终形成推动高质量发展的原动力。通过开展"青年技术带头人""青年技术人才"选拔、组织岗位主题研修，以及立"军令状"、发布督办牌等措施，加大人才定向培养力度，为解决瓶颈难题，促进人才队伍的整体素养提升，推动经营生产任务全面完成提供智力支持。

通过"打靶"党建品牌引领作用的发挥，彩涂部党委的引领力、各级党组织的组织力、党团员的行动力以及青年职工的竞争力大大提升，形成了导向正确、目标一致的文化氛围，为科学推进党建工作打好基础。

二、"打靶"竞赛促生产

"打靶文化"核心要素之二——找准靶心，体现一个"准"字。要想打得准，目标是关键。只有找准问题，找准短板，找准薄弱环节，才能有的放矢，使工作具有针对性。部党委牢牢把握首钢京唐公司党委确定的工作主线，按照年度具体任务特点制定打靶竞赛方案，发动职工查找差距，弥补不足，不断提高精细化操作水平，克服操作难点，确保生产稳定。通过按季度开展"打靶"先进评比，形成人人争先、不甘落后的良好竞争氛围，不断提升职工争先意识和素质能力。

切边剪的更换速度是影响酸洗线运行效率的关键环节，为此，酸轧作业区通过开展更换切边剪竞赛，使职工对切边剪设备部件的组成和功能，以及运行中问题的处理方法和剪刀使用情况有了更深入的了解，提高了酸洗线机时产量；彩涂线达产一直是彩涂人不懈追求的目标，彩涂作业区通过制作"达产英雄榜"，每天统计产量进展情况，动态更新各班班产和换漆时间表，营造你追我赶的浓厚竞赛气氛，彩涂产量屡破纪录。作业区还通过开展"换漆最佳""质量最佳""能耗最佳""漆耗最佳"评比，并辅以相应的奖励机制，提高了劳动生产效率，让质量意识、成本意识在每名职工心里生根发芽。

通过"打靶"竞赛的开展，各岗位职工持续眼睛向内，深入挖潜，优化操作流程，提升操作技能，促进了各项技经指标纪录的屡次刷新，竞赛开展以来，彩涂部各产线产能得到了极大释放，品种结构逐步优化，效益水平进一步提升，市场竞争力不断增强。

三、"打靶"演练促能力

"打靶文化"核心要素之三——苦练内功，体现一个"练"字。要想达到既定目标，就要锻炼本领，只有勤学苦练，提高自身技能和素质，才能瞄得准，打得远。部党委以"打靶"演练为抓手，发动职工走上讲台，围绕生产难题，传授分享理论知识和实践经验，为锻炼职工分析问题能力，提高职工工作素养和工作效率提供了平台，营造了学技术、讲技术氛围。

部门各级领导与岗位职工充分发挥自身专业优势，针对各类有代表性的问题进行现场分析和解答，将自身优势转变为团体优势，使职工能够将"打靶"演练中提升的技能快速转化为产线顺稳、质量提升的"加速剂"。部领导亲自走上讲台，将理论知识与实际案例相结合，围绕核心任务、质量管理、用户管理进行深入浅出地讲解，使职工的科学管理思维得到提升；通过组织SPC理论知识和系统操作培训，不仅提升了相关人员的SPC理论知识水平，同时对稳定各产线过程参数、提升产品质量产生了积极的推动作用。彩涂部还把学习课件在"京唐彩涂"微信号上进行发布，为职工自主学习提供便利，增强学习效果。

通过"打靶"演练的培养和打磨，广大职工养成了主动分享、求真务实的行为习惯，主动潜心钻研、刨根问底的专业素养大大提升，人人重视技术、人人钻研技术的良好氛围逐步形成，为经营生产工作的高质量开展提供了软件支撑。

四、"打靶"论坛促沟通

"打靶文化"核心要素之四——措施得力，体现一个"瞄"字。要想取得十环的好成绩，就要不断地瞄准、出击，积累和总结经验，循序渐进，向目标一步步靠近。部党委通过"打靶"论坛的形式，组织了以"瞄准靶心、解决主要矛盾""聚焦精益、减少浪费、降低成本""靶场争雄"等为主题的经营生产"打靶"论坛活动，发动职工围绕生产中的重点难点设定"靶心"，提高打靶技能，不断创新和突破。

"打靶"论坛活动现场，来自各作业区、专业室的团队分别通过团队展示、分组陈述、互动提问等环节展示各自的风采，针对围绕重点任务确定的"靶心"，总结活动开展以来取得的成绩和亮点，将活动开展前后的各项指标进行对比，对当前"打靶"命中环数进行自评，并制定下一步的具体措施计划。通过评委打分来评比出每次论坛的"最佳团队奖""最佳汇报员"和"最佳辩手"，年底对"打靶"先进党支部、党小组、"打靶"标兵，以及优秀打靶案例进行评比并给予奖励，激发了职工攻坚克难的积极性。

通过"打靶"论坛的开展，进一步统一了思想，加强了各单位之间的沟通，不仅提高了职工找准关键问题的能力，锻炼了分析问题的思维方式，还优化了解决问题的规范流程，为更好地完成全年经营生产任务提供保障。

五、"打靶"攻关增实力

"打靶文化"核心要素之五——击中靶心，体现一个"中"字。

要想检验打靶的成绩，就要用实际行动和结果说话。只有稳扎稳打，团结协作，统筹推进，不断增强自身实力，才能拿出漂亮的成绩单。彩涂板事业部聚焦全年利润和成本等核心任务，制定《降本增效攻关目标及管理规定》，借鉴先进企业管理经验，统筹工作方法，促进业财深度融合。通过组建"打靶"攻关团队，公示攻关责任书，明确责任人、制定攻关计划、定期总结汇报等措施，逐项攻克生产难题 60 余个。

镀铝锌攻关组通过气刀开口度、高度、角度、挡板位置调整以及锌液成分加钛等措施，初步解决了厚规格表面锌花不均问题，将整体锌花尺寸控制在 A 级，均匀性良好，2019 年电控柜订单量达到 2018 年的 3.68 倍；锌铝镁攻关组深入研究"锌、铝、镁"三元素，围绕锌液成分、炉区气密性、全线刮刀系统等重点工艺参数和设备功能精度开展攻关，积累技术储备，顺利完成产品的升级转换，为占领锌铝镁市场奠定基础；彩涂攻关组通过开展三辊涂覆技术攻关，提高了对涂机的控制能力，使产品表面更加均匀平整，缺陷大幅减少，实现了家电板的稳定生产。

通过"打靶"攻关的磨砺和锤炼，攻关组成员强化了主人翁意识，提高了瞄准主要矛盾出击的精准度，解决了多项制约产线发展的瓶颈问题，各产线的潜力得到释放，实力逐步增强，为彩涂产品效益和竞争力的提升提供了强有力的支持。

文化的形成需要时间的积淀，更需要所有人为之拼搏和奉献，"打靶"文化自创立以来，引领彩涂板事业部全体职工瞄准目标，携手并进，不断超越自我，取得了一个又一个突破。他们将继续践行"打靶"文化理念，加强党建和经营生产工作的深度融合，形成全员自主科学的管理体系，真正实现彩涂板事业部党建引领，把握和推动事业部高质量发展方向和大局，确保经营生产中心任务的落实。

争当质量卫士　打造"啄木鸟文化"

——质检监督部打造"廉洁啄木鸟文化"综述

杨　柳

走进首钢京唐公司质监部原料分析中心的大门，大厅正面墙上悬挂的由169 名职工签名的廉洁从业承诺格外醒目，这是质监部原料联合党支部做细做实廉政工作的一个缩影。

物料质量检验工作由质监部原料联合党支部所辖的两个作业区负责。由于涉及物料按品位结算，而品位的确定主要取决于取样的代表性、制样的规范性及分析的准确性，存在廉政风险，稍有不慎就会给公司造成巨大损失，党支部的廉政工作显得尤为重要。为此，质监部原料联合党支部认真贯彻落实上级指示精神，并结合自身实际，号召党员职工发扬"头脑清、有思想、眼睛亮、敢担当、嘴巴锋、讲严细、羽毛洁、重清廉"的"啄木鸟精神"，争当"廉洁啄木鸟"，为企业把好廉洁关。

筑牢"三道防线"

质监部原料联合党支部从抓制度、强学习、重教育"三道防线"入手，不断增强党员职工自身免疫力，筑牢廉洁从业的思想防线。

党支部首先制定并执行全流程管理规定、作业规程、技术标准等 8 项规章制度，确保所有党员职工在所有业务工作中均有法可依、有规可循，筑起第一道防线。坚持党员职工学习制度化、提醒谈话超前化、廉洁倡议时效化、谈心经常化，党支部定期开展学习活动、主题党日及党性锻炼活动，给每名党员都划分了责任区，要求做到"三知""三及时""四必谈""四必访"，及时掌握每名职工的思想动态，一旦发现异常，及时开展谈心谈话，夯实第二道防线。共建第三道防线，就是党支部不定期地开展亲情助廉座谈会、"廉内助、贤内助"评选、廉洁共建倡议、廉政小品、编发学习警示案例等形式多样的廉洁教育活动，引导职工及家属增强廉洁意识、防范意识和监督意识，发挥良好家风、企业精神及廉洁文化在廉洁体系建设中的重要作用。党支部年均组织廉洁教育30场次，编发"以案说纪"12份。

巩固"三防"体系

健全廉洁体系是做好廉政工作的有力抓手。党支部结合业务特点，着力打造物防、技防、人防相结合的"三防"体系，现场稽查、专业检查、纪委抽查相结合的"三查"体系，从而形成相得益彰、"三位一体"的质检廉洁体系，为廉政工作保驾护航。

物防，主要是针对工具、方法、标准做出明确规定，样品袋带有防伪编号，发放、使用、销毁均记录在册，传输过程中专用随机系统锁具，取样、制样、分析的方法和标准均可做到完全受控。目前整个业务过程涉及4大类物料150种检验项目全部建立标准，已经实现"工具定、方法定、标准定"的标准化操作，35类仪器设备功能精度全部达标，做到了取样规范、制样严格、分析精准。

技防，主要是针对重点物料进行全程监控、电脑派位作业、岗位轮换、数据比对追溯等系统工程。工作区域的固定场所布置高清摄像96处，流动场所设置行车记录仪、工作记录仪等实现监控全程覆盖。2019年全年进行关键岗位轮换30人次，开展数据比对、数据追溯300多次。

人防，就是建立全方位廉政防护网。针对物料分布情况，与制造部及相关作业部建立针对性的区域廉洁防护互动体系，通过信息共享、措施共用、上下联动等措施，实现廉政工作全程覆盖。针对用量大、价值高的关键物料，如煤、矿石、合金、熔剂等物料建立全流程的风险防控体系，梳理出关键风险防控点97个，全部纳入管控，不断巩固针对性风险防控措施、作业标准、监督机制，杜绝廉政问题发生。

建立监督机制，开展不定期的检查，深入做好现场稽查、专业检查、纪委抽查工作，实现月均廉政检查 200 余次，有效防范和化解了廉政风险。

形成廉洁合力

在党支部的带领下，全体党员职工牢记着责任使命，尽职尽责，把质量管控放在心上，把好廉洁关。

为进一步提高取样制样精准性、提高工作效率、减少人为影响因素，张阳立足岗位实际，积极专研新工艺、新技术，牵头组织实施原料取制样系统升级改造工程，并带领青年突击队圆满完成设备调试任务。使原料取制样系统成为国内首个多物料取制样智能控制系统，实现主要原燃料自动制样、分析样智能运送、存查样智能管理，消除了制样环节廉政风险因素；实现汽运高钙取样、制样、样品转运全过程无人值守，彻底消除汽运高钙石灰石取样、制样过程廉政风险。项目工艺复杂、创新程度高、施工难度大，头部取样机创新采用机械手替代塔式转运结构解决设备重量超标难题；施工期间，克服三座高炉同时运行与生产交叉难题，克服无法应用大型机械施工组织难题；突破同套设备样品间交叉污染难题，攻克不同物料设备堵料难题，国内首次实现机械制备焦煤 G 值、ab 值分析样；项目累计解决设备问题 800 余项，创新应用技术 17 项，拟申请专利 14 项。

原料分析中心女职工陈新娟，是首钢集团为数不多的巾帼劳模，曾获得过首钢集团化学分析工竞赛三等奖。她做起工作来也是一丝不苟，经她手中的样品分析结果都做到了准确可靠。接到镍铁合金样品成分分析工作，她按照规定，把制好的样品一分为二，一份作为小样留存，一份用于分析。实验前她按照设备点检标准，认真检查 ICP 光谱仪的设备状态，确保设备正常后，她又用标样对仪器进行了校准，然后才开始用仪器法分析。数据出来后，为了进一步验证数据准确性，她又用化学法对实验结果进行验证，称量、溶解、过滤、定容、滴定、计算等 11 个步骤全部完成后，两种方法的结果完全吻合，她才放心按下电脑的数据上传键。别人看来非常枯燥乏味的工作，陈新娟却以此为乐，她说，干好本职工作，不仅自己吃了定心丸，更为产品质量把住了关，我快乐。

随着"廉洁啄木鸟文化"建设的深入，党支部的廉政堡垒也越来越牢固，把好质检关，为企业质量管理保驾护航。在"啄木鸟精神"的激励下，党支部连续3年保持廉政无违规，党支部的廉政工作成效显著，年均查出质量不达标物料1000余批次，涉及物料价值上亿元，质量异议仲裁胜诉率保持100%，为公司避免了巨大损失。党支部也连续3年受到首钢集团公司党委和纪委的表彰，被授予"首钢三创先进集体""模范党支部""先进生产单位"等。